司法書士

STANDARD SYSTEM

スタンダード合格テキスト 4

JN116806

不動産登記法Ⅰ

Wセミナー／司法書士講座 編

早稲田経営出版

TAC PUBLISHING Group

本書は，2023年（令和５年）７月１日時点での情報に基づき，2024年（令和６年）４月１日までに施行が確定している法改正に対応しています。本書刊行後に明らかになった法改正につきましては，毎年４月１日時点での法改正情報としてまとめ，ＴＡＣ出版書籍販売サイト「サイバーブックストア」（https://bookstore.tac-school.co.jp/）の早稲田経営出版・司法書士「法改正情報」コーナーにて公開いたしますので，適宜ご参照ください。

【本書の主な改正ポイント】
・　令和３年法律第24号（所有者不明土地等の問題に対応するための改正）

はしがき

　司法書士試験は，合格率５％程度と，数ある国家試験の中でも最難関の資格のひとつに位置づけられています。また出題科目も多く，学習すべき範囲が膨大であることも司法書士試験の特徴のひとつです。このため，学習がうまく進まなかったり，途中で挫折してしまう方がいらっしゃることも事実です。

　では，合格を勝ち取るために必要な勉強法とはどのようなものでしょうか。
　Ｗセミナーでは，長年にわたり司法書士受験生の受験指導を行い，多くの合格者を輩出してきました。その経験から，合格へ向けた効率的なカリキュラムを開発し，さまざまなノウハウを蓄積してまいりました。そしてこの度，その経験とノウハウのすべてを注ぎ込み，合格のためのテキストの新たな基準をうちたてました。それが，本シリーズ「司法書士　スタンダード合格テキスト」です。

　本シリーズは，司法書士試験の膨大な試験範囲を，科目ごとに11冊にまとめました。また，法律を初めて学習する方には使い勝手のよい安心感を，中・上級者にとってはより理解を深めるための満足感を感じていただけるような工夫を随所に施しており，受験生の皆さまの強い味方になることでしょう。

　「不動産登記法」は，手続法という性質上，無数の細かな規定を覚えなくてはならないという厄介な科目ではありますが，本書では，試験に必要な情報量を確保したうえで，できる限り分かりやすく解説しています。また，構成も，どちらかといえば理解しにくい「総論」を後に回し，具体的な権利に関する登記を先に解説しています。さらに，申請書の様式を数多く掲載していますので，択一式試験だけでなく，記述式試験にも対応できるものとなっています。

　司法書士を志した皆さまが，本シリーズを存分に活用して学習を深めていただき，司法書士試験合格を勝ち取られることを願ってやみません。

2023年８月

Ｗセミナー／司法書士講座
講師・教材開発スタッフ一同

●●●●● 本シリーズの特長と使い方 ●●●●●

・特長1　法律論点を視覚的に理解できる！

　　ケーススタディが豊富に設けられ，具体例が示されているので，法律論点を具体的・視覚的に理解でき，知識の定着を促します。

・特長2　学習に必要な情報が満載！

　　重要条文はもれなく掲載されており，その都度，六法にあたる手間を省くことができます。また，本試験の出題履歴も表示されており，重要箇所の把握に大いに役立ちます。

・特長3　学習しやすいレイアウト！

　　行間や余白が広いため書き込みがしやすく，情報をこのテキスト一冊に集約できます。また，細かな項目分けがなされているため飽きずにスラスラ読み進むことができます。

Topics　←方向感！

　　何を学習するのか，どこが重要かを明らかにすることで，学習の目的や方向性を明確にすることができます。

ケーススタディ　←臨場感！

　　具体的な事例や図を用いることによって，複雑な権利関係や法律論点を分かりやすく解説しています。質問形式で始まるため，まるで講義を受けているかのような臨場感を味わいながら読み進めることができます。

登記書式　←実物感！

　　「不動産登記法」では，登記書式を豊富に掲載されているため，どのような登記がどのようになされているのか，書式とともにイメージしながら学習することができます。

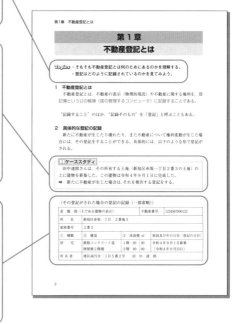

Topics・不動産の物権変動を第三者に対抗するためには登記が必要であるが、登記はどのようにしてされるのだろうか。

1 申請主義

（当事者の申請又は嘱託による登記）
第16条 登記は、法令に別段の定めがある場合を除き、当事者の申請又は官庁若しくは公署の嘱託がなければ、することができない。

つまり、権利変動の当事者から「登記をしてくれ」という申請があってはじめて登記が実行される。
➡ 一定の例外はある。

では、登記の申請における「当事者」とは誰であろうか。

2 共同申請主義

（共同申請）
第60条 権利に関する登記の申請は、法令に別段の定めがある場合を除き、登記権利者及び登記義務者が共同してしなければならない。

つまり、不動産に関する権利を取得した者が単独で（自分1人で）登記を申請することはできず、登記義務者と呼ばれる人と共同で申請する必要がある。
➡ 一定の例外はある。

この共同申請主義は、不動産の権利に関する登記においてかなり重要な原則。

では、「登記権利者」や「登記義務者」とは、どういう人であろうか？次章で説明する。

23

重要条文　←効率化！

　法律を学習する上で条文をチェックすることは欠かせませんが、本書では重要条文が引用されているので、六法を引く手間を省くことができます。

重要　←明確化！

　学習するうえで必ずマスターしておきたい箇所を、「重要」として表示しているため、学習のメリハリをつけることができます。また、復習の際に重要ポイントを確実に確認するのにも効果的です。

第5節　相続による所有権の移転の登記の手続

② この更正の登記の登記原因は、遺産分割が成立した日をもって「年月日遺産分割」である（先例令5.3.28－538）。
➡ 添付情報等の解説は、後記第6章8参照。

アルファ
共同相続の登記がされた後に遺産分割がされた場合、所有権の更正の登記ではなく、不動産を単独で取得することになった者に対して、他の相続人の持分の移転の登記を申請することもできる（先例昭28.8.10－1392）。

③ **遺言による遺産分割方法の指定がされた場合**
遺産分割方法の指定を受けた相続人に対し、「相続」を登記原因として所有権の移転の登記を申請することができる（先例昭47.4.17－1442）。

【例】被相続人Aが「相続財産中の甲土地を相続人の1人Bに相続させる」旨の遺言をして死亡した。
➡ 甲土地について「相続」を登記原因としてAからBへの所有権の移転を申請する。

① 遺産の分割の方法の指定として遺産に属する特定の財産を共同相続人の1人または数人に承継させる旨の遺言（特定財産承継遺言）があったときは、遺言執行者は、当該共同相続人が対抗要件を備えるために必要な行為をすることができる（民§1014Ⅱ）。 **H29-20**

【例】被相続人Aが「相続財産中の甲土地を相続人の1人Bに相続させる。遺言執行者としてXを指定する」旨の遺言をして死亡した。 **R4-20**
➡ 遺言執行者Xは、甲土地について、AからBへの相続による所有権の移転の登記を申請することができる（先例令1.6.27－68）。

② 法定相続分に基づく共同相続の登記がされた後、相続人中の1人に当該不動産を相続させる旨の遺産分割方法の指定のある遺言書が発見されたような場合は、その相続人の名義とする所有権更正の登記を申請する（先例平2.1.20－156）。 **H22-13**
➡ 共同相続の登記には誤りがあるといえるので、それを訂正する登記、つまり更正の登記をする。

133

プラスアルファ　←満足感！

　適宜、プラスアルファとして、補足的な知識や応用的な内容が盛り込まれているため、中・上級者の方が読んでも満足する構成となっています。

過去問表記　←リアル感！

　過去に本試験で出題された論点には、出題履歴を表示しました。試験対策が必要な箇所を把握することができ、過去問にあたる際にも威力を発揮します。「R4-20」は、令和4年度本試験択一式試験（午後の部）の第20問で出題されたことを示しています。

目次

●●●●● 凡 例 ●●●●●

1．法令の表記・略称

不登→　不動産登記法（不登§95Ⅰ②→　不動産登記法第95条第1項第2号）

不登附→　不動産登記法附則　　　　　不登令→　不動産登記令

不登令附→　不動産登記令附則　　　　不登令別表→　不動産登記令別表

不登規→　不動産登記規則　　　　　　不登規附→　不動産登記規則附則

不登準→　不動産登記事務取扱手続準則　民→　民法

会→　会社法　　　　　　　　　　　　農地→　農地法

借地借家→　借地借家法　　　　　　　信託→　信託法

区分→　建物の区分所有等に関する法律

仮担→　仮登記担保契約に関する法律

工抵→　工場抵当法　　　　　　　　　破産→　破産法

抵証→　抵当証券法　　　　　　　　　抵証細→抵当証券法施行細則

後見→　後見登記等に関する法律　　　戸籍→　戸籍法

民執→　民事執行法　　　　　　　　　民訴→　民事訴訟法

非訟→　非訟事件手続法　　　　　　　民保→　民事保全法

民調→　民事調停法　　　　　　　　　仲裁→　仲裁法

登税→　登録免許税法　　　　　　　　家事→　家事事件手続法

登税施行令→　登録免許税法施行令　　登税別表→　登録免許税法別表

国税徴収→国税徴収法　　　　　　　　国通→　国税通則法

行服→　行政不服審査法　　　　　　　採石→　採石法

収用→　土地収用法

2．先例等の表記

先例昭46.10.4－3230→　昭和46年10月4日第3230号先例

記録例241→　平成21年2月20日第500号先例（不動産登記記録例）241番

質疑登研234P51→　「登記研究」誌234号質疑応答51頁

登研432P21→　「登記研究」誌432号21頁

第 1 編

入門編

第1章
不動産登記とは

Topics ・そもそも不動産登記とは何のためにあるのかを理解する。
　　　　・登記はどのように記録されているのかを見てみよう。

1　不動産登記とは

　不動産登記とは，不動産の表示（物理的現況）や不動産に関する権利を，登記簿という公の帳簿（国の管理するコンピュータ）に記録することである。

　"記録すること"のほか，"記録そのもの"を「登記」と呼ぶこともある。

2　具体的な登記の記録

　新たに不動産が生じたり壊れたり，また不動産について権利変動が生じた場合には，その登記をすることができる。具体的には，以下のような形で登記がされる。

📖 ケーススタディ

　田中達郎さんは，その所有する土地（新宿区赤坂一丁目2番3の土地）の上に建物を新築した。この建物は令和4年9月1日に完成した。

➡　新たに不動産が生じた場合は，それを報告する登記をする。

（その登記がされた場合の登記の記録（一部省略））

表　題　部（主である建物の表示）			不動産番号	1234567890123
所　　在	新宿区赤坂一丁目　2番地3			
家屋番号	2番3			
①　種類	②　構造	③　床面積 ㎡	原因及びその日付〔登記の日付〕	
居　　宅	鉄筋コンクリート造 陸屋根2階建	1階　85 ┊00 2階　80 ┊00	令和4年9月1日新築 〔令和4年9月15日〕	
所 有 者	港区高円寺二丁目5番2号　　田　中　達　郎			

2

その後の令和4年10月3日，田中達郎さんは株式会社新宿ファイナンスから金1,000万円を借り入れ，この債務を担保するために，先日建てたばかりの建物を目的として抵当権を設定した。

➡ 建物について抵当権の設定という物権変動があったので，その登記をする。

（その登記がされた場合の登記の記録（一部省略））

表　題　部（主である建物の表示）			不動産番号	1234567890123
所　　在	新宿区赤坂一丁目　2番地3			
家屋番号	2番3			
①　種類	②　構造	③　床面積　㎡	原因及びその日付〔登記の日付〕	
居　　宅	鉄筋コンクリート造陸屋根2階建	1階 85：00 2階 80：00	令和4年9月1日新築〔令和4年9月15日〕	
所　有　者	港区高円寺二丁目5番2号　　田　中　達　郎			

権　利　部（甲　区）　（所　有　権　に　関　す　る　事　項）			
順位番号	登記の目的	受付年月日・受付番号	権利者その他の事項
1	所有権保存	令和4年10月3日第1043号	所有者　港区高円寺二丁目5番2号　　田　中　達　郎

権　利　部（乙　区）　（所有権以外の権利に関する事項）			
順位番号	登記の目的	受付年月日・受付番号	権利者その他の事項
1	抵当権設定	令和4年10月3日第1044号	原因　令和4年10月3日金銭消費貸借同日設定 債権額　金1,000万円 利息　年5% 損害金　年10% 債務者　港区高円寺二丁目5番2号　　田　中　達　郎 抵当権者　新宿区三ツ矢四丁目2番3号　　株式会社新宿ファイナンス

＊　登記記録の読み取り方については後で詳しく説明するので，今はあまり気にしないでください。

　　今は“登記はこのように記録されるんだ”というイメージを掴んでいただけたらそれで十分です。

3　不動産登記は，何のためにあるのか

　　不動産登記の役割はいくつかあるが，その中で特に重要なのが「不動産に関する物権の公示」。

　　物権とは，物に対する排他的な支配権。
➡　ある不動産についてAさんが所有者であって，同時にBさんも所有者であるということはあり得ない。

　　そのため，不動産の所有者であるAさんとしては「この不動産は私が所有している」ということを公に示したいところであり，またこの不動産を買いたいと考えるCにとっても，「この不動産は現在誰が所有しているのか？そして，この不動産には抵当権等の権利がついているのか？」ということを公の情報として知りたいところである。

　　不動産に関する物権を公示する方法は，いくつか考えられる。
➡　占有する，看板を立てる等々

　　そして，ここ日本で採用されているのが，「登記」である。
➡　登記簿という公の帳簿（国の管理するコンピュータ）に「この不動産はAが所有している」といったことを記録し，これを一般に公開する形をとっている。

　　そうすれば，Aとしては「私がこの不動産の所有者だ」ということを公に示すことができ，またこの不動産を買いたいと考えているCは，この不動産に関する登記の記録を見て，「この不動産の現在の所有者はAだから，Aと売買の交渉をすれば良いな」ということが分かる。
➡　こういった不動産登記の制度があるから，不動産について安全に，かつ円滑に取引をすることができる。

第2章
不動産登記の効力～対抗力について

Topics ・登記をすれば，どのような効果を得られるのか。逆に，登記をしなければどのような不利益が待ち受けているのかを学習する。

（不動産に関する物権の変動の対抗要件）

民法第177条 不動産に関する物権の得喪及び変更は，不動産登記法その他の登記に関する法律の定めるところに従いその登記をしなければ，第三者に対抗することができない。

物権の得喪及び変更→ 物権を取得した，物権に変更が生じた，物権が消滅したといったこと。

➡ 「物権変動」と総称される。

　裏を返せば，不動産に関する物権変動があった場合，その登記をすれば，その物権変動について第三者に対抗（主張）することができる。これを登記の対抗力という。

重要❶ ・・・・・・・・・・・・・・・・・・・・・・・・・・・・・

対抗力は，不動産登記の1番重要な効力である。

📖ケーススタディ

① AとBは，令和4年9月10日，Aの所有する甲土地をBに売り渡す契約をした。そしてBは代金を支払った。

➡ 甲土地の所有権はBに移転した。

↓

② しかし，何かと面倒なことを嫌うBは，甲土地について自分が所有権を取得した旨の登記をしなかった。

➡ 登記をするにも税金がかかるので（第12章），その意味でも登記をしたくなかった。

↓

③ その後の令和4年9月20日，Aは，さらに甲土地をCに売り渡す契約を

した。

➡　Aは，既に甲土地をBに売却したのだから，さらに甲土地をCに売却できるはずがないじゃないかと思うところだが，このような契約も有効とされている。

いわゆる"二重譲渡"。

↓

④　登記の重要性を知っているCは，直ちに甲土地について自分が所有権を取得した旨の登記（所有権の移転の登記）を完了した。

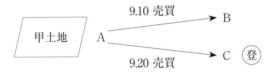

結論　→　Cの勝ち。

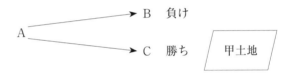

Bは，所有権を取得した旨の登記を備えていないので，甲土地の所有権を取得したことをもってCに対抗できない。

➡　Cより先に甲土地を買い受けているが負け。

➡　売買代金を支払っているが負け。

➡　どんなに納得がいかなくても負け。

重要❶・・・・・・・・・・・・・・・・・・・・・・・・・・・

不動産について物権変動があった場合，その登記をすることがいかに重要かが分かっていただけると思う。

➕アルファ

登記には他にも効力があるが，それは「スタンダード合格テキスト　5不動産登記法Ⅱ」で詳しく解説する。

第3章
登記できる不動産，登記できる物権，登記できる物権変動とは

Topics ・そもそも登記できる不動産とは何か？　登記できる物権にはどういう
　　　　　種類があるか？　登記できる物権変動にはどういったものがあるかを
　　　　　学習する。
　　　　・かなり重要

1　登記をすることができる「不動産」（不登§2①）

（定義）
第2条　この法律において，次の各号に掲げる用語の意義は，それぞれ当該各
　号に定めるところによる。
　一　不動産　土地又は建物をいう。

2　土　地

　土地は，本来であれば区分することができない（日本の本州全体で1個の土
地といえる）。しかし，法律上はこれを区分して，それぞれ1個の不動産とし
ている。

　　　不動産登記法上の1個の土地→　土地の登記記録において1筆の土地として
　　　　　　　　　　　　　　　　　　登記されたもの

甲市乙町一丁目

1番3	1番4	2番
公　道		
3番		

➡　1番3，1番4，2番，3番は，それぞれ1個の土地（1個の不動産）。

3　建　物

　屋根及び周壁又はこれらに類するものを有し，土地に定着した建造物であっ
て，その目的とする用途に供し得る状態にあるもの（不登規§111）。

　　基本的には，見た目１個の建物が，法律上も１個の建物と考えて良い。

➡　　ただし，附属建物，区分建物については話が異なる（不登§２㉒㉓）。

重要❗ ●

　　登記記録は，１筆の土地又は１個の建物ごとに作成される（一不動産一登記記録の原則。不登§２⑤）。

【例】　上記２の図でいうと，１番３の土地について１つの登記記録，１番４の土地について１つの登記記録，２番の土地について１つの登記記録，３番の土地について１つの登記記録が設けられる。

4　登記をすることができる物権

> （不動産に関する物権の変動の対抗要件）
> **民法第177条（再掲）**　不動産に関する物権の得喪及び変更は，不動産登記法その他の登記に関する法律の定めるところに従いその登記をしなければ，第三者に対抗することができない。

　　不動産登記法において登記できる「物権」は，以下のとおり（不登§３）。
・所有権
・地上権
・永小作権
・地役権
・先取特権
・質権
・抵当権（根抵当権）
・賃借権
・配偶者居住権
・採石権

➕アルファ

・　　占有権，留置権，入会権は，民法上の物権であるが，登記をすることはできない。
　　∵　登記による公示になじまない。

- 賃借権は債権であって物権ではないが，不動産の利用権の１つとして登記をすることが認められている（民§605参照）。

- 採石権は民法上の物権ではないが，採石法において「採石権は物権とし，地上権に関する規定を準用する」とされている（採石§４Ⅲ）。

5　登記をすることができる物権変動

> **（不動産に関する物権の変動の対抗要件）**
> **民法第177条（再々掲）**　不動産に関する物権の得喪及び変更は，不動産登記法その他の登記に関する法律の定めるところに従いその登記をしなければ，第三者に対抗することができない。

　不動産登記法において登記できる物権の「得喪及び変更」は，以下のとおり（不登§３）。
・保存
・設定
・移転
・変更
・処分の制限
・消滅

⑴　保存の登記
　　当事者間の意思表示とは関係なく，法律上当然に物権が発生した場合に，その権利を保存するための登記。

　【例】　Aが建物を新築した場合，その建物についてAの所有権が発生する（新築建物の所有権を発生させるために，契約等の意思表示は不要）。
　　➡　当該建物についてAの所有権の保存の登記をすることができる。

- その他，法定の担保物権である先取特権が発生した場合も，不動産を目的として先取特権の保存の登記をすることができる。

⑵　設定の登記
　　当事者間の意思表示（設定契約）等によって物権が発生した場合にする登記。

【例】　XのAに対する債権を担保するため，Aの所有する甲土地に抵当権が
設定された。これにより，甲土地に抵当権が成立した。

➡　甲土地を目的としてXの抵当権の設定の登記をすることができる。

　この抵当権の設定の登記をすることによって，Xは抵当権の取得を第三者
に対抗することができる。

(3)　移転の登記

　既に登記された権利について，第三者に移転した場合にする登記。

ケーススタディ

甲土地は，以下のとおり登記がされている。

権　利　部（甲　区）	（所　有　権　に　関　す　る　事　項）		
順位番号	登記の目的	受付年月日・受付番号	権　利　者　そ　の　他　の　事　項
1	所有権移転	平成12年9月1日 第9000号	原因　平成12年9月1日売買 所有者　　A

　令和5年7月4日，AとBは，Aの所有する甲土地を金1,000万円でBに
売り渡す契約をした。これにより，甲土地の所有権はAからBに移転した。

➡　甲土地について既にAの名義とする所有権の登記がされており，その登
記された所有権がBに移転したので，甲土地についてAからBへの所有権
の移転の登記をすることができる。

権　利　部（甲　区）	（所　有　権　に　関　す　る　事　項）		
順位番号	登記の目的	受付年月日・受付番号	権　利　者　そ　の　他　の　事　項
1	所有権移転	平成12年9月1日 第9000号	原因　平成12年9月1日売買 所有者　　A
2	所有権移転	令和5年7月4日 第7000号	原因　令和5年7月4日売買 所有者　　B

➡　この登記がされることにより，Bは甲土地の所有権を取得したことを第
三者に対抗することができる。

⑷　**変更の登記**

　　既に登記された権利について，登記事項に変更が生じた場合等にする登記。

　【例】　甲土地を目的としてＸのために抵当権（債権の利息は年５％）の設定
　　　　の登記がされた後，その債権の利息が年８％に変更されたときは，抵当
　　　　権の利息の変更の登記をすることができる。

⑸　**処分の制限の登記**

　　不動産について差押え等の処分の制限がされたときは，その登記をするこ
とができる。

　　処分の制限→　差押え，仮差押え，処分禁止仮処分

⑹　**消滅の登記**

　　登記された権利，あるいは権利変動の効力が消滅したときにする登記。

第4章
登記記録にはどのような事項が記録されるのか

Topics ・登記記録には何が記録されるのかを理解し，同時に登記記録の読み取り方をマスターしよう。
　　　　・また，どうすれば登記記録を見ることができるのかも知っておこう。

　不動産について物権変動があった場合は，その登記をすることができるが，具体的に登記記録にはどういった事項が記録されるのか？

➡　登記記録に記録される事項を，「登記事項」と呼んでいる。

考え方　そもそも不動産登記とは，不動産の表示及び不動産に関する権利を公示し，国民の権利の保全を図り，もって取引の安全と円滑に資するためのものである（不登§1）。

　　　　ということは，登記事項を考えるに当たっては，「何を登記記録に記録すれば，国民の権利の保全が図られ，不動産取引の安全と円滑に資することができるのか」という視点に立てばよい。

➡　そういった視点に立ったからといって，すぐに登記事項が導き出されるわけではないが，この基本姿勢は重要である。

　とりあえず，実際の登記記録を見てみよう。

1　具体的な登記の記録

表　題　部（主である建物の表示）			不動産番号	1234567890123
所　　在	新宿区高田馬場七丁目　5番地3			
家屋番号	5番3			
①　種類	②　構造	③　床面積 ㎡	原因及びその日付〔登記の日付〕	
居　　宅	鉄筋コンクリート造 陸屋根2階建	1階　85｜00 2階　80｜00	平成20年9月23日新築 〔平成20年10月4日〕	
所　有　者	中野区野方八丁目8番8号　福　田　猛			

権　利　部（甲　区）　（所　有　権　に　関　す　る　事　項）			
順位番号	登記の目的	受付年月日・受付番号	権利者その他の事項
1	所有権保存	平成20年10月13日 第1030号	所有者　中野区野方八丁目8番8号 　福　田　猛
2	所有権移転	平成21年2月3日 第230号	原因　平成21年2月3日売買 所有者　豊島区高田六丁目6番6号 　永　井　雄　二

権　利　部（乙　区）　（所　有　権　以　外　の　権　利　に　関　す　る　事　項）			
順位番号	登記の目的	受付年月日・受付番号	権利者その他の事項
1	抵当権設定	平成21年6月8日 第683号	原因　平成21年6月8日金銭消費貸借 同日設定 債権額　金1,000万円 債務者　豊島区高田六丁目6番6号 　永　井　雄　二 抵当権者　新宿区新宿五丁目5番5号 　田　中　莉　子

　パッと見た感じ，「これは東京都新宿区高田馬場七丁目5番地3にある建物で，最初に福田猛さんが所有権を取得し，その後に永井雄二さんに所有権が移転して，現在は永井雄二さんが所有している。そして，この建物に田中莉子さんの抵当権が設定されている」ということが見てとれるかと思う。
➡　そのとおりである。

　もう少し詳しく見ていこう。
　まず，上の方に「表題部」として，所在，家屋番号，種類，構造，床面積……が記録されている。
➡　これは，不動産の物理的な現況である。

　どこにある建物で，何階建てで，床面積はどれだけあって，いつ建てられたかという不動産そのものの状況。
➡　簡単に言えば，不動産そのものの紹介。
➡　不動産を特定するための情報といえる。

　不動産登記とは，不動産に関する物権変動を登記簿という公の帳簿（国の管理するコンピュータ）に記録し，一般に公開して取引の安全と円滑に資するためのもの。

　不動産についてこのような物権変動の登記をするためには，登記記録上，個々の不動産がしっかりと特定されている必要がある。
➡　どの不動産の所有権が移転したのか，ということが特定できなければ話にならない。

　だから，不動産登記は，まず不動産の物理的な現況（不動産を特定する事項）を登記し，その後にその不動産に関する物権変動の登記をするという流れをとっている。

　不動産登記法では，

> 最初にする"不動産の物理的な現況に関する登記"→　表示に関する登記
> その後にする"不動産の物権変動に関する登記"　→　権利に関する登記

と呼んでいる（不登§2③④）。
➡　この分類はものすごく重要。

2　不動産の表示に関する登記

　不動産の物理的な現況を表す登記

> 土地についての登記事項→　所在，地番，地目，地積等（不登§34Ⅰ）。
> 建物についての登記事項→　所在，家屋番号，建物の種類，構造，床面積
> 　　　　　　　　　　　　　　　等（不登§44Ⅰ）。

　不動産の表示に関する登記は，登記記録中の「表題部」欄に記録される（不登§2⑦）。

- 　不動産の表示の登記（表題部に記録される登記）においても，不動産の所有者の氏名，住所が記録されるが，これは後述する所有権の保存の登記の申請適格者を定めたり（不登§74），固定資産税の納税義務者を特定するものであり，民法177条にいう「登記」には該当しない。表題部に「所有者」として記録されていても，これをもって第三者に対抗することはできない。

- 　不動産の表示に関する登記の申請は，通常，土地家屋調査士という資格をもった人が行う（土地家屋調査士§3Ⅰ②）。司法書士は，一部の例外を除き，表示に関する登記は申請しない。

  ➡ 　だから，司法書士の試験において「表示に関する登記」は出題されない。

3　話を登記記録に戻して～不動産の権利に関する登記

　話を登記記録に戻す。「表題部」は見終わったので，表題部より下の部分を再掲する。

権 利 部（甲 区）	（所 有 権 に 関 す る 事 項）		
順位番号	登記の目的	受付年月日・受付番号	権利者その他の事項
1	所有権保存	平成20年10月13日 第1030号	所有者　中野区野方八丁目8番8号 　　　　福 田 　猛
2	所有権移転	平成21年2月3日 第230号	原因　平成21年2月3日売買 所有者　豊島区高田六丁目6番6号 　　　　永 井 雄 二

権 利 部（乙 区）	（所 有 権 以 外 の 権 利 に 関 す る 事 項）		
順位番号	登記の目的	受付年月日・受付番号	権利者その他の事項
1	抵当権設定	平成21年6月8日 第683号	原因　平成21年6月8日金銭消費貸借 　　同日設定 債権額　金1,000万円 債務者　豊島区高田六丁目6番6号 　　　　永 井 雄 二 抵当権者　新宿区新宿五丁目5番5号 　　　　田 中 莉 子

「権利部（甲区）（所有権に関する事項)」,「権利部（乙区）（所有権以外の権利に関する事項)」と記載されている。

➡　これがまさに, 不動産の物権変動についての登記（権利に関する登記)。

重要❗ ●

　不動産の権利に関する登記は, 登記記録の「権利部」欄に記録されるが, この「権利部」はさらに2つの欄に分かれている（不登規§4Ⅳ)。

> 甲区→　所有権に関する登記が記録される。
> 乙区→　所有権以外の権利に関する登記が記録される。

　所有権は大変に重要な物権であるので, 甲区には所有権に関する登記のみが記録される。その他の権利（抵当権や地上権等）も重要な物権であることは間違いないが, 所有権よりはやや劣るといえるので, 所有権以外の権利は乙区にまとめて登記される。

➕ アルファ

　"甲"や"乙"というのは今の人はあまり使わない言葉であるが, 不動産登記の制度は明治時代からあったので, その当時の言葉が今でも使われている。甲区＝第1欄, 乙区＝第2欄といった感じである。

確認　　登記記録は, 大きく分けて,「表題部」と「権利部」から構成されている。そして,「権利部」はさらに,「甲区」と「乙区」に分かれている。

> 表題部
> ➡　表示に関する登記が記録される
>
> 権利部の甲区
> ➡　権利に関する登記のうち, 所有権に関する登記が記録される
>
> 権利部の乙区
> ➡　権利に関する登記のうち, 所有権以外の権利に関する登記が記録される

4 甲 区

(1) まず,「順位番号」が「1」の部分を見てみよう。

「登記の目的」 → 「所有権保存」
「受付年月日・受付番号」→ 「平成20年10月13日　第1030号」
「権利者その他の事項」 → 「所有者　（住所省略）　福田猛」

　順位番号が「1」で,所有者が「福田猛」と記録されているので,この建物について最初に所有権の登記を取得したのが福田猛だということが分かる。

➕アルファ

　実際のところは,「順位番号　1」だからといって,必ずしもその不動産について最初にされた所有権に関する登記とは限らない（あまり気にする必要はない）。

① 「登記の目的」
　➡　登記の目的とは, "どういった**物権変動の登記か**" ということ。
　➡　物権変動の内容である。

　「所有権保存」は, "所有権" という物権について "保存" する登記,といえる。
　➡　登記をすることのできる物権変動については第3章5を参照。

② 「受付年月日・受付番号」
　➡　登記の申請の受付がされた日と,申請の受付の際に登記官が付した番号。
　➡　順位番号1番の所有権の保存の登記は,平成20年10月13日に申請の受付がされ,その際に登記官は1030番という番号を付した。

③ 「権利者その他の事項」
　➡　文字どおり,権利者の氏名,住所等。

重要❗ ••••••••••••••••••••••••••••••••••

　登記の目的である物権変動が生じた"原因"も，「権利者その他の事項」欄に記録される。

➡　ただし，所有権の保存の登記においては，原則として「原因」は存在しないので（不登令§3⑥参照），順位番号1番の登記においては「原因」は記録されていない。

⑵　続いて，「順位番号」が「2」の部分を見てみよう。

> 「登記の目的」　　　　　→「所有権移転」
> 「受付年月日・受付番号」→「平成21年2月3日　第230号」
> 「権利者その他の事項」　→「原因　平成21年2月3日売買
> 　　　　　　　　　　　　　　　所有者　（住所省略）　永井雄二」

①　「登記の目的」→「所有権移転」
　"所有権"という物権について"移転"という変動が生じた旨の登記だということ。

②　「受付年月日・受付番号」
　この所有権の移転の登記の申請は平成21年2月3日に受け付けられ，230番という番号が付された。

③　「権利者その他の事項」
　ここには，「原因」と「所有者」という2つの事項が記録されている。

　㋐　「原因」→「平成21年2月3日売買」
　　「原因」とは，登記の目的である物権変動が生じた原因。
　　つまり，平成21年2月3日に売買によって所有権が移転したということ。

　㋑　「所有者」→「（住所省略）　永井雄二」
　　永井雄二が売買によって当該不動産の所有権を取得したということ。

重要❗ ••••••••••••••••••••••••••••••••••

　この後に，「権利部（甲区）」欄に登記はされていないので，つまり永井雄二がこの建物の現在の所有権の登記名義人だということが分かる。

5 乙 区

次は権利部の乙区である。

➡ 所有権以外の権利についての登記がされている。

・ 「順位番号」が「1」の部分について

「登記の目的」	→「抵当権設定」
「受付年月日・受付番号」	→「平成21年6月8日　第683号」
「権利者その他の事項」	→「原因　平成21年6月8日金銭消費貸借同日設定」
	債権額　金1,000万円
	債務者　（住所省略）　永井雄二
	抵当権者　（住所省略）　田中莉子

① 「登記の目的」→ 「抵当権設定」
　この不動産に"抵当権"という物権が"設定"されたということ。

② 「受付年月日・受付番号」
　この抵当権の設定の登記の申請は平成21年6月8日に受け付けられ，683番という番号が付された。

③ 「権利者その他の事項」には，いろいろな事項が記録されている。

　㋐ 「原因」→ 「平成21年6月8日金銭消費貸借同日設定」
　　平成21年6月8日に金銭消費貸借契約がされ，同日にこの不動産に抵当権の設定契約がされたということ。

　㋑ 「債権額」→ 「金1,000万円」
　　将来，抵当権を実行し，この建物についての競売がされた場合，抵当権者である田中莉子は競売の代金から金1,000万円の優先配当を受けることができるということ。

　㋒ 「債務者」→ 「永井雄二」
　　永井雄二の債務を担保するための抵当権であるということ。

　　　㋓　「抵当権者」→　「田中莉子」
　　　　　田中莉子の永井雄二に対する債権を担保する抵当権であるということ。

重要❗・・・・・・・・・・・・・・・・・・・・・・・・・・・・・・・・・・

　　このように，登記記録の権利部を見れば，その不動産についての権利関係を把握することができる。

6　一般的登記事項と特殊的登記事項

　　先の登記記録の権利部を見て，ふと気付いた方もいると思う。
　　"すべての登記において「順位番号」，「登記の目的」，「受付年月日・受付番号」，「原因」，「権利者（所有者や抵当権者）の氏名，住所」が記録されている。"

　＊　「所有権保存」の登記においては「原因」は記録されていないが，これはかなり特殊な扱いである。ほぼすべての登記で「原因」が記録される。

　　"でも，「債権額」「債務者」というのは「抵当権設定」の登記にだけ記録されていて，所有権の登記には記録されていない。"

　　そのとおりである。
　　登記事項は，大きく2つに分けることができる。

①　一般的登記事項→　すべての権利の登記に共通する登記事項
　➡　上記のとおり，順位番号，登記の目的，申請の受付の年月日及び受付番号，登記原因及びその日付，登記にかかる権利の権利者の氏名，住所……といった事項は，すべての登記に共通して登記される（不登§59）。

②　特殊的登記事項→　個々の登記において，それぞれ特別に定められた登記事項

　【例】　抵当権の設定の登記においては，登記の目的，申請の受付の年月日及び受付番号……といった一般的な登記事項のほか，「債権額」や「債務者」といった事項も登記すべきとされている（不登§83Ⅰ，88Ⅰ）。
　　➡　こういった，一般的登記事項以外に個々の登記の内容によって特別に定められた登記事項が，特殊的登記事項。

では，何故，特殊的登記事項があるのか？

➡ 個々の登記の内容によって，登記記録に記録すべき事項（一般に公開すべき事項）が異なるから。

たとえば，所有権に関しては，「誰がこの不動産の所有者なのか」といったことが分かれば足りる。

➡ つまり，権利者（所有者）の氏名，住所等が登記されれば足り，これ以外の特別な事項を登記する必要はない。

一方，担保権になると話は異なる。

担保権については，「誰がこの不動産を目的とした担保権者か」ということだけが分かってもあまり意味がない。

➡ 担保権とは，優先弁済権である。担保権が実行されたら，担保権者は他の債権者に優先して配当を受けることができる。

だから，権利者だけでなく，"その担保権者はどれだけの額について優先配当を受けるのか"ということも公示する必要がある。

➡ そのため，担保権の登記においては，原則として「債権額」を登記すべきとされている（不登§83 I ①）。

➡ 「債権額」は，担保権の登記の特有の登記事項（特殊的登記事項）である。

重要🔔●●

不動産登記の制度は，不動産の表示及び不動産に関する権利を公示し，国民の権利の保全を図り，もって取引の安全と円滑に資するためのものである（不登§1）。だから，"個々の登記において，どういった事項を登記記録に記録すれば取引の安全と円滑に資することができるか"ということを考えて，特殊的登記事項が定められている。

➕アルファ

条文が置いてある場所

一般的登記事項→「権利に関する登記」の「通則」にあたる第59条

特殊的登記事項→ 個々の権利によって異なるから，各種の権利の登記（不登§73の2，78，79，80，81…）で個別に規定されている。

7　どうすれば登記された内容を知ることができるのか

　　登記された事項は，一般に公開されている。

　　登記された事項を知るための手段は，いくつかある。そのうちの2つを掲げる。

(1)　**登記事項証明書を請求する（不登§119Ⅰ）。**

　　　所在や地番等をもって不動産を特定し，その不動産の「登記事項証明書」というものを請求することができる。

　➡　登記とは，登記所に備えられたコンピュータに記録されたデータであり，それをプリントアウトしたものが「登記事項証明書」。

　＊　本章で，具体的な登記の記録を見ていただいたが，まさにこのような形でプリントアウトされた書面が交付される。

　➡　実際には，登記官による認証文が付されている（不登規§197Ⅰ）。

(2)　**オンライン登記情報提供サービスを利用する。**

　　　インターネットを利用して，登記された事項を知ることができる。インターネットで登記の情報を請求し，自宅のパソコンの画面上で登記された事項を見ることができる。

　➡　かなり便利である。

第5章
どのようにして登記がされるのか

Topics ・不動産の物権変動を第三者に対抗するためには登記が必要であるが，登記はどのようにしてされるのだろうか。

1 申請主義

（当事者の申請又は嘱託による登記）
第16条 登記は，法令に別段の定めがある場合を除き，当事者の申請又は官庁若しくは公署の嘱託がなければ，することができない。

つまり，権利変動の当事者から「登記をしてくれ」という申請があってはじめて登記が実行される。

➡ 一定の例外はある。

では，登記の申請における「当事者」とは誰であろうか？

2 共同申請主義

（共同申請）
第60条 権利に関する登記の申請は，法令に別段の定めがある場合を除き，登記権利者及び登記義務者が共同してしなければならない。

つまり，不動産に関する権利を取得した者が単独で（自分1人で）登記を申請することはできず，登記義務者と呼ばれる人と共同で申請する必要がある。

➡ 一定の例外はある。

重要❶ ・・・・・・・・・・・・・・・・・・・・・・・・・・・・・・・・・・・・・

この共同申請主義は，不動産の権利に関する登記においてかなり重要な原則。

では，「登記権利者」や「登記義務者」とは，どういう人であろうか？
次章で説明する。

第6章
登記の申請人

Topics ・誰が登記を申請するのかという論点。試験的にも重要。

1　登記権利者，登記義務者とは

登記権利者→　権利に関する登記をすることにより，登記上，直接に利益を受ける者をいい，間接に利益を受ける者を除く（不登§2⑫）。

登記義務者→　権利に関する登記をすることにより，登記上，直接に不利益を受ける登記名義人をいい，間接に不利益を受ける登記名義人を除く（不登§2⑬）。

では，権利に関する登記をすることにより，「登記上，直接に利益を受ける者」，「登記上，直接に不利益を受ける登記名義人」とはどういう人であるか？

┌─ 🔖ケーススタディ ─

ある不動産（「甲土地」と呼ぶ。）について，現在，以下のとおりの登記がされている。

権 利 部 （甲 区）	（所 有 権 に 関 す る 事 項）		
順位番号	登記の目的	受付年月日・受付番号	権 利 者 そ の 他 の 事 項
1	所有権移転	平成12年9月1日 第9000号	原因　平成12年9月1日売買 所有者　　A

令和5年8月1日，AとBは，Aの所有する甲土地を金1,000万円でBに売り渡す契約をした。これにより，Bは甲土地の所有権を取得した。
➡　甲土地の"所有権"という物権についてAからBに"移転"という変動が生じたので，「所有権の移転の登記」を申請する。

この所有権の移転の登記をすることによって登記上直接に利益を受ける者
➡　所有権の登記名義を取得するB
➡　つまり，Bが所有権の移転の登記の「登記権利者」

　　この所有権の移転の登記をすることによって登記上直接に不利益を受ける
登記名義人
➡　所有権の登記名義を失うことになるA
➡　つまり，Aが所有権の移転の登記の「登記義務者」

結論　この所有権の移転の登記は，Bが登記権利者，Aが登記義務者となっ
て共同で申請する。

　ちなみに，この所有権の移転の登記が実行されたら，登記の記録は↓のよう
になる。

権　利　部（甲　区）		（所　有　権　に　関　す　る　事　項）	
順位番号	登記の目的	受付年月日・受付番号	権 利 者 そ の 他 の 事 項
1	所有権移転	平成12年9月1日 第9000号	原因　平成12年9月1日売買 所有者　　A
2	所有権移転	令和5年8月1日 第8000号	原因　令和5年8月1日売買 所有者　　B

➡　この所有権の移転の登記によって，Bは新たに所有権の登記名義人となっ
た。

　一方，この所有権の移転の登記によって，Aは前の所有権の登記名義人，つ
まり"過去の人"となってしまった。
➡　まさしく，Bがこの登記によって直接に利益を受け，Aが直接に不利益を
受ける。

2　何故，単独で登記を申請することができないのか？

　権利に関する登記において共同申請主義をとる理由は，その登記によって不
利益を受ける者を登記の申請に関与させることによって，**登記の正確性を確保**
するため。

　仮に，登記権利者（登記によって利益を受ける者）が単独で登記を申請する
ことができるとすると，ウソの登記の申請がされ，ウソの登記がされてしまう
おそれがある。

【例】　甲土地をAが所有している場合に，実際には売買契約などされていない
　　のに，Bが「私はAから甲土地を買いました。本当です。」とウソをついて，

　　Bがウソの所有権の移転の登記を申請するおそれがある。

　いうまでもなく，これはマズい。Aの知らない間に，A→Bへの所有権の移転の登記がされてしまったら，たちまち不動産登記制度の信用が失墜する。
　だから，登記によって不利益を受ける者も登記の申請に関与させ，ウソの登記がされないようにする必要がある。
➡　登記によって不利益を受ける者がわざわざウソの登記を申請することもないだろう。だから，登記権利者と登記義務者が共同で申請したこの登記は真実であろう，と考えることができる。

注意！　法令で定める一定の登記は，登記権利者等が単独で申請することができるとされている。
➡　共同申請主義の例外にあたる登記
➡　具体的には，次の「3」で説明する。

3　登記権利者等が単独で登記を申請できる場合
　以下，単独で申請することができる登記をいくつか掲げる。
➡　実際には，他にもたくさんある。

(1)　相続又は合併による権利の移転の登記
　不動産の所有者が死亡し，相続が開始した場合の所有権の移転の登記は，登記権利者（相続人）が単独で申請することができる（不登§63Ⅱ）。
∵　登記名義人である被相続人は既に死亡しているから登記を申請できないし，また，相続を証する公の情報（戸籍事項の証明書等）を提供すれば，登記の正確性も確保されるから。

・　相続人に対する「遺贈」による所有権の移転の登記も，登記権利者が単独で申請することができる（不登§63Ⅲ）。
➡　相続による登記と同視できる。

・　登記名義人である会社が合併により消滅し，その権利が承継会社に移転した場合の所有権の移転の登記も同様。

(2)　登記名義人の氏名等の変更の登記
　権利に関する登記がされた後，その登記名義人の氏名，名称又は住所（以下，「氏名等」という）に変更が生じたときは，「登記名義人の氏名等の変更

の登記」を申請することができる。

　この登記名義人の氏名等の変更の登記は，登記名義人が単独で申請することができる（不登§64）。

∵　氏名等の変更の登記によって登記上直接に不利益を受ける者は存在しないので，登記権利者と登記義務者の共同申請という申請構造が成り立たない。また，氏名等の変更を証する公の情報（戸籍事項の証明書等）を提供すれば，登記の正確性も確保される。

(3)　**判決による登記**

　共同で申請すべき登記の当事者の一方が，他方に対して一定内容の登記手続を命ずる確定判決を得たときは，判決を得た者が単独で登記を申請することができる（判決による登記。不登§63Ⅰ）。

∵　登記義務者の登記申請意思が判決によって擬制されたといえる（民執§177Ⅰ）。

4　代理人からする登記

　登記の申請は，代理人からすることもできる。

➡　必ずしも登記権利者，登記義務者本人が自分で申請書（申請情報）を作成して，自分で登記を申請しなければならないというわけではない。

＋プラス　アルファ

　というか，申請人（登記権利者，登記義務者）本人が自分達で申請書を作成して自分達で登記を申請するということはまずない。

　登記を申請するためには，不動産登記法，不動産登記令，不動産登記規則，法務省先例等をしっかり勉強していなければならないが，これに精通している一般人はほぼいない。だから，申請人本人が登記を申請することはまずあり得ない。

　そこで，登記申請の専門家である司法書士に対して「登記の申請の仕方が分からないので，自分達に代わって申請書を作成して，自分達に代わって登記を申請してください」と，**登記申請に関する代理権を与え**，代理人である司法書士が申請書を作って，**司法書士が登記所に行って登記を申請する**，という流れとなる（申請人本人が登記を申請するようになったら，司法書士の多くは失業する）。

　代理人とは，「法定代理人」と「任意代理人」の双方を含む。

法定代理人→　未成年者の親権者
　　　　　　　　成年後見人
　　　　　　　　不在者の財産管理人
　　　　　　　　相続財産の清算人
　　　　　　　　特別代理人　等々

【例】　未成年者が登記の申請人となるべき場合，その者に意思能力があれば自
　　　　分で登記を申請することもできるが，通常は，親権者が未成年者を代理し
　　　　て登記を申請する。

➡　　実際には，親権者が司法書士に対して登記申請の代理権を与えて，司
　　　法書士が登記を申請する（復代理）。

任意代理人→　司法書士等

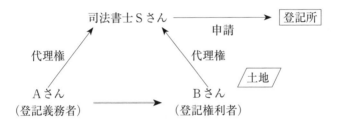

5　相続人その他の一般承継人からする登記

　不動産の物権変動が生じたが，その登記を申請する前に申請人（登記権利者
や登記義務者）が死んでしまうということもあり得る。

　この場合は，本来の申請人の相続人が，本来の申請人に代わって登記を申請
することができる（一般承継人からする登記。不登§62）。

📖**ケーススタディ**
①　AとBは，Aの所有する甲土地をBに売り渡す契約をした。
②　その所有権の移転の登記を申請する前に，Aが死亡した。相続人は子の
　　XYである。

➡　XYがAに代わって，Bと共同して所有権の移転の登記を申請する。

⑴　**登記権利者の相続人が申請する場合**

　　相続人が数人いるときは，そのうちの１人が登記義務者とともに登記を申請することができる。

　∵　共有物の保存行為（民§252Ⅴ）といえる。

　【例】　AからBへの所有権の移転の登記を申請する前に，Bが死亡した。相続人は子のMNである。

　　　➡　MとAが共同してBへの所有権の移転の登記を申請することができる。

　　　➡　Nは申請人とならなくても良い。

⑵　**登記義務者の相続人が申請する場合**

　　相続人が数人いるときは，相続人の全員が登記権利者と共同して登記を申請することを要する（先例昭27.8.23－74）。

　∵　（実体法上の権利はともかく）登記の名義がまだ被相続人にある以上，相続人全員に利益（権利）が残存しているといえるからである。

6　債権者代位（民§423Ⅰ）による登記

　本来の申請人に対する債権者が，自己の債権を保全するために，本来の申請人に代位して登記を申請すること。

　【例】　Aの所有する不動産をBが買い受けたが，Bが所有権の移転の登記を申請しない場合，Bに対して債権を有しているCはBに代位して，AとともにAからBへの所有権の移転の登記を申請することができる。

第７章
どこに登記を申請するのか

Topics ・不動産について物権変動が生じたので，その登記を申請したい。どこに行けばいいのか？

1　登記所

登記に関する事務は，「登記所」と呼ばれる機関（役所）が扱う（不登§6Ⅰ）。そのため，登記を申請するときは，登記所に対して登記を申請する。

➡　県庁とか市役所に登記を申請するわけではない。

➕アルファ

「登記所」というのは通称であって正式名称ではない。正式には，法務省の地方組織の1つである「法務局」，「地方法務局」あるいはその出先機関である「支局」又は「出張所」である。これらを併せて「登記所」と呼んでいる（不登§6Ⅰ）。

2　どの登記所に登記を申請するのか？

法務局は全国で8か所，地方法務局は全国で42か所あり，支局，出張所も全国にたくさんある。

そして，登記の事務は，不動産の所在地を管轄する法務局，地方法務局，支局，出張所がつかさどるとされている（不登§6Ⅰ）。

【例】　東京都新宿区にある不動産に関する登記は「東京法務局新宿出張所」が扱う。千葉県松戸市と流山市にある不動産に関する登記は「千葉地方法務局松戸支局」が扱う。

重要❗ ・・・・・・・・・・・・・・・・・・・・・・・・・・・・・・・・・

管轄権のない登記所に対して登記を申請したら，その申請は却下される（不登§25①）。

【例】　東京都新宿区にある土地についての登記を，神奈川県の横浜地方法務局青葉出張所に対して申請したら，その申請は却下される。司法書士が管轄を間違えて登記を申請したら，かなり恥ずかしい。

3　登記官

　　登記所における事務は，登記官（登記所に勤務する法務事務官のうちから，法務局又は地方法務局の長が指定する者をいう）が取り扱う（不登§9）。

第８章
どのように登記を申請するのか

Topics・登記を申請するには，必ず登記所に行かなければならないのか？　もっと便利な方法はないのか？

　登記は，登記所に対して登記を申請することによってされるが，その申請の方法は大きく分けて２つある（不登§18）。

①　電子申請（通称「**オンライン申請**」。すなわちインターネットによる申請）
②　書面申請（書面を提出する。CD-R等の磁気ディスクを提出する場合も含む）
　➡　どちらの方法で申請しても差し支えない。

1　オンライン申請
　パソコンの画面上に必要事項（申請情報の内容）を入力し，必要な添付情報と併せて，登記所に送信する（不登§18①）。

2　書面申請
　申請書に必要事項（申請情報の内容）を記載し，必要な添付書面と併せて，登記所に提出する（不登§18②）。

＋アルファ

　書面申請の場合，不動産の所在地を管轄する登記所に行って申請書類を直接手渡しすることもできるし，郵送の方法で管轄登記所に申請書類を提出してもよい。

第9章
申請書に記載すべき事項（申請情報の内容）

Topics ・登記の申請書には何を書く必要があるのか？
・登記申請の基本中の基本であり，試験的にも重要。

　書面によって登記を申請する場合は，申請書に必要事項を記載してこれを登記所に提出する。オンライン申請の方法で登記を申請するときは，パソコンの画面上に必要事項を入力して，これを"申請情報"として送信する。

　このような，申請書の記載事項（申請情報として提供すべき情報）を，「申請情報の内容」と呼んでいる。

　「申請情報の内容」には，どのようなものがあるか。

　まずは，登記の申請書を見てみよう（一部，実務上の様式とは異なっている）。

1　具体的に

　ある土地は，以下のとおり登記がされている。

表　題　部　（土地の表示）			不動産番号	【略】
所　　在	新宿区高田馬場七丁目		余　白	
① 地　番	② 地　目	③ 地　積　㎡	原因及びその日付〔登記の日付〕	
3番2	宅地	100 : 00	【略】	

権　利　部　（甲　区）		（所　有　権　に　関　す　る　事　項）	
順位番号	登記の目的	受付年月日・受付番号	権　利　者　そ　の　他　の　事　項
1	所有権移転	平成22年9月1日 第9000号	原因　平成22年9月1日売買 所有者　（住所省略）A

　令和5年8月1日，Aと株式会社B（代表取締役b）は売買契約を締結し，その所有権が株式会社Bに移転した。したがって，Aから株式会社Bへの所有権の移転の登記を申請する。

➡　Aと株式会社Bの代表者bは，司法書士Sに対して，登記の申請手続についての代理権を与えた（Sが申請書を作成して登記所に提出する）。

この場合の登記の申請書は，以下のとおりである。

登記申請書

登 記 の 目 的	所有権移転	①
原　　　　因	令和5年8月1日売買	②
権　利　者	（住所省略）　株式会社B	③
	代表取締役　　b	④
	（会社法人等番号　0100-01-999111）	⑤
義　務　者	（住所省略）　A	
添 付 情 報	登記識別情報	
⑥	登記原因証明情報	
	会社法人等番号	
	代理権限証明情報	
	印鑑証明情報	
	住所証明情報	
令和5年8月1日申請　東京法務局新宿出張所		⑦
代　理　人	（住所省略）　司法書士　S　　㊞	⑧
課 税 価 額	金1,000万円	⑨
登 録 免 許 税	金20万円	⑨
不動産の表示	所在　新宿区高田馬場七丁目	⑩
	地番　3番2	
	地目　宅地	
	地積　100.00㎡	

---

① 「登記の目的」

　　まず，申請情報の内容として「登記の目的」を提供する（不登令§3⑤）。

　　　登記の目的→　どういった登記を要求するのかということ。

➡　つまり，物権変動の内容。

【例】　売買契約によって不動産の所有権が移転した場合は，"所有権"という物権について"移転"という変動が生じたので，登記の目的は「所有権移転」。

【例】　ある債権を担保するために，不動産に抵当権の設定契約がされた場合は，"抵当権"という物権について"設定"という変動（新たに抵当権

が成立した）が生じたので，登記の目的は「抵当権設定」。

② 「原因」（＝登記原因及びその日付）
　　次いで，申請情報の内容として「登記原因及びその日付」を提供する（不登令§3⑥）。

　登記原因→　登記をすることになる**物権変動の原因である法律行為又はその他の法律事実**
　原因日付→　登記原因である法律行為等によって物権変動の効力が生じた日
　　　➡　簡単にいえば，"登記の目的である物権変動はどういった原因で生じたのか"ということ。

【例】　本件事例では，令和5年8月1日にAと株式会社Bとの間で不動産の売買契約がされ，この契約によって不動産の所有権が移転したので，原因は「令和5年8月1日売買」である。

③ 「申請人」
　　登記は，当事者からの申請によってされるので，申請情報の内容として登記の申請人の氏名又は名称及び住所を提供する（不登令§3①）。
　➡　登記権利者と登記義務者が共同で申請するときは，**登記権利者と登記義務者の氏名や住所を提供する。**

④ 「法人の代表者の氏名」
　　会社等の法人が登記の申請人であるときは，その法人の代表者が法人を代表して登記を申請する。この場合は，申請情報の内容として，その法人の代表者の氏名を提供する（不登令§3②）。

⑤ 「会社法人等番号」
　　これは添付情報の1つであるが（不登令§7Ⅰ①イ），実際には申請人の下に記載する。詳しくは第10章（添付情報）参照。

⑥ 「添付情報の表示」
　　登記を申請するときは，申請情報（申請書）のほか，法定の「添付情報（添付書面）」を提供することを要する（不登令§7等）。
　➡　印鑑証明書とか住民票の写し等を提供する。詳しくは次章。

　　そして，申請情報の内容として，"当該申請においてどういった添付情報を提供したか"を提供する（不登規§34Ⅰ⑥）。

⑦　申請の年月日及び登記所の表示

　　申請情報の内容として，登記申請の年月日（不登規§34Ⅰ⑦）と，申請する登記所の表示（同Ⅰ⑧）を提供する。

⑧　代理人の表示

　　代理人によって登記を申請するときは，申請情報の内容として，その代理人の氏名や住所を提供する（不登令§3③）。

　　【例】　本件事例では，申請人（物権変動の当事者）は株式会社BとAであるが，その申請人は司法書士Sに対して登記申請に関する代理権を与えて，Sが登記を申請している。

　　　　　そのため，代理人としてSの氏名，住所を提供する。

⑨　登録免許税額（定率課税の場合には課税価額も含む）

　　権利に関する登記を申請するときは，申請人は登録免許税法所定の登録免許税を納付することを要する（登税§9）。

➡　登記をするためにも税金がかかる。

　　そして，申請情報の内容として，いくらの登録免許税を納付したのかを提供する（不登規§189）。

⑩　不動産の表示

　　登記を申請するときは，どの不動産についての登記なのかを特定する必要がある。

　　そのため，申請情報の内容として，登記を申請する不動産の表示を提供する（不登令§3⑦⑧）。

土地の場合→　所在，地番，地目，地積で特定する。
建物の場合→　所在，家屋番号，建物の種類，構造，床面積，建物の名称があるときはその名称等で特定する。

➕アルファ

　　その不動産についての「不動産番号」（不登規§34Ⅱ）を提供したときは，所在，地番等を提供することを要しない（不登令§6）。

2　その他の事項

　上記1以外にも，申請情報の内容は沢山ある。

　詳しくは追って説明するが，ここでは上記1以外の申請情報の内容を列挙しておく。

- ・　債権者が代位により申請するときは，申請人が代位者である旨，代位される者の氏名又は名称及び住所並びに代位原因
- ・　権利の保存，設定又は移転の登記（根抵当権や信託の登記を除く）を申請する場合で，登記名義人となる者が2人以上であるときは，登記名義人となる者ごとの持分
- ・　申請人が登記権利者又は登記義務者（あるいは登記名義人）でないとき（一定の場合を除く）は，登記権利者，登記義務者又は登記名義人の氏名（名称）及び住所
- ・　本来の登記権利者又は登記義務者等の相続人その他の一般承継人が申請するときは，申請人が相続人その他の一般承継人である旨
- ・　上の場合において，登記名義人となる登記権利者の相続人その他の一般承継人が申請するときは，登記権利者の氏名（名称）及び（一般承継時の）住所
- ・　登記の目的である権利の消滅に関する定め
- ・　共有物分割禁止等の定め
- ・　権利の一部を移転する登記である場合は，移転する権利の一部（持分）
- ・　敷地権付き区分建物について敷地権についても効力の及ぶ登記を申請するときは，敷地権に関する表示
- ・　登記識別情報を提供できないときは，提供できない理由　　　　　　　　**H29記述**
- ・　申請人の電話番号その他の連絡先
- ・　所有権の登記名義人となる者が国内に住所を有しないときは，その国内における連絡先となる者の氏名又は名称及び住所等
- ・　オンライン申請の特例方式の方法により登記を申請するときは，その旨
- ・　上の場合において，各添付情報につき書面を提出する方法によるか否かの別
- ・　登記識別情報を記載した書面を送付の方法により交付してほしい場合　**H30-14** のその旨並びに送付先の別
- ・　オンライン申請の方法で登記を申請する場合で，登記識別情報を記載した書面の交付を求めるときは，その旨
- ・　登記識別情報の通知を希望しないときは，その旨
- ・　不動産登記令別表に掲げられた事項

3　一般的な申請情報の内容と，特殊的な申請情報の内容

　申請情報の内容には，基本的にすべての権利の登記に共通する"一般的な"申請情報の内容と，個々の登記によって特別に定められた"特殊的な"申請情報の内容がある。

　第4章の「登記記録にはどのような事項が記録されるのか」で説明したように，登記事項（登記記録に記録される事項）には，「一般的登記事項」と「特殊的登記事項」がある。

一般的登記事項→　すべての権利の登記に共通する登記事項
特殊的登記事項→　個々の登記において，それぞれ特別に定められた登記事項

　このように，個々の登記によって登記すべき事項が異なるということは，申請情報の内容についても，"個々の登記で特別に定められた申請情報の内容"というものがある。
➡　このような特殊的な申請情報の内容は，不動産登記令の別表で個別に規定されている。

┌─ 📖ケーススタディ ─┐

　不動産登記令別表の「55」を見ると，「登記」として「抵当権（根抵当権を除く）の設定の登記」とされていて，「申請情報」として「イ　法第83条第1項各号に掲げる登記事項（中略），ロ　法第88条第1項各号に掲げる登記事項，（以下，略）」と規定されている。

ちなみに，（不動産登記）法第83条第1項は，以下のとおりである。

（担保権の登記の登記事項）

第83条　先取特権，質権若しくは転質又は抵当権の登記の登記事項は，第59条各号に掲げるもののほか，次のとおりとする。

　一　債権額（一定の金額を目的としない債権については，その価額）

　二　債務者の氏名又は名称及び住所

　三　所有権以外の権利を目的とするときは，その目的となる権利

　四　2以上の不動産に関する権利を目的とするときは，当該2以上の不動産及び当該権利

　五　外国通貨で第1号の債権額を指定した債権を担保する質権若しくは転質又は抵当権の登記にあっては，本邦通貨で表示した担保限度額

つまり，抵当権の設定の登記を申請するときは，「登記の目的」や「申請人」等の一般的な申請情報の内容のほか，「債権額」や「債務者」，「利息に関する定め」があるときはその定めなども申請情報の内容として提供する必要がある。

　不動産登記令の別表を見ると，「申請情報」欄が空欄の登記がけっこうある。これはつまり，「登記の目的」や「申請人」等の一般的な申請情報の内容を提供すれば足り，特殊的な申請情報の内容はないということ。

第10章
申請情報と併せて提供すべき情報（添付情報）

Topics ・添付情報として，どういった情報を提供すべきか？

・登記の種類に応じて添付情報も微妙に異なるので，それぞれ正確に押さえること。

　登記を申請するときは，申請情報（申請書）を提供するだけでなく，法定の添付情報（添付書面）も提供することを要する。

理由　　申請情報だけでなく，添付情報の提供も要求されているのは，一言でいえば登記の正確性を確保するため。

➡　本当に申請したとおりの物権変動が生じているのか，あるいは本当に登記を申請すべき人が登記を申請しているのかといったことを証明し，登記の正確性を確保する。

　では，登記を申請する際に，申請情報と併せてどのような添付情報を提供すべきか？

→　添付情報に関する論点はたくさんある。詳しくは「スタンダード合格テキスト　5不動産登記法Ⅱ」で説明するが，入門編としてまずこれだけは絶対に押さえていただきたい点を解説する。

　具体的な申請に則して説明する。

ケーススタディ

ある土地について，以下のとおりの登記がされているものとする。

権　利　部（甲　区）	（所　有　権　に　関　す　る　事　項）		
順位番号	登記の目的	受付年月日・受付番号	権利者その他の事項
1	所有権移転	平成22年9月1日 第9000号	原因　平成22年9月1日売買 所有者　（住所省略）A

　令和5年8月1日，Aと株式会社B（代表取締役b）との間で本件土地についての売買契約がされた。そのため，Aから株式会社Bへの所有権の移転の登記を申請する。

➡　Aと株式会社Bの代表者bは，司法書士Sに対して登記の申請手続について委任した。

登記申請書

登記の目的　所有権移転

原　　　因　令和5年8月1日売買

権　利　者　（住所省略）　株式会社B

　　　　　　　　　　代表取締役　　b

　　　　　　　　　（会社法人等番号　0100-01-999111）

義　務　者　（住所省略）　A

添付情報　登記識別情報（Aの甲区1番のもの）　　　　　　　　　①

　　　　　　登記原因証明情報　　　　　　　　　　　　　　　　②

　　　　　　会社法人等番号（株式会社Bの会社法人等番号）　　③

　　　　　　代理権限証明情報（株式会社Bの代表者b及びAの委任状）　④

　　　　　　印鑑証明情報（Aの印鑑証明書）　　　　　　　　　⑤

　　　　　　住所証明情報（株式会社Bの会社法人等番号）　　　⑥

（以下，略）

添付情報について解説する。

① 登記識別情報

　　登記権利者と登記義務者の共同申請による登記を申請するときは，申請情報と併せて**登記義務者の登記識別情報を提供すること**を要する（不登§22）。

　　この「登記識別情報」はかなり重要な添付情報である。入門編においても解説すべき事項はたくさんあるので，登記識別情報については次章で詳しく解説する。
　　とりあえず，登記識別情報は登記義務者の本人確認のために提供すべき情報である，と押さえていただきたい。
　➡　悪い人が登記義務者（つまり登記名義人）に成りすまして虚偽の登記を申請することを防止するために，登記識別情報の提供が要求されている。

② 登記原因証明情報

　　権利に関する登記を申請するときは，法令に別段の定めがある場合を除き，申請情報と併せて**登記原因を証する情報（登記原因証明情報）を提供すること**を要する（不登§61，不登令§7Ⅰ⑤ロ）。
　➡　前章のとおり，登記を申請するときは，申請情報の内容として「登記原因及びその日付」を提供する必要があった（不登令§3⑥）。登記原因証明情報は，この登記原因を証明する情報である。

　🖐理由　　申請どおりの物権変動が生じているのかを登記官に形式的に審査させて，不正確な登記を防止するため。

【例】　上の事例で見ると，"Aと株式会社Bの間で令和5年8月1日に本件土地の売買契約がされ，その所有権が株式会社Bに移転した"といったことを証明する情報である。

・　登記原因証明情報の内容
　　Aと株式会社Bの間で本件土地の売買契約書が作成されていれば，この「売買契約書」を登記原因証明情報として提供することができる。
　➡　ただし，一定の要件が満たされている必要がある。

　　また，売買契約書とは別に，登記所に提出する用の「登記原因証明情報」という書面を作成し，これを登記所に提供することもできる。
　➡　いわゆる"報告型の登記原因証明情報"である。
　➡　実務上はこちらが主流。

・　「売買契約書」とは別に「登記原因証明情報」という書面を作成した場
合のサンプル

登記原因証明情報

1　登記申請情報の要綱
　(1)　登記の目的　所有権移転
　(2)　登記の原因　令和5年8月1日売買
　(3)　登記申請人　権利者（買主）住所省略　株式会社B
　　　　　　　　　　義務者（売主）住所省略　A
　(4)　不動産の表示
　　　　所在　新宿区四谷五丁目
　　　　地番　4番3
　　　　地目　宅地
　　　　地積　80.00㎡

2　登記の原因である事実又は法律行為
　(1)　売買契約の締結
　　　　Aと株式会社Bは，令和5年8月1日，本件不動産を株式会社Bに
　　　売り渡す契約をした。
　(2)　代金の支払い
　　　　契約の席上，株式会社BはAに対し，上記の売買の代金の全額を提
　　　供し，Aはこれを受領した。
　(3)　所有権の移転
　　　　よって，本件不動産の所有権は，同日，株式会社Bに移転した。

令和5年8月1日　　東京法務局新宿出張所　御中
　　上記の登記原因のとおり相違ありません。
　　　　　　　　　　　（買主）住所省略　株式会社B　代表取締役　b　㊞
　　　　　　　　　　　（売主）住所省略　A　　　　　　　　　　　　㊞

---

③　会社法人等番号
　　会社等の法人が登記の申請人となるときは，申請情報と併せて，その法人
の会社法人等番号を提供することを要する（不登令§7Ⅰ①イ）。
➡　これは添付情報の1つであるが，実際には「申請人」の下に当該法人の
　会社法人等番号を記載する。

🐭️理由　　会社等の法人が登記の申請人となるときは，その法人の代表者が法人を代表して登記を申請する。そのため，"登記を申請している者はその法人の代表者である"ことを証明する必要がある。

　　会社法人等番号を提供して登記の申請がされたときは，登記官は，その会社法人等番号に基づいて当該法人の登記の記録（役員欄）を見て，「確かに登記を申請している人が当該法人の代表者である」と確認する。

H28-18

・　会社法人等番号の提供に代えて，当該法人の登記事項証明書（ただし作成後3か月以内のものに限る）を提供することができる（不登規§36ⅠⅡ）。

➕アルファ

　　詳しくは会社法で学習するが，株式会社は，その本店の所在地において設立の登記をすることによって成立する（会§49）。
➡　「会社を作りました」と宣言するだけでは会社は成立しない。一定の手続を経て，設立の登記をすることによって初めて成立する。
➡　株式会社の設立の登記においては，商号や本店や目的や役員（取締役等）や資本金の額等が登記される（会§911Ⅲ）。

　　株式会社等の法人の登記においては，その法人の代表者（代表取締役等）が登記されている。つまり，法人の登記の記録を見れば，その法人の代表者が分かる。

➕アルファ

　　その法人が，会社法人等番号を有していないときは，その代表者の資格を証する情報を提供することを要する（不登令§7Ⅰ①ロ）。

・　参考のため，株式会社の登記事項を証明した書面（履歴事項証明書）のサンプルを掲げる（一部省略）。

履歴事項一部証明書

東京都新宿区北新宿一丁目2番3号
株式会社ユニバーサル

会社法人等番号	0100-01-987654	
商号	株式会社ユニバーサル	
本店	東京都新宿区北新宿一丁目2番3号	
公告をする方法	官報に掲載する方法による	
会社成立の年月日	昭和60年8月13日	
役員に関する事項	取締役　前田晶	令和4年9月24日重任
		令和4年9月24日登記
	取締役　安城洋一	令和4年9月24日重任
		令和4年9月24日登記
	取締役　宮戸優子	令和4年9月24日重任
		令和4年9月24日登記
	東京都世田谷区用賀二丁目28番20号	令和4年9月24日重任
	代表取締役　前田晶	令和4年9月24日登記
	監査役　高橋辰夫	令和4年9月24日重任
		令和4年9月24日登記
取締役会設置会社に関する事項	取締役会設置会社	
監査役設置会社に関する事項	監査役設置会社	

　これは登記簿に記録されている閉鎖されていない事項の一部であることを証明した書面である。

令和5年4月8日

　　　　東京法務局新宿出張所　　　　登記官　　　　新宿太一　　　㊞

　これを見れば，前田晶さんが株式会社ユニバーサルの代表者（代表取締役）であるということが分かる。

④　代理権限証明情報
　　代理人によって登記を申請するときは，申請情報と併せて当該代理人の権

限を証する情報を提供することを要する（不登令§7Ⅰ②）。

🖐理由　登記の申請は代理人からすることもできるが，この場合には，その者が登記申請の権限を有する者であることを証明する必要がある。

　申請人が司法書士に登記申請の委任をした場合→　委任状

・　委任状のサンプル

委　任　状

東京都豊島区高田七丁目2番3号
司法書士　　　S

　私は，上記の者を代理人と定め，下記登記申請に関する一切の権限を委任します。

記

1，不動産の表示　後記のとおり
1，登記の目的　所有権移転
1，登記原因　令和5年8月1日売買

令和5年8月1日

　　　　（住所省略）　売主　A　　　　　　　　　　　㊞

不動産の表示
所在，地番，地目，地積　（省略）

---

⑤　印鑑証明書

　　書面によって登記を申請する場合，申請人（又はその代表者もしくは代理人）は，法務省令で定める場合を除き申請書又は委任状に記名押印し，その押した印に関する証明書を提供することを要する（不登令§16，18）。

理由　申請人の本人確認のため。
　➡　印鑑証明書は，原則として市区町村に印鑑を登録した本人し
　　　かとることができないものである。

重要！・・・・・・・・・・・・・・・・・・・・・・・・・・・・・
　印鑑証明書は申請人の本人確認のために提供するものであり，また登記義務者
の登記識別情報も登記義務者の本人確認のために提供するものである。
➡　ダブルで本人確認をして，第三者による成りすましの防止を図っている。

・　印鑑証明書の提供が必要な場合
　　不動産登記令の条文では，"原則として申請人の印鑑証明書を提供すべ
　き。ただし，法務省令（＝不動産登記規則）で定める一定の場合には提供
　を要しない"という規定となっている（不登令§16Ⅱ，18Ⅱ）。
　　しかし，実際には，登記を申請する際に印鑑証明書の提供を要しない場
　合がたくさんある。

　　どういう場合に印鑑証明書を提供して，どういう場合に提供しなくてい
　いかは「スタンダード合格テキスト　5不動産登記法Ⅱ」で詳しく説明す
　るが，とりあえず，入門編の段階では以下を必ず押さえていただきたい。

┌───┐
│　所有権の登記名義人である自然人が登記義務者となる登記を申請す　│
│　るときは，登記義務者の印鑑証明書を提供する必要がある。　　　　│
└───┘

　∵　所有権の登記名義人が登記義務者となる登記は，権利に関する登記の
　　中でもかなり重要な登記といえる。そのため，登記識別情報と印鑑証明
　　書のダブルの本人確認をする必要がある。

＋アルファ
　所有権の登記名義人である法人が登記義務者となる場合も，印鑑証明書を
提供すべきであるが，その法人の会社法人等番号を提供したときは，印鑑証
明書の提供を要しないとされている（不登規§48①，49Ⅱ①）。

＋アルファ
　ほかにも印鑑証明書を提供すべき場合はいくつかあるが，入門編の段階に
おいては，「上記以外の人は印鑑証明書を提供することを要しない」と押さ

えていただいて差し支えない。

【例】　AからMへの所有権の移転の登記を申請する場合，Mは"登記権利者"
　　　なので，Mの印鑑証明書を提供することを要しない。

・　印鑑証明書のサンプル

印鑑登録証明書

印影

氏名	下 田 鈴 香	
生年月日	昭和37年7月13日	（省略）
住所	足立区江南三丁目39番4号	

　この写しは，印鑑登録票に登録されている印影と相違ないことを証明します。
　令和5年6月25日

足立区長　〇〇　〇〇　㊞

⑥　住所証明情報
　　所有権の保存又は所有権の移転の登記を申請するときは，申請情報と併せて登記権利者（所有者）の住所を証する情報を提供することを要する（不登令別表30添付情報欄ハ等）。

👉理由　実在しない者の名義で所有権の登記がされることを防止し，また所有者として登記される者の現在の正確な住所をもって登記をするため。

重要❗・・・・・・・・・・・・・・・・・・・・・・・・・・・・・・・
　住所を証する情報を提供するのは，所有権の保存の登記と所有権の移転の登記に限られる。
➡　それ以外の登記を申請する場合には，住所を証する情報の提供は不要（若干の例外はあり）。

【例】 抵当権の設定，根抵当権の移転等の登記を申請する場合，住所を証する
　　　情報の提供は不要。

> 自然人の住所を証する情報→　住民票の写し，戸籍の附票の証明書
> 会社等の法人の住所を証する情報→　当該法人の登記事項証明書（会社　　H28-18
> 　　　　　　　　　　　　　　　法人等番号）

➕ **アルファ**

　戸籍には本籍地が記録されているが，本籍地と住所はイコールというわけ
ではないので，「戸籍事項の証明書」を住所を証する情報とすることはでき
ない。
➡　戸籍の附票には住所が記録されているので，戸籍の附票の証明書を住所
　を証する情報とすることができる。

・　住民票の写しのサンプル

<table>
<tr><td colspan="8" align="center">住　民　票</td></tr>
<tr><td>世帯主</td><td colspan="7">高岡由紀子</td></tr>
<tr><td>住所</td><td colspan="7">伊勢原市豊中町348番地</td></tr>
<tr><td>備考</td><td colspan="7"></td></tr>
<tr><td>氏名</td><td colspan="2">高岡　　由紀子</td><td>生年月日</td><td>昭和42年11月23日</td><td>性別</td><td>女</td><td>続柄　世帯主</td></tr>
<tr><td></td><td colspan="2"></td><td>市民となった年月日</td><td>平成22年10月3日</td><td colspan="2">本籍</td><td>省略</td></tr>
<tr><td colspan="8">平成22年10月3日　千葉県市原市桜台三丁目7番1号から転入
平成22年10月5日届出</td></tr>
<tr><td colspan="8">　この写しは，世帯全員の住民票の原本と相違ないことを証明します。
　　　令和5年6月28日

　　　　　　　　　　　　　　　　　伊勢原市長　　　㊞</td></tr>
</table>

⑦　その他の添付情報

　　通常の所有権の移転の登記を申請するときは，上記の①から⑥のような添付情報を提供するが，登記の内容によっては，その他の添付情報も必要となる。

・　債権者が本来の申請人に代位して登記を申請するとき
　➡　代位原因を証する情報（不登令§7Ⅰ③）

・　本来の申請人の相続人その他の一般承継人が申請するとき（不登§62）
　➡　申請人に相続その他の一般承継があったことを証する市区町村長，登記官その他の公務員が職務上作成した情報（不登令§7Ⅰ⑤イ）

・　登記原因について第三者の許可，同意又は承諾を要するとき
　➡　当該第三者が許可し，同意し，又は承諾をしたことを証する情報（同ハ）

・　不動産登記令別表の添付情報欄に掲げられた情報（同Ⅰ⑥）
　➡　登記にはいろいろな種類があるが，それぞれの登記によって，登記の正確性を確保するために必要な情報の内容は異なる。
　　そこで，個々の登記で特別に要求される添付情報については，不動産登記令の別表で個別に規定されている。

第11章
登記識別情報

Topics・登記識別情報は,添付情報の1つである。かなり重要な添付情報である。
・昔は「権利証」と呼ばれる紙だったが,今は暗証番号となっている。

1 登記識別情報とは

登記権利者と登記義務者の共同申請による登記においては,申請情報と併せて登記義務者の登記識別情報を提供することを要する(不登§22)。

登記義務者の登記識別情報とは,その登記義務者が以前に登記権利者として自分が登記名義人となる登記を受けた際に,登記官から通知を受けた当該登記に関する暗証番号のようなものである(不登§21)。

> **📖ケーススタディ**
>
> 甲土地は,以下のような登記がされている。
>
> | 権 利 部(甲 区) | (所 有 権 に 関 す る 事 項) | | |
> |---|---|---|---|
> | 順位番号 | 登記の目的 | 受付年月日・受付番号 | 権利者その他の事項 |
> | 1 | 所有権移転 | 平成12年9月1日
第9000号 | 原因 平成12年9月1日売買
所有者 X |
>
> 令和5年7月1日,甲土地についてX・A間で売買契約がされ,所有権がAに移転したので,XからAへの所有権の移転の登記を申請した。
> そして,この所有権の移転の登記が完了した(以下のように登記がされた)。
>
> | 権 利 部(甲 区) | (所 有 権 に 関 す る 事 項) | | |
> |---|---|---|---|
> | 順位番号 | 登記の目的 | 受付年月日・受付番号 | 権利者その他の事項 |
> | 1 | 所有権移転 | 平成12年9月1日
第9000号 | 原因 平成12年9月1日売買
所有者 X |
> | 2 | 所有権移転 | 令和5年7月1日
第7000号 | 原因 令和5年7月1日売買
所有者 A |
>
> この登記が完了したときは,登記官は登記名義人となった登記権利者Aに対し,「甲土地甲区2番の登記に関する登記識別情報」,つまり"甲土地甲区2番の登記の暗証番号"を通知する。

➡ 「甲土地甲区２番の登記識別情報は"12a34b56c78d"ですよ」。

Aは，登記識別情報を誰にも知られないようにセキュリティを万全にしておく。
➡ 登記識別情報が書面で交付された場合にはタンスの奥や銀行の貸金庫に隠しておく。登記識別情報をパソコンからダウンロードした場合には，USBメモリに保存するなどして管理を厳重にする。

➕アルファ

話は変わるが，銀行のキャッシュカードが盗まれ，さらに暗証番号も知られてしまったら，他人に勝手に預金を引き出されるおそれがある。だから，暗証番号は他人に知られてはいけない。

登記識別情報も同じである。登記識別情報が他人に知られ，さらに実印，印鑑証明書が盗まれたら，不動産が他人に乗っ取られるおそれがある。だから，登記識別情報は絶対に他人に知られてはいけない。

重要

つまり，「甲土地甲区２番の登記の登記識別情報が"12a34b56c78d"である」ということは，世界中でAしか知らない，という状態にしておく。

その後，Aは甲土地をBに売り渡した。そのため，AからBへの所有権の移転の登記を申請する。
➡ この登記は，Bを登記権利者，A（甲区２番の登記名義人）を登記義務者として共同で申請する。

そして，この登記を申請するときは，申請情報と併せてAの甲土地甲区２番の登記識別情報"12a34b56c78d"を提供する（登記識別情報を記載した書面を登記所に提出する）ことを要する（不登§22）。

理由

登記義務者の本人確認のため。甲土地甲区２番の登記名義人A本人が登記を申請していることを確認するために，登記識別情報を提供する。
➡ この甲土地甲区２番の登記識別情報"12a34b56c78d"は，世界中でAしか知らない情報である。だから，この情報を提供させれば，甲区２番の登記名義人A本人がこの登記を申請している，

ということができる。

➡ 悪人がAに成りすまして勝手に登記を申請することを防ぐことができる。

➕ アルファ

キャッシュカードで銀行預金を下ろす場合と考え方は同じである。

カードで下ろす場合，ＡＴＭにキャッシュカードを挿入し，暗証番号を入力して預金を引き出すことができる。預金者本人しか知らないはずの暗証番号を入力させることによって，預金者本人が引き出していることを確認するためである。

2 登記識別情報を提供すべき場合

登記権利者と登記義務者の共同申請による登記を申請するときは，申請情報と併せて登記義務者の登記識別情報を提供することを要する（不登§22）。

【例】 Aの所有する不動産を目的としてXのために抵当権の設定の登記を申請するときは，申請情報と併せて登記義務者Aの登記識別情報を提供する。

重要 ●●●●●●●●●●●●●●●●●●●●●●●●●●●●●●●●●●●●

不動産の権利に関する登記は，登記権利者と登記義務者が共同で申請するのが原則なので（共同申請主義。不登§60），だいたいの登記の申請において，登記義務者の登記識別情報を提供することを要する。

・ 登記権利者等が単独で申請できる登記を申請するときは，申請情報と併せて登記識別情報を提供することを要しない（例外はあるが）。

【例】 相続による権利の移転の登記は，登記権利者（相続人）が単独で申請することができるので，申請情報と併せて登記識別情報を提供することを要しない。

3 登記が完了したときに登記識別情報が通知される場合，されない場合

申請された登記が完了しても，必ず登記権利者に対して登記識別情報が通知されるわけではない。

(1)　通知される場合→　不動産登記法第21条

> （登記識別情報の通知）
> **第21条**　登記官は，その登記をすることによって申請人自らが登記名義人となる場合において，当該登記を完了したときは，法務省令で定めるところにより，速やかに，当該申請人に対し，当該登記に係る登記識別情報を通知しなければならない。（後略）

ポイント１

その登記をすることによって"申請人自らが登記名義人となる場合"に通知される。

ポイント２

"当該申請人"（＝登記名義人となった申請人）に通知される。

【例】　AからBへの所有権の移転の登記の申請がされ，登記が完了したとき，すなわちBが所有権の登記名義人となったときは，登記官はBに対して登記識別情報を通知する。

➡　Aは新たに登記名義人となるわけではないので，Aに対しては登記識別情報は通知されない。

(2)　通知されない場合

(1)以外の登記においては，登記が完了しても登記識別情報は通知されない。

【例】　権利の変更や抹消の登記がされた場合，申請人が登記名義人として登記されることはない。そのため，権利の変更や抹消の登記が完了しても，申請人に対して登記識別情報は通知されない。

＋アルファ

登記識別情報が通知される場合の補足

登記識別情報は，申請人自らが登記名義人となる登記が完了した際に，その申請人に対して通知されるものであるが，もう少し細かくいうと，"現行の不動産登記法が施行された後，オンライン庁（オンライン申請の方法で登記を申請できると法務大臣が指定した登記所）において"申請人自らが登記名義人となる登記が完了した際にその申請人に対して通知されるものである。

実は，登記識別情報は，現行の不動産登記法（平成17年３月７日施行）において初めて規定されたものである。つまり，旧不動産登記法の時代には登記識別情報というものは存在せず，登記が完了したときは「登記済証」という書面が登記権利者に交付されていた（俗に「権利証」と呼ばれるものである）。

➡　また，現行の不動産登記法が施行された後，オンライン庁として指定されていない登記所において登記が完了した場合も，旧法時代と同様，登記権利者に「登記済証」という書面が交付されている（不登附§６Ⅲ）。

➡　「登記済証」は，「登記識別情報」と同じような意味をもった書面である。

　したがって，登記済証の交付を受けている者が登記義務者となって新たな登記を申請するときは，申請情報と併せてその「登記済証」を提供することになる。

➡　登記済証を提供したときは，「登記識別情報が提供されたものとみなされる」と規定されている（不登附§７）。

➡　なお，今現在は，すべての登記所がオンライン庁となっている。

⑶　**登記識別情報通知書の見本**

＊　登記識別情報は，書面で申請人（登記名義人となった者）に交付される
場合とインターネットを通じて申請人に通知される場合があるが，書面で
交付される場合の通知書を掲げる。

登記識別情報通知

次の登記の登記識別情報について，下記のとおり通知します。
【不動産】
　上尾市宮原三丁目２番６の土地

【不動産番号】
　　７６５１２３４７７６５４３
【受付年月日・受付番号】
　　令和５年６月１日受付第600号
【登記の目的】
　　所有権移転
【登記名義人】
　　さいたま市浦和区常盤三丁目３番８号
　　室井市江

令和５年６月４日
　　　　　　　さいたま地方法務局上尾出張所　　登記官　　○○○○　　　㊞

記
登記識別情報
１Ａ２－Ｂ３Ｃ－４Ｄ５－Ｅ６Ｇ

＊　登記識別情報が記載されている部分については，第三者に見られないよ
うにするための工夫がされている。

第12章
登録免許税

Topics ・登記をするにも税金がかかる。
・納付すべき登録免許税は登記によって異なるので，その計算方法をマスターしよう。

　不動産の権利に関する登記を申請するときは，登録免許税法所定の登録免許税を納付することを要する。
➡　残念ながら，タダで登記をすることはできない。

　どれだけの登録免許税を納めるべきかは，登録免許税法の別表で定められている。

・　登録免許税法別表第1（一部を抜粋）

登　　記	課税標準	税　率
(1)　所有権の保存の登記	不動産の価額	1000分の4
(2)　所有権の移転の登記		
イ　相続又は法人の合併による移転の登記	不動産の価額	1000分の4
ロ　省略		
ハ　その他の原因による移転の登記	不動産の価額	1000分の20
(5)　先取特権の保存，質権若しくは抵当権の設定（中略）の登記	債権金額，極度金額又は不動産工事費用の予算金額	1000分の4
(14)　付記登記，抹消された登記の回復の登記又は登記事項の更正若しくは変更の登記	不動産の個数	1個につき1,000円

【例】　相続による所有権の移転の登記を申請するときは，不動産の価額を課税標準として，これに1000分の4を乗じた額の登録免許税を納付する必要がある。
➡　不動産の価額が金1,000万円だったら，登録免許税の額は金4万円である。

【例】　売買による所有権の移転の登記を申請するときは，「その他の原因によ

る（所有権の）移転の登記」として，税率は1000分の20である。

➕ アルファ

　この場合の「不動産の価額」とは，固定資産課税台帳に登録された不動産の価格である（登税附§7）。

➡　売買代金等は関係ない。

・　「付記登記，抹消された登記の回復の登記又は登記事項の更正若しくは変更の登記」を申請する場合は，不動産の個数が課税標準となり，不動産1個につき金1,000円とされている。

重要❗ ･････････････････････････

定率課税と定額課税

　上記のとおり，登録免許税の計算をする場合，不動産の価額（又は債権金額）を課税標準としてそれに一定の税率を乗じて計算する方法と，不動産の個数等を課税標準としてそれに一定の税額を乗じて計算する方法がある。

➡　前者が「定率課税」，後者が「定額課税」

　大雑把にいえば，新たに権利を取得するような登記を申請するときは定率課税，それ以外の登記を申請するときは定額課税。

第13章
登記の申請がされた後の処理

Topics ・登記の申請がされたら，登記官はどういった手順を踏んで登記を実行するのだろうか。
・申請の却下事由を押さえよう。

1 申請の受付

申請人から登記の申請がされた場合，登記官は，その申請を受け付けることを要する（不登§19Ⅰ）。

➡ この「受付」とは，単に申請情報を形式的に受け取るということ。

この受付がされても，必ず登記が実行されるというわけではない。

➡ 登記官がその内容を調査し（不登規§57），申請が適法であると判断したときにはじめて登記が実行される。

登記官が審査をした結果，申請の却下事由がある場合には，その申請は却下される（不登§25）。

2 申請の却下事由

登記官が申請の内容を審査した結果，その申請が不動産登記法25条に列挙された却下事由に該当するものである場合には，申請人が相当な期間内に補正をしたときを除き，登記官は理由を付した決定をもって当該申請を却下する（不登§25）。

☆ 申請の却下事由（抜粋）

(1) 申請に係る不動産の所在地が，当該申請を受けた登記所の管轄に属しないとき（不登§25①）

➡ いわゆる"管轄違い"の申請。

(2) 申請の権限を有しない者の申請によるとき（同④）

【例】 関係ない人が申請人になりすまして登記を申請した。

(3) **申請情報又はその提供の方法がこの法律に基づく命令又はその他の法令の規定により定められた方式に適合しないとき（同⑤）**
　➡　申請情報として提供すべき内容の一部が抜けているような場合。

【例】　申請書に申請人の氏名，住所を書き忘れた。

(4) **申請情報の内容である登記義務者（一定の場合には登記名義人）の氏名，名称又は住所が登記記録と合致しないとき（同⑦）**
　➡　けっこう重要な論点である。以下の３で説明する。

(5) **申請情報の内容が，登記原因証明情報の内容と合致しないとき（同⑧）**
　➡　契約の内容と登記申請の内容が異なっているような場合。

【例】　抵当権の設定の登記の申請情報と併せて提供された登記原因証明情報（抵当権設定契約書）には，債権額として金1,000万円と記載されているが，申請情報においては債権額として金2,000万円と提供されているような場合。

(6) **必要な添付情報が提供されていないとき（同⑨）**

【例】　所有権の移転の登記を申請する場合に，登記権利者の住所を証する情報（住民票の写し）が提供されていないような場合。

(7) **登録免許税を納付しないとき（同⑫）**

3　不動産登記法25条7号の却下事由について

　申請情報の内容である登記義務者（一定の場合には登記名義人）の氏名，名称又は住所が登記記録と合致しないときは，その申請は却下されると規定されている（不登§25⑦）。

　どういうことか？

甲土地は，現在，以下のとおり登記がされている。

権 利 部（甲 区）	（所 有 権 に 関 す る 事 項）	
順位番号	登記の目的	受付年月日・受付番号	権利者その他の事項
1	所有権移転	平成12年9月1日 第9000号	原因　平成12年9月1日売買 所有者　東京都中野区上高田一丁目 　　　　1番1号 　　　　坪 井 聖 子

　このような登記がされた後の平成16年9月6日，坪井聖子は引っ越しをし，住所が豊島区高田二丁目2番2号に変わった。しかし，この住所の変更に基づく"登記名義人の住所の変更の登記"はしていない。

　その後の令和5年8月5日，坪井聖子と堀之内啓太は，坪井聖子の所有する甲土地を金1,000万円で堀之内啓太に売り渡す契約をした。そのため，甲土地について所有権の移転の登記を申請する。この場合の申請書は，以下のとおりである。

登記申請書

登記の目的　所有権移転
原　　　因　令和5年8月5日売買
権　利　者　（住所省略）　　　　　　　　堀之内啓太
義　務　者　豊島区高田二丁目2番2号　坪井聖子
添付情報以下，省略

　申請情報の内容である坪井聖子の住所は「豊島区高田…」であるが，登記記録に記録された坪井聖子の住所は「中野区上高田…」である。違っている。書面の形式的審査をしている登記官からすると，「同姓同名の別人なのでは？」となってしまう。

　このように，申請情報の内容である登記義務者の氏名（名称）又は住所が登記記録と合致しないときは，その申請は却下される。

　したがって，登記名義人の氏名や住所に変更が生じた後に，その者を登記義務者として新たな登記を申請するときは，前提として「登記名義人の氏名等の変更の登記」を申請して，現在の氏名等と登記記録上の氏名等を一致させておく必要がある。

　この事例だと，まず坪井聖子についての住所の変更の登記を申請して，登記記録上の住所を現在の住所に合わせた上で，所有権の移転の登記を申請する必要がある。

権　利　部（甲　区）		（所　有　権　に　関　す　る　事　項）	
順位番号	登記の目的	受付年月日・受付番号	権 利 者 そ の 他 の 事 項
1	所有権移転	平成12年9月1日 第9000号	原因　平成12年9月1日売買 所有者　東京都中野区上高田一丁目 　　1番1号 　　坪　井　聖　子
付記1号	1番登記名義 人住所変更	令和5年8月5日 第8000号	原因　平成16年9月6日住所移転 住所　東京都豊島区高田二丁目2番 　　2号

＊　下線が引かれた部分は抹消された事項ということである。

➡　この住所の変更の登記をした後に，所有権の移転の登記を申請する。

第14章
当事者間の契約から登記が完了するまでの流れ

Topics ・簡単に流れを示す。気楽に読み流してください。

甲土地は，以下のとおりの登記がされている。

権　利　部（甲　区）	（所　有　権　に　関　す　る　事　項）		
順位番号	登記の目的	受付年月日・受付番号	権 利 者 そ の 他 の 事 項
1	所有権移転	平成22年９月１日 第9000号	原因　平成22年９月１日売買 所有者　　　A

この甲土地を，Bが買い受けた場合の所有権の移転の登記

＊　書面によって登記を申請するものとする。

①　令和５年８月１日，AとBは，Aの所有する甲土地をBに売り渡す契約を
した。

➡　実際には司法書士に立ち会ってもらう。

↓

②　AとBが司法書士Sに対し，「土地の売買契約が成立したので，AからB
への所有権の移転の登記について，申請手続をお願いしたい。」と，登記の
申請代理の委任をする。

また，Bは「登記が完了した際は，私に代わって登記識別情報を受領して
ください」といった特別の委任もする。

↓

③　Sは，AやBから必要な添付書面（Aの登記識別情報や印鑑証明書，Bの
住民票の写し等）の交付を受け，登記の申請書を作成する。

↓

④　８月１日のうちに申請書類が調ったので，Sは管轄の登記所に出向き，登
記を申請する（申請書類を提出する）。

➡　申請書類を郵送する方法で登記を申請することもできる。

＋アルファ

　この日は，書類を提出するだけ。その場ですぐに登記が実行されるわけではない（登記官が申請の内容を調査してから登記が実行される）。

＋アルファ

　登記所のカウンターには，「補正日は8月5日です」のように書いてあり，つまりその日が登記の完了予定日である（仮に，申請に不備があったら，その日に補正をする）。

➡　クリーニング屋を思い浮かべて欲しい。クリーニング屋のカウンターには，たいてい「仕上がり日」が書いてある。これと同じである。ただし，登記所においては，クリーニング屋のように「急ぎで！」というのは基本的に通用しない。

↓

⑤　Sは，「申請に不備があるよ」と登記所から電話がかかってこないか不安な日々を過ごす。

↓

⑥　8月5日，Sは登記所に行く。補正する事項がなく，登記が完了していたら，登記官から登記識別情報を記載した書面を受領する。

↓

⑦　Sは，登記官から受領した登記識別情報を，Bに渡す。

～この登記が完了した後の登記記録～

権　利　部（甲　区）	（所　有　権　に　関　す　る　事　項）		
順位番号	登記の目的	受付年月日・受付番号	権利者その他の事項
1	所有権移転	平成22年9月1日 第9000号	原因　平成22年9月1日売買 所有者　　A
2	所有権移転	令和5年8月1日 第8000号	原因　令和5年8月1日売買 所有者　　B

第15章
主登記と付記登記について

Topics ・登記の順位番号の付け方のお話。

　　　　・ちょっと分かりづらいが，けっこう重要。

1　主登記，付記登記

　当事者からの申請等に基づいて，登記官が登記を実行するときは，その登記の順位番号も記録することを要する（不登規§147 I）。

　この順位番号は，原則として１，２，３…と独立の番号が付される。このように，独立の番号が付された登記を「主登記」と呼んでいる。

📖**ケーススタディ**

　ある不動産にXの抵当権の設定の登記の申請がされ，登記官がその登記を実行する場合，独立の順位番号を付した主登記で登記をする。

権　利　部（乙　区）		（所有権以外の権利に関する事項）	
順位番号	登記の目的	受付年月日・受付番号	権利者その他の事項
1	抵当権設定	平成19年6月10日 第6000号	原因　平成19年6月10日金銭消費貸借同日設定 債権額　金1,000万円 債務者　　A 抵当権者　　X

　そして，この後に当該不動産にYの抵当権の設定の登記の申請がされたら，登記官は以下のように登記を実行する（一部事項省略）。

権　利　部（乙　区）		（所 有 権 以 外 の 権 利 に 関 す る 事 項）	
順位番号	登記の目的	受付年月日・受付番号	権 利 者 そ の 他 の 事 項
1	抵当権設定	平成19年 6 月10日 第6000号	原因　平成19年 6 月10日金銭消費貸 　　借同日設定 債権額　金1,000万円 債務者　　A 抵当権者　　X
2	抵当権設定	平成21年 4 月23日 第4000号	原因　平成21年 4 月23日金銭消費貸 　　借同日設定 債権額　金2,000万円 債務者　　A 抵当権者　　Y

➡　Xの抵当権が順位 1 番で，Yの抵当権が順位 2 番であるということが分かる。実に分かりやすい。

　このように，登記は，原則として独立の順位番号を付した主登記でされるが，これだと不都合なこともある。

📖ケーススタディ

　甲土地は，現在，以下のとおり登記がされている（一部事項省略）。

権　利　部（乙　区）		（所 有 権 以 外 の 権 利 に 関 す る 事 項）	
順位番号	登記の目的	受付年月日・受付番号	権 利 者 そ の 他 の 事 項
1	抵当権設定	平成19年 6 月10日 第6000号	原因　平成19年 6 月10日金銭消費貸 　　借同日設定 債権額　金1,000万円 債務者　　A 抵当権者　　X
2	抵当権設定	平成21年 4 月23日 第4000号	原因　平成21年 4 月23日金銭消費貸 　　借同日設定 債権額　金2,000万円 債務者　　A 抵当権者　　Y

　このような登記がされた後，Xは，乙区 1 番で登記された抵当権の被担保債権をZに譲渡した。これにより 1 番抵当権もZに移転したので，X→Zへの抵当権の移転の登記を申請した。

仮に，この抵当権の移転の登記が主登記でされたら，以下のようになる。

権　利　部（乙　区）		（所有権以外の権利に関する事項）	
順位番号	登記の目的	受付年月日・受付番号	権利者その他の事項
1	抵当権設定	平成19年6月10日 第6000号	原因　平成19年6月10日金銭消費貸 　　　借同日設定 債権額　金1,000万円 債務者　　A 抵当権者　　X
2	抵当権設定	平成21年4月23日 第4000号	原因　平成21年4月23日金銭消費貸 　　　借同日設定 債権額　金2,000万円 債務者　　A 抵当権者　　Y
3	1番抵当権移転	令和5年7月20日 第7000号	原因　令和5年7月20日債権譲渡 抵当権者　　Z

これはちょっとおかしい。

➡　同一の不動産に登記した権利の順位はその「登記の前後」によるとされ（不登§4Ⅰ），「登記の前後」とは，同一の区にされた登記においては「順位番号」であるとされている（不登規§2Ⅰ）。

➡　つまり，上記の登記記録を見ると，Yの抵当権は順位2番，Zの抵当権は順位3番であり，YがZに優先する形になってしまう。

➡　しかし，Zは，順位1番のXの抵当権をXから承継取得したのだから，本来Zの抵当権も順位1番となるはずである。

　だから，上記のように主登記で登記をすると不都合が生じてしまうような場合には，独立の順位番号を付さず，既存の登記に付記する形で登記を実行することとした。

➡　このような登記を「付記登記」という（不登§4Ⅱ）。

権　利　部（乙　区）	（所 有 権 以 外 の 権 利 に 関 す る 事 項）		
順位番号	登記の目的	受付年月日・受付番号	権 利 者 そ の 他 の 事 項
1	抵当権設定	平成19年6月10日 第6000号	原因　平成19年6月10日金銭消費貸 　　借同日設定 債権額　金1,000万円 債務者　　A 抵当権者　　　X
付記1号	1番抵当権移転	令和5年7月20日 第7000号	原因　　令和5年7月20日債権譲渡 抵当権者　　　Z
2	抵当権設定	平成21年4月23日 第4000号	原因　　平成21年4月23日金銭消費貸 　　借同日設定 債権額　金2,000万円 債務者　　A 抵当権者　　　Y

➡　こうすれば，Zは1番抵当権者であり，Yに優先することになる。権利
の順位が正確に登記される。

2　付記登記でされる場合

　　登記は，原則として独立の順位番号を付した主登記でされる。つまり，**付記**
登記でされるのは，法令で定められた例外的な場合である（不登規§3等）。

　　しかし，例外とはいえ，付記登記でされる場合はたくさんある（試験でもち
ょくちょく出題される）。この入門編では，その中でも特に重要なものについ
て説明する。

⑴　**所有権以外の権利の移転の登記（不登規§3⑤）**

　　「抵当権の移転の登記」や「地上権の移転の登記」のように，"所有権以外の"
権利の移転の登記は，付記登記で実行される。

　　∵　所有権以外の権利は，すべて権利部の乙区に記録される。つまり，乙区
には，複数の権利に関する登記がされるので，その移転の登記は付記登記
でしなければ，上記1の例であげたような不都合が生じてしまう。

⑵　**登記名義人の氏名等の変更の登記（不登規§3①）**

　　これは，既にされた登記に関連する登記といえるので，その登記に付記す
る形で実行される。

⑶ **権利の変更（又は更正）の登記（不登規§3②）**

　権利に関する登記がされた後，その登記事項に変更が生じたときは，当該権利の変更の登記を申請することができる。

　これは，既にされた登記に関連する登記であるので，（原則的には）付記登記で実行される。

・　ただし，権利の変更の登記に関しては，付記登記で実行すると第三者に不測の損害が及んでしまうこともあるので，このような不利益の及ぶおそれのある第三者がいる場合には，その者の承諾等が得られれば変更の登記は付記登記でされ，承諾等が得られないときは主登記で実行される（不登§66）。

＊　「何故，変更の登記が付記登記で実行されると第三者に不測の損害が及ぶ場合があるのか？」については，地上権の変更の登記や抵当権の変更の登記において詳しく説明する。

重要❗ ・・・・・・・・・・・・・・・・・・・・・・・・・・・・・・・

　権利の変更の登記は，原則論としては付記登記で実行される。ただし，必要な承諾等が得られない場合にはやむを得ず主登記で実行されることもある，と押さえていただきたい。

3　付記登記の効力

　付記登記は，既存の登記（主登記）に付記してされるので，それは主登記と同一の順位や効力を有する（不登§4Ⅱ）。

【例】　主登記の登記事項を変更する登記が付記登記でされたときは，その変更した事項は主登記と同一の順位を有することになる。

・　同一の主登記に対して数個の付記登記がされたときは，その付記登記の間の順位は付記の前後による（不登§4Ⅱ後段）。

第16章
仮登記について

Topics・一定の理由によりきちんとした登記ができない場合には，仮登記をして順位を保全することができる。
・どういった場合に仮登記ができるのか。

1　仮登記とは

登記をするための手続法上又は実体法上の一定の要件が満たされていない場合に，将来されるべき登記（本登記）の順位を保全するためにされる登記。

➡　ワケがあってきちんとした登記ができない場合に，仮の登記をしておくというニュアンスである。

📖ケーススタディ

Aの所有する甲土地をBに売り渡す契約がされたが，AからBへの所有権の移転の登記を申請するために必要な（一定の）添付情報を提供することができないときは，とりあえずAからBへの所有権の移転の仮登記をすることができる。

権　利　部（甲　区）		（所　有　権　に　関　す　る　事　項）	
順位番号	登記の目的	受付年月日・受付番号	権 利 者 そ の 他 の 事 項
1	所有権移転	平成12年9月1日 第9000号	原因　平成12年9月1日売買 所有者　　　A
2	所有権移転仮登記	令和5年5月15日 第5000号	原因　令和5年5月15日売買 権利者　　　B
	余　白	余　白	余　白

➡　仮登記の下には，本登記（きちんとした登記）を記録するための余白を設けておく。

その後，添付情報がきちんと揃って，AからBへの所有権の移転の登記を申請できることになったら，「甲区2番の仮登記に基づく本登記」（＝通常の所有権の移転の登記）を申請する。

権　利　部（甲　区）	（所　有　権　に　関　す　る　事　項）		
順位番号	登記の目的	受付年月日・受付番号	権利者その他の事項
1	所有権移転	平成12年 9 月 1 日 第9000号	原因　平成12年 9 月 1 日売買 所有者　　　Ａ
2	所有権移転仮登記	令和 5 年 5 月15日 第5000号	原因　令和 5 年 5 月15日売買 権利者　　　Ｂ
	所有権移転	令和 5 年 8 月 1 日 第8000号	原因　令和 5 年 5 月15日売買 所有者　　　Ｂ

➡　仮登記に基づく本登記は，仮登記の際に設けられた余白に記録される。

　このように，仮登記に基づく本登記がされたら，仮登記がされた順位（甲区 2 番）においてきちんとした所有権の移転の登記がされたことになる。
➡　まさに，仮登記は，将来されるべき登記の順位を保全するためにされるもの。

2　どういった場合に仮登記をすることができるのか
　どういった場合に仮登記をすることができるのかは，法定されている。

(1)　登記の申請に必要な一定の添付情報を提供できない場合（不登§105①）
➡　物権変動が生じたのでその登記を申請したいのだが，登記申請に必要な一定の添付情報を提供することができない場合は，仮登記をすることができる（不登§105①）。

　不動産登記法105条の 1 号で規定されているので，これは「 1 号仮登記」と呼ばれている。

重要❗️・・・・・・・・・・・・・・・・・・・・・・・・・・・・・
1 号仮登記をするのは，既に物権変動の効力が発生していることが前提。

　【例】　甲土地についてＡＢ間で売買契約がされ，所有権が移転したので，所有権の移転の登記を申請したい。だけど，登記をするための一定の添付情報が提供できないという場合に， 1 号仮登記をすることができる。

　・　具体的には，添付情報のうち，以下の情報を提供できない場合は， 1 号仮登記をすることができる（不登規§178）。

① 　登記義務者の登記識別情報
② 　第三者の許可，同意又は承諾を証する情報

(2)　将来物権変動を生じさせる請求権が発生している場合（不登§105②）

➡　当事者間で物権変動はまだ生じていないが，将来において物権変動を生
じさせる請求権等が発生している場合には，将来物権変動の効力が生じた
際になすべき登記の順位を保全するために仮登記をすることができる（不
登§105②）。

不動産登記法105条の2号で規定されているので，これは「2号仮登記」
と呼ばれている。

重要●●●●●●●●●●●●●●●●●●●●●●●●●●●●●●●●●●●●●●

2号仮登記は，まだ物権変動の効力が発生していない場合にするもの。

【例】　Aが甲土地を所有している場合に，A・B間で，甲土地の売買予約が
された。
➡　まだ売買の本契約はされていないので，甲土地の所有権はBに移転
していない（まだ物権変動は生じていない）。BはAに対して所有権
の移転請求権という債権を取得するにすぎない。

この場合は，将来売買の本契約がされて所有権がBに移転した際にな
すべき所有権の移転の登記の順位を保全するため，仮登記（所有権の移
転請求権の仮登記）をすることができる。
➡　この後に，A・B間で甲土地の売買の本契約がされたときは，甲土
地の所有権がBに移転するので，Bの仮登記に基づく本登記（きちん
とした所有権の移転の登記）を申請する。

・　物権変動を生じさせる請求権が発生している場合だけでなく，物権変動
そのものが条件に係っているような場合も，2号仮登記をすることができ
る。

第17章
その他，入門編において押さえていただきたいこと

Topics ・他に適当な場所がなかったので，ここでまとめて書きます。
　　　　・2，3はかなり重要。

1　不動産登記に関連する法令，先例
⑴　法　令
　　不動産登記に関連する法令としては，まず法律である「不動産登記法」が
あり，そして政令である「不動産登記令」があり，さらに法務省令である「不
動産登記規則」がある。

　　　不動産登記法→　登記できる権利，権利変動，登記の申請人や登記事項な
　　　　　　　　　　ど，不動産登記に関する根本的な事項が規定されている。

　　　不動産登記令・不動産登記規則→　具体的な登記の手続（申請情報の内容
　　　　　　　　　　　　　　　　　　や添付情報等）が規定されている。

⑵　先　例
　　不動産登記に関する事務の運用に関しては，実務上，不動産登記法，不動
産登記令，不動産登記規則といった法令のほか，いわゆる「先例」も重要な
役割を果たしている。
➡　法務省民事局長等からの「訓令」，「通達」，「回答」といったものを，ま
　　とめて「先例」と呼んでいる。

　　簡単にいえば，法令でカバーしきれていない部分の扱いを示している。

【例】　不動産登記令別表22では，法人の合併による権利の移転の登記を申請
　　するときは，添付情報として「法人の合併を証する登記官その他の公務
　　員が職務上作成した情報」を提供すべきと規定しているが，その「法人
　　の合併を証する登記官その他の公務員が職務上作成した情報」とは何
　　か？　ということは不動産登記令等では規定されていない。
　　　そのため，通達で，「吸収合併の場合には，合併の記載がある存続会
　　社の登記事項証明書を提供することを要する。」と示している（平成18

年３月29日付民事局長通達）。

> **要覚悟**　実際，先例の数はものすごく多い（数えたことはないし，また数えようとすら思わない）。
>
> 　　　不動産登記法の勉強を始めたばかりの方は，「なんだ，民法と比べて不動産登記法は条文の数が少ないじゃん。楽勝，楽勝！」と思ったりもするが，実際には不動産登記法，不動産登記令等の条文の勉強だけではまったく足りない。
>
> ➡　司法書士の試験でも，先例からガンガン出題されている。

2　物権変動の過程を忠実に登記する

登記は，物権変動の過程に従った形ですることを要する。

➡　不動産登記においてかなり重要な原則である。

📖ケーススタディ

甲土地は，以下のとおり登記がされているものとする。

権利部（甲区）	（所有権に関する事項）		
順位番号	登記の目的	受付年月日・受付番号	権利者その他の事項
1	所有権移転	平成12年９月１日 第9000号	原因　平成12年９月１日売買 所有者　　A

　令和５年６月１日，AとBは，Aの所有する甲土地をBに売り渡す契約をした。そして，その所有権の移転の登記をする前の令和５年７月１日，BとCは，Bが取得した甲土地をCに売り渡す契約をした。

　Cは，甲土地の所有権を取得したので，甲土地について自分の名義とする登記をしたいと考えたが，この場合にはどのような登記を申請すべきか？
➡　まずAからBへの所有権の移転の登記を申請して，その次にBからCへの所有権の移転の登記を申請すべきである。
　　AからCへの所有権の移転の登記を申請することはできない。

　甲土地の所有権は，AからBに移転し，その後にBからCに移転している。つまり，２段階で所有権が移転している。そのため，登記も２つ申請する必要がある。

➡ 「甲土地は今現在はＣが所有しているのだから，直接Ｃを登記権利者として一発で登記をしてもいいじゃん！　誰も損するわけじゃないし。」という発想はダメである。

➕ アルファ

物権変動の流れを無視し，中間の登記を省略して，一発で現在の権利関係に合致させる登記をすることを，「中間省略登記」という。

➡ 現在の不動産登記法においては，中間省略登記は，ごく一部の例外を除いて認められていない。

3　1つの申請情報による申請

登記の申請は，1個の不動産につき1つの申請情報（申請書）をもってすることを要する（一件一申請情報主義）。

∵ 複数の登記をまとめて申請することを認めると，登記の実行においてミスが生じるおそれがあるからである。

📖 ケーススタディ

ＡとＢの間で，Ａの所有する甲土地をＢに売り渡し，Ｂの所有する乙土地をＡに売り渡す契約がされた。この場合は，「甲土地についてのＡからＢへの所有権の移転の登記」と，「乙土地についてのＢからＡへの所有権の移転の登記」を申請する。

➡ 申請書を2つ作成して，2件の登記を申請する。
　　1枚の申請書で2つの登記をまとめて申請することはできない。

甲土地　Ａ　→　Ｂ
　　　　売買

申請書
目　的　所有権移転
原　因　年月日売買
権利者　Ｂ
義務者　Ａ
不動産の表示
甲土地

乙土地　Ｂ　→　Ａ
　　　　売買

申請書
目　的　所有権移転
原　因　年月日売買
権利者　Ａ
義務者　Ｂ
不動産の表示
乙土地

しかし，申請人側の負担の軽減を図るとともに，登記所側の事務処理の迅速化を図るために，登記実行手続におけるミスが生じるおそれの少ないときは，**一定の要件のもとに，１つの申請情報をもって数個の不動産についての登記を申請することが認められている**（不登令§４ただし書）。

・　１個の不動産に関する数個の登記についても，一定の要件のもと，１つの申請情報で申請することが認められている（不登規§35⑨）。

・　**１つの申請情報で申請するための要件（不登令§４ただし書）**

> ①　数個の不動産につき，管轄登記所が同一であること。
> ②　登記の目的が同一であること。
> ③　登記原因及びその日付が同一であること。

この３つの要件をすべて満たした場合には，数個の不動産に関する登記を１つの申請情報で申請することができる。

📖ケーススタディ

Aは，東京都新宿区高田馬場五丁目４番３の土地（甲土地）と，東京都新宿区百人町七丁目６番５の土地（乙土地）を所有している。そして，令和５年７月23日，AとBは，Aの所有する甲土地と乙土地をBに贈与する契約をした。

この場合，甲土地と乙土地についてAからBへの所有権の移転の登記を申請するが，
①　甲土地と乙土地の管轄登記所は同一
　➡　東京法務局新宿出張所
②　甲土地と乙土地で登記の目的が同一
　➡　「所有権移転」
③　甲土地と乙土地で登記原因及びその日付が同一
　➡　「令和５年７月23日贈与」

ということで，上記の①から③の要件を満たしている。
➡　甲土地と乙土地について１つの申請情報でまとめて所有権の移転の登記を申請することができる。

第18章
入門編のまとめ（復習）

Topics ・ちゃんと覚えていますか？

・忘れていたらすぐに復習を！

1　登記をすることができる不動産（第3章）

「土地」と「建物」

➡　1筆の土地又は1個の建物について，1つの登記記録が作成される（一不
動産一登記記録の原則）。

2　登記をすることができる権利（第3章）

所有権，地上権，永小作権，地役権，先取特権，質権，抵当権（根抵当権），
賃借権，配偶者居住権，採石権

3　登記をすることができる物権変動（第3章）

保存，設定，移転，変更，処分の制限，消滅

4　登記記録に記録されるべき事項（登記事項，第4章）

法定されている。「一般的登記事項」と「特殊的登記事項」がある。

一般的登記事項➡　すべての権利の登記に共通する登記事項。

順位番号，登記の目的，申請の受付の年月日や受付番号，
登記原因及びその日付，権利者の氏名，住所等。

特殊的登記事項➡　個々の登記において特別に定められた登記事項。

抵当権の設定の登記だったら，一般的登記事項のほか，
「債権額」や「債務者」等が登記される。

5　不動産登記の種類（第4章）

「不動産の表示に関する登記」と「不動産の権利に関する登記」に分けること
ができる。

表示に関する登記→　不動産の物理的な現況を表す登記。

　　　　　　　　　　土地だったら所在，地番，地目，地積等。建物だったら所在，家屋番号，建物の種類，構造，床面積等が登記される。

権利に関する登記→　不動産の物権変動に関する登記。

　　　　　　　　　　「所有権移転」や「抵当権設定」等の不動産を目的とした権利変動を表す登記。

・　不動産について物権変動があった場合にはその登記をすることができるが，まず1個1個の不動産が特定されていなければ物権変動の登記もすることができない。そのため，まずは不動産の表示に関する登記をして不動産を特定する。

・　表示に関する登記は土地家屋調査士のお仕事。権利に関する登記は司法書士のお仕事。

6　登記記録の構成（第4章）

登記記録は，「表題部」と「権利部」から構成されている。

表題部→　不動産の表示に関する登記が記録される欄。
権利部→　不動産の権利に関する登記が記録される欄。

・　「権利部」は，さらに「甲区」と「乙区」に分かれている。
甲区→　所有権に関する登記が記録される欄。
乙区→　所有権以外の権利に関する登記が記録される欄。

7　どうすれば登記された内容を知ることができるか（第4章）

「登記事項証明書」を請求すればよい。登記は，登記所に備えられたコンピュータに記録されたデータであるので，それをプリントアウトして交付してくれる。

　また，インターネットを利用して請求すれば，自宅のパソコンの画面上で登記された事項を見ることもできる。

8　どのようにして登記がされるか（第5章）

基本的に，当事者が登記所（法務局）に対して登記の申請をする。

9　だれが登記を申請するのか（第6章）

不動産の権利に関する登記は，法令に別段の定めがある場合を除き，登記権利者と登記義務者が共同で申請することを要する（共同申請主義，不登§60）。

登記権利者→　権利に関する登記をすることにより，登記上，直接に利益を受ける者をいい，間接に利益を受ける者を除く（不登§2⑫）。

登記義務者→　権利に関する登記をすることにより，登記上，直接に不利益を受ける登記名義人をいい，間接に不利益を受ける登記名義人を除く（不登§2⑬）。

登記の正確性を確保するため，その登記をすることによって登記上直接に不利益を受ける登記名義人も登記の申請に関与する必要がある。

➡　ただし，法令で定める一定の登記は，登記権利者等が単独で申請することができる。

・　登記の申請は，代理人からすることもできる。登記の申請人（物権変動の当事者）が，登記の申請の仕方をよく知らないときは，登記申請の専門家である司法書士に対して登記の申請手続について委任をして，司法書士が当事者を代理して申請することができる。

10　どこに登記を申請するのか（第7章）

物権変動があった不動産の所在地を管轄する登記所に対して登記を申請する。

11　どのように登記を申請するのか（第8章）

申請の方法は大きく分けて2つある。「電子申請（オンライン申請）」と「書面申請」。

オンライン申請→　インターネットを利用する方法による登記の申請（申請情報等を登記所に送信する）。

書面申請　　　→　申請書や添付書面といった“書面”を登記所に提出する方法による登記の申請。

12　申請情報の内容には，どのようなものがあるか（第9章）

　登記を申請する場合，書面申請だったら申請書に申請情報の内容を記載して，これを登記所に提出する。オンライン申請だったら，パソコンの画面上に申請情報の内容を入力して，これを登記所に送信する。

　申請情報の内容はたくさんあるが，本当に主要なものを掲げると，以下のような感じである。
・登記の目的
・登記原因及びその日付
・申請人の氏名（名称），住所
・添付情報の表示
・登録免許税の額
・登記を申請する不動産を特定する事項
・不動産登記令別表に掲げられた事項

13　申請情報と併せて提供すべき情報（添付情報）には，どのようなものがあるか（第10章）

　登記を申請する場合，申請情報と併せて添付情報も提供することを要する。
∵　登記の正確性を確保するため。

　添付情報もいろいろあるが，主要なものを掲げると，以下のような感じである。

① 登記識別情報

　登記権利者と登記義務者の共同申請による登記を申請するときは，申請情報と併せて登記義務者の「登記識別情報」を提供することを要する（不登§22）。

② 登記原因証明情報

　共同申請による登記，単独申請による登記を問わず，権利の登記を申請するときは，申請情報と併せて登記原因証明情報を提供することを要する（不登§61，不登令§7Ⅰ⑤ロ）。

③ 代理権限証明情報

　代理人が登記を申請するときは，申請情報と併せてその代理人の権限を証する情報を提供することを要する（不登令§7Ⅰ②）。

➡ 司法書士が申請人を代理して申請するときは，申請人から司法書士への「委任状」。

④ 印鑑証明書

　所有権の登記名義人（自然人）が登記義務者となる登記を申請するとき等は，登記義務者（所有権の登記名義人）は申請書又は委任状に記名押印し，その押した印に関する証明書（印鑑証明書）を提供することを要する（不登令§16，18，不登規§47③イ(1)）。

⑤ 住所証明情報

　所有権の保存又は移転の登記を申請するときは，登記権利者（所有権の登記名義人となる者）の住所を証する情報を提供することを要する（不登令別表30添付情報欄ハ等）。

14 登記識別情報とは何か（第11章）

　申請人自らが登記名義人となる登記が完了した際に，登記官から当該申請人（登記名義人となった者）に対して通知される当該登記に関する暗証番号みたいなもの（不登§21）。

【例】　甲土地についてAからBへの所有権の移転の登記を申請し，その登記が完了したときは，登記官は登記名義人となった申請人Bに対し，当該登記に関する登記識別情報（たとえば「6Y69U64E36G7」）を通知する。
　　　　そして，この後に，Bが登記義務者となる登記を申請するときは，申請情報と併せて当該登記の登記識別情報（6Y69U64E36G7）を提供する。

15 登録免許税（第12章）

　権利の登記を申請するときは，登録免許税という税金を納付することを要する。

　登録免許税の額は，登記の内容によって異なる。登録免許税の計算方法は，「登録免許税法」の「別表」で定められている。

16　登記申請がされた後の処理（第13章）

　　登記の申請がされたときは，登記官はその申請を受け付けることを要する（不登§19Ⅰ）。ただし，受付がされたからといって，必ず登記が実行されるというわけではない。この後に登記官が申請の内容を審査して，適法と判断した場合に登記が実行される。

➡　　申請が却下事由（不登§25各号）に該当する場合は，登記官は申請を却下する。

17　主登記と付記登記（第15章）

　　登記官が登記を実行する際には，その登記の「順位番号」も記録することを要する（不登§59⑧，不登規§147）。

　　この順位番号は，原則として独立の番号（1，2，3…）が付される。このような独立の番号が付された登記を「主登記」と呼ぶ。
　　一方，独立の番号を付さず，既存の登記に付記する形で登記がされることもある。このように，既存の登記に付記してされる登記を「付記登記」と呼ぶ。

➡　　付記登記でされるのは，法令で定められた例外的な場合。

18　仮登記（第16章）

　　きちんとした登記をするための一定の要件を満たしていない場合に，将来されるべき登記の順位を保全するために仮登記をすることができる。

19　物権変動の過程のとおりに登記をする（第17章）

不動産登記の大原則。

【例】　ある不動産の所有権がAからB，BからCへと2段階で移転したような場合は，まずAからBへの所有権の移転の登記を申請し，その次にBからCへの所有権の移転の登記を申請すべきである。

➡　　「2つの登記を申請するのは面倒だ。」，「2つの登記を申請すると登録免許税も倍になって嫌だ」と思っても，Aから直接Cへの所有権の移転の登記（中間省略登記）を申請してはいけない。

第 **2** 編

各種の権利の登記

1．所有権に関する登記

序 章
全体像の概観

Topics ・所有権に関する登記には，どういった種類があるのか。
　　　　・それぞれの特徴を簡単に押さえておこう。

　所有権に関する登記は，不動産登記の中でも１番重要な登記。
　所有権に関する登記がなければ，その不動産について抵当権や地上権等の登記をすることができない。

　所有権に関する登記は，５つの種類がある。

---

① 　所有権の保存の登記
② 　所有権の移転の登記
③ 　所有権の変更の登記
④ 　所有権の登記の抹消
⑤ 　所有権の更正の登記

＊ 　また，所有権に関する登記というわけではないが，配偶者居住権に関する登記や買戻特約に関する登記もここに含めるものとする。

　以下，それぞれの登記について簡単に説明する。

1 　所有権の保存の登記

　不動産について最初にする権利に関する登記。
　建物を新築するなどして，新たに所有権が発生した場合には，その不動産についてまず所有権の保存の登記をする。
➡ 　１番はじめの権利に関する登記なので，登記の手続もかなり特殊。

2 　所有権の移転の登記

　既に所有権の登記がされている不動産について，売買や相続等によって所有権が移転した場合に申請する登記。

【例】　Ａの名義で登記された建物について，ＡＢ間で売買がされたため，その

所有権がBに移転した。この場合は，建物についてAからBへの所有権の移転の登記をすることができる。

➡ この所有権の移転の登記がされたら，Bは建物の所有権を取得したことを第三者に対抗することができる（民§177）。

重要❗ •

所有権の移転の登記は，「相続」又は「合併」による所有権の移転の登記と，それ以外の原因による所有権の移転の登記で，登記の手続が異なる。

➡ 詳しくは後で解説するが，「相続」や「合併」による所有権の移転の登記は，相続人（権利を承継した法人）が単独で申請することができる（不登§63Ⅱ）。一方，それ以外の原因による所有権の移転の登記は，原則どおり，登記権利者と登記義務者が共同で申請する必要がある。

3 所有権の変更の登記

所有権に関する登記がされた後，その所有権に変更が生じた場合にすべき登記。

具体的には，数人の共有する不動産について，共有物分割禁止の特約がされた場合等に所有権の変更の登記を申請する。

4 所有権の登記の抹消

所有権の保存や移転の登記がされたが，その登記が無効である場合に，その所有権の登記を抹消する（なかったものとする）登記。

【例】 AからBに対して売買による所有権の移転の登記がされたが，Bの債務不履行により当該売買契約が解除された。

➡ はじめから不動産はBに移転しなかったことになるので，AからBへの所有権の移転の登記は無効である。

➡ そのため，AからBへの所有権の移転の登記の抹消（所有権の移転の登記をなかったものとする登記）をすることができる。

5 所有権の更正の登記

所有権の保存や移転の登記がされたが，その登記の一部に間違いがあるような場合に，その間違いを訂正する登記。

6 所有権の登記に特有の登記事項

所有権の登記においては，法59条各号の一般的登記事項のほか，以下の事項

が登記事項となる（不登§73の2）。

> ①　所有権の登記名義人が法人であるときは，会社法人等番号その他の
>   特定の法人を識別するために必要な事項
> ②　所有権の登記名義人が国内に住所を有しないときは，その国内にお
>   ける連絡先となる者の氏名又は名称及び住所その他の国内における連
>   絡先に関する事項

　そのため，所有権の登記名義人となる者が法人である場合には，申請情報の
内容として，当該法人の会社法人等番号などを提供する。

　また，所有権の登記名義人となる者が国内に住所を有しないときは，申請情
報の内容として，国内における連絡先に関する事項を提供する。

・　所有権の登記名義人となる者が外国人であるか日本人であるかを問わず，
　　"国内に住所を有しないとき"は，国内における連絡先が登記事項となる。

➕ アルファ

　所有権以外の権利の登記（たとえば抵当権の設定の登記）においては，会
社法人等番号や国内における連絡先は，登記事項とされていない。

第1章
所有権の保存の登記

Topics ・所有権の保存の登記は，その不動産について最初にする権利に関する
　　　　　登記。
　　　　・登記の手続はかなり特徴的。

第1節　意　義

　所有権の保存の登記とは，"所有権"という権利を"保存"する登記。

　所有権を保存するというのはなかなかイメージが湧きにくいが，とにかく，
所有権の保存の登記は"その不動産について1番最初にする権利の登記"であ
る。

➡　後にその不動産の所有権が移転したり，あるいは抵当権等の物権が設定さ
　れた場合には，その登記をすることができるが，そのためにはまずその不動
　産について所有権の保存の登記がされている必要がある。

確認　入門編の復習
　　不動産が新たに生じた場合，その所有者は，まずその不動産について
　の表示に関する登記（表題登記）を申請することを要する（不登§36，
　47Ⅰ）。

➡　表示に関する登記とは，不動産の物理的現況を表す登記。

📖ケーススタディ

　Aは，新宿区新橋一丁目２番３の土地の上に建物を建てた。

➡　Aは，建物が建った日から１か月以内にその建物についての表示の登記を申請する。

表　題　部（主である建物の表示）			不動産番号	1234567890123
所　　在	新宿区新橋一丁目　２番地３			
家屋番号	２番３			
①　種類	②　構造	③　床面積 ㎡	原因及びその日付〔登記の日付〕	
居　　宅	鉄筋コンクリート造 陸屋根２階建	1階　85：00 2階　80：00	令和４年９月23日新築 〔令和４年10月４日〕	
所 有 者	新宿区赤坂二丁目５番８号　　　A			

➕アルファ

　この表題登記においても所有者の氏名，住所が記録されるが，これは権利の登記としての効力を有するものではない。

　このような表題登記がされた後，この不動産について最初にする権利に関する登記が「所有権の保存の登記」。

（所有権の保存の登記がされた場合の登記記録）

表　題　部（主である建物の表示）			不動産番号	1234567890123
所　　在	新宿区新橋一丁目　２番地３			
家屋番号	２番３			
①　種類	②　構造	③　床面積 ㎡	原因及びその日付〔登記の日付〕	
居　　宅	鉄筋コンクリート造 陸屋根２階建	1階　85：00 2階　80：00	令和４年９月23日新築 〔令和４年10月４日〕	
所 有 者	新宿区赤坂二丁目５番８号　　　A			

権　利　部（甲　区）	（所　有　権　に　関　す　る　事　項）		
順位番号	登記の目的	受付年月日・受付番号	権 利 者 そ の 他 の 事 項
1	所有権保存	令和４年11月１日 第1043号	所有者　新宿区赤坂二丁目５番８号 A

　この所有権の保存の登記がされることにより，Aは"当該建物について所有
権の登記を受けた"ということができる。

＋アルファ

　所有権の保存の登記がされたときは，表題部に記録された所有者の氏名，
住所は抹消される（不登規§158）。

第2節　所有権の保存の登記を申請できる者

　所有権の保存の登記を申請することができる者（申請適格者）は，不動産登記法（以下，「法」という）74条で定められている。

重要🅚 ●

　法74条の申請適格者以外の者は，所有権の保存の登記を申請することはできない。

➡ 　たとえ，今現在はその不動産の所有者であっても，この申請適格者に該当しなければ，自分の名義で所有権の保存の登記を申請することはできない。

所有権の保存の登記の申請適格者

1項1号	表題部所有者又はその相続人その他の一般承継人
1項2号	所有権を有することが確定判決によって確認された者
1項3号	収用によって所有権を取得した者
2項	区分建物にあっては，表題部所有者から所有権を取得した者（敷地権付き区分建物の場合には，敷地権の登記名義人の承諾を得ることを要する。）

➕アルファ

　法74条2項は，区分建物（マンション）についての話である。区分建物については，それ特有の論点がたくさんあるので，法74条2項の所有権の保存の登記については，区分建物の章（「スタンダード合格テキスト5　不動産登記法Ⅱ」）で説明する。

　所有権の保存の登記も，原則どおり当事者からの申請によりされるが，一定の場合には登記官が職権ですることもできる（不登§76Ⅱ）。

第3節　当事者からの申請による所有権の保存の登記

以下，申請適格に応じて所有権の保存の登記の手続について解説する。

重要❗ •

所有権の保存の登記は，不動産について最初にする権利に関する登記なので，申請手続もかなり特殊。

1 表題部所有者の名義でする所有権の保存の登記

表題部に所有者として記録されている者は，自分の名義で所有権の保存の登記を申請することができる（不登§74Ⅰ①前段）。

【例】　Aは，甲土地上に，乙建物を新築した。そして，Aは，土地家屋調査士に依頼し，乙建物について表題登記をした（表題部には，Aが所有者として記録されている）。

　　　この場合，表題部に所有者として記録されているAは，乙建物について，自分の名義とする所有権の保存の登記を申請することができる。

⑴ 申請人

申請適格を有する所有者が単独で申請することができる。

【例】　上記の事例では，乙建物について，Aが単独で所有権の保存の登記を申請することができる。

重要❗ •

通常，権利に関する登記は，登記権利者と登記義務者が共同で申請することを要するが（共同申請主義，不登§60），所有権の保存の登記はその例外。

∵　登記義務者となるべき者が存在しない。

⑵ 申請情報の内容

① 登記の目的→　「所有権保存」

➡　登記の目的とは，"どういった登記を要求するのか"ということ。つまり，物権変動の内容。

② 登記原因及びその日付→　提供することを要しない（不登令§3⑥かっこ書参照）。

重要❶•••••••••••••••••••••••••••••••••••••

　　通常，権利に関する登記を申請するときは，申請情報の内容として「登記原因及びその日付」を提供することを要するが（不登令§3⑥本文），所有権の保存の登記はその例外。

∵　その不動産について最初にする権利に関する登記であり，登記原因と呼べるようなものが存在しない。

③　申請人→　「所有者」として，登記名義人となるべき表題部所有者の氏名，住所を提供する。

④　適用法令→　法74条1項1号の申請適格に基づき申請する旨を提供する。

重要❶•••••••••••••••••••••••••••••••••••••

　　所有権の保存の登記は，法74条の各項（各号）によってそれぞれ添付情報が異なってくるので，申請情報の内容としてどの申請適格に基づいて申請するのかを明らかにする必要がある。

(3)　**添付情報**
　①　代理権限証明情報（不登令§7Ⅰ②）
　　　申請人が司法書士に対して登記の申請手続について代理することの依頼をした場合には，申請人から司法書士への「委任状」を提供する。

　②　住所証明情報（不登令別表28添付情報欄ニ）
　　　所有者の住所を証する情報を提供する。

H28-18

所有者が自然人の場合→	住民票の写し，戸籍の附票の証明書
所有者が法人の場合　→	当該法人の登記事項証明書（会社法人等番号）

重要❶•••••••••••••••••••••••••••••••••••••

H22-27　　法74条1項に基づく所有権の保存の登記においては，申請情報と併せて登記原因証明情報を提供することを要しない（不登令§7Ⅲ①）。

∵　申請情報の内容として登記原因及びその日付を提供しないから。

(4)　**登録免許税**

　　新たに権利を取得する登記なので，定率課税。

　　課税標準→　**不動産の価額**
　　税　　率→　**1000分の4**（登税別表第1.1(1)）

・　申請情報の作成

　　甲野太郎は，新宿区新橋一丁目2番3の土地の上に，建物（甲建物）を建築した。そして，表題登記がされた。

表　題　部（主である建物の表示）			不動産番号	【略】
所　　在	新宿区新橋一丁目　2番地3			
家屋番号	2番3			
①　種類	②　構造	③　床面積 ㎡	原因及びその日付〔登記の日付〕	
居　　宅	木造スレートぶき 2階建	1階　41:52 2階　41:52	令和5年8月10日新築 〔令和5年8月25日〕	
所有者	新宿区新橋一丁目2番3号　　甲　野　太　郎			

【この表題登記がされた後に，甲野太郎が所有権の保存の登記を申請する場合の申請書】

　　なお，甲建物の課税価額（評価額）は，1,000万円である。

> 登記の目的　所有権保存
> 所　有　者　新宿区新橋一丁目2番3号　　甲　野　太　郎
> 適　用　法　令　不動産登記法第74条第1項第1号
> 添　付　情　報　代理権限証明情報（甲野太郎から司法書士への委任状）
> 　　　　　　　　住所証明情報（甲野太郎の住民票の写し）
> 課　税　価　額　金1,000万円
> 登録免許税　金4万円
> 不動産の表示
> 　　　所　　在　新宿区新橋一丁目　2番地3
> 　　　家屋番号　2番3
> 　　　種　　類　居　宅
> 　　　構　　造　木造スレートぶき2階建
> 　　　床　面　積　1階　41.52㎡
> 　　　　　　　　　2階　41.52㎡

➕ **アルファ**

　実際には，登記を申請する年月日や登記所の表示，また代理人の氏名，住所等も提供する必要があるが，司法書士の試験では省略されることが多い。

【上記の登記が完了した後の登記記録（表題部は省略）】

権　利　部（甲　区）	（所　有　権　に　関　す　る　事　項）		
順位番号	登記の目的	受付年月日・受付番号	権利者その他の事項
1	所有権保存	令和5年9月1日第9000号	所有者　新宿区新橋一丁目2番3号甲　野　太　郎

参考先例

H11-18　① 　表題部に数名が所有者として記録されている場合，共有者の1人が自己の持分についてのみの所有権の保存の登記を申請することはできない（先例明32.8.8－1311）。
　　∵　所有権の一部にだけ権利の登記がされているというのはおかしい。

　【例】　甲建物の登記記録の表題部には，所有者（共有者）としてAとBが記録されている（各人の持分2分の1）。この場合，Aは，自分の持分（2分の1）についてのみの所有権の保存の登記を申請することができない。

H26-17　・ 　共有者の1人は，共有物の保存行為（民§252Ⅴ）として，共有者全員のために所有権の保存の登記を申請することができる（先例明33.10.2－1413）。

　【例】　上記の事例では，Aが，単独で，AとBの共有の名義とする所有権の保存の登記を申請することができる。

H30-20　② 　表題部所有者から不動産を買い受けた者は，（原則として）自分の名義で所有権の保存の登記を申請することはできない。
　　∵　所有権の保存の登記の申請適格者ではない。

　【例】　甲建物の登記記録の表題部には，Aが所有者として記録されている（Aが甲建物を新築した）。そして，Aは，甲建物について所有権の保存の登記をする前に，甲建物をBに売り渡した。
　　この場合，甲建物について，現在の所有者であるBの名義で所有権の保存の登記を申請することはできない。

➡　表題部所有者であるＡの名義で所有権の保存の登記をした後に，Ａからｂへの所有権の移転の登記を申請する必要がある。

・　区分建物については，表題部所有者から所有権を取得した者が所有権の保存の登記を申請することができる（不登§74Ⅱ）。

・　表題部所有者から所有権を取得した者が，所有権を確認する確定判決を得た場合は，所有権の保存の登記を申請することができる（不登§74Ⅰ②，後述）。

③　表題部所有者の住所に変更が生じている場合，表題部所有者の住所の変更 `H24-17` の登記をすることなく，直ちに，現在の住所をもって所有権の保存の登記を申請することができる（質疑登研213Ｐ71）。
➡　申請情報と併せて，住所の変更を証する情報を提供する。

2　表題部に所有者として記録された者の相続人その他の一般承継人の名義でする所有権の保存の登記

表題部に所有者として記録されている者が死亡し，相続が開始したときは，その相続人の名義で所有権の保存の登記を申請することができる（不登§74Ⅰ①後段）。

📖 ケーススタディ

Ａは，甲建物を新築し，Ａを表題部所有者とする表題登記がされた。

表　題　部（主である建物の表示）			不動産番号	【略】
所　　在	新宿区新橋一丁目　２番地３			
家屋番号	２番３			
①　種類	②　構造	③　床面積 ㎡	原因及びその日付〔登記の日付〕	
居　　宅	木造スレートぶき平家建	41：52	令和５年８月10日新築〔令和５年８月25日〕	
所 有 者	（住所省略）　Ａ			

しかし，残念なことに，甲建物について所有権の保存の登記をする前に，Ａが死亡した。相続人は，妻のＢと子のＣである。
➡　甲建物について，ＢとＣの名義で所有権の保存の登記を申請することができる。

H3-26　・　表題部に所有者として記録されている法人が合併により消滅した場合，合併により設立された法人又は合併により存続する法人の名義で所有権の保存の登記を申請することができる（先例明40.1.14－1414）。

【例】　株式会社Ａが甲建物を新築し，株式会社Ａを表題部所有者とする表題登記がされた。
　　　　その後，甲建物について所有権の保存の登記をする前に，株式会社Ａは，株式会社Ｂに吸収合併された。
　　➡　甲建物について，株式会社Ｂの名義で所有権の保存の登記を申請することができる。

重要！ ･････････････････････････････････････

R5-17
H30-20
　表題部所有者に相続が開始した場合，"表題部所有者である被相続人の名義で"所有権の保存の登記をすることも可能（表題部所有者だから，所有権の保存の登記の申請適格者）。
　➡　相続人が，表題部所有者である被相続人に代わって申請する（不登§62）。

(1)　**申請情報の内容**
　①　登記の目的→「所有権保存」

　②　登記原因及びその日付→　提供することを要しない。

　③　申請人→　「所有者」として，登記名義人となる相続人の氏名，住所を提供する。
　　　➡　表題部所有者の氏名もかっこ書きで提供する。

```
所有者　（被相続人　Ａ）
　　　　甲市乙町一丁目１番１号　　　Ｂ
```

注意　相続人が数人いる場合は，各人の持分を提供する（不登令§３⑨）。

　④　適用法令→　法74条１項１号の申請適格に基づき申請する旨を提供する。

(2)　**添付情報**
　①　相続その他の一般承継による承継を証する市区町村長，登記官その他の公務員が職務上作成した情報（不登令別表28添付情報欄イ）

∵　表題部所有者以外の者の名義で所有権の保存の登記を申請するので，その申請適格を証する必要（「私は本当に表題部所有者の相続人だ」ということを証明する必要）がある。

・　表題部所有者の相続人の名義で申請する場合
　➡　戸籍事項の証明書等

・　表題部所有者である法人を合併により承継した法人の名義で申請する場合
　➡　承継した法人の登記事項証明書（会社法人等番号）

---

②　代理権限証明情報（不登令§7Ⅰ②）
　➡　司法書士への委任状を提供する。

③　住所証明情報（不登令別表28添付情報欄ニ）
　➡　住民票の写しや法人の登記事項証明書（会社法人等番号）を提供する。

・　申請情報の作成
　　甲建物について，Aを表題部所有者とする表題登記がされた。しかし，所有権の保存の登記をする前に，Aが死亡した。相続人は，妻のBと子のCである。

【この場合の所有権の保存の登記の申請書（申請人の住所は省略）】

```
登記の目的　所有権保存
所　有　者　（被相続人　A）
　　　　　　　持分2分の1　　　B　　　　　　　　　　　　　＊1
　　　　　　　　　 2分の1　　　C
適用法令　　不動産登記法第74条第1項第1号
添付情報　　代理権限証明情報（B及びCから司法書士への委任状）
　　　　　　　相続による承継を証する情報（戸籍事項の証明書等）　＊2
　　　　　　　住所証明情報（B及びCの住民票の写し）
課税価額　　金1,000万円
登録免許税　金4万円
不動産の表示　甲建物の表示
```

＊1　登記名義人となる者が2人以上なので，それぞれの持分を提供する（不登令§3⑨）。

＊2　申請適格を証する情報である。

参考先例

R5-17　① 表題部所有者の相続人が数人いる場合，相続人の1人が，自己の持分についてのみの所有権の保存の登記を申請することはできない（質疑登研132 P 44）。

∵　所有権の一部についてのみ権利の登記があるというのはおかしい。

重要！ ●

相続人の1人が，共有物の保存行為（民§252Ⅴ）として，相続人全員のために所有権の保存の登記を申請することができる。

H17-13　➡ この場合は，実際に申請人になった相続人に対してのみ登記識別情報が通知される（不登規§61参照）。

R4記述
H26-17　② 表題部所有者に数次の相続が開始した場合は，現在の相続人の名義で所有権の保存の登記を申請することができる（質疑登研443 P 93）。

【例】　甲建物の表題部所有者であるAが死亡し，子のBとCが相続した。そして，所有権の保存の登記をする前に，さらにBが死亡した。Bの相続人は，子のDである。

➡　甲建物について，現在の相続人であるCとDの名義で所有権の保存の登記を申請することができる。

H30-20　③ 表題部所有者であるA・Bがともに死亡し，CがAを相続し，DがBを相続したときは，㋐A・Bの名義，㋑A・D（又はB・C）の名義，㋒C・Dの名義のいずれの名義でも所有権の保存の登記を申請することができる（先例昭36.9.18－2323）。

∵　AとBは表題部所有者として，CとDは表題部所有者の相続人として，それぞれ申請適格を有する。

	登録可能な組合せ	
表題部所有者	亡A	亡B
	亡A	D
その相続人	C	亡B
	C	D

どの組合せでも申請できる。

④　表題部所有者から包括遺贈を受けた者は，自己の名義で所有権の保存の登記を申請することはできない（質疑登研223 P 67）。　`R4-21` `H26-17` `H13-12`

∵　包括受遺者は相続人と同一の権利義務を有するが（民§990），相続人そのものではない。

⑤　表題部所有者が死亡したが，その相続人が不存在であるときは，相続財産の清算人は，「相続財産法人」の名義とする所有権の保存の登記を申請することができる（質疑登研399 P 82）。　`H3-26`

3　所有権を有することが確定判決によって確認された者の名義でする所有権の保存の登記

所有権の登記のない不動産について，所有権を有することが確定判決によって確認された者は，自己の名義で所有権の保存の登記を申請することができる（不登§74 I ②）。

ケーススタディ

Aが甲建物を新築し，Aを表題部所有者とする表題登記がされた。そして，Aは，所有権の保存の登記をする前に，甲建物をBに売り渡した。
➡　Bは，所有権の保存の登記の申請適格者ではないので，（大原則として）Bの名義で所有権の保存の登記を申請することはできない。

Bは，Aに対し，「早くAの名義で所有権の保存の登記をして，AからBへの所有権の移転の登記を申請しよう」と要求したが，Aは，これに応じなかった。
怒り心頭のBは，Aを被告として裁判を起こし，「甲建物はBが所有権を有する」旨の勝訴判決を得た。
➡　甲建物について，Bの名義で所有権の保存の登記を申請することができる。

本来ならば，Bの名義で所有権の保存の登記を申請することはできないが，"甲建物の所有権を有することが確定判決によって確認された"ので，法74条1項2号の申請適格に基づいて，Bの名義で所有権の保存の登記を申請することができる。

(1)　登記の手続

所有権を有することが確定判決によって確認された者が，単独で申請することができる。

H16-21
・　その不動産について表題登記（表示の登記）がされていない場合でも，所有権を有することが確定判決によって確認された者は，直ちに所有権の保存の登記を申請することができる（不登§75参照）。

➡　登記官が職権で表示に関する登記をする（同）。

H30-20
➡　申請情報と併せて図面等を提供することを要する（不登令別表28添付情報欄）。

(2)　申請情報の内容

① 登記の目的→　「所有権保存」

② 登記原因及びその日付→　提供することを要しない。

③ 申請人→　「所有者」として，登記名義人となるべき者の氏名，住所を提供する。

④ 適用法令→　法74条1項2号の申請適格に基づき申請する旨を提供する。

(3)　添付情報

① 所有権を有することが確定判決によって確認されたことを証する情報（不登令別表28添付情報欄ロ）

∵　申請適格（所有権を有することが確定判決によって確認された）を証明するために提供する。

具体的には，判決書正本（または謄本）とその確定証明書を提供する。

② 代理権限証明情報（司法書士への委任状，不登令§7Ⅰ②）

③ 住所証明情報（不登令別表28添付情報欄ニ）

【申請書】

```
登 記 の 目 的　所有権保存
所　有　者　B
適 用 法 令　不動産登記法第74条第1項第2号
添 付 情 報　代理権限証明情報（Bから司法書士への委任状）
　　　　　　　申請適格を証する情報（判決書正本及び確定証明書）
　　　　　　　住所証明情報（Bの住民票の写し）
課 税 価 額　金1,000万円
登 録 免 許 税　金4万円
```

➕ アルファ

㋐　表題登記のある不動産については，その判決は表題部所有者全員を被告　`R5-17`
とたものであることを要する（先例平10.3.20-552）。

➡　表題部所有者が死亡している場合は，表題部所有者の相続人全員を被　`H19-26`
告としたものであることを要する。

㋑　この判決は，自己が所有権を有することを確認されたものであれば足り
る。登記手続を命じた給付判決（不登§63Ⅰ参照）である必要はない。

㋒　この「確定判決」には，確定判決と同一の効力を有する和解調書や調停　`H22-14`
調書も含まれる。

㋓　所有権の登記のない不動産について，所有権の移転の登記の手続を命ず　`H15-22`
る確定判決を得た者も，自己の名義で所有権の保存の登記を申請すること
ができる（質疑登研140P44）。

∵　所有権の移転の登記の手続が命じられているということは，すなわち
原告に所有権があることが前提だから。

4　収用によって所有権を取得した者の名義でする所有権の保存の登記

　　所有権の登記のない不動産について，収用によって所有権を取得した者は，
自己の名義で所有権の保存の登記を申請することができる（不登§74Ⅰ③）。

🔖 理由　収用とは，特定の公共の利益となる事業の用に供するため，法律
の定める手続に基づき土地等の所有権を取得することをいう（収用

§2）。収用は，厳格な手続に基づいてされるので，権利の取得は確実であり，その証明も容易であるため，所有権の保存の登記の申請適格者とされている。

H22-14
・　その不動産について表題登記（表示の登記）がされていない場合でも，収用によって不動産を取得した者は，直ちに所有権の保存の登記を申請することができる（不登§75参照）。
　➡　この場合は，登記官が職権で表示に関する登記をする（同）。

(1)　**申請情報の内容**
　①　登記の目的→　「所有権保存」

H27-14
　②　登記原因及びその日付→　提供することを要しない。

　③　申請人→　「所有者」として，登記名義人となるべき者の氏名，住所を提供する。

　④　適用法令→　法74条1項3号の申請適格に基づき申請する旨を提供する。

(2)　**添付情報**
　①　収用によって所有権を取得したことを証する情報（収用の裁決が効力を失っていないことを証する情報を含むものに限る，不登令別表28添付情報欄ハ）
　　∵　申請適格を証するために提供する。

　②　代理権限証明情報（司法書士への委任状，不登令§7Ⅰ②）

　③　住所証明情報（不登令別表28添付情報欄ニ）

第4節　登記官の職権による所有権の保存の登記

1　意　義

　　所有権の登記のない不動産について，所有権に関する処分の制限（差押え，__H7-14__ 仮差押え，処分禁止の仮処分，所有者不明土地管理命令）の登記が嘱託されたときは，登記官が職権で所有権の保存の登記をする（不登§76Ⅱ）。

∵　所有権の保存の登記がないと，差押え等の登記をすることができない。しかし，不動産を差し押さえられた人が自ら所有権の保存の登記を申請することは期待できないので，登記官が職権でするものとされた。

➕ **アルファ**

　　官公署が登記の依頼をすることを「嘱託」という。"嘱託＝申請" と考えて差し支えない。

・　所有権の登記のない不動産について仮登記を命ずる処分の決定書正本を提 __H27-18__ 供して仮登記の申請がされても，登記官が職権で所有権の保存の登記をすることはできない（先例昭35.9.7－2221）。

∵　仮登記を命ずる処分（不登§108Ⅰ）はいわゆる「処分の制限」ではない。

2　登記官の職権により所有権の保存の登記がされた後の処理

　　登記官が職権により所有権の保存の登記をしたときは，所有権の保存の登記 __H24-25__ がされた旨等を所有者に通知する（不登規§184Ⅰ）。

➕ **アルファ**

　　この所有権の保存の登記は当事者が申請したものではないので，登記が完了しても所有者に登記識別情報は通知されない。

3　効　力

　　登記官の職権によりされた所有権の保存の登記も，通常の所有権の保存の登記と同一の効力を有する。

重要❗ ●

__R3-20__
__H21-16__
　　登記官の職権により所有権の保存の登記がされた後，その処分制限の登記（差押え等の登記）が錯誤等により抹消された場合でも，登記官が職権で所有権の保存の登記を抹消することはできない（先例昭38.4.10－966）。

∵　職権抹消を認めた規定がない。

第２章
相続による所有権の移転の登記

Topics・ここからは所有権の移転の登記。既に所有権の登記がされている不動
産の所有権が移転したときは，所有権の移転の登記を申請する。
・相続による所有権の移転の登記は，それ以外の原因による所有権の移
転の登記とは手続がかなり異なるので，独立の章として解説する。

第1節　所有権の移転の登記とは

1　所有権の移転の登記の意義
　既に所有権の登記がされている不動産について，その所有権が移転した場合
にする登記。

ケーススタディ

甲土地は，以下のとおり登記がされている。

権　利　部（甲　区）	（所　有　権　に　関　す　る　事　項）		
順位番号	登記の目的	受付年月日・受付番号	権利者その他の事項
1	所有権移転	平成13年9月1日 第9000号	原因　平成13年9月1日売買 所有者　（住所省略）　　A

　令和5年7月8日，AとBは，この甲土地を金1,000万円でBに売り渡す
契約をした。

売　買
甲土地　A　所有権が移転　→　B　甲土地
売主　　　　　　　　　　　　買主

これにより，甲土地の所有権はAからBに移転した。
　➡　甲土地については既にAの名義で所有権の登記がされており，その甲
土地の所有権がBに移転したので，AからBへの「所有権の移転の登記」
を申請する。

この移転の登記がされた後の登記記録

権　利　部　（甲　区）　　（所　有　権　に　関　す　る　事　項）			
順位番号	登記の目的	受付年月日・受付番号	権利者その他の事項
1	所有権移転	平成13年９月１日 第9000号	原因　平成13年９月１日売買 所有者　（住所省略）　　Ａ
2	所有権移転	令和５年７月８日 第7000号	原因　令和５年７月８日売買 所有者　　Ｂ

　これによりＢは所有権の登記を備えたので，Ｂは甲土地の所有権を取得したことをもって第三者に対抗することができる。

２　相続による所有権の移転の登記とは

　所有権の登記名義人である被相続人が死亡し，その不動産が相続人に承継された場合に申請すべき登記。

確認　相続が開始すると，被相続人の財産に属した一切の権利義務は，その一身に専属していたものを除き相続人に包括的に承継される（民§896）。つまり，被相続人の所有していた不動産は相続人に移転する。

□ケーススタディ

　甲建物の所有権の登記名義人であるＡが令和５年７月１日に死亡した。Ａの相続人は妻のＢ，子のＣ及びＤである。

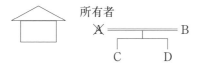

　ＢＣＤが甲建物をＡから相続する，つまり甲建物の所有権がＡからＢＣＤに移転するので，甲建物についてＡからＢＣＤに対して相続による所有権の移転の登記を申請する。

【この所有権の移転の登記の申請書】

登記の目的　所有権移転

原　　　因　令和5年7月1日相続

相　続　人　（被相続人　A）

　　　　　　　持分4分の2　B

　　　　　　　　　4分の1　C

　　　　　　　　　4分の1　D

添 付 情 報　登記原因証明情報

　　　　　　代理権限証明情報（B，C及びDから司法書士への委任状）

　　　　　　住所証明情報（B，C及びDの住民票の写し）

課 税 価 額　金1,000万円

登録免許税　金4万円

　　（中略）

不動産の表示　甲建物の表示

※　申請情報の内容，添付情報等については，後述。

第2節　相続人

　相続による所有権の移転の登記を申請する場合には，まず相続人（所有権を取得した者）を正確に判断する必要がある。

1　相続人

　相続人は法定されており，血族相続人と配偶者相続人とがある。

(1)　血族相続人

①　子又はその代襲相続人である直系卑属（民§887）

・　胎児は，相続に関しては既に生まれたものとみなされるので（民§886 I），相続人となる。つまり，胎児の名義とする相続による所有権の移転の登記をすることができる（先例明31.10.19－1406）。

②　直系尊属（ただし，親等が異なる者の間では，その近い者が優先する。民§889 I ①）

③　兄弟姉妹又はその代襲相続人である甥・姪（民§889 I ②，Ⅱ，887Ⅱ）

(2)　配偶者相続人

　配偶者は常に相続人となり，いずれの順位の血族相続人とも同順位で相続する（民§890）。

2　相続人とならない者

　推定相続人であっても，以下の事由に該当する者は相続人とならない。

---

①　欠格事由に該当する者（民§891）
②　廃除された者（民§892）
③　相続放棄をした者（民§939）

3　代襲相続

　　被相続人の子が，相続の開始以前に死亡したとき，または欠格事由（民§891）に該当し，もしくは廃除（民§892）によって相続権を失ったときは，その者の子（被相続人の直系卑属に限る）がこれを代襲して相続人となる（代襲相続，民§887Ⅱ）。

➡　代襲者につきさらに上記の事情が存在する場合には，代襲者の子がこれを代襲して相続人となる（再代襲，同ⅢⅡ）。

重要❶　・・・・・・・・・・・・・・・・・・・・・・・・・・・・・

相続放棄は代襲原因ではない。

➡　被相続人の子が相続放棄をした場合でも，その子が代襲して相続人となることはできない。

・　代襲相続は，被相続人の兄弟姉妹が相続人となる場合にも認められるが（民§889Ⅱ，887Ⅱ），これは兄弟姉妹の子に限られ，再代襲は認められない。

第3節　相続分

　相続が開始した場合に，相続人が数人いるときは，共同相続人が相続財産を共有する（民§898）。

　各相続人の承継する相続分は，まず被相続人の意思（遺言）による相続分の指定又は指定の委託（民§902）により決せられる。この指定がない場合には，法定の割合（法定相続分）による（民§900）。

1　法定相続分

① 配偶者と子が相続人→　配偶者の相続分　　２分の１

　　　　　　　　　　　　　子の相続分　　　　２分の１

② 配偶者と直系尊属が相続人→　配偶者の相続分　　　３分の２

　　　　　　　　　　　　　　　直系尊属の相続分　　３分の１

③ 配偶者と兄弟姉妹が相続人→　配偶者の相続分　　　４分の３

　　　　　　　　　　　　　　　兄弟姉妹の相続分　　４分の１

重要🔔・・・・・・・・・・・・・・・・・・・・・・・・・・・・・・

　法定相続分が修正される場合

① 特別受益者がいる場合（民§903Ⅰ）　　　　　　　　　　　H12記述

② 寄与分が定められた場合（民§904の2Ⅰ）

第4節　遺産分割

1　遺産分割の意義

遺産分割とは，共同相続人の共有する相続財産を，各相続人に分配すること。

➡　相続人が数人いるときは原則として相続財産は共同相続人の共有に属するが（民§898），遺産分割がされた場合には，相続財産は個別的・具体的に各相続人に帰属する（民§907Ⅰ，909，896）。

各相続人は，被相続人が遺言で分割を禁止した場合（民§908Ⅰ）等を除き，その全員が参加することによって，いつでも遺産の全部又は一部の分割をすることができる（民§907Ⅰ，分割自由の原則）。

2　遺産分割協議の当事者

H3-27　遺産分割の協議は，共同相続人の全員によってされることが必要である。一部の相続人を除外してされた協議は無効となる。

H28-24　➡　法定相続人のみならず，相続分の譲渡を受けた者（民§905参照），相続人と同一の権利義務を有する包括受遺者（民§990）も遺産分割協議の当事者となる。相続人の任意代理人が分割協議をすることも可。

① 相続人中に不在者がいる場合

H4-25　不在者の財産管理人が，家庭裁判所の許可を得て遺産分割の協議に参加することができる（先例昭39.8.7-597）。

➡　不在者を無視した形で遺産分割協議をすることはできない。

② 相続人中に破産者がいる場合

H29-16
H25-17　共同相続人の1人が相続開始後に破産手続開始の決定を受けたときは，当該相続人の破産管財人が，裁判所の許可を受けて（破産§78Ⅱ），遺産分割の手続に参加することができる（先例平22.8.24-2078）。

③ 相続人に胎児がいる場合

H29-19
H15-27　胎児のために遺産分割協議その他の処分をすることはできない（先例昭29.6.15-1188）。

∵　胎児の段階では相続関係が未確定であるから（死体で生まれてきたらはじめから相続人ではなかったことになる）。

3　遺産分割協議における利益相反行為

親権を行う父又は母とその親権に服する未成年の子との利益が相反する行為については，親権を行う者は，その子のために特別代理人を選任することを家庭裁判所に請求しなければならない（民§826 I）。

親権に服する子が数人いる場合に，その1人と他の子との利益が相反する行為についても同様（同II）。

∵　子の利益が不当に害されないようにするため。

この場合は，特別代理人が未成年の子を代理して，他の相続人との間で遺産分割協議をすることとなる。

(1)　特別代理人の選任を要する場合

①　親権者とその親権に服する未成年の子が共同相続人であり，相続人の間　**H12記述**
で遺産分割協議をする場合（先例昭28.4.25 – 697）。

∵　親権者と子の間で，財産を取り合う関係となる。まともに利害が衝突する。

（例）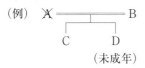

　　Aの相続人が妻のB，成年の子Cと未成年の子Dである場合，遺産分割協議をするためにはDのために特別代理人を選任する必要がある。

∵　Bは，Dの利益を犠牲にして，もっぱら自分が利益を受けるような協議をしてしまうおそれがあるから。

②　Aの相続人が妻のB，Bの親権に服する未成年の子CDである場合，CDごとに各別に特別代理人を選任することを要する（先例昭30.6.18 – 1264）。

∵　この場合は，親と子の間で利益相反の関係となり，さらに未成年者CとDの間でも利益相反の関係となる。

(2)　特別代理人の選任を要しない場合

・　親権者が相続の放棄をしている場合

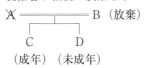

　　Bが相続の放棄をした場合，Bは遺産分割協議の当事者ではない。つまり，BとDの間で利害の対立は生じない。

4　遺言による遺産分割方法の指定

被相続人は，遺言で，遺産の分割の方法を定めることができる（民§908 I 前段）。

重要❗ •

相続財産中の特定の不動産を特定の相続人に「相続させる」と記載された遺言は，その趣旨が遺贈であることが明らかな場合等を除き，当該不動産を当該相続人に単独で相続させる旨の遺産分割方法の指定がされたものと解すべきとされている（特定財産承継遺言，最判平3.4.19）。

【例】　甲土地の所有者であるAは，「甲土地を長男のBに相続させる」という遺言をしていた。そして，Aが死亡したときは，Bが（当然に）甲土地を単独で相続する。

➡　共同相続人間で遺産分割協議等をすることなく，Bが単独で甲土地を相続することができる。遺産分割協議をしなくていいので，相続人間で争いが生じることがない。

➡　実務上でも，「相続させる」旨の遺言はよく利用される。

H27-25
・　「相続させる」旨の遺言がされたが，遺言者より先にその受益の相続人が死亡した場合，遺言者が代襲者等に遺産を相続させる旨の意思を有していたとみるべき特段の事情のない限り，その遺言は効力を生じない（最判平23.2.22）。

5　遺産分割の効果

遺産の分割は，相続開始の時にさかのぼってその効力を生ずる（民§909）。

➡　各相続人が分割によって取得した財産は，相続開始の時に直接被相続人から承継したことになる。

・　相続の開始後に認知された者がいる場合

H27-25
相続が開始した後に被相続人の子として認知された者がいる場合でも，その遺産分割協議は無効とならない（先例昭43.7.11－2346）。

➡　認知された者は価額のみによる支払いの請求権を有する（民§910）。

第5節 相続による所有権の移転の登記

第5節の1 申請の義務

1 申請の義務

(1) 意 義

所有権の登記名義人について相続の開始があったときは，その相続によって所有権を取得した者は，一定の期間内に，所有権の移転の登記を申請することを要する（不登§76の2Ⅰ前段）。

➡ 義務である。

(2) 相続の登記を義務化する必要性

大原則として，不動産の権利に関する登記については，申請の義務がない。

➡ 登記をしなければ，不動産に関する物権変動を第三者に対抗することができないが（民§177），それは登記をしない自分の責任である（私的自治の原則）。

一方で，近年，我が国では，所有者が不明の土地（所有者不明土地）が増加し，社会的な問題となっている。

所有者不明土地→ 不動産の登記簿から直ちに所有者が判明しない土地，また，所有者は判明してもその所有者と連絡がつかないような土地をいう。

ある区域で公共事業をしようと思っても，その区域内に所有者不明土地があると，その土地の買収等ができず，必要な事業を進めることが困難となる。

➡ 所有者が不明の不動産は，適切な管理がされず，危険でもある。

所有者不明土地が発生する原因のうち，大きいのが，相続登記の未了である。

【例】 甲土地は，Aの名義で所有権の登記がされているが，そのAが死亡した。相続人は子のBCDである。甲土地は，だいぶ田舎にあるので，資産価値がなく，BCDの誰も興味を示さなかった。わざわざ費用をかけ

113

て相続の登記をする気もなく，放置していた。

　　その後，Bが死亡し，Cが死亡し，Dも死亡した…。

➡　このように，相続の登記がされないで放置されると，遠からず，共
　有者（相続人）を確定させることが困難となり，所有者不明土地が発
　生する。

　このような所有者不明土地の発生を防ぐために，相続の登記の申請が義務
化された。

2　申請義務の具体的内容

(1)　相続による所有権の移転の登記

> （相続等による所有権の移転の登記の申請）
>
> **第76条の2**　所有権の登記名義人について相続の開始があったときは，当該相
> 続により所有権を取得した者は，自己のために相続の開始があったことを知
> り，かつ，当該所有権を取得したことを知った日から3年以内に，所有権の
> 移転の登記を申請しなければならない。遺贈（相続人に対する遺贈に限る。）
> により所有権を取得した者も，同様とする。

ポイント1

　所有権の登記名義人について相続の開始があった場合の話である。

➡　所有者不明土地の発生を防止するという趣旨であるので，申請の義務
　が発生するのは，所有権の登記名義人について相続が開始した場合に限
　られる。

・　抵当権の登記名義人について相続の開始があった場合，申請の義務は
　発生しない。
・　表題部所有者について相続の開始があった場合，申請の義務は発生し
　ない。
・　申請義務の対象となるのは，不動産（土地・建物）である。土地だけ
　でなく，建物についても，所有権の移転の登記の申請の義務が発生する。

ポイント2

　期限の起算点は，自己のために相続の開始があったことを知り，かつ，
当該所有権を取得したことを知った日である。

　被相続人（所有者）が死亡して自分が相続人になったということを知っただけでは，（3年を経過しても）義務違反とならない。

　さらに，「自分がその所有権を取得した」ということを知った時から起算される。

🖐理由　「父親が土地を持っていたなんて知らなかった」という状態で，義務違反の罰則を受けるのは，酷である。

・　相続人が数人いる場合，起算点は，相続人ごとに判断される。
・　相続の放棄をした者は，初めから相続人とならなかったものとみなされるので（民§939），申請の義務を負わない。

ポイント3

　期限は，起算日から**3年以内**である。

【例】　令和6年4月3日，甲土地の所有権の登記名義人であるAが死亡した。相続人は，妻のBと子のCである。BとCは，病院でAを看取ったので，死亡と同時に「自己のために相続の開始があったこと」を知った。

　Bは，Aが甲土地を所有していたことを知っていたので，Bは，令和6年4月3日から3年以内に，甲土地について相続による所有権の移転の登記を申請することを要する。

　一方，Cは，Aが甲土地を所有していたことを知らないので，まだ義務は発生しない。

➡　後に，Bから「お父さんは甲土地を所有していたんだよ」と告げられたら，その時から3年以内に所有権の移転の登記を申請することを要する。

ポイント4

　相続人に対する遺贈があったときは，受遺者（つまり相続人）は，所有権の移転の登記を申請することを要する。

　申請の義務があるのは，相続人に対する遺贈があった場合のみ。相続人以外の第三者に対して遺贈がされた場合，受遺者は，所有権の移転の登記を申請する義務を負わない。

【例】　甲土地と乙土地を所有するAが死亡した。相続人は，妻のBと子の
　　　Cである。Aは遺言を残しており，「甲土地は子のCに遺贈する。乙
　　　土地はご近所さんのDに遺贈する。」と書かれていた。
　　➡　Cは，自己のために相続の開始があったことを知り，かつ，甲土
　　　地の所有権を取得したことを知った日から3年以内に，甲土地につ
　　　いて所有権の移転の登記を申請することを要する。
　　➡　Dは，乙土地について，所有権の移転の登記を申請する義務を負
　　　わない。

・　相続人を受贈者とする死因贈与の契約がされている場合，受贈者は，
　所有権の移転の登記の申請義務を負わない。
　➡　死因贈与は，遺贈と異なり，受贈者も契約に関与している。そのた
　　め，義務を課さなくても，受贈者は所有権の移転の登記を申請するだ
　　ろうと考えられる。

・　特定の不動産について，特定の相続人に対して「相続させる」旨の遺
　言（特定財産承継遺言）がされた場合，その受益の相続人は，相続によ
　って所有権を取得したことになるので，所有権の移転の登記を申請する
　義務が発生する。

⑵　共同相続の登記がされた後に遺産分割がされた場合の登記

> （相続等による所有権の移転の登記の申請）
> **第76条の2**
> 2　前項前段の規定による登記（民法第900条及び第901条の規定により算定し
> た相続分に応じてされたものに限る。次条第4項において同じ。）がされた後
> に遺産の分割があったときは，当該遺産の分割によって当該相続分を超えて
> 所有権を取得した者は，当該遺産の分割の日から3年以内に，所有権の移転
> の登記を申請しなければならない。

　　これは，法定相続分に基づく共同相続の登記がされた後に，その不動産に
　関する遺産分割がされた場合の話である。

ポイント1

　法定相続分に基づく共同相続の登記がされた後に遺産分割がされた場合，当該遺産の分割によって**法定相続分を超えて所有権を取得した者**は，その遺産分割に基づく登記を申請することを要する。

➡　申請の義務があるのは，遺産分割によって法定相続分を超えて権利を取得した者だけである。

【例】　甲土地の所有権の登記名義人であるAが死亡し，妻のB及び子のCDがAを相続した。そして，甲土地について，相続を登記原因としてAからB（持分4分の2），C（持分4分の1），D（持分4分の1）への所有権の移転の登記がされた。

➡　BCDについて，相続による所有権の移転の登記を申請する義務（不登§76の2Ⅰ）が果たされた。

　その後，BCD間で遺産分割協議がされ，甲土地はCが持分4分の3，Bが持分4分の1の割合で取得することが合意された。

➡　遺産分割によって法定相続分を超えて権利を取得したCは，この遺産分割に基づく登記を申請することを要する。

ポイント2

　申請の期限は，**遺産分割の日から3年以内**である。

(3)　代位者その他の者の申請（嘱託）によって登記がされた場合

（相続等による所有権の移転の登記の申請）
第76条の2
3　前2項の規定は，代位者その他の者の申請又は嘱託により，当該各項の規定による登記がされた場合には，適用しない。

　代位者その他の者が相続による所有権の移転の登記を申請した場合には，被代位者（つまり相続人自身）は，所有権の移転の登記を申請する義務を免れる。

🖐理由　　相続人以外の第三者が登記を申請した場合でも，きちんと（被代位者である）相続人の氏名・住所が登記されたので，所有者不明土地の発生を防止するという目的は達せられた。

【例】　甲土地の所有権の登記名義人であるＡが死亡し，ＢＣが相続した。そして，Ｂに対して債権を有するＸがＢに代位して，相続を登記原因としてＡからＢＣへの所有権の移転の登記を申請した。
➡　甲土地についてＢＣの名義とする登記がされたので，ＢＣは所有権の移転の登記を申請する義務を免れる。

【例】　甲土地の所有権の登記名義人であるＡが死亡し，ＢＣが相続した。そして，Ｂは，共有物の保存行為（民§252Ⅴ）として，相続を登記原因としてＡからＢＣへの所有権の移転の登記を申請した。
➡　甲土地についてＢＣの名義とする登記がされたので，Ｂだけでなく，Ｃも所有権の移転の登記を申請する義務を免れる。

3　相続人である旨の申出
(1)　意　義
上記のとおり，所有権の登記名義人について相続が開始し，その不動産を取得した者は，一定の期間内に，所有権の移転の登記を申請する義務を負う（不登§76の2Ⅰ）。

しかし，実際のところ，相続による所有権の移転の登記を申請するのは，けっこうな負担である。
➡　後述するが，被相続人が生まれた時から死ぬまでの全部の戸籍（除籍）を取得し，さらに相続人全員の現在の戸籍や住民票の写し等を取得する必要がある。特に兄弟姉妹が相続人となる場合は，膨大な量の戸籍を取得する必要がある。
➡　負担が大きいので，資産価値の低い土地は，相続の登記がされずに放置されてしまう。

そういった状況で，令和6年4月1日から，相続の登記の申請が義務化されることになったので，相続人の負担軽減を図るため，新たに「相続人である旨の申出」という制度が新設された。

これは，簡単にいうと，正式な相続による所有権の移転の登記を申請しなくても，登記官に対し「所有権の登記名義人が死亡し，私はその相続人である」旨の申出をすれば，所有権の移転の登記の申請義務を履行したものとみなす，という制度である。

※　本書の執筆の時点では，具体的な申出の内容や，申出の際の添付情報は不明であるが，少なくとも，正式な相続による所有権の移転の登記を申請するよりはだいぶ楽になると考えられる。
- ➡　申出人が相続人であることが分かる戸籍等を添付すれば足りると解される。
- ➡　被相続人の大昔の除籍や，相続人全員の戸籍までは要求されないはず。

⑵　相続人である旨の申出

> （相続人である旨の申出等）
> **第76条の3**　前条第1項の規定により所有権の移転の登記を申請する義務を負う者は，法務省令で定めるところにより，登記官に対し，所有権の登記名義人について相続が開始した旨及び自らが当該所有権の登記名義人の相続人である旨を申し出ることができる。
> 2　前条第1項に規定する期間内に前項の規定による申出をした者は，同条第1項に規定する所有権の取得（当該申出の前にされた遺産の分割によるものを除く。）に係る所有権の移転の登記を申請する義務を履行したものとみなす。

ポイント1
"前条第1項の規定により所有権の移転の登記を申請する義務を負う者"とは，所有権の登記名義人の相続人であり，当該相続により所有権を取得した者である。
- ➡　遺贈によって所有権を取得した相続人も含まれる。

ポイント2
登記官に対し，所有権の登記名義人について相続が開始した旨及び自らが当該所有権の登記名義人の相続人である旨を申し出ることができる。
- ➡　あくまで申出である。登記の申請ではない。

ポイント3
所有権の移転の登記の申請義務の期間内（前記2⑴の起算日から3年以内）に相続人である旨の申出をした者は，相続による所有権の移転の登記の申請義務を履行したものとみなされる。
- ➡　改めて所有権の移転の登記を申請することを要しない。

【例】　甲土地の所有権の登記名義人であるＡが死亡し，子のＢＣＤが相続
した。そして，Ｂは，甲土地について，所有権の登記名義人の相続人
である旨の申出をした。

➡　Ｂは，甲土地について，相続による所有権の移転の登記の申請義
務を履行したものとみなされる。

➡　ＣとＤは，相続人である旨の申出（または相続による所有権の移
転の登記）をしていないので，申請の義務が存続する。

ポイント４

相続人である旨の申出をする前に遺産分割がされている場合は，その分
割によって所有権を取得した者は，きちんとした所有権の移転の登記を申
請することを要する。

(3)　登記官による付記

（相続人である旨の申出等）

第76条の３

3　登記官は，第１項の規定による申出があったときは，職権で，その旨並び
に当該申出をした者の氏名及び住所その他法務省令で定める事項を所有権の
登記に付記することができる。

相続人である旨の申出があったときは，登記官は，職権で，その申出があ
った旨，申出人の氏名・住所その他の事項を，所有権の登記に付記すること
ができる。

➡　いわゆる付記登記である。

前記(2)のとおり，相続人である旨の申出は，あくまで申出であって，登記
の申請ではない。そのため，所有権の移転の登記がされるわけではない。一
定の事項が付記される形である。

・　所有権の登記名義人の相続人が数人いる場合で，各相続人が別々に相続
人である旨の申出をしたときは，個別に付記がされる（付記１号，付記２
号…）。

⑷　相続人である旨の申出がされた後に遺産分割がされた場合

（相続人である旨の申出等）
第76条の3
4　第1項の規定による申出をした者は，その後の遺産の分割によって所有権を取得したとき（前条第1項前段の規定による登記がされた後に当該遺産の分割によって所有権を取得したときを除く。）は，当該遺産の分割の日から3年以内に，所有権の移転の登記を申請しなければならない。

　　これは，相続人である旨の申出がされた後に，その不動産に関する遺産分割がされた場合の話である。

ポイント1
　　相続人である旨の申出をした者が，その後の遺産分割によって所有権を取得したときは，その遺産分割に基づく登記を申請することを要する。

重要●・・・・・・・・・・・・・・・・・・・・・・・・・・・・・・・・・・・

この場合，法定相続分を超えて権利を取得したか否かにかかわらず，その遺産分割に基づく登記を申請することを要する。
➡　遺産分割によって，法定相続分より少ない割合で権利を取得した場合でも，その遺産分割に基づく登記を申請することを要する。

　　これは，法定相続分に基づく共同相続の登記がされた後に遺産分割がされた場合（不登§76の2Ⅱ，前記2⑵）と異なる。

　　相続人である旨の申出がされた場合，登記官の職権により一定の事項が付記されるが（不登§76の3Ⅲ），申出をした相続人の持分（法定相続分）は記録されない。
➡　相続人である旨の申出をする場合，相続人の全員を証明する戸籍等を添付するわけではないので，法定相続分を確定させられない。

　　相続人である旨の申出の付記登記には，持分が記録されていないのだから，その後に遺産分割によって権利を取得した場合，取得した持分の多寡に関係なく，その遺産分割に基づく登記が必要となる。

　　【例】　甲土地の所有権の登記名義人であるＡが死亡し，子のＢＣＤがＡを

相続した。そして，Bは，甲土地について，所有権の登記名義人の相続人である旨の申出をした。

➡　甲土地の登記記録には，Bが相続人である旨の申出をした旨の付記がされる（持分などは記録されない）。

その後，BCD間で遺産分割協議がされ，甲土地はBが持分5分の1，Dが持分5分の4の割合で取得することが合意された。

➡　Bは，甲土地について，法定相続分（3分の1）より少ない権利（持分5分の1）を取得しているが，Bは，当該遺産分割の日から3年以内に，この遺産分割に基づく登記を申請する必要がある。

ポイント2

ある相続人から相続人である旨の申出がされ，さらに**法定相続分に基づく共同相続の登記がされている場合**に，遺産の分割があったときは，不動産登記法76条の2第2項に基づき，当該遺産の分割によって法定相続分を超えて所有権を取得した者は，その遺産分割に基づく登記を申請することを要する。

➡　法定相続分に基づいて共同相続の登記がされている場合は，既に持分（法定相続分）が登記されているので，その法定相続分を超えて権利を取得した者に限り，申請の義務が発生する（不登§76の2Ⅱ）。

重要❶ ●

相続人である旨の申出のみがある場合と，法定相続分に基づく共同相続の登記がある場合を，しっかり区別する必要がある。

ポイント3

申請の期限は，遺産分割の日から3年以内である。

ポイント4

代位者その他の者の申請（嘱託）により，当該遺産分割に基づく登記がされた場合には，申請義務を免れる（不登§76の3Ⅴ）。

4　申請義務を履行しなかった場合の罰則

相続（遺産分割や相続人に対する遺贈を含む）による所有権の移転の登記を申請すべき義務がある者が，正当な理由がないのにその申請を怠ったときは，10万円以下の過料に処せられる（不登§164）。

第5節の2　登記の手続

1　総　説

相続による所有権の移転の登記は，相続人が単独で申請することができる（不登§63Ⅱ）。

理由
① 登記義務者となるべき被相続人は，既に死亡しているので，申請人となることができない。
② 申請情報と併せて，戸籍事項の証明書（市区町村長その他の公務員が職務上作成した情報）を提供すれば，相続関係（相続によって所有権が移転したこと）を証明することができるので，単独申請を認めても登記の正確性は確保される。

重要
権利に関する登記は，登記権利者と登記義務者が共同で申請するのが原則であるが（不登§60），相続による所有権の移転の登記はその例外。

2　申請情報の内容

(1) **登記の目的→**「所有権移転」

確認　登記の目的とは，"どういった登記を要求するのか"ということ。つまり，物権変動の内容。
➡　"所有権"という物権につき"移転"という変動が生じた旨の登記。

(2) **登記原因及びその日付→**　被相続人（所有権の登記名義人）が死亡した日をもって「年月日相続」

(3) **申請人→**　所有権を取得した相続人の氏名，住所を提供する。
➡　被相続人（所有権の登記名義人）の氏名もかっこ書で提供する。

・　相続人が数人いるときは，各人の持分も提供する（不登令§3⑨）。

```
相続人（被相続人　A）
    世田谷区落合八丁目4番3号
    持分2分の1　　B
    新宿区東池袋三丁目3番9号
      2分の1　　　C
```

(4)　添付情報

　後記第6節参照

3　登録免許税

　新たに権利を取得する登記なので，定率課税。

　課税標準→　不動産の価額

R2-27　税　　率→　1000分の4　（登税別表第1.1(2)イ）

┌─ケーススタディ ─┐

　令和5年6月28日，甲土地の所有者であるAが死亡した。Aには妻のBと子のC，Dがいたが，Cは既に死亡している。Cには妻のEと子のF，Gがいる。なお，本件不動産の価額は金1,000万円である。

【申請書】

```
登記の目的　所有権移転
原　　　因　令和5年6月28日相続
相　続　人　（被相続人　A）                    ＊1，2
        持分8分の4　　B
            8分の2　　D
            8分の1　　F
            8分の1　　G
添 付 情 報　登記原因証明情報                    ＊3
        代理権限証明情報
              （B，D，F及びGから司法書士への委任状）
        住所証明情報（B，D，F及びGの住民票の写し）
課 税 価 額　金1,000万円
登録免許税　金4万円
```

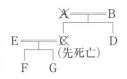

子のCは，被相続人Aより先に死亡しているので，代襲相続が開始する。つまり，Cの子FGがCを代襲して相続する。そして，代襲相続人の相続分は，被代襲者が受けるべき相続分と同じである（民§901Ⅰ）。Cの相続分は4分の1であるので，FとGはそれを2人で分けた各8分の1となる。

* 1　申請人の肩書は，「相続人」である。「権利者」とは記載しない。

* 2　被相続人の氏名を記載するのを忘れないこと。

* 3　添付情報については，後述。

重要先例

① 共同相続人の1人は，自己の持分についてのみの相続の登記（所有権の一部の移転の登記）を申請することはできない（先例昭30.10.15－2216）。　R4-21　H12-23

∵ 相続を登記原因として所有権の一部の移転の登記をするということは，Aが半分死んで半分生きているという形になってしまい，あり得ない。

【例】　甲土地の所有者であるAが死亡し，子のBとCが相続した（相続分は各2分の1）。この場合，Bは，甲土地について，相続による所有権の一部（持分2分の1）の移転の登記を申請することはできない。

・ 共同相続人の1人は，共有物の保存行為（民§252Ⅴ）として，共同相続人全員のために相続の登記を申請することができる（質疑登研157P45）。　H7-15

【例】　上記の事例において，Bは単独で，甲土地について，相続によるAからBCへの所有権の移転の登記を申請することができる。

➡　Bは，自分のため，そしてCのために，登記を申請することができる。

重要❗・・・・・・・・・・・・・・・・・・・・・・・・・・・・・・

登記をするか否かは本人の自由であり（私的自治の原則），基本的には他人のために登記を申請することはできない。

➡　お節介は無用

しかし，相続による移転の登記は，一度の申請で相続人の全員に対して移転の

登記をしなければならないので，他の相続人が登記を申請しようとしないときは，相続人の1人が他の相続人のために移転の登記を申請することができる。

H25記述
H15-18
② 不動産の所有権の一部について遺贈がされ，残部については相続が開始したときは，最初に遺贈による所有権の一部の移転の登記を申請し，次いで相続による被相続人の持分全部の移転の登記を申請すべきである（質疑登研523 P 139）。

∵ 相続による所有権の一部の移転の登記を申請することはできないから（上記①参照），先に遺贈の登記を申請する。

【例】 甲土地の所有者であるAは，甲土地の所有権の一部（3分の1）をXに遺贈する旨の遺言を残して死亡した。相続人は子のBCである。

甲土地　所有者A

この場合は，甲土地について以下の順番で2件の登記を申請する。
㋐ 「遺贈」を登記原因とするAからXへの所有権の一部（持分3分の1）の移転の登記
㋑ 「相続」を登記原因とするAからBCへのA持分全部移転の登記

➕ **アルファ**

少し登記の技術的な解説をする（Aの死亡日を令和5年7月10日とする）。
上記の事例の場合，Xは甲土地の所有権の一部（持分3分の1）を取得しているので，Xに対する登記の登記の目的は「所有権一部移転」となる。
➡ この登記が完了すると，Xは甲土地の所有権の一部（持分3分の1）の登記名義人となる。

権　利　部（甲　区）	（所　有　権　に　関　す　る　事　項）		
順位番号	登記の目的	受付年月日・受付番号	権利者その他の事項
1	所有権移転	平成13年9月1日 第9000号	原因　平成13年9月1日売買 所有者　　A
2	所有権一部移転	令和5年8月1日 第8000号	原因　令和5年7月10日遺贈 共有者　持分3分の1　　X

➡　登記記録上，甲土地についてXが持分3分の1の登記を受けていて，Aは持分3分の2の登記を受けている状態となった。

　そして，この後に，Aの有している持分3分の2を相続人BCに移転する登記を申請するときは，登記の目的は「**A持分全部移転**」となる。

∵　甲区2番の所有権の一部の移転の登記がされたことによって，登記記録上，甲土地はXとAの共有の状態となっている。そして，そのAの有する持分の全部が移転した旨の登記であるので，登記の目的は「A持分全部移転」とする必要がある。

➡　登記の目的を「所有権一部移転」とすることはできない。

権　利　部（甲　区）	（所　有　権　に　関　す　る　事　項）		
順位番号	登記の目的	受付年月日・受付番号	権利者その他の事項
1	所有権移転	平成13年9月1日 第9000号	原因　平成13年9月1日売買 所有者　　A
2	所有権一部移転	令和5年8月1日 第8000号	原因　令和5年7月10日遺贈 共有者　持分3分の1　　X
3	A持分全部移転	令和5年8月1日 第8001号	原因　令和5年7月10日相続 共有者　持分3分の1　　B 　　　　3分の1　　C

➡　これにより，登記記録上，甲土地はXとBCが共有していることが分かる。

③　甲土地の所有者であるAが死亡し，子のBCDが相続した。そして，相続の登記をする前に，Dは，甲土地の持分を放棄した。この場合は，まずAからBCDに対して「相続」による所有権の移転の登記を申請し，その後に「持分放棄」を登記原因としてDの持分をBCに移転する登記を申請する（質疑登研10P30）。 **H19-13** **H9-22**

　➡　「相続」と「持分放棄」という2つの権利変動が生じているので，2件の登記を申請する。1件で，AからBCへの所有権の移転の登記を申請す

ることはできない。

H29-16
H15-21 ④　遺産分割の審判において，審判前の保全処分として，家庭裁判所によって財産の管理者が選任され，その管理者が，家庭裁判所の許可を得て被相続人の所有していた不動産を第三者に売却したときは，売買による所有権の移転の登記の前提として，相続による所有権の移転の登記をすることを要する（先例平4.2.29−897）。

∵　被相続人が死亡してから，管理者がその不動産を第三者に売却するまでの間は，その不動産は相続人に帰属していたことになるので，相続の登記が必要となる。

4　相続権のない者がいる場合

(1)　相続権のない者がいる場合の相続の登記

推定相続人中に相続権を失った者がいるときは，その者は相続人とならないので，その者を除いた他の相続人の名義で相続の登記を申請する。

①　欠格事由に該当する者がいる場合
②　廃除された者がいる場合
③　相続放棄をした者がいる場合

【例】　甲土地の所有者であるAが死亡した。相続人は，妻のB及び子のCDであったが，後に，Dは家庭裁判所に対して相続放棄の申述をして，受理された。

➡　Dは，初めから相続人とならなかったことになるので，AからBCに対して相続による所有権の移転の登記を申請する。

注意！　相続欠格，廃除の場合には，代襲相続が開始している可能性があるので，要注意。

(2)　既に相続の登記がされている場合

相続の登記がされた後に欠格事由が発生したような場合には，その者を相続人から除外する更正（抹消）の登記を申請する。

更正の登記→　簡単にいうと，登記にちょっと間違いがある場合に，それを訂正する登記（後記第6章参照）。

5　法定相続分に修正が加わった場合

⑴　法定相続分に修正が加わった場合の登記

　　共同相続人中に特別受益者がいる，あるいは寄与分が定められたことによ　　　H22-25
り，具体的な相続分が法定の相続分と異なることとなった場合は，修正後の
具体的な相続分をもって相続の登記を申請することができる。

　➡　法定相続分による共同相続の登記を経る必要はない。

【例】　被相続人Ａの相続人は妻のＢと子のＣＤである。そして，Ｃが特別受
　　　益者であり，受けるべき相続分はないものとする。
　　　　この場合，Ｃは受けるべき相続分がないので，実際に財産を取得する
　　　のはＢとＤのみである。そして，ＢとＤの法定相続分は４分の２と４分
　　　の１，つまり２：１の割合である。したがって，Ｂの相続分は（２＋１）
　　　分の２＝３分の２，Ｄの相続分は（２＋１）分の１＝３分の１となる。
　　➡　ＡからＢ（持分３分の２），Ｄ（持分３分の１）への相続による移
　　　転の登記を申請できる。

⑵　既に法定相続分をもって相続の登記がされている場合

　　法定相続分による共同相続の登記がされた後に相続人の１人が特別受益者　　　H16-26
であることが判明した，あるいは寄与分が定められた場合は，相続の登記に
ついて更正の登記を申請する（先例昭55.12.20－7145）。

　➡　相続の登記の持分等に誤りがあるといえるので，これを訂正する登記，
　すなわち更正の登記を申請する。

6　遺産分割がされた場合

⑴　共同相続の登記がされる前に遺産分割協議が成立した場合

　　共同相続の登記がされる前に遺産分割協議が成立し，相続人の１人が不動　　　H7-15
産を単独で取得する旨が合意されたときは，その相続人に対し，「相続」を
登記原因として所有権の移転の登記を申請する（先例昭19.10.19－692）。

　➡　共同相続の登記を経る必要はない。

　　🖐理由　　遺産分割には遡及効があるので（民§908），相続が開始した時
　　　からその者が単独で不動産を相続したといえる。

📖ケーススタディ

権　利　部（甲　区）	（所　有　権　に　関　す　る　事　項）		
順位番号	登記の目的	受付年月日・受付番号	権利者その他の事項
1	所有権移転	平成13年9月1日 第9000号	原因　平成13年9月1日売買 所有者　　A

　令和5年8月1日，Aが死亡した。相続人は，妻のB及び子のCDである。そして，令和5年9月1日，BCDの間で亡Aについての遺産分割協議がされ，甲土地はBが単独で取得することが合意された。

➡　甲土地について，「令和5年8月1日相続」を原因として，AからBに対して所有権の移転の登記を申請する。

（相続の登記が完了した後の登記記録）

権　利　部（甲　区）	（所　有　権　に　関　す　る　事　項）		
順位番号	登記の目的	受付年月日・受付番号	権利者その他の事項
1	所有権移転	平成13年9月1日 第9000号	原因　平成13年9月1日売買 所有者　　A
2	所有権移転	令和5年9月3日 第9250号	原因　令和5年8月1日相続 所有者　　B

①　共同相続の登記がされる前に相続人の間で寄与分協議がされ，相続財産中の不動産を相続人の1人が「寄与分として取得する」旨が合意された場合には，その相続人に対し，「相続」を登記原因として所有権の移転の登記を申請することができる（先例昭55.12.20-7145）。

∵　この協議では，具体的な財産の帰属が定められているので，これは"寄与分協議＋遺産分割協議"と解することができる。

H30-21
H28-24
H25-17

②　Aの相続人であるBCの間で，「Aの所有していた甲土地はBが単独で相続する。その代償として，Bの所有していた乙土地をCに無償で譲渡する」という遺産分割協議が調ったときは，①甲土地についてAからBに対して「相続」を登記原因として所有権の移転の登記を申請し，②乙土地についてBからCに対して「**遺産分割による贈与**」を登記原因として所有権の移転の登記を申請する（登研740P147）。

⑵　**共同相続の登記がされた後に遺産分割協議が成立した場合**

　　法定相続分に基づく共同相続の登記がされた後に遺産分割協議が成立し，相続人の1人がその不動産を単独で取得する旨が合意されたときは，その相続人の名義とする所有権の更正の登記を申請する（先例令5.3.28－538）。

🖝 **理由**　　遺産分割には遡及効があるので（民§909），相続が開始した時からその者が単独で不動産を相続したことになる。ということは，既にされた共同相続の登記には誤りがあるといえるので，それを訂正する登記，つまり更正の登記を申請する。

📖**ケーススタディ**

　　令和5年8月1日，甲土地の所有者であるAが死亡した。相続人は，妻のB及び子のCDである。そして，令和5年8月10日，BCDは，とりあえず，甲土地について法定相続分に基づく共同相続の登記を申請した。

権　利　部（甲　区）	（所　有　権　に　関　す　る　事　項）		
順位番号	登記の目的	受付年月日・受付番号	権　利　者　そ　の　他　の　事　項
1	所有権移転	平成13年9月1日 第9000号	原因　平成13年9月1日売買 所有者　　　　A
2	所有権移転	令和5年8月10日 第8150号	原因　令和5年8月1日相続 共有者　持分4分の2　　B 　　　　　　4分の1　　C 　　　　　　4分の1　　D

　　その後の令和5年9月1日，BCDの間で亡Aについての遺産分割協議がされ，甲土地はBが単独で取得することが合意された。

➡　甲区2番の登記について，BCDの名義からBの単独所有の名義とする更正の登記を申請する。

（更正の登記が完了した後の登記記録）

権　利　部（甲　区）		（所　有　権　に　関　す　る　事　項）	
順位番号	登記の目的	受付年月日・受付番号	権 利 者 そ の 他 の 事 項
1	所有権移転	平成13年９月１日 第9000号	原因　平成13年９月１日売買 所有者　　　A
2	所有権移転	令和５年８月10日 第8150号	原因　令和５年８月１日相続 共有者　持分４分の２　　B 　　　　　　　　４分の１　　C 　　　　　　　　４分の１　　D
付記１号	２番所有権更正	令和５年９月３日 第9250号	原因　令和５年９月１日遺産分割 所有者　　　B

＊　下線のあるものは，抹消された事項である。

＊　付記登記については，入門編の第15章参照。

　この登記を見ると，"共有者　B・C・Dというのは誤りで，Bが単独の所有者だ"ということが分かる。

① 　この更正の登記は，不動産を単独で取得することになった相続人が単独で申請することができる（先例令5.3.28−538）。

➡ 　上記のケーススタディの場合，Bが単独で更正の登記を申請することができる。

重要❗●●●●●●●●●●●●●●●●●●●●●●●●●●●●●●●●●●

　更正の登記は，本来，登記権利者と登記義務者が共同で申請するものである（不登§60）。しかし，法定相続分に基づく共同相続の登記がされた後に遺産分割がされた場合の所有権の更正の登記は，登記権利者が単独で申請することができるとされた。

🖐理由　　共同相続の登記がされる前に遺産分割がされた場合は，不動産を単独で相続することになった相続人が単独で所有権の移転の登記を申請することができるので（上記(1)），それとバランスをとるために，この更正の登記も単独申請とされた。

➡ 　また，共同相続の登記がされた後に遺産分割がされた場合に，速やかにその登記をしてもらうために，単独申請が認められた。

② この更正の登記の登記原因は，遺産分割が成立した日をもって「年月日遺産分割」である（先例令5.3.28－538）。

　➡ 添付情報等の解説は，後記第6章8参照。

➕アルファ

　共同相続の登記がされた後に遺産分割がされた場合，所有権の更正の登記ではなく，不動産を単独で取得することになった者に対して，他の相続人の持分の移転の登記を申請することもできる（先例昭28.8.10－1392）。

(3) 遺言による遺産分割方法の指定がされた場合

　遺産分割方法の指定を受けた相続人に対し，「相続」を登記原因として所有権の移転の登記を申請することができる（先例昭47.4.17－1442）。

【例】　被相続人Aが「相続財産中の甲土地を相続人の1人Bに相続させる」旨の遺言をして死亡した。

　➡ 甲土地について「相続」を登記原因としてAからBへの所有権の移転の登記を申請する。

① 遺産の分割の方法の指定として遺産に属する特定の財産を共同相続人の　H29-20
1人または数人に承継させる旨の遺言（特定財産承継遺言）があったときは，遺言執行者は，当該共同相続人が対抗要件を備えるために必要な行為をすることができる（民§1014Ⅱ）。

【例】　被相続人Aが「相続財産中の甲土地を相続人の1人Bに相続させる。　R4-20
遺言執行者としてXを指定する。」旨の遺言をして死亡した。

　➡ 遺言執行者Xは，甲土地について，AからBへの相続による所有権の移転の登記を申請することができる（先例令元.6.27－68）。

② 法定相続分に基づく共同相続の登記がされた後，相続人中の1人に当該　H22-13
不動産を相続させる旨の遺産分割方法の指定のある遺言書が発見されたような場合は，その相続人の名義とする所有権の更正の登記を申請する（先例平2.1.20－156）。

　➡ 共同相続の登記には誤りがあるといえるので，それを訂正する登記，つまり更正の登記をする。

【例】　甲土地についてAの相続人であるBCDに対して法定相続分による
　　　　共同相続の登記がされた後,「甲土地をBに単独で相続させる」旨が
　　　　記載されたAの遺言書が発見された。

➡　　BCDの共有名義からBの単独所有名義とする所有権の更正の登
　　記を申請する。

・　この更正の登記は,不動産を単独で取得することになった相続人（B）
　が単独で申請することができる（先例令5.3.28 − 538）。

➡　考え方は,共同相続の登記がされた後に遺産分割協議がされた場合（(2)
　①）と同じである。

・　登記原因は,特定財産承継遺言の効力が生じた日をもって,「年月日特
　定財産承継遺言」と提供する（先例令5.3.28 − 538）。

➡　添付情報等の解説は,後記第6章8参照。

7　数次に相続が開始した場合の登記の手続

数次相続→　所有権の登記名義人が死亡したが,その相続の登記をする前に
　　　　　さらに相続人が死亡してしまうこと。

(1) 原　則

R4-21
H30記述
H15-18

所有権の登記名義人について数次に相続が開始したときは,まず第1の相
続についての移転の登記を申請し,次いで第2の相続についての移転の登記
を申請すべき（先例昭30.12.16 − 2670）。

∵　数個の権利変動が生じているので,その権利変動の過程を忠実に登記記
録に公示すべき。

重要❶　• •

権利変動の過程を忠実に登記記録に公示するというのは,不動産登記の重要な
大原則（入門編第17章2）。

📖ケーススタディ

　甲土地の所有者であるＡが死亡して子のＢＣがＡを相続したが，Ａについての相続の登記をする前にＢが死亡し，子のＤＥがＢを相続した。

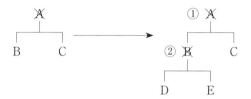

　甲土地について，まずＡからＢＣへの相続の登記を申請し，次いでＢの持分についてＤＥへの相続の登記を申請する。

➡　１件でＡからＣＤＥへの移転の登記を申請することはできない。

(2)　例　外

　ただし，数次にわたって相続が開始した場合でも，**中間の相続が単独相続** `H22記述` **である場合には，中間の相続の登記を省略して，直接現在の相続人への相続の登記を申請することができる**（先例明33.3.7－260）。

👉**理由**　　申請人の負担の軽減のため。また，申請情報の内容である「登記原因及びその日付」において，全ての相続の原因や中間の相続人を記載すれば，権利変動の過程も公示することができるから。

【例】　Ａが死亡してＢが単独でＡを相続したが，その相続の登記が未了のうちにＢが死亡して，ＣＤがＢを相続した。

➡　ＡからＣＤへの相続の登記を申請することができる。

・　「中間の相続が単独相続である場合」とは…
　①　中間の相続における法定相続人が１人である場合
　②　中間の相続が共同相続であったが，その一部の者が放棄等によって相続権を失い，結果として相続人が１人となった場合
　③　中間の相続が共同相続であったが，遺産分割等により，共同相続人中 `H28-24` の１人が当該不動産を取得することになった場合

・　このような登記を申請するときは，申請情報の内容である「登記原因及びその日付」において，各相続の原因並びに中間の相続人を特定することを要する。

📖ケーススタディ

甲土地の所有者であるＡが，令和２年５月１日に死亡した。相続人は，子のＢのみである。そして，Ｂが甲土地について相続の登記を申請する前の令和５年３月10日，Ｂが死亡した。相続人は子のＣ及びＤである。

【相続の登記の申請書】

```
登記の目的　所有権移転
原　　　因　令和２年５月１日Ｂ相続令和５年３月10日相続　　＊１
相　続　人　（被相続人　Ａ）　　　　　　　　　　　　　　　＊２
　　　　　　　持分２分の１　　　　Ｃ
　　　　　　　　　２分の１　　　　Ｄ
（以下省略）
```

＊１　全ての相続の原因及び中間の相続人の氏名を記載する。
＊２　「被相続人」として，所有権の登記名義人の氏名を記載する。

8　胎児が相続人である場合の登記

H21-22
(1)　胎児の名義とする相続の登記

H15-27
胎児は，相続については既に生まれたものとみなされるので(民§886Ⅰ)，胎児を登記名義人とする相続の登記を申請することができる（先例明31.11.19－1406）。

H15-27
・　まだ名前はないので，氏名は「何某（母の氏名）胎児」のように提供する（先例令5.3.28－538）。

・　胎児は自分で登記を申請することができないので，未成年者の法定代理の規定に準じて，母が胎児に代わって申請する（先例昭29.6.15－1188）。

【申請書】

登記の目的　所有権移転
原　　　因　年月日相続
相　続　人　（被相続人　A）
　　　　　　　持分4分の2　　B
　　　　　　　　　　4分の1　　C
　　　　　　　　　　4分の1　　B胎児
添付情報以下省略

⑵　その後に無事に生まれてきた場合の登記

　胎児の名義とする相続の登記がされた後，胎児が無事に生まれてきたときは，その子の氏名及び住所とする登記名義人の氏名，住所の変更の登記を申請する（記録例620）。　`R5-14` `H24-17`

　登記名義人の氏名，住所の変更の登記の手続については，「スタンダード合格テキスト5　不動産登記法Ⅱ」で詳しく説明する。

⑶　死産であった場合の登記

　胎児が死産であったときは，その者ははじめから相続人でなかったことになるので（民§886Ⅱ），胎児の名義でされた相続の登記には錯誤（間違い）があることになる。この場合，登記に同一性があるときは相続の登記の更正の登記を申請する（記録例244）。　`H15-27`

第6節　相続の登記の添付情報

1　はじめに

相続による所有権の移転の登記を申請するときは，申請情報と併せて以下の情報（添付情報）を提供する。

---

① 相続を証する市区町村長その他の公務員が職務上作成した情報及びその他の登記原因を証する情報（登記原因証明情報，不登令別表22添付情報欄）
② 代理権限証明情報（委任状，不登令§7Ⅰ②）
③ 登記権利者（相続人）の住所を証する情報（不登令別表30添付情報欄ハ）

・ 相続の登記を申請する場合，登記識別情報を提供することを要しない。
　∵ 登記識別情報は，登記権利者と登記義務者の共同申請による登記において提供すべきもの（不登§22参照）。

2　登記原因証明情報について

(1)　意　義

相続による所有権の移転の登記を申請するときは，申請情報と併せて，**相続を証する市区町村長その他の公務員が職務上作成した情報及びその他の登記原因を証する情報を提供することを要する**（不登令別表22添付情報欄）。

➡ これが登記原因証明情報。

考え方　登記権利者と登記義務者の共同申請による登記（不登§60）なら，その申請構造そのものによって登記の正確性は確保されるから，権利変動の真実性を証する"公務員が職務上作成した情報"を提供することを要しない。

➡ 登記権利者と登記義務者の共同申請による登記は，"その登記によって直接不利益を受ける登記名義人（登記義務者）が登記を申請するのだから，ウソの登記がされることはないであろう"と考えることができる。

一方，相続による所有権の移転の登記は，相続人が単独で申請することができる（不登§63Ⅱ）。

➡　登記をすることによって直接利益を受ける人が単独で登記を申請できるということは，ウソの登記申請がされるおそれがある，ということ。すなわち，申請構造そのものによっては登記の正確性が確保されないから，別の方法で登記の正確性を確保する必要がある。

➡　そのため，相続を証する**公務員が職務上作成した情報**（一般人が作成したものでなく公の人が作成した情報）を提供することを要する。

⑵　相続を証する市区町村長その他の公務員が職務上作成した情報の内容

「相続を証する市区町村長その他の公務員が職務上作成した情報」においては，以下のことを証する必要がある。

---

① 相続開始の事実
② だれが相続人となるのか
③ 相続人となるべき者が相続開始の時に存在していたこと

---

① 「相続開始の事実」の証明

まず，被相続人（所有権の登記名義人）が死亡したことを証明する必要がある。

これは，**被相続人の戸籍事項の証明書**が該当する。

➡　後述するように，戸籍には，ある人物の出生，婚姻や死亡といった事項が記録される。

② 「だれが相続人となるのか」の証明

次に，死亡した者の相続人はだれか？を証明する必要がある。

これも，**被相続人の戸籍事項の証明書**が該当する。

➡　戸籍には，その人の親や子，また配偶者が記録される。被相続人の戸籍を見れば，だれが相続人となるのかが分かる。

③ 「相続人となるべき者が相続開始の時に存在していたこと」の証明

相続人となるべき者（たとえば子）でも，被相続人が死亡した時に存在していなければ，相続人となることができない（同時存在の原則）。

【例】　父Aが死亡するより前に子Bが死亡していたときは，BはAの相続人とならない。

➡　Bに子がいるときは，子がBを代襲してAの相続人となる。

　　　　そのため，相続人となるべき者が，相続開始の時に存在していたこと
　　を証明する必要がある。
　　　　これは，**相続人の戸籍事項の証明書**が該当する。
　　➡　被相続人の戸籍ではなく，相続人の戸籍事項証明書である。

＊　上記①から③までのほか，被相続人の同一性を証するため，（本籍が記
　　載された）被相続人の住民票の除票の写しも提供することを要する（先例
　　平29.3.23 − 175）。

　　　　後述するとおり，戸籍には，その人の「本籍」が記録されるが，「住所」
　　は記録されない。
　　　　一方，登記記録には，登記名義人の「住所」が記録されるが，「本籍」
　　は記録されない。
　　　　そのため，添付情報として被相続人の戸籍事項の証明書を提供しただけ
　　では，（死んだ人の住所が書かれていないので）"本当に登記名義人が死亡
　　したのか"が分からない。
　　➡　同名異人かもしれない。

　　　　したがって，死んだ人の「住所」と「本籍」の両方が載っている情報が
　　必要となり，つまり本籍が記載された被相続人の住民票の除票の写し（戸
　　籍の附票の写し）を提供する必要がある。

H31-13　・　被相続人の同一性を証する情報として，被相続人の登記済証を提供する
　　　　こともできるとされている（先例平29.3.23 − 175）

➕ アルファ

　　役所で普通に住民票（除票）の写しを請求すると，本籍の記載は省略され
る。そのため，相続の登記の添付情報とするために住民票（除票）の写しを
請求するときは，「本籍を入れてください」と伝える必要がある。
➡　新米司法書士は，これをよく忘れる。で，事務所のボスに怒られて，も
　　う一度請求することになる。

(3)　**別表22添付情報欄の「及びその他の登記原因を証する情報」**
　　①　被相続人の遺言によって相続分の指定や遺産分割方法の指定がされ，法
　　　　定相続分に修正が加わったことを証する情報（遺言書）

② 特別受益者が存在する，あるいは寄与分が定められたことによって法定相続分に修正が加わったことを証する情報(**特別受益証明書，寄与分協議書**)

③ 遺産分割によって具体的な財産の帰属が定められ，その不動産について法定相続分と異なる割合になったことを証する情報（**遺産分割協議書**）

3 戸籍事項の証明書

「相続を証する市区町村長その他の公務員が職務上作成した情報」の代表的なもの。

戸籍には被相続人の死亡の年月日が記録され，また配偶者，子，親等，その者の相続関係（身分関係）が記録されている。

【戸籍全部事項証明書の見本】

本　　　　　籍 氏　　　　　名	岩手県盛岡市本町通二丁目12番 甲野太郎
戸籍事項 　戸籍改製	（省略）
戸籍に記録されている者 　除　籍	【名】太郎 【生年月日】昭和22年4月13日 【父】甲野龍蔵 【母】甲野サチ 【続柄】長男
身分事項 　出　生 　婚　姻 　死　亡	【出生日】昭和22年4月13日 【婚姻日】昭和49年9月2日 【配偶者氏名】乙川博美 【死亡日時】令和5年2月10日午後3時13分 【届出日】令和5年2月13日 【届出人】親族　甲野博美
戸籍に記録されている者	【名】博美 【生年月日】昭和25年2月9日 【父】乙川武雄 【母】乙川鹿子 【続柄】二女

身分事項	
出　生	【出生日】昭和25年2月9日
婚　姻	【婚姻日】昭和49年9月2日
	【配偶者氏名】甲野太郎
	【従前戸籍】群馬県前橋市本町一丁目3番　乙川武雄
配偶者の死亡	【配偶者の死亡日】令和5年2月10日
戸籍に記録されている者	【名】宏
	【生年月日】昭和52年9月10日
	【父】甲野太郎
	【母】甲野博美
	【続柄】長男
身分事項	
出　生	【出生日】昭和52年9月10日

これは，戸籍に記録されている事項の全部を証明した書面である。

　令和5年7月7日

　　　　　岩手県盛岡市長　　　　○○　○○　　　印

　この戸籍全部事項証明書を見ると，筆頭者である「甲野太郎」さんが令和5年2月10日に死亡したことが分かる。そして，この戸籍には，甲野太郎の配偶者として「甲野博美」が記録されており，また甲野太郎の子として「甲野宏」が記録されているので，甲野博美と甲野宏が甲野太郎の相続人であることが分かる。

➡　甲野博美や甲野宏は，特に除籍されていないので，現在も生きており，相続人になるといえる。

➕ アルファ

　仮に，甲野宏が結婚したら，甲野宏はこの甲野太郎の戸籍から除籍されて，夫婦の新しい戸籍が作成される。

➡　甲野太郎が死亡する前に甲野宏が婚姻していたら（この戸籍から除籍されていたら），甲野太郎が死亡した時に甲野宏が生きていたことを証するため，甲野宏の婚姻後の戸籍も提供する必要がある。

＋ アルファ

　戸籍は，一の夫婦及びこれと氏を同じくする子ごとに編製されるが，その戸籍に記録された者の全員について証明したものが「戸籍全部事項証明書」，戸籍に記録された者のうち一部の者について証明したものが「戸籍個人事項証明書」である。

＋ アルファ

　実際には，この戸籍全部事項証明書（現在の戸籍事項の証明書）だけでなく，被相続人が生まれた時から死亡した時までの戸籍事項の証明書（除籍謄本，改製原戸籍の謄本を含む）も提供する必要がある。
➡　現在の戸籍には記録されていない子供がいないかを確認するため（実際に，現在の家族が知らない子供がいた，ということもある）。
➡　実務では，明治時代に作成された除籍を添付することもザラである。

＋ アルファ

　相続の登記を申請する場合において，戸籍事項の証明書の提供に代えて，　**R4記述**
不動産登記規則で定められた法定相続情報一覧図の写しを提供することができる（不登規§37の3）。
➡　法定相続情報一覧図とは，簡単にいうと，法定相続人が記載された図であり，登記官による認証がされたもの。
→　法定相続情報一覧図の写しについては，本章の第13節で詳しく解説する。

・　廃棄，焼失等により相続を証する情報として除籍謄本を提供できない場合，　**R3-19**
市区町村長の「廃棄処分により除籍謄本を提供できない」旨の証明書を添付して，相続の登記を申請することができる（先例平28.3.11-219）。

4　相続権のない者が存在する場合

　相続権のない者を除いて相続の登記を申請する場合，相続その他の登記原因を証する情報の一部として，相続権がないことを証する情報を提供することを要する。

(1)　相続欠格者が存在する場合

　相続欠格者を除いて相続の登記を申請するときは，以下のいずれかの情報を提供する。

　① 相続欠格者自らが作成した欠格事由が存する旨の情報（作成者の印鑑証明書付，先例昭33.1.10 – 4）

　② 確定判決があったことを証する情報（先例昭33.1.10 – 4）

(2) 廃除された者が存在する場合

　廃除された者の戸籍事項の証明書以外の特別の添付情報は不要。

➡　審判書等は不要。

∵　廃除された旨は廃除された者の戸籍に記録されている（戸籍§97, 63Ⅰ）。

(3) 相続放棄をした者が存在する場合

　家庭裁判所の相続放棄申述受理証明書（先例昭28.4.25 – 697参照）。

➡　相続放棄申述受理通知書でも差し支えない（質疑登研808 P 147）。

5　具体的な相続分が法定の相続分と異なる場合

(1) 遺言により相続分の指定がされた場合

　相続分の指定を証する遺言書を提供する。

➡　自筆証書の遺言書であるときは，原則として家庭裁判所の検認が必要（先例平7.12.4 – 4344）。

(2) 特別受益者が存在する場合

　特別受益者が作成した「自己に相続分がない」又は「法定相続分より少ない相続分しかない」ことの情報を提供する（特別受益証明書）。

　① この特別受益の証明が書面によって作成された場合，作成者が記名押印し，その印鑑証明書を提供することを要する（先例昭30.4.23 – 742）。

∵　書面の真正を担保するため。

　印鑑証明書は，（原則として）市区町村に印鑑を登録した本人しか取ることのできないものであるので，Aが作成した特別受益証明書にAが実印を押し，その印鑑証明書を提供すれば，本当にA本人がこの特別受益証明書を作成したということができる。

　② 満17歳の未成年者が自ら特別受益証明書を作成したときは，その者の印鑑証明書が提供されている限り，相続を証する情報の一部としてこれを提供することができる（先例昭40.9.21 – 2821）。

∵　新たな法律行為をするわけではないので，親権者の同意は不要。

③　特別受益者が特別受益の証明を作成する前に死亡したときは，その相続 `H4-25`
人の全員が特別受益の証明を作成することができる（質疑登研370 P 72）。

④　親権者とその親権に服する未成年の子が共同相続人である場合に，親権
者が，自分についておよび未成年の子について特別受益の証明を作成する
ことは，利益相反行為に該当しない（先例昭23.12.18 - 95）。

(3)　寄与分が定められた場合
共同相続人全員が作成した寄与分の協議を証する情報又は家庭裁判所の審
判等があったことを証する情報を提供する。

6　遺産分割がされた場合
共同相続の登記がされる前に遺産分割がされ，その遺産分割の内容に従って
相続の登記を申請するときは，遺産分割がされたことを証する情報を提供する。
➡　遺産分割協議書，遺産分割調停調書等。

・　遺産分割の協議が成立した場合，必ずしも，1 通の遺産分割協議書に相続 `R2-19`
人の全員が署名，捺印する必要はない。 `H25-17`
➡　各相続人が個別に作成した「遺産分割証明書」（内容はすべての相続人
で同じ）を提供することもできる。
∵　相続人の居住地がバラバラである場合，一堂に会して遺産分割協議書を
作ることが困難だったりする。その場合は，相続人ごとに「遺産分割証明
書」を作成し，皆の証明書を合わせて提供することができる。

・　遺産分割の協議書を提供するときは，相続の登記の申請人以外の協議者全
員の印鑑証明書を提供することを要する（先例昭30.4.23 - 742）。
∵　協議書の真正を担保するため。

注意！　相続の登記の申請人の印鑑証明書を提供する必要はない。 `H3-17`
∵　相続の登記を申請する者は，遺産分割協議書の内容を認容して登記
を申請しているといえる。

┌─🔖ケーススタディ ─────────────────────────────┐

　甲土地の所有者であるＡが死亡し，子のＢＣＤが相続した。そして，ＢＣＤ間で以下のとおりの遺産分割が成立した。

┌─────────────────────────────────────┐
│　　　　　　　　　　　　遺産分割協議書
│
│（冒頭省略）
│　被相続人Ａが所有していた甲土地は，Ｂが単独で相続する。
│
│令和5年9月10日
│　　　　　　　　　　　　　　　　　相続人　　　Ｂ　　㊞
│　　　　　　　　　　　　　　　　　相続人　　　Ｃ　　㊞
│　　　　　　　　　　　　　　　　　相続人　　　Ｄ　　㊞
└─────────────────────────────────────┘

　この場合，甲土地について，「相続」を登記原因としてＡからＢに対して所有権の移転の登記を申請するが，その登記原因証明情報は以下のとおりである。

┌─────────────────────────────────────┐
│　①　Ａの死亡を証するＡの戸籍事項の証明書
│　②　Ａの相続人の範囲を証するＡの戸籍事項の証明書（除籍謄本，改製原戸籍の謄本を含む。）
│　③　相続人が相続開始の時に存在していたことを証するＢ，Ｃ及びＤの戸籍事項の証明書
│　④　遺産分割協議書（Ｃ及びＤの印鑑証明書付き）
│　　➡　Ｂの印鑑証明書は不要である。
└─────────────────────────────────────┘

└─────────────────────────────────────┘

参考先例

　①　特別の規定はないので，この印鑑証明書は作成後3か月以内のものであることを要しない（質疑登研129Ｐ47）。

H3-15　②　遺産分割協議が成立して協議書が作成され，押印はしたが，印鑑証明書を交付しない者が存在するときは，その者に対して遺産分割協議書の真否確認の訴えを提起し（民訴§134の2），その確定勝訴判決をもってその者の印鑑証明書に代えることができる（先例昭55.11.20－6726）。

③　遺産分割協議が成立して協議書が作成されたが，遺産分割協議書への押印 `H14-23`
を拒む者が存在するときは，遺産分割により不動産を取得することになった
者は，押印を拒んでいる者に対して所有権確認訴訟を提起し，その勝訴判決
及び遺産分割協議書（他の協議者の印鑑証明書付）を提供して，登記を申請
することができる（先例平4.11.4 - 6284）。

➡　遺産分割協議書に押印がされている場合と，押印すらされていない場合
で区別すること。

④　遺産分割協議書が公正証書により作成されている場合，協議者の印鑑証明 `H20-17`
書を提供することを要しない（質疑登研146 P 42）。

∵　公正証書なので，書面の真正は明らかといえる。

・　調停により遺産分割がされた場合，申請情報と併せて遺産分割調停調書を `H10-23`
提供すれば足り，別途戸籍事項の証明書等を提供することを要しない（先例
昭37.5.31 - 1489）。

∵　調停の前提として家庭裁判所によって相続関係が調査されているので，
改めて登記官が相続関係を調査する必要がない。

相続及びその他の登記原因を証する情報のまとめ

欠格事由に該当する者がいる	①　欠格者本人が作成した情報 ②　確定判決の謄本
推定相続人の廃除をされた者がいる	その者の戸籍事項の証明書
相続放棄をした者がいる	家庭裁判所の相続放棄申述受理証明書
遺言による相続分の指定がされた	遺言書
特別受益者がいる	特別受益証明書
寄与分が定められた	寄与分協議書
遺産分割がされた	遺産分割協議書
遺言で遺産分割方法が指定された	遺言書

第7節　相続分の譲渡による登記

1　相続分の譲渡の意義

　　相続分の譲渡とは，遺産分割前に，共同相続人の１人が自己の相続分を他の共同相続人又は第三者に譲渡すること（民§905Ⅰ参照）。

➡　相続分の譲渡がされると，譲渡人である相続人が有していた相続財産に対する包括的持分ないし法律上の地位が譲受人に移転するため，譲受人は相続財産を管理する義務を負い，遺産の分割を請求する権利を取得する。

　　相続分の譲渡を受けた者は，遺産分割協議に参加することができる。

2　申請すべき登記

R4-21
H22-25
(1)　共同相続の登記がされる前に，相続人の１人が他の共同相続人に対して相続分を譲渡した。

➡　譲渡後の相続分をもって，「相続」を登記原因として所有権の移転の登記を申請することができる（先例昭59.10.15−5196）。

【例】　Aの相続人が子のBCDである場合に，Dが自己の相続分の全部をBに譲渡したときは，AからB（持分3分の2），C（持分3分の1）の名義とする相続の登記を申請する。

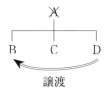

譲渡

・　この登記を申請するときは，譲渡人が作成した相続分の譲渡を証する情報を提供することを要する（先例昭59.10.15−5195）。

➡　書面で作成したときは，作成者の印鑑証明書も併せて提供する。

(2)　共同相続の登記がされる前に他の共同相続人に相続分を譲渡し，さらに遺産分割もされた。

➡　遺産分割で定められたとおりに「相続」を登記原因として所有権の移転の登記を申請することができる（先例昭59.10.15−5195）。

∵　共同相続の登記がされる前に遺産分割がされた場合に該当する。

・　この登記を申請するときは，相続分の譲渡を証する情報及び遺産分割がされたことを証する情報を提供することを要する（先例昭59.10.15−5195）。

(3) 共同相続の登記がされる前に，他の共同相続人ではない第三者に対して相続分を譲渡した。

➡ 共同相続人（相続分の譲渡をした者を含む）に対して相続による所有権 `R5-18`
の移転の登記を申請し，次いで「相続分の贈与（売買）」を登記原因とし
て譲渡人の持分を譲受人に移転する登記を申請する（先例平4.3.18－1404）。

👉 **理由** 相続分の譲受人は，相続人ではない。相続人以外の者に対し `H29-19`
て「相続」を登記原因として登記をすることができないから。 `H15-25`

📖 **ケーススタディ**

Aの相続人がBCであり，Bが自己の相続分
の全部を第三者Xに贈与した。
➡ ① AからBCに対して「相続」による所
有権の移転の登記を申請する。
② BからXに対して「相続分の贈与」に
よる持分の移転の登記を申請する。

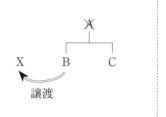

・ 「相続分の贈与（売買）」による共有持分の移転の登記は，「相続」を登記
原因とした移転の登記ではないので，登記権利者が単独で申請することはで
きない。

➡ 譲受人を登記権利者，譲渡人を登記義務者として共同で申請する（不登
§60）。

➡ 登録免許税の税率は，1000分の20（登税別表第1.1(2)ハ）

【申請書】

登記の目的　Ｂ持分全部移転
原　　　因　年月日相続分の贈与
権　利　者　持分2分の1　Ｘ
義　務　者　Ｂ
添付情報　登記識別情報（Ｂの登記識別情報）
　　　　　　登記原因証明情報
　　　　　　代理権限証明情報（Ｘ及びＢから司法書士への委任状）
　　　　　　印鑑証明情報（Ｂの印鑑証明書）
　　　　　　住所証明情報（Ｘの住民票の写し）
課税価額　（移転する持分の価額）
登録免許税　（課税価額に1000分の20を乗じた額）

---

(4)　**共同相続の登記がされた後に，相続人の1人が他の共同相続人に対して相続分を譲渡した**

➡　「相続分の贈与（売買）」を登記原因として，持分の移転の登記を申請する。

参考先例

R2-19　①　Ａが死亡し，子のＢＣＤが相続したが，遺産分割がされる前にＤが死亡し，子のＸＹが相続した。そして，ＢがＸに，ＣがＹにそれぞれ相続分を譲渡し，ＸＹは，「甲土地をＹが単独で相続する」旨の遺産分割をした。

　　この場合，甲土地について，「年月日Ｄ相続年月日相続」を原因として，ＡからＹへの所有権の移転の登記を申請することができる（先例平30.3.16－137）。

　∵　相続分の譲渡を受けた者は遺産分割協議に参加することができるので，（ＢＣから相続分の譲渡を受けた）ＸＹは，亡Ａの遺産分割をすることができる。また，ＸＹは，Ｄの相続人として亡Ａの遺産分割と亡Ｄの遺産分割をすることができる。つまり，この事例では，(i)Ａの所有していた甲土地はＤが単独で相続する，(ii)Ｄが取得した甲土地はＹが単独で相続する，という2つの遺産分割がされたことになる。そして，中間の相続が単独相続の形なので，1件でＡからＹへの移転の登記をすることができる。

② 　Aが死亡し，子のＢＣＤが相続したが，遺産分割がされる前にＤが死亡し， H29-19
子のＸが相続した。そして，ＣとＸがその相続分をＢに贈与した。 H15-25

　　この場合，Aの所有する甲土地について，AからＢに対して相続による所
有権の移転の登記を申請することはできない（先例平4.3.18－1404）。

➡　(i)AからＢＤに対して「相続」による所有権の移転の登記を申請し（Ｂ
　　持分3分の2，Ｄ持分3分の1），(ii)ＤからＸに対して「相続」による持
　　分の移転の登記を申請し，(iii)ＸからＢに対して「相続分の贈与」による持
　　分の移転の登記を申請する。

∵　ＣからＢへの相続分の贈与は，"他の共同相続人に対する"相続分の譲
　　渡であるので，Ｂの名義で相続の登記を申請できる。一方，ＸはＤの相続
　　人であり，Aの相続人ではないので，ＸからＢへの相続分の贈与は，Aの
　　相続に関する相続分を他の共同相続人に譲渡した場合には該当しない。そ
　　のため，直ちにＢの名義で登記をすることはできない。

第8節　相続人の不存在

1　相続人の不存在による相続財産法人の成立

相続が開始したが，相続人のあることが明らかでないときは，相続財産は法人となる（民§951）。相続財産法人が成立した場合には，利害関係人又は検察官の請求により，家庭裁判所が相続財産の清算人を選任する（民§952Ⅰ）。

➡　相続財産の清算人が相続人の捜索，相続財産の清算，管理・維持にあたる。

2　相続財産法人の名義とする登記

(1)　申請する登記

H22記述

所有権の登記名義人が死亡したが，その相続人が不存在であるときは，相続財産法人名義とする所有権の登記名義人の氏名の変更の登記を申請する（先例昭10.1.14-39）。

R4-20
H17-14
注意！　被相続人から相続財産法人への所有権の移転の登記ではない。

H31-15
・　被相続人の住所にも変更が生じている場合には，所有権の登記名義人の氏名・住所の変更の登記を申請する（質疑登研665P165）。

H3-26
・　所有権の登記がない場合には，直接，相続財産法人の名義とする所有権の保存の登記を申請することができる（質疑登研399P82）。

(2)　申請人

H10-23
相続財産の清算人が単独で申請する。

➡　登記名義人の氏名の変更の登記の手続については「スタンダード合格テキスト　5不動産登記法Ⅱ」で説明するが，登記名義人が単独で申請することができる（不登§64Ⅰ）。

(3)　申請情報の内容

①　登記の目的→　「○番所有権登記名義人氏名変更」（質疑登研707P193）。

②　登記原因及びその日付→　被相続人が死亡した日をもって，「年月日相続人不存在」。

③　変更後の登記事項→　氏名が「亡何某相続財産」となった旨を提供する。

➡　氏名の変更の登記を申請するときは，申請情報の内容として，変更後の氏名を提供する（不登令別表23申請情報欄）。

⑷　**添付情報**

①　登記原因証明情報（不登令別表23添付情報欄）

氏名の変更（相続人が存在しないこと）を証する市区町村長その他の公務員が職務上作成した情報を提供する。

∵　単独申請による登記なので，登記の正確性を確保するため，公務員が職務上作成した情報を提供する。

➕アルファ

この相続人の不存在を証する情報は，被相続人の除籍の謄本等が該当するが，一定の要件を満たした場合には，家庭裁判所の作成した相続財産の清算人の選任審判書を提供することもできる（先例昭39.2.28－422）。　`H27-26`

②　代理権限証明情報（不登令§7Ⅰ②）

この登記は相続財産の清算人が申請するので，その権限を証する情報を提供する。

➡　**家庭裁判所の選任審判書**

また，相続財産の清算人が司法書士に登記申請の委任をしたときは，司法書士への委任状も提供する。

⑸　**登録免許税**

不動産1個につき金1,000円（登税別表第1.1⒁）

【申請書】

```
登記の目的　○番所有権登記名義人氏名変更
原　　　因　年月日相続人不存在
変更後の事項　登記名義人　亡A相続財産
申　請　人　亡A相続財産清算人　　X　　　　　　　＊
添付情報　登記原因証明情報
　　　　　　代理権限証明情報（Xの権限を証する家庭裁判所の選任
　　　　　　審判書及びXから司法書士への委任状）
登録免許税　金1,000円
```

＊　この氏名の変更の登記においては，申請人として相続財産の清算人の氏名，住所を提供するとされている（通常は，登記名義人である相続財産の氏名，住所を提供する）。

3　相続人不存在の場合の手続の流れ

相続人が不存在である場合，必要な公告がされて一定の期間を経過すると，相続人の不存在が確定する（民§958）。

相続人の不存在が確定した場合には，今度は，"相続財産は誰に帰属するのか"を決定する手続に入る。

∵　相続人がいれば相続人が財産を承継することとなるが，相続人がいないのだから，財産は宙ぶらりんである（所有者がいない）。そのままにしておくわけにはいかないので，財産が帰属する主体を決定する必要がある。

最終的には，相続財産は，

・　特別縁故者（民§958の2Ⅰ）
・　共有の財産については他の共有者（民§255）
・　国庫（民§959）

のいずれかに帰属する。

4　特別縁故者による財産分与の申立て

相続人の不存在が確定した場合において，相当と認めるときは，家庭裁判所は被相続人と生計を同じくしていた者，被相続人の療養看護に努めた者，その他被相続人と特別の縁故があった者の請求により，これらの者に清算後残存すべき相続財産の全部又は一部を与えることができる（民§958の2Ⅰ）。

➡　いわゆる"特別縁故者への財産分与"。

5　特別縁故者への財産分与がされた場合の登記の手続
(1)　登記の手続

相続財産が特別縁故者に移転するので，特別縁故者に対して所有権の移転の登記を申請する。

➕ アルファ

この所有権の移転の登記を申請する前提として，「相続人不存在」による登記名義人の氏名の変更の登記がされていることを要する。

⑵　**申請人**

　　特別縁故者への所有権の移転の登記は，不動産登記法63条の規定に準じて，<kbd>H27-26</kbd> <kbd>H9-14</kbd>　分与を受けた特別縁故者が単独で申請することができる（先例昭37.6.15－1606）。

➡　分与を受けた特別縁故者と相続財産の清算人が共同して申請しても差し <kbd>H4-25</kbd>　支えない。

【例】　家庭裁判所が「亡Aの相続財産に属する甲土地を特別縁故者Bに分与する」旨の審判をして，確定したときは，甲土地についてBが単独で所有権の移転の登記を申請することができる。

⑶　**申請情報の内容**

①　登記の目的→　「所有権移転」

②　登記原因及びその日付→　分与の審判が確定した日をもって，「年月日民法第958条の2の審判」

➡　原因日付は，審判がされた日ではなくて"確定した日"（先例昭37.6.15－1606）。

③　申請人→　登記権利者として分与を受けた特別縁故者の氏名，住所を提供し，登記義務者として登記名義人たる相続財産法人の氏名，住所を提供する。

注意！　分与を受けた特別縁故者が単独で申請することができるが，申請情報の内容としては登記義務者の氏名，住所も提供する必要がある（不登令§3⑪イ）。

⑷　**登記原因証明情報（不登令§7Ⅰ⑤ロ）**

　　登記原因証明情報として，審判書の正本及びその確定証明書を提供する（先 <kbd>H10-23</kbd>　例昭37.6.15－1606）。

⑸　**登録免許税**

　　定率課税である。

　　課税標準→　不動産の価額
　　税率→　1000分の20（登税別表第1.1⑵ハ，先例昭37.6.15－1606）。

注意！　税率は1000分の4ではない。

📖 ケーススタディ

　亡Aの特別縁故者を名乗るBが，亡Aの相続財産について分与の申立てを
した。そして，令和5年7月1日，家庭裁判所が亡Aの相続財産中の甲土地
をBに分与する審判をなし，この審判は同月16日に確定した。

【申請書】

登 記 の 目 的	所有権移転
原　　　　因	令和5年7月16日民法第958条の2の審判
権　利　者	（申請人）B
義　務　者	亡A相続財産
添 付 情 報	登記原因証明情報（審判書正本及び確定証明書）
	代理権限証明情報（Bから司法書士への委任状）
	住所証明情報（Bの住民票の写し）
課 税 価 額	金2,000万円
登 録 免 許 税	金40万円

＊　登記権利者と登記義務者の共同申請による登記ではないので，登記識
　別情報や印鑑証明書は不要。

6　相続財産が共有の場合の他の共有者への持分の帰属

　共有者の1人がその持分を放棄したとき，又は相続人なくして死亡したとき
は，その持分は他の共有者に帰属する（民§255）。

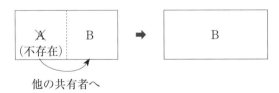

他の共有者へ

➕ アルファ

H17-14

　この「相続人なくして死亡したとき」とは，単に共有者が相続人なくして
死亡したということではなく，相続人不存在が確定し，さらにその持分につ
き特別縁故者への財産分与もされずに，共有持分を承継する者がないまま相

続財産として残存することが確定したときをいう（最判平元.11.24）。

7　他の共有者に持分が帰属した場合の登記
⑴　登記の手続
　不動産の共有者が死亡し，特別縁故者も存在しないためにその持分が他の共有者に帰属したときは，相続財産の持分について他の共有者に移転する登記を申請する。

⑵　申請人
　この共有持分の移転の登記は，登記権利者と登記義務者の共同申請（不登§60）。`H27-26` `H17-14`

> 登記権利者→　持分が帰属した他の共有者
> 登記義務者→　相続財産法人

　➡　登記義務者については，実際には相続財産の清算人が申請する。

⑶　申請情報の内容
　登記の目的→　「亡何某相続財産持分全部移転」
　登記原因及びその日付→　「年月日特別縁故者不存在確定」 `H16-7`

　原因日付は，以下の2つの場合がある。

　①　特別縁故者からの財産分与の申立てがなかったときは財産分与の申立期間の満了日の翌日 `H27-26` `H22記述`

　②　財産分与の申立てはされたが却下する審判がされたときは，却下する審判が確定した日の翌日（先例平3.4.12-2398） `H31-15` `H17-14`

`注意!`　満了した日や確定した日ではない。その"翌日"である。

⑷　添付情報
　この登記は登記権利者と登記義務者の共同申請なので，通常の共同申請による所有権の移転の登記と同様の添付情報を提供する。

　①　登記義務者（被相続人）の登記識別情報（不登§22）

② 登記原因証明情報（不登令別表30添付情報欄イ）

③ 代理権限証明情報（不登令§7Ⅰ②）
➡ 登記権利者である他の共有者の委任状，登記義務者の代理人である相続財産の清算人の権限を証する選任審判書及び相続財産の清算人から司法書士への委任状を提供する。

④ （書面申請の場合は）登記義務者の印鑑証明書（不登令§16Ⅱ，18Ⅱ）
➡ 相続財産の清算人が申請書又は委任状に押した印鑑についての証明書を提供する。

⑤ 登記権利者の住所証明情報（不登令別表30添付情報欄ハ）

【申請書】

登記の目的	亡A相続財産持分全部移転
原　　　因	年月日特別縁故者不存在確定
権　利　者	持分2分の1　　B
義　務　者	亡A相続財産
添　付　情　報	登記識別情報（Aのもの）
	登記原因証明情報
	代理権限証明情報（Bから司法書士への委任状，相続財産の清算人の権限を証する選任審判書及び相続財産の清算人から司法書士への委任状）
	印鑑証明情報（相続財産の清算人の印鑑証明書）
	住所証明情報（Bの住民票の写し）
課　税　価　額	（移転する持分の価額）
登録免許税	（課税価額に1000分の20を乗じた額）

8　まとめ（相続人が不存在の場合の手続の流れ）

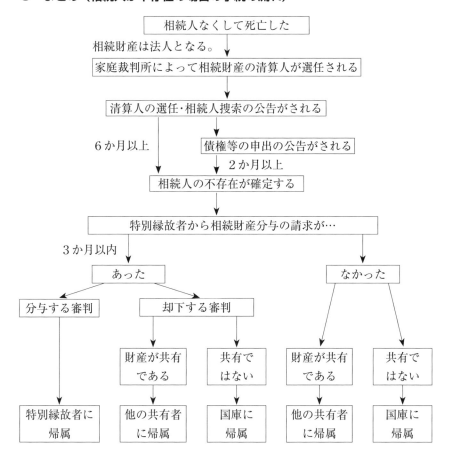

第9節　配偶者居住権に関する登記

1　配偶者居住権の登記の意義

　　共同相続人間の遺産分割または遺贈によって（長期の）配偶者居住権が発生したときは，その登記をすることができる（不登§3⑨）。

【例】　Aが死亡し，妻のB及び子のCDが相続した。なお，AB夫婦は，Aが所有していた甲建物に同居していた。
　　　　そして，BCD間で遺産分割協議がされ，甲建物の所有権はCが取得し，Bは甲建物について（長期の）配偶者居住権を取得することが合意された。
　　➡　甲建物の所有権を取得したCは，甲建物について，Bのために配偶者居住権の設定の登記をする義務を負う（民§1031 I ）。

・　死因贈与によって配偶者居住権を取得することもできる（先例令2.3.30－324）。

2　登記の手続

⑴　申請人

　　配偶者居住権の設定の登記は，配偶者居住権を取得した配偶者を登記権利者，居住建物の所有者を登記義務者として，共同で申請する（不登§60，先例令2.3.30－324）。

R3-24

・　配偶者居住権の設定の登記をするためには，居住建物について，居住建物所有者の名義とする所有権の登記がされていることを要する（同先例）。

⑵　申請情報の内容

R4記述

① 登記の目的→「配偶者居住権設定」
　　➡　配偶者居住権は，遺産分割や遺贈といった意思表示によって成立する権利であるので，目的は「設定」となる。

② 登記原因及びその日付

R3-24

・　遺産分割によって配偶者居住権が発生したときは，遺産分割が成立した日をもって「年月日遺産分割」（同先例）。

・　配偶者居住権が遺贈の目的とされたときは，遺贈の効力が生じた日を

もって「年月日遺贈」（同先例）。

③　登記事項

　　一般的な申請情報のほか，以下の事項を提供する（不登令別表40の２申請情報欄，不登§81の２）。

---

　⑦　存続期間
　④　第三者に居住建物の使用または収益をさせることを許す旨
　　の定めがあるときは，その定め

---

(3)　添付情報

　　この登記は，登記権利者と登記義務者の共同申請による登記（不登§60）であるので，共同申請による登記の原則的な添付情報を提供する。

①　登記義務者（居住建物所有者）の登記識別情報（不登§22）

　　居住建物所有者が，相続等による所有権の移転の登記を受けた際の登記識別情報を提供する。

②　登記原因証明情報（不登§61，不登令別表40の２添付情報欄）

　　遺産分割や遺贈によって配偶者居住権が発生した旨およびその内容が明らかにされた情報を提供する。

③　代理権限証明情報（不登令§7Ⅰ②）

　　申請人から司法書士への委任を証する情報（委任状）を提供する。

④　（書面申請の場合は）登記義務者の印鑑証明書（不登令§16Ⅱ，18Ⅱ）

　　所有権の登記名義人が登記義務者となる登記であるので，書面によって申請するときは，登記義務者は申請書または委任状に記名押印し，その押した印に関する証明書（印鑑証明書）を提供することを要する。

＊　所有権の保存または移転の登記には該当しないので，登記権利者の住所を証する情報を提供することを要しない。

(4)　登録免許税

新たに権利を取得する登記であるので，定率課税。

課税標準→　不動産の価額
税　　率→　1000分の2（登税別表第1.1(3の2)）

【申請書】

```
登記の目的　配偶者居住権設定
原　　　因　年月日遺産分割
存 続 期 間　配偶者居住権者の死亡時まで
権 利 者　B
義 務 者　C
添 付 情 報　登記識別情報（Cが所有権の登記を受けた際のもの）
　　　　　　登記原因証明情報
　　　　　　代理権限証明情報（B及びCから司法書士への委任状）
　　　　　　印鑑証明情報（Cの印鑑証明書）
課 税 価 額　金1,000万円
登録免許税　金2万円
```

＊　配偶者居住権の設定の登記は，登記記録の乙区に記録される（先例令2.3.30-324）。

➡　賃借権に類似するものとして，乙区（所有権以外の権利に関する事項の欄）に記録される。

【記録例】

権　利　部（甲　区）	（所　有　権　に　関　す　る　事　項）		
順位番号	登記の目的	受付年月日・受付番号	権利者その他の事項
1	所有権保存	平成2年6月15日 第6250号	所有者　　A
2	所有権移転	令和5年7月16日 第700号	原因　令和5年3月10日相続 所有者　　C

権　利　部（乙　区）	（所 有 権 以 外 の 権 利 に 関 す る 事 項）		
順位番号	登記の目的	受付年月日・受付番号	権 利 者 そ の 他 の 事 項
1	配偶者居住権設定	令和5年7月16日 第701号	原因　令和5年7月2日遺産分割 存続期間　配偶者居住権者の死亡時まで 配偶者居住権者　　　B

第10節　遺言に基づく登記と登記原因

　　被相続人は，遺言によって，自分の財産を処分することができる。

　　遺言による財産の処分の内容としては，**遺贈又は遺産分割方法の指定**が考えられる（民§908Ⅰ，964）。そして，このどちらであるかが問題となることがある。

➡　遺贈であれば，所有権の移転の登記の原因は「遺贈」，遺産分割方法の指定であれば，原因は「相続」。

➕ アルファ

　　かつては，遺贈か遺産分割方法の指定かによって，登記の手続がだいぶ異なっていた。そのため，両者を区別することに大きな意味があった。しかし，現在では，相続人に対する遺贈と遺産分割方法の指定で，登記の手続に大きな違いがなくなったので，両者を区別する実益は小さくなった。

　　この場合，まずは遺言書に記載された文言を基準とし，次に遺言書の全記載との関連や作成当時の事情等も総合的に考慮して判断する。

① 「遺言者は次のとおり遺産分割方法の指定をする。長男Aは甲土地，二男Bは乙土地…」

H4-16
➡　登記原因は「相続」

➡　これは明らかに遺産分割方法の指定。

② 「相続財産中の甲土地は相続人の1人Aに相続させる」

➡　登記原因は「相続」（先例昭47.4.17－1442）

➡　これも特段の事情のない限り遺産分割方法の指定である。

③ 「相続人の1人であるAに対し甲土地を遺贈する」

H28-24
H4-16
➡　登記原因は「遺贈」（先例昭48.12.11－8859）

➡　これは明らかに遺贈。受遺者が相続人であっても同様。

④ 「相続人の全員であるABCに対し，私の全財産をA5分の3，B5分の1，C5分の1の割合で遺贈する」

H4-16
➡　登記原因は「相続」（先例昭38.11.20－3119）

➡　遺贈の相手方が相続人の全員であり，かつ包括遺贈である場合には，遺言による相続分の指定（民§902Ⅰ）がされたものと解される。

⑤ 「相続人の全員であるＡＢＣに対し，Ａに甲土地，Ｂに乙土地，Ｃに丙土地を遺贈する」
- ➡ 登記原因は「遺贈」
- ➡ 相続人全員に対する遺贈であるが，これは特定遺贈なので，遺言による相続分の指定と解することはできない。

⑥ 「相続人の全員であるＡＢ及び第三者Ｘに対し，私の全財産を均分に遺贈する」
- ➡ 登記原因は「遺贈」　　　　　　　　　　　　　　　　H15-18
- ➡ 受遺者に相続人以外の者が含まれているので，上記④の場合には該当せず，「相続」を登記原因として申請することはできない。

⑦ 相続人以外の者に対して「相続させる」旨の遺言がされた場合
- ➡ 登記原因は「遺贈」　　　　　　　　　　　　　　　　H15-18
- ➡ 相続人以外の者に対して，「相続」を登記原因として移転の登記を申請することはできない。

第11節　合併により所有権が移転した場合

1　合併とは

2つ以上の会社が，法定の手続を経て1つの会社となること。

吸収合併→　合併の当事者である会社のうちの1つが存続し，他の会社が消
滅する形態（会§749）

新設合併→　当事者である会社はすべて消滅し，新たに別の会社を設立する
形態（会§753）

吸収合併

合併の効力が生じたときは，合併により消滅した会社の一切の権利義務が，
存続会社又は設立会社（以下「承継会社」という）に承継される。
➡　消滅会社が不動産を所有していたときは，その不動産は承継会社に移転す
る。

2　合併による所有権の移転の登記

H11記述 合併により，消滅会社の所有していた不動産が承継会社に承継されたときは，
「合併」を登記原因として承継会社に対して所有権の移転の登記を申請する。

(1)　申請人

R2-24 承継会社が単独で申請することができる（不登§63Ⅱ）。
∵　合併の効力が生じると消滅会社が消滅し，その一切の権利義務が承継会
社に承継されるので，自然人の相続と同様に考えることができる。

(2)　申請情報の内容

①　登記の目的→　「所有権移転」

②　登記原因及びその日付→　「年月日合併」
・　原因日付
吸収合併の場合→　合併契約において定められた効力発生日（会§
749Ⅰ⑥，750Ⅰ）

　　　　　新設合併の場合→　設立会社の本店所在地において設立の登記がされ
　　　　　　　　　　　　　た日（会§754Ⅰ）

　③　申請人→　「権利承継者」として，権利を承継した会社の名称，住所を
　　　　　　　提供する。
　　➡　被合併会社の名称もかっこ書で提供する。

重要🤚● ●
申請人は法人なので，その代表者の氏名も提供する（不登令§3②）。

(3)　添付情報
　①　登記原因証明情報（不登令§7Ⅰ⑤ロ）
　　　合併を証する登記官その他の公務員が職務上作成した情報を提供する
　　（不登令別表22添付情報欄）。
　　➡　承継会社の登記事項証明書（先例平18.3.29－755）。
　　∵　承継会社からの単独申請なので，登記の正確性を確保するため，公務 `H31-13`
　　　員が職務上作成した情報の提供が必要。

　　・　承継会社の会社法人等番号を提供したときは，承継会社の登記事項証
　　　明書を提供することを要しない（先例平27.10.23－512）。
　　　➡　登記官は，会社法人等番号をもとに承継会社の登記記録を見て，合
　　　　併の事実を確認する。

　②　会社法人等番号（不登令§7Ⅰ①イ）
　　　法人が登記の申請人となるので，その法人の代表者の資格を証するため，
　　当該法人の会社法人等番号を提供する。

　③　代理人の権限を証する情報（不登令§7Ⅰ②）
　　　申請人である承継会社の代表者が司法書士に登記の申請を委任したとき
　　は，その委任を証する情報（委任状）を提供する。

　④　住所を証する情報（不登令別表30添付情報欄ハ）
　　　登記権利者（承継会社）の登記事項証明書（会社法人等番号）を提供す
　　る。

⑷　**登録免許税**

相続による所有権の移転の登記と同様。

H10-19

課税標準→　不動産の価額

税　　率→　1000分の4（登税別表第1.1⑵イ）

・　申請情報の作成

権　利　部（甲　区）　（所　有　権　に　関　す　る　事　項）			
順位番号	登記の目的	受付年月日・受付番号	権 利 者 そ の 他 の 事 項
1	所有権移転	平成13年9月1日 第9000号	原因　平成13年9月1日売買 所有者　　株式会社A

株式会社Aと株式会社Bは，株式会社Bを吸収合併存続会社，株式会社Aを吸収合併消滅会社とする吸収合併契約を締結した。そして，令和5年8月10日，吸収合併の効力が生じた。

➡　株式会社Aは消滅し，その一切の権利義務が株式会社Bに承継された。つまり，甲土地の所有権は株式会社Bに移転したので，所有権の移転の登記を申請する。

【申請書】

```
登記の目的　所有権移転
原　　　因　令和5年8月10日合併
権利承継者　（被合併会社　株式会社A）
　　　　　　株式会社B
　　　　　　　代表取締役　　b
　　　　　　（会社法人等番号　1001-01-××0011）
添 付 情 報　登記原因証明情報（株式会社Bの会社法人等番号）　　＊
　　　　　　会社法人等番号（株式会社Bの会社法人等番号）　　　＊
　　　　　　代理権限証明情報（株式会社Bの代表者bから司法書士へ
　　　　　　の委任状）
　　　　　　住所証明情報（株式会社Bの会社法人等番号）　　　　＊
課 税 価 額　金1,000万円
登録免許税　金4万円
```

＊　実際には，申請人の下に会社法人等番号を記載する。

第12節　会社分割により所有権が移転した場合

1　会社分割とは

　会社分割とは，分割をする会社（分割会社）の事業に関して有する権利義務の全部又は一部を他の会社に承継させる組織法上の行為であり，吸収分割と新設分割の２つの類型がある（会§757，762）。

　　吸収分割→　既に存在する他の会社（承継会社）が分割会社から権利義務を
　　　　　　　　承継する形態
　　新設分割→　分割により新たに設立される会社（設立会社）が分割会社から
　　　　　　　　権利義務を承継する形態

📖ケーススタディ

　株式会社Ａは，印刷業と書籍販売業を営む会社である。

　　　　　　　　株式会社Ａ

印刷業	書籍販売業

　そして，株式会社Ａと株式会社Ｂは，株式会社Ａの事業のうち，書籍の販売に関する事業を分割し，これを株式会社Ｂに承継させることとして，会社分割の契約（吸収分割契約）を締結した。

　そして，この会社分割の効力が生じると，株式会社Ａの書籍販売に関する事業が切り離され，株式会社Ｂに承継される。

株式会社Ａ				株式会社Ｂ
印刷業	書籍販売業	承継 →		運送業

株式会社Ａ		株式会社Ｂ	
印刷業		書籍販売業	運送業

➡　会社分割の効力が生じても，**分割会社である株式会社Ａが消滅すること**はない。印刷業を営む会社として存続する。

2　権利の承継

会社分割の効力が生じたときは，分割契約（分割計画）の定めに従って，分割会社の権利義務が承継会社（設立会社）に承継される（会§759Ⅰ，764Ⅰ）。

`H16記述`　　そして，分割会社の所有していた不動産が承継会社に承継されたときは，「会社分割」を登記原因として所有権の移転の登記を申請する。

3　登記の手続

(1)　申請人

`R3記述`
`H16記述`　　登記権利者と登記義務者の共同申請（不登§60，先例平13.3.30－867）。

登記権利者→　承継会社
登記義務者→　分割会社（所有権の登記名義人）

(重要) ●

合併の場合（不登§63Ⅱ）と異なり，承継会社が単独で申請することはできない。

∵　合併とは違って，登記義務者となるべき分割会社がまだ存在している。

(2)　申請情報の内容

①　登記の目的→　「所有権移転」

②　登記原因及びその日付→　「年月日会社分割」

・　原因日付
　　吸収分割の場合→　分割契約において定められた分割の効力発生日。
　　新設分割の場合→　設立会社の本店所在地において設立の登記がされた日。

(3)　添付情報

基本的に，通常の共同申請による所有権の移転の登記と同様。

①　登記義務者の登記識別情報（不登§22）

`H20-14`　　登記権利者と登記義務者の共同申請であるので，登記義務者の登記識別情報を提供することを要する。

② 登記原因証明情報（不登令別表30添付情報欄イ）

　　承継会社の登記事項証明書（会社法人等番号）及び当該不動産が承継会 **H21-14**
社に承継されたことを証する分割契約書（分割計画書）等を提供する（先
例平18.3.29 − 755）。

⚐理由　　合併の場合は，合併の効力が生じたら消滅会社の“一切の”権
　　　　　利義務が承継会社に承継されるから，登記原因証明情報として合
　　　　　併の効力が発生したことを証する承継会社の登記事項証明書（会
　　　　　社法人等番号）を提供すれば足り，合併の内容を証する合併契約
　　　　　書を提供する必要はない。
　　　　　　一方，会社分割の場合は，分割契約（分割計画）の定めに従っ
　　　　　て分割会社の権利義務が承継会社に承継される。そのため，会社
　　　　　分割の場合は，会社分割の効力が発生したことを証するだけでな
　　　　　く，その不動産が承継会社に承継されたことも証明する必要があ
　　　　　る（だから分割契約書等も必要）。

③ 会社法人等番号（不登令§7Ⅰ①イ）

④ 代理人の権限を証する情報（不登令§7Ⅰ②）

⑤ （書面申請の場合は）登記義務者の印鑑証明書（不登令§16Ⅱ，18Ⅱ）
　➡ 会社法人等番号を提供すれば，印鑑証明書を提供することを要しない
　　（不登規§48①，49Ⅱ①）。

⑥ 登記権利者の住所を証する情報（不登令別表30添付情報欄ハ）

(4) 登録免許税
　　課税標準→　不動産の価額
　　税　　率→　1000分の20（登税別表第1.1(2)ハ）

注意！　　合併による所有権の移転の登記とは異なる。

【申請書】

R3記述
H16記述

登記の目的　所有権移転

原　　　因　年月日会社分割

権　利　者　B株式会社

　　　　　　　　代表取締役　　b

　　　　　　　　（会社法人等番号　0800-01-234567）

義　務　者　A株式会社

　　　　　　　　代表取締役　　a

　　　　　　　　（会社法人等番号　0800-01-345678）

添 付 情 報　登記識別情報（A株式会社のもの）

　　　　　　　登記原因証明情報（B株式会社の会社法人等番号及び吸収
　　　　　　　分割契約書）＊1

　　　　　　　会社法人等番号（B株式会社とA株式会社の会社法人等番号）
　　　　　　　＊1

　　　　　　　代理権限証明情報（B株式会社の代表者b，A株式会社の
　　　　　　　代表者aから司法書士への委任状）

　　　　　　　印鑑証明情報（A株式会社の代表者aの印鑑証明書）　＊2

　　　　　　　住所証明情報（B株式会社の会社法人等番号）　　　　＊1

課 税 価 額　金1,000万円

登録免許税　金20万円

＊1　実際には，申請人の下に会社法人等番号を書く。

＊2　会社法人等番号を提供しているので，実際には印鑑証明書を提供するこ
　　とを要しない。

　　➡　実際の申請情報においては，「印鑑証明情報（会社法人等番号0800-01-
　　　345678）」のように記載する。

第13節　法定相続情報一覧図

1　意　義

　相続による所有権の移転の登記を申請する場合や，申請人の相続人が申請人に代わって登記を申請するようなとき（不登§62）は，申請情報と併せて，相続を証する市区町村長その他の公務員が職務上作成した情報を提供することを要する（不登令別表22添付情報欄，不登令§7Ⅰ⑤イ等）。

　この「相続を証する市区町村長その他の公務員が職務上作成した情報」は，　R4記述　具体的には戸籍事項の証明書や除籍謄本などが該当するが，不動産登記規則247条に規定する法定相続情報一覧図の写しを提供したときは，戸籍事項の証明書等の提供に代えることができる（不登規§37の3）。

> 🖐理由　ある人が死亡して相続が開始した場合，不動産についての所有権の移転の登記，銀行預金の解約，車の名義の変更など，相続を証する情報の提供が求められる場面が多い。それらの手続のたびに戸籍事項の証明書を取得しなければならないとすると，相続人にとって大きな負担となる。
> 　そこで，相続人の負担の軽減を図り，各種の相続手続を促進させるために，法定相続情報証明の制度が創設された。

2　法定相続情報一覧図とは

　法定相続情報一覧図とは，簡単にいうと，法定相続人が記載された図であり，登記官による認証がされたものである。
　以下にそのサンプルを掲げる。

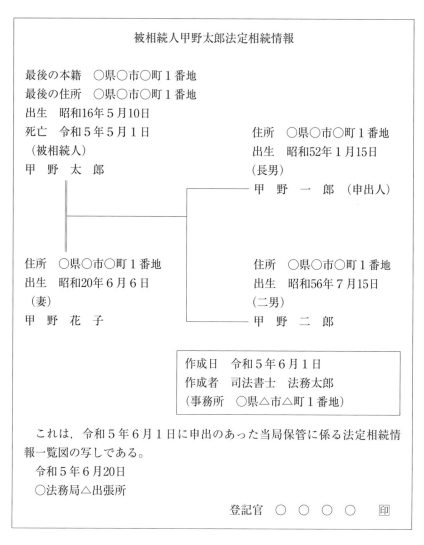

被相続人甲野太郎法定相続情報

最後の本籍　○県○市○町１番地
最後の住所　○県○市○町１番地
出生　昭和16年５月10日
死亡　令和５年５月１日
　（被相続人）
甲　野　太　郎

住所　○県○市○町１番地
出生　昭和52年１月15日
（長男）

甲　野　一　郎　（申出人）

住所　○県○市○町１番地
出生　昭和20年６月６日
　（妻）
甲　野　花　子

住所　○県○市○町１番地
出生　昭和56年７月15日
（二男）

甲　野　二　郎

作成日　令和５年６月１日
作成者　司法書士　法務太郎
（事務所　○県△市△町１番地）

　これは，令和５年６月１日に申出のあった当局保管に係る法定相続情報一覧図の写しである。
　令和５年６月20日
　○法務局△出張所

登記官　○　○　○　○　　　㊞

　亡甲野太郎について相続による所有権の移転の登記を申請する場合，この法定相続情報一覧図の写しを提供すれば，戸籍事項の証明書等を提供することを要しない。

３　法定相続情報一覧図の写しを取得するための手続（大まかに）

【例】　甲土地の所有権の登記名義人であるＡが死亡した。その相続人は，妻のＢと子のＣ・Ｄである。そして，Ｃは，亡Ａに関する各種の相続手続にお

いて，法定相続情報一覧図を使いたいと思った。

① 　Cは，まず，亡Aの相続関係を明らかにするため，亡Aに関する戸籍事項の証明書，除籍謄本，改製原戸籍の謄本等（以下「戸籍事項証明書等」という）を取得する。
➡ 　法定相続情報一覧図の制度を利用する場合も，一度は，相続関係を証する戸籍事項証明書等を取得する必要がある。

② 　Cは，戸籍事項証明書等を読み取って，亡Aの相続関係（相続人がB・C・Dの3人だけだな）を確認する。

③ 　Cは，自分のパソコンで，法定相続情報一覧図を作成する。そしてそれをプリントアウトする。

④ 　Cは，所定の登記所に行って，法定相続情報一覧図の保管及び法定相続情報一覧図の写しの交付の申出をする。
➡ 　戸籍事項証明書等と自分で作成した法定相続情報一覧図も提出する。

⑤ 　登記官は，提出された戸籍事項証明書等を読み取って，（Cが作成した）法定相続情報一覧図に書かれた内容が正しいと判断したときは，法定相続情報一覧図の写し（登記官が認証して職印を押したもの。前記のサンプル参照）をCに交付する。
➡ 　提出された戸籍事項証明書等は，Cに返却される。

⑥ 　Cは，法定相続情報一覧図の写し（登記官の認証があるもの）を添付して，相続による所有権の移転の登記や銀行預金の解約の手続をする。

4　法定相続情報一覧図の保管及び写しの交付の申出の手続
⑴　申出をすることができる者（不登規§247Ⅰ）
　表題部所有者，登記名義人またはその他の者の相続人，または当該相続人の地位を相続により承継した者（相続人の相続人）である。

⑵　申出をすべき登記所（管轄登記所。不登規§247Ⅰ）
① 　被相続人の本籍地
② 　被相続人の最後の住所地
③ 　申出人の住所地

④　被相続人を表題部所有者もしくは所有権の登記名義人とする不動産の所在地を管轄する登記所

このいずれかの登記所の登記官に対し，法定相続情報一覧図の保管及び写しの交付の申出をする。

⑶　申出人が提出する法定相続情報一覧図に記載すべき事項（不登規§247Ⅰ）

①　被相続人の氏名，生年月日，最後の住所及び死亡の年月日
➡　被相続人の最後の本籍も記載すべきとされている（先例平30.3.29－166）。

②　相続開始の時における同順位の相続人の氏名，生年月日及び被相続人との続柄

・　法定相続情報一覧図は，戸籍事項証明書等から判断できる事項を記載するものである。つまり，**相続放棄などは考慮に入れない。**
➡　Aの相続人は妻のB，子のC及びDであったが，Dは，亡Aの相続について放棄をした。この場合でも，法定相続情報一覧図には，B・C・Dの3人を記載する。

H31-26
➡　相続による所有権の移転の登記を申請するときは，法定相続情報一覧図の写しとDの相続放棄申述受理証明書を提供する。

H31-26
・　推定相続人の廃除については，戸籍事項証明書から判断できる事項であるので，廃除された者は，相続人にならないものとして法定相続情報一覧図に記載しない（先例平29.4.17－292）。

5　その他

①　法定相続情報一覧図の保管及び写しの交付の申出は，相続ごとに申し出る必要がある。
➡　数次に相続が開始しているときは，被相続人ごとに申出をする必要がある。

②　法定相続情報一覧図には，相続人の住所を記載してもいいし，記載しなくてもいい（任意的記載事項）。
➡　住所を記載したときは，相続人の住所を証する情報も添付することを要する（不登規§247Ⅳ）。

③　法定相続情報一覧図の写しを添付して相続による所有権の移転の登記を申 H31-26
請する場合において，その一覧図の写しに相続人の住所が記載されていると
きは，それをもって当該相続人の住所を証する情報とすることができる（先
例平30.3.29 – 166）。

　➡　別途，相続人の住民票の写しを提供することを要しない。

④　法定相続情報一覧図の写しについては，再交付の申出も認められる（不登
規§247Ⅶ）。

第３章
相続以外の原因による所有権の移転の登記

Topics・こちらは原則どおり，登記権利者と登記義務者の共同申請による登記。
　　　　・いろいろな登記原因があるので，それぞれの特徴をしっかり押さえよ
　　　　　う。

第1節　総　説

1　申請人

　相続以外の原因による所有権の移転の登記は，登記権利者と登記義務者が共同して申請することを要する（不登§60）。

➡　こちらが原則である。相続による移転の登記が単独申請（不登§63Ⅱ）なのは，例外である。

📖ケーススタディ

　Aの名義で登記された不動産について，AからBに対して売買による所有権の移転の登記を申請するときは，Bを登記権利者，Aを登記義務者として共同で申請する。

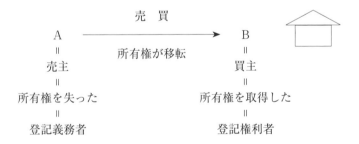

```
                     売　買
    A    ──────────────────→    B
    ‖           所有権が移転        ‖
    売主                         買主
    ‖                           ‖
所有権を失った              所有権を取得した
    ‖                           ‖
  登記義務者                  登記権利者
```

登記権利者と登記義務者については入門編第6章。

➕ アルファ

　例外的に，相続人に対する遺贈による所有権の移転の登記は，登記権利者が単独で申請することができる（不登§63Ⅲ。後述）。

∵ 遺言による遺産分割方法の指定と同視することができるから。

2 申請情報の内容

(1) **登記の目的**→ 「所有権移転」

- 所有権の一部が移転した場合には,「所有権一部移転」

- 数人の共有する不動産について,共有者の1人の持分が第三者に移転したときは,「何某持分全部移転」

(2) **登記原因及びその日付**→ 所有権が移転した原因と,所有権が移転した日を提供する。

【例】 「年月日売買」
「年月日贈与」
「年月日時効取得」

➕ **アルファ**

登記原因の日付は,必ずしも売買等の契約がされた日ではない。
契約がされた後に所有権が移転した場合には,所有権が移転した日が原因日付となる。

【例】 AとBは,令和5年6月10日に甲土地の売買契約をした。この契約においては,「買主Bが代金を完済した時に所有権が移転する」という特約がされている。
➡ Bが,令和5年7月1日に売買代金を完済した場合は,所有権の移転の登記の登記原因は,「令和5年7月1日売買」となる。

(3) **申請人の氏名又は名称及び住所（不登令§3①）**
登記権利者と登記義務者の氏名（名称），住所を提供する。

(4) **添付情報（不登規§34Ⅰ⑥）**
以下の「3」参照。

(5) **登録免許税（不登規§189Ⅰ）**
定率課税である。

　　　課税標準→　不動産の価額
　　　税　　率→　1000分の20（登税別表第1.1(2)ハ）

➕ アルファ

その他の申請情報の内容のうち，主要なもの

① 登記の目的である権利の消滅に関する定め（不登令§3⑪ニ）

　　売買契約において「買主が死亡した時に所有権の移転が失効する」といった定め（権利の消滅の定め）がされた場合には，申請情報の内容としてその定めを提供する。

　➡　この定めは，所有権の移転の登記に付記して登記される（不登規§3⑥）。

② **登記名義人となる者が数人いる場合は，各人の持分**（不登令§3⑨）

　　権利の保存，設定又は移転の登記を申請する場合に，登記名義人となる者が2人以上であるときは，申請情報の内容として各人の持分を提供することを要する（不登令§3⑨）。

【例】　Aの所有する不動産を，BとCが共同で（各持分2分の1の割合で）買い受けた。

```
権利者　持分2分の1　　B
　　　　　　2分の1　　C
義務者　A
```

③ 所有権の一部を移転する登記を申請するときは，**登記権利者が取得した持分を提供することを要する**（不登令§3⑪ホ）。

【例】　AとBは，Aの所有する甲土地の所有権の一部3分の1をBに売り渡す契約をした。

```
登記の目的　所有権一部移転
原　　　因　年月日売買
権　利　者　持分3分の1　　B
義　務　者　A
```

3　添付情報

(1)　登記義務者の登記識別情報（不登§22）

登記義務者が，かつて自分が登記権利者となって所有権の登記を取得した際に登記官から通知を受けた登記識別情報を提供する。

(2)　登記原因証明情報（不登令別表30添付情報欄イ）

売買等によって所有権が移転した旨が明らかにされた情報を提供する。

➕ アルファ

相続による移転の登記との違い

相続（合併）による所有権の移転の登記を申請するときは，登記原因証明情報として市区町村長，登記官その他の公務員が職務上作成した情報を提供する必要があった（不登令別表22添付情報欄）。

∵　相続による所有権の移転の登記は相続人からの単独申請であるので，登記の正確性をしっかりと確保するため。

一方，売買等による所有権の移転の登記においては，このような（作成者についての）制限はない。売買契約の当事者等の一般人が作成した情報を登記原因証明情報として提供することができる。

∵　登記権利者と登記義務者の共同申請による登記なので，申請構造によって登記の正確性を確保することができるといえる。

(3)　代理権限証明情報（不登令§7Ⅰ②）

申請人が司法書士に対して，登記の申請手続について代理することの依頼をしたときは，申請人から司法書士への「委任状」を提供する。

・　未成年者の法定代理人が申請する場合は，その者が法定代理人（親権者あるいは未成年後見人）であることを証する情報を提供する。

(4)　書面によって申請するときは，登記義務者の印鑑証明書（不登令§16Ⅱ，18Ⅱ）

所有権の登記名義人が登記義務者となる登記なので，登記義務者の印鑑証明書を提供することを要する。

➡　法人が登記義務者となる場合は，会社法人等番号を提供すれば，印鑑証明書を提供することを要しない（不登規§48①，49Ⅱ①）。

(5)　**住所証明情報（不登令別表30添付情報欄ハ）**
　　登記権利者の住所を証する情報を提供する。

　　　登記権利者が自然人→　住民票の写し，戸籍の附票の証明書
　　　登記権利者が法人　→　当該法人の登記事項証明書（会社法人等番号）

4　申請書の見本
　　売買による所有権の移転の登記の申請書。


```
登記の目的　所有権移転
原　　　因　年月日売買                          ＊1
権　利　者　B                                ＊2
義　務　者　A
添 付 情 報　登記識別情報（Aのもの）
　　　　　　登記原因証明情報
　　　　　　代理権限証明情報（B及びAから司法書士への委任状）
　　　　　　印鑑証明情報（Aの印鑑証明書）
　　　　　　住所証明情報（Bの住民票の写し）
課 税 価 額　金1,000万円
登録免許税　金20万円
不動産の表示　所在　○市△町一丁目
　　　　　　地番　3番4
　　　　　　地目　宅地
　　　　　　地積　100.00㎡
```


＊1　正確には「登記原因及びその日付」であるが，申請書には，通常「原因」
　　と提供する。
＊2　申請人の住所は省略した。

☆　以上が「総説」である。以下，登記原因ごとに解説をする。

第2節　遺　贈

1　遺　贈
⑴　意　義
　　遺贈とは，遺言によって，遺産の全部又は一部を他人に譲与する遺言者の
単独行為である。遺贈には，包括遺贈と特定遺贈とがある（民§964）。

　　包括遺贈→　遺産の全部又は何分の１というように，抽象的な割合を示し
　　　　　　　　て他人に譲与すること。包括遺贈を受けた者（包括受遺者）は，
　　　　　　　　相続人と同一の権利義務を有する（民§990）。
　　特定遺贈→　被相続人の遺産のうちの特定の財産を他人に譲与すること。

⑵　効　果
　　遺言は，原則として遺言者が死亡した時から効力を生ずる（民§985Ⅰ）。
不動産に関する権利について遺贈がされたときは，遺言者が死亡した時に受
遺者はその権利を取得する。

　　・　遺贈は，遺言者の死亡以前に受遺者が死亡したときは，その効力を生じ
　　　　ない（民§994）。
　　➡　受遺者が取得すべきであったものは，遺言に別段の意思表示があると
　　　　きを除き，遺言者の相続人に帰属する（民§995）。

2　遺言執行者
　　遺言者は，遺言で１人又は数人の遺言執行者を指定し，又はその指定を第三
者に委託することができる（民§1006Ⅰ）。
　➡　遺言執行者は，遺言の内容を実現するため，相続財産の管理その他遺言の
　　　執行に必要な一切の行為をする権利義務を有する（民§1012Ⅰ）。

3　申請する登記
　　不動産を遺贈する旨の遺言がされ，遺言者が死亡したときは，遺言の効力が
生じ，受遺者は当該不動産を取得する。
　　この場合は，遺言者から受遺者に対し，遺贈による所有権の移転の登記を申
請する。
　➡　前提として，遺言者についての相続の登記をすることを要しない。

・　法定相続分に基づく共同相続の登記がされた後，当該不動産を相続人の１人に遺贈する旨の遺言書が発見されたような場合は，受遺者の単独所有の名義とする所有権の更正の登記を申請する（先例令5.3.28－538）。

∵　当該不動産は，遺言者が死亡した時に受遺者に帰属するので，共同相続の登記には誤りがあることになる。そのため，誤った登記を訂正する登記，つまり更正の登記を申請する。

4　登記の手続（受遺者が，相続人以外の第三者である場合）

(1)　申請人

H28-12
H18-20

登記権利者と登記義務者の共同申請（不登§60，先例昭33.4.28－779）。

➡　包括遺贈，特定遺贈を問わない。

> 登記権利者→　受遺者
> 登記義務者→　遺言者。ただし，遺言執行者又は遺言者の相続人が申請する。

R4-20
H25記述
H元記述

①　遺言執行者がいるときは，遺言執行者が登記義務者側の人間として申請する（民§1015，先例昭33.4.28－779）。

➡　遺贈の履行は，遺言執行者のみがすることができる（民§1012Ⅱ）。

📖ケーススタディ

Aは，「甲土地をＺに遺贈する。遺言執行者としてＸを指定する」という遺言を残して死亡した。相続人は子のＢＣである。

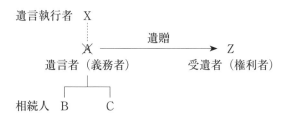

AからＺへの遺贈による所有権の移転の登記は，ＺとＸが共同で申請する。

➡　Aの相続人ＢＣは，申請手続に関与しない。

---

② 遺言執行者がいないときは，遺言者の相続人全員が登記義務者の一般承 **R4記述**
継人として申請する（一般承継人からする登記，不登§62）。

【例】　上記のケーススタディにおいて，仮に遺言執行者が指定されていな
かったときは，受遺者Zと，遺言者の相続人B・Cが共同で申請する。

(2) 申請情報の内容
① 登記の目的→　「所有権移転」

② 登記原因及びその日付→　「年月日遺贈」
➡ 原因日付は，遺贈によって不動産の所有権が移転した日，つまり原則
として遺言者が死亡した日。

③ 申請人
㋐ 相続人以外の第三者が登記権利者となる場合で，遺言執行者があるとき
登記権利者として受遺者の氏名，住所を記載し，登記義務者として遺
言者（所有権の登記名義人）の氏名と（一般承継時の）住所を記載する。

```
権利者　　Z
義務者　　亡A
```

➡ 遺言執行者は代理人であって申請人（物権変動の当事者）本人では
ない。そのため，「登記義務者」として遺言執行者の氏名，住所を提
供すべきではない。

㋑ 相続人以外の第三者が登記権利者となる場合で，遺言執行者がないと
き
登記権利者として受遺者の氏名，住所を記載し，登記義務者として実
際に登記を申請する相続人の氏名，住所を記載する。

```
権利者　　Z
義務者　　亡A相続人　　B
　　　　　　同　　　　　C
```

➡ 一般承継人が申請するときは，申請人である相続人の氏名，住所と，
一般承継人（相続人）である旨を提供する（不登令§3⑪ロ）。

(3) 添付情報

① 登記識別情報（不登§22）

遺言者が所有権の登記を取得した際の登記識別情報を提供する。

② 登記原因証明情報（不登令別表30添付情報欄イ）

遺贈によって所有権が移転したことを証する情報を提供する。

H23-24 ➡ **遺言書及び遺言者の死亡を証する戸籍事項の証明書**（質疑登研733Ｐ157）。

∵ 遺言は，遺言者が死亡した時から効力を生ずるので（民§985Ⅰ），遺言者の死亡も証明する必要がある。

③ 遺言執行者が申請する場合は，遺言執行者の権限を証する情報（不登令§7Ⅰ②）

遺言執行者は登記義務者側の代理人として申請するので，その代理権限を証する情報を提供する。

H12-14 ・ 遺言書で遺言執行者が指定されているときは，**遺言書及び遺言者の死亡を証する戸籍事項の証明書を提供する**（先例昭59.1.10－150）。

H26-21
H19-12 ・ 家庭裁判所が遺言執行者を選任したときは，遺言者の死亡を証する情報を提供することを要しない（先例昭59.1.10－150）。

∵ 家庭裁判所は，遺言者が死亡したことを確認した上で遺言執行者を選任するから。

④ 遺言者の相続人が申請する場合は，申請人が相続人であることを証する情報（不登令§7Ⅰ⑤イ）

遺言執行者が選任されていないため，遺言者の相続人が受遺者とともに申請するときは，**申請人が登記義務者の相続人であることを証する情報**（相続を証する情報）を提供する。

⑤ 司法書士の代理権限を証する情報（不登令§7Ⅰ②）

申請人から司法書士への委任状を提供する。

⑥ 印鑑証明書（不登令§16Ⅱ，18Ⅱ）

書面によって申請するときは，登記義務者の印鑑証明書を提供する。

- ・　遺言執行者が申請する場合→　**遺言執行者の印鑑証明書**
- ・　遺言者の相続人が申請する場合→　相続人全員の印鑑証明書

⑦　住所証明情報（不登令別表30添付情報欄ハ）
　登記権利者である受遺者の住所を証する情報を提供する。

(4)　登録免許税
　課税標準→　不動産の価額
　税　　率→　1000分の20（登税別表第1.1⑵ハ）　H21-24

📖ケーススタディ

権利部（甲区）	（所　有　権　に　関　す　る　事　項）		
順位番号	登記の目的	受付年月日・受付番号	権利者その他の事項
1	所有権移転	昭和47年9月1日第9000号	原因　昭和47年9月1日売買所有者　　A

　Aは，平成30年4月24日に「甲土地をXに遺贈する。遺言執行者としてYを指定する」旨の遺言をし，その後の令和5年6月5日に死亡した。相続人は子のBCである。

【申請書】

```
登記の目的　所有権移転
原　　　因　令和5年6月5日遺贈
権 利 者　X
義 務 者　亡A
添 付 情 報　登記識別情報（Aの甲区1番の登記済証）
　　　　　　登記原因証明情報（Aの遺言書及び戸籍事項の証明書）
　　　　　　代理権限証明情報（Xから司法書士への委任状，Yの権
　　　　　　限を証する情報（Aの遺言書及び戸籍事項の証明書）及
　　　　　　びYから司法書士への委任状）
　　　　　　印鑑証明情報（Yの印鑑証明書）
　　　　　　住所証明情報（Xの住民票の写し）
```

課 税 価 額 金1,000万円

登録免許税 金20万円

＊ Aは現行の不動産登記法が施行される前の昭和47年に所有権の登記
を受けているので，その登記が完了した際に登記官から甲区1番の登
記に関する登記済証が交付されている（登記識別情報ではない）。し
たがって，Aが登記義務者となる登記を申請するときは，Aの甲区1
番の登記済証を提供する。

（完了後の登記記録）

権　利　部（甲　区）　　（所　有　権　に　関　す　る　事　項）			
順位番号	登記の目的	受付年月日・受付番号	権　利　者　そ　の　他　の　事　項
1	所有権移転	昭和47年9月1日 第9000号	原因　昭和47年9月1日売買 所有者　　A
2	所有権移転	令和5年7月1日 第7000号	原因　令和5年6月5日遺贈 所有者　　X

【参考　遺言者の相続人が申請する場合の申請書】

登記の目的　所有権移転

原　　　因　令和5年6月5日遺贈

権　利　者　X

義　務　者　亡A相続人　B

　　　　　　　同　　　　C

添 付 情 報　登記識別情報（Aの甲区1番の登記済証）

　　　　　　　登記原因証明情報（Aの遺言書及び戸籍事項の証明書）

　　　　　　　代理権限証明情報（Xから司法書士への委任状，BCから

　　　　　　　司法書士への委任状）

　　　　　　　印鑑証明情報（B及びCの印鑑証明書）

　　　　　　　一般承継証明情報（戸籍事項の証明書）

　　　　　　　住所証明情報（Xの住民票の写し）

課 税 価 額　金1,000万円

登録免許税　金20万円

5　登記の手続（受遺者が，遺言者の相続人である場合）

(1)　申請人

受遺者が，単独で申請することができる（不登§63Ⅲ）。

∵　受遺者が相続人である場合は，遺言による遺産分割方法の指定がされた場合と同じように考えることができる。

【例】　Aは，「甲土地を長男のBに遺贈する。」という遺言を残して死亡した。相続人は，子のBCDである。

➡　遺贈によるAからBへの所有権の移転の登記は，受遺者であるBが単独で申請することができる。

重要🔔 ●

遺贈による所有権の移転の登記は，受遺者が相続人か否かによって，登記の手続（申請人）が異なる。

(2)　申請情報の内容

相続人以外の第三者が受遺者である場合と同じである。

登記の目的は「所有権移転」，登記原因は遺贈によって所有権が移転した日（原則として遺言者が死亡した日）をもって「年月日遺贈」。

申請人は，以下のように提供する。

権利者　（申請人）　B
義務者　亡A

➡　受遺者が単独で申請することができるので，「（申請人）」と冠記する。

➡　登記義務者の表示を省略することはできない（不登令§3⑪イ）。

(3)　添付情報

①　登記原因証明情報（不登令別表30添付情報欄ロ）

相続があったことを証する市区町村長その他の公務員が職務上作成した情報及び遺贈によって所有権を取得したことを証する情報を提供する。

👉理由　　単独申請による登記なので，登記の正確性を確保するため，相続があったことを証する“市区町村長その他の公務員が職務上作成した情報”を提供する必要がある。

　　　　具体的には，①遺言者が死亡したこと及び受遺者が相続人であることを
　　　証する戸籍事項の証明書，②遺言書を提供する。

　　　・　遺言書は，家庭裁判所による検認が必要なものについては，検認済の
　　　　ものであることを要する。

　　②　代理権限証明情報（不登令§7Ⅰ②）
　　　　申請人である受遺者から司法書士への委任状を提供する。

　　③　住所証明情報（不登令別表30添付情報欄ハ）
　　　　受遺者の住所を証する情報を提供する。

➕ アルファ

　　　登記権利者と登記義務者の共同申請による登記ではないので，登記義務者
　　の登記識別情報を提供することを要せず（不登§22参照），また登記義務者
　　の印鑑証明書も不要である。

H29-27 **(4)　登録免許税**
　　　　課税標準→　不動産の価額
　　　　税　　率→　**1000分の4**（先例平15.4.1−1022，登税別表第1.1(2)イ）
　　　　　　　　　∵　相続による所有権の移転の登記と同視できる。

➕ アルファ

　　　遺言者の死亡時の氏名や住所が，登記記録上の（登記名義人の）氏名や住
　　所と異なっていても，所有権の移転の登記の前提として，所有権の登記名義
　　人の氏名等の変更の登記をすることを要しないとされている。

H25記述 ➡　一方，相続人以外の第三者に対する遺贈がされ，登記権利者と登記義務
　　　者が共同で所有権の移転の登記を申請する場合は，前提として，所有権の
　　　登記名義人の氏名等の変更の登記が必要である（不登§25⑦，質疑登研
　　　380 P 81）。

6　清算型遺贈がされた場合の登記の手続

　　清算型遺贈→　「遺言執行者は相続財産中の甲土地を売却し，その代金から
　　　　　　　　　負債を支払い，残額を受遺者に分配する」といった内容の遺贈

　この遺言に基づき遺言執行者が甲土地を売却した場合，甲土地の売買による所有権の移転の登記を申請する前提として，相続による所有権の移転の登記を申請することを要する（先例昭45.10.5－4160）。　H29-20　H17-12　H25記述　H15記述

∵　遺言者が死亡してから遺言執行者が甲土地を売却するまでの間は，甲土地の所有権は相続人に帰属しているから。

・　相続による登記，売買による登記を申請することは，遺言の執行の一環といえるので，遺言執行者が遺言者の相続人を代理して申請する（質疑登研824 P 233）。

📖ケーススタディ

権　利　部（甲　区）		（所　有　権　に　関　す　る　事　項）	
順位番号	登記の目的	受付年月日・受付番号	権利者その他の事項
1	所有権移転	平成6年9月1日 第9000号	原因　平成6年9月1日売買 所有者　　A

　Aは，「遺言執行者は甲土地を売却し，その代金から私の負債を支払い，残額をMに遺贈する。遺言執行者としてXを指定する。」という遺言を残して令和5年6月1日に死亡した。相続人は，子のBである。

　そして，令和5年8月5日，遺言執行者Xは，甲土地をYに売り渡した。

　この場合は，以下の登記を申請する。

① 「令和5年6月1日相続」を原因とするAからBへの所有権の移転の登記
　➡　遺言執行者Xが申請する。

② 「令和5年8月5日売買」を原因とするBからYへの所有権の移転の登記
　➡　Yを登記権利者，遺言執行者Xを登記義務者Bの代理人として申請する。

第3節　贈　与

1　総　説

　贈与とは，当事者の一方がある財産を無償で相手方に与える意思を表示し，相手方が受諾をすることによって効力を生ずる契約（民§549）。

2　登記の手続

　贈与により不動産の所有権が移転したときは，贈与者（現在の所有権の登記名義人）から受贈者に対して所有権の移転の登記を申請する。

```
登記権利者→　受贈者
登記義務者→　贈与者（所有権の登記名義人）
```

⑴　申請情報の内容

　①　登記の目的→　「所有権移転」

　②　登記原因及びその日付→　贈与によって所有権が移転した日をもって，「年月日贈与」

⑵　添付情報

　①　登記義務者の登記識別情報（不登§22）
　②　登記原因証明情報（不登令別表30添付情報欄イ）
　③　代理権限証明情報（委任状，不登令§7Ⅰ②）
　④　（書面によって申請するときは）登記義務者の印鑑証明書（不登令§16Ⅱ，18Ⅱ）
　⑤　登記権利者の住所証明情報（不登令別表30添付情報欄ハ）

⑶　登録免許税

　課税標準→　不動産の価額
　税　　率→　1000分の20（登税別表第1.1(2)ハ）

3　死因贈与

⑴　意　義

　贈与者の死亡により効力を生ずる旨が定められた贈与を死因贈与という。

R2-27

この場合には，贈与者が死亡した時に贈与の目的である財産が受贈者に移転する。

【例】　令和４年10月１日，ＡとＢは，Ａの所有する甲土地をＢに贈与する契約を締結した。なお，この契約においては，Ａが死亡した時に贈与の効力が生じる旨の特約がされている。
　　　　そして，令和５年８月１日，Ａが死亡した。
　➡　令和５年８月１日に甲土地の所有権はＡからＢに移転する。

(2)　執行者
死因贈与の契約において，執行者を定めることができる。
∵　死因贈与には遺贈に関する規定が準用される（民§554）。

執行者が定められた場合には，死因贈与による所有権の移転の登記は，執行者が登記義務者側の人間として，受贈者と共同して申請する（質疑登研447Ｐ83参照）。
➡　執行者がいない場合には，贈与者の相続人の全員が贈与者に代わって申請する（一般承継人からする登記，不登§62）。

・　執行者が登記を申請するときは，申請情報と併せて執行者の権限を証する情報を提供する（不登令§７Ⅰ②）。

(3)　死因贈与による仮登記
死因贈与の契約がされた場合，契約の時点では受贈者に所有権が移転しないので，直ちに所有権の移転の登記を申請することはできない。
この場合，受贈者のために始期付きの所有権の移転の仮登記をすることができる。
∵　贈与者が死亡したらその瞬間に受贈者は所有権を取得するので，死因贈与の契約がされた時点で，受贈者は，始期付きで所有権を取得したということができる。

この後に贈与者が死亡して受贈者に所有権が移転したときは，仮登記に基づく本登記（＝所有権の移転の登記）を申請する。

第4節　売　買

第4節の1　売　買

1　総　説

　売買とは，当事者の一方がある財産権を相手方に移転することを約し，相手方がこれに対してその代金を支払うことを約することによって効力を生ずる契約（民§555）。

2　登記の手続

(1)　申請人

> 登記権利者→　買主
> 登記義務者→　売主（所有権の登記名義人）

(2)　申請情報の内容

①　登記の目的→　「所有権移転」

②　登記原因及びその日付→　所有権が移転した日をもって，「年月日売買」
➡　売買契約の後に所有権が移転した場合は，原因日付は契約の日ではなく所有権が移転した日。

(3)　添付情報

①　登記義務者の登記識別情報（不登§22）
②　登記原因証明情報（不登令別表30添付情報欄イ）
③　代理権限証明情報（委任状，不登令§7Ⅰ②）
④　（書面申請の場合は）登記義務者の印鑑証明書（不登令§16Ⅱ，18Ⅱ）
⑤　登記権利者の住所証明情報（不登令別表30添付情報欄ハ）

(4)　登録免許税

　課税標準→　不動産の価額
　税　　率→　1000分の20（登税別表第1.1(2)ハ）

【申請書】

```
登記の目的　所有権移転
原　　　因　年月日売買
権　利　者　B
義　務　者　A
添 付 情 報　登記識別情報（Aのもの）
　　　　　　登記原因証明情報
　　　　　　代理権限証明情報（B及びAから司法書士への委任状）
　　　　　　印鑑証明情報（Aの印鑑証明書）
　　　　　　住所証明情報（Bの住民票の写し）
課 税 価 額　金1,000万円
登録免許税　金20万円
```

R5記述

参考先例

売買による所有権の移転の登記に関する先例

① 　Aの所有する甲土地をXに売り渡す契約がされたが，その所有権の移転の登記を申請する前にAが死亡した（相続人は子のB）。そして，甲土地についてAからBへの相続の登記がされた。　H12-23

　　この場合，相続の登記を抹消することなく，BからXへの売買による所有権の移転の登記を申請することができる（先例昭37.3.8－638）。

∵ 　甲土地はBに帰属していないので，本来ならば，AからBへの相続の登記を抹消し，その後にAからXへの売買による登記を申請すべきである。しかし，便宜的に相続の登記の抹消をしなくてよいとされた。

② 　会社が清算中に不動産を売却したが，所有権の移転の登記をする前に清算結了の登記がされてしまった場合，清算人であった者が会社を代表して，売買による所有権の移転の登記を申請することができる（質疑登研480 P 132）。　H3-19

∵ 　本来ならば，清算結了の登記を抹消した上で所有権の移転の登記を申請すべきである。しかし，所有権の移転の登記を申請するためだけに清算結了の登記の抹消を要求するのは若干酷なので，便宜的にこのような扱いが認められた。

③ 　不動産の売買契約において，第三者に所有権を取得させることが合意され，

その第三者が受益の意思表示をしたような場合は，その第三者を登記権利者として所有権の移転の登記を申請することができる（先例平19.1.12-52）。

➡　いわゆる"第三者のためにする契約"（民§537）がされた場合である。

【例】　甲土地の所有者であるAとBの間で,以下のような売買契約がされた。

> ・　甲土地をBに売り渡す。
> ・　Bは，売買代金の支払いまでに甲土地の所有権の移転先となる者を指名するものとし，Aは，その指定された者に対し，Bの指定及び代金の支払いを条件として，甲土地の所有権を直接移転するものとする。

そして，Bが，甲土地の所有権の移転先としてCを指名し，Aに対して売買代金を支払った。また，Cは，甲土地の所有権の移転を受ける旨の意思表示（受益の意思表示）をした。

➡　甲土地の所有権は，Aから直接Cに移転するので，AからCに対して売買による所有権の移転の登記を申請する。

④　不動産の売買契約がされた後，所有権が移転する前に買主の地位の譲渡がされ，地位の譲受人が所有権を取得した場合には，地位の譲受人を登記権利者として所有権の移転の登記を申請することができる（先例平19.1.12-52）。

【例】　Aの所有する甲土地について，Bに売り渡す契約が締結された。なお，この契約においては,「買主が売買代金を完済した時に所有権が移転する」旨の特約がされている。

その後，Bは，売買代金を支払う前に，買主としての地位をCに譲渡した（Aはこれを承諾している）。

➡　契約上の地位が譲渡されているので，Cが買主となった。

そして，Cは，Aに対し，売買代金の全額を支払った。

➡　甲土地の所有権は，Aから直接Cに移転するので，AからCに対して売買による所有権の移転の登記を申請する。

第4節の2　農地の売買

1　許可の要否

　農地について売買や贈与により所有権を移転させるためには，農業委員会の許可（いわゆる「農地法所定の許可」）を受けることを要する（農地§3Ⅰ）。

🖐 **理由**　農地を農地として保護するため。買主が農地を所有するにふさわしい人物かを判断した上で，許可を出す。

➕ **アルファ**

　土地の「地目」が"田"や"畑"のような場合には，その土地は農地（若干の例外はある）。

　農地法所定の許可は実体法上の効力要件であり，許可がないと農地の所有権は買主に移転しない。
　➡　売買等の契約より後に農地法所定の許可が得られたときは，許可が到達した時に農地の所有権が移転する。

重要 ❗ ･････････････････････････････
　売買契約の後に農地法所定の許可が到達した場合，所有権の移転の登記の原因日付は，農地法所定の許可が到達した日。

2　添付情報

　申請情報と併せて，農地法所定の許可を証する情報（許可書）を提供する（不登令§7Ⅰ⑤ハ）。
　∵　農地法所定の許可は，登記原因（売買）について必要な第三者の許可といえる。

> （添付情報）
>
> **不動産登記令第7条**　登記の申請をする場合には，次に掲げる情報をその申請
> 情報と併せて登記所に提供しなければならない。
>
> （中略）
>
> 五　権利に関する登記を申請するときは，次に掲げる情報
>
> （中略）
>
> 　ハ　登記原因について第三者の許可，同意又は承諾を要するときは，当該
> 　　第三者が許可し，同意し，又は承諾したことを証する情報

3　農地の売買と相続の登記の要否

問題点　農地の売買をした場合，契約の後に農地法所定の許可を得たときは，
その許可の時に所有権が移転するので，契約の日と所有権が移転した日
がずれることがある。

　　そのため，契約締結後，許可が到達するまでの間に当事者が死亡した
場合などに，相続の登記の要否が問題となることがある。

"どの時点で"，"誰に"相続が開始したのかによって，それぞれ手続が異なる。

(1)　**売買契約締結後，**農地法所定の許可が到達する前に売主が死亡した場合

H31-14
H15-21
　　まずは売主について相続による所有権の移転の登記を申請し，その後に買
主に対して売買による所有権の移転の登記を申請する。

重要❗ ●

相続の登記を省略することはできない。

∵　農地法所定の許可を受ける前，つまりまだ買主に所有権が移転する前に
売主が死亡しているので，農地の所有権はいったん売主の相続人に移転す
る。そして，その後に許可が得られた時に相続人から買主に所有権が移転
する。

　物権変動の過程を忠実に公示すべきである。

📖ケーススタディ

(a)　令和5年6月1日，Aの所有する農地をXに売り渡す契約をした。

(b)　令和5年6月10日，Aが死亡した。相続人はBである

(c)　令和5年7月1日，農地法所定の許可が到達した。

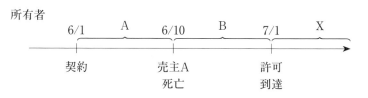

➡ 「令和5年6月10日相続」を原因としてAからBへの所有権の移転の登記を申請し，次いで「令和5年7月1日売買」を原因としてBからXへの所有権の移転の登記を申請する。

(2)　**売買契約が締結され，農地法所定の許可も到達した後に売主が死亡した場合**

売主から買主に対して売買による所有権の移転の登記を申請する。

重要❶ ●

売主について，相続による所有権の移転の登記をすることを要しない。　　H9-22

∵　売主が死亡する前に許可が到達して，その時点で農地の所有権は買主に移転している。つまり，売主の相続人に所有権は帰属しない。

・　登記義務者である売主は死亡しているので，その相続人の全員が売主に代わって申請する（一般承継人からする登記，不登§62）。

(3)　**売買契約締結後，農地法所定の許可が到達する前に買主が死亡した場合**

この場合，売買による所有権の移転の登記を申請することができない（先例昭51.8.3－4443）。

∵　許可の対象である者（買主）は，許可の時点で死んでいるので，死者に対する許可は効力を生じない。

(4)　**売買契約が締結され，農地法所定の許可も到達した後に買主が死亡した場合**

売主から買主に対して売買による所有権の移転の登記を申請する。

∵　買主は生前に許可を得ているので，その時点で農地の所有権は買主に移転した。

・　登記権利者である買主は死亡しているので，その相続人が買主に代わって申請する（一般承継人からする登記，不登§62）。

まとめ

死亡した者	死亡の時期	登記の手続
売主	許可到達前	まず売主についての相続の登記を申請し，その後に売買による所有権の移転の登記を申請する。
売主	許可到達後	売買による所有権の移転の登記を申請する。
買主	許可到達前	売買による所有権の移転の登記は申請できない。
買主	許可到達後	買主に対して売買による所有権の移転の登記を申請する。

第4節の3　破産管財人の任意売却

1　破産手続の開始
⑴　破産手続開始の決定，破産財団
債務者が支払不能に陥ったときは，申立てにより，裁判所は破産手続開始の決定をする（破産§15Ⅰ）。

・　破産者が，破産手続開始の時において有する一切の財産は，破産財団となる（破産§34Ⅰ）。
　➡　破産者が土地，建物等の財産を持っていた場合，破産手続開始によって破産者の手許から離れ，破産財団となる。破産者が勝手に処分することはできない。

⑵　破産管財人
裁判所は，破産手続開始の決定と同時に，1人又は数人の破産管財人を選任する（破産§31Ⅰ）。
　➡　破産管財人は，破産財団に属する財産の管理及び処分をする権利を有する（破産§78ⅠⅡ）。

(3)　破産財団の換価

　破産管財人は，破産財団に属する財産を換価し，そのお金を破産債権者に配当する。破産財団の換価の方法は２つある。

①　民事執行法その他強制執行の手続に関する法令によってする方法（競売，破産§184Ⅰ）。

②　破産管財人の任意売却（競売の手続によらず，破産管財人の判断で財産を売却する）。

　破産財団に属する不動産につき，破産管財人が任意売却をする場合は，裁 **H20記述**
判所の許可を得ることを要する（破産§78Ⅱ①）。
∵　不動産は重要な（高価な）財産なので，裁判所のチェックが必要である。

📖**ケーススタディ**

　Aは，甲土地等の財産を所有しているが，ものすごい額の借金をしていた。Aは借金の返済ができず，破産手続開始の決定がされた。そして，破産管財人としてXが選任された。
➡　Aが所有していた甲土地は，Aの手から離れ，破産財団に属することになる（破産管財人Xが管理・処分をする）。

↓

　破産管財人Xは，甲土地を第三者に売却して，その代金から債権者にお金を返すこととした。そして，Xは，裁判所を経由した競売ではなく，Xの判断で買主を探して売却する方法（任意売却の方法）をとることとした。
➡　競売の方法だと，時間や手間がかかり，また売却代金も安くなる傾向があるので，敬遠されがち。

↓

　Xは，甲土地の買主としてBを見つけ，金2,000万円で甲土地を売却することとしたが，この売買をするにあたっては，裁判所の許可を得ることを要する。
➡　不当に安い値段で売却すると，債権者に返済できる額が減ってしまう。
　そのため，適正な売買なのかを裁判所に判断してもらう必要がある。

2　登記の手続

(1)　申請人

任意売却とはつまり売買であるので，不動産が任意売却されたときは，売買による所有権の移転の登記を申請する。

H20記述

> 登記権利者→　買主
> 登記義務者→　所有権の登記名義人である破産者であるが，**破産管財人が破産者を代理して申請する。**

(2)　添付情報

①　登記原因証明情報（不登令別表30添付情報欄イ）

売買契約がされ，裁判所の許可も得て所有権が移転した旨が明らかにされた情報を提供する。

②　代理権限証明情報（不登令§7Ⅰ②）
・　買主から司法書士への委任状
・　登記義務者側の人間として申請する破産管財人の権限を証する裁判所の証明書（先例平16.12.16－3554）
・　破産管財人から司法書士への委任状

③　印鑑証明書（不登令§16Ⅱ，18Ⅱ）

破産管財人の印鑑証明書を提供する。

∵　破産管財人が登記義務者側の人間として申請するから。

重要❗●●●●●●●●●●●●●●●●●●●●●●●●●●●●●●●●●

H17-25　破産管財人の印鑑証明書は，その住所地の市区町村長が作成したものでもいいし，破産管財人が裁判所に届け出た印鑑について裁判所書記官が作成したものでも差し支えない（不登規§48Ⅰ③参照）。

➕アルファ

実際のところ，破産管財人は，けっこう危険な立場である（シビアにお金が絡むので直接的に攻撃や脅迫を受けるおそれがある）。市区町村長が作成した印鑑証明書には，破産管財人個人の住所（自宅）が記載されているため，なるべく使いたくない。一方，裁判所書記官が作成する印鑑証明書には，破産管財人である弁護士の事務所の所在地が記載されているので，少し安心し

て使える。というわけで，実務では裁判所書記官が作成した印鑑証明書を添
付するのが通常である。

④　裁判所の許可を証する情報

　　裁判所の許可を証する情報を提供する（不登令§7Ⅰ⑤ハ，先例昭 **H8-22**
　34.4.30 - 859）。

　∵　破産管財人が不動産を任意売却する場合は，裁判所の許可が必要。こ
　　　の許可は“登記原因（売買）について必要な許可”といえる。

⑤　住所証明情報（不登令別表30添付情報欄ハ）

　　登記権利者（買主）の住所を証する情報を提供する。

重要❗ •

　登記義務者である破産者の登記識別情報を提供することを要しない（先例昭 **H30-19**
34.5.12 - 929）。 **H24-16**

∵　この登記においては裁判所の許可を証する情報を提供するので，登記の正
　　確性は確保されるといえる。

【申請書】

登記の目的	所有権移転
原　　　因	年月日売買
権　利　者	B
義　務　者	A
	（破産者A破産管財人　X）
添 付 情 報	登記原因証明情報
	代理権限証明情報（Bから司法書士への委任状，Xが破産管財人であることを証する裁判所の証明書及びXから司法書士への委任状）
	印鑑証明情報（Xの印鑑証明書）
	許可証明情報（裁判所の許可書）
	住所証明情報（Bの住民票の写し）

アルファ

H29-14
H25-19
　　破産管財人の任意売却による所有権の移転の登記がされた場合，その不動産に登記された「破産手続開始」の登記は，不要なものとなる。この登記は，破産管財人からの申立てに基づき，裁判所書記官からの嘱託により抹消される（先例平16.12.16－3554）。

　　➡　登記官が職権で抹消することはできない。

第5節　交　換

　交換とは，当事者が互いに金銭以外の財産権を移転することを約する契約（民
§586 I）。

　不動産について交換がされた場合には，「年月日交換」を登記原因として所
有権の移転の登記を申請する。

　登記の手続は，売買による所有権の移転の登記と同じ。

第6節　財産分与

1　総　説

　　離婚をした者の一方は，相手方に対して財産の分与を請求することができる（民§768Ⅰ）。

　　　離婚の成立後に協議がされた場合→　協議が成立した時に財産分与の効果が生ずる。

　　　離婚の成立前に協議がされた場合→　戸籍法に定めるところに従い離婚の届出をした時（民§764，739）に財産分与の効果が生ずる。

　　∵　財産分与は離婚の効果であるので，離婚の成立前に財産分与の効果が発生することはない。

重要❶●●●

H14-12　離婚が成立する前に財産分与の協議（予約）がされても，その時点では何らの効果も発生しないので，財産分与の予約による所有権の移転請求権の仮登記を申請することはできない（先例昭57.1.16-251）。

R4-15
H30-12　・　内縁関係が解消された場合も，財産分与をすることができる（最判昭33.4.1）。

2　登記の手続

H28記述　不動産が財産分与されたときは，その不動産について所有権の移転の登記を申請する。

(1)　申請人

　　　　　登記権利者→　財産分与を受けた者
　　　　　登記義務者→　財産分与をした者（所有権の登記名義人）

(2)　登記原因及びその日付→　「年月日財産分与」

・ 原因日付
① 離婚の成立後に財産分与の協議がされた場合
 ➡ 協議が成立した日

② 離婚の成立前に財産分与の協議がされた場合
 ➡ 離婚の届出の日（質疑登研490 P 146）

⑶ 添付情報
一般的な共同申請による所有権の移転の登記の添付情報を提供する。

【申請書】

登記の目的	所有権移転
原　　　因	年月日財産分与
権　利　者	乙山花子
義　務　者	甲野太郎
添 付 情 報	登記識別情報（甲野太郎のもの）
	登記原因証明情報
	代理権限証明情報（乙山花子と甲野太郎から司法書士への委任状）
	印鑑証明情報（甲野太郎の印鑑証明書）
	住所証明情報（乙山花子の住民票の写し）
課 税 価 額	金1,000万円
登録免許税	金20万円

➕ アルファ

離婚をすると，氏名や住所に変更が生ずることが多い。
➡ 片方は家を出て行き，片方は旧姓に復するなど。

そのため，不動産登記法の記述式試験において財産分与が出題されたときは，前提としての「所有権登記名義人の氏名・住所の変更の登記」の要否に注意する必要がある。

第7節　時効取得

1　意義，効果

　20年間，所有の意思をもって，平穏にかつ公然と他人の物を占有した者は，その所有権を取得する（民§162Ⅰ）。また，10年間，所有の意思をもって，平穏にかつ公然と他人の物を占有した者は，その占有の開始の時に善意でありかつ過失がなかったときは，その物の所有権を取得する（同Ⅱ）。

・　時効の効力は，その起算日に遡る（民§144）。
　➡　取得時効が完成すると，時効取得者は物の所有権をその占有開始の時から取得していたことになる。

・　時効取得は，原始取得である（大判大7.3.2）。
　➡　原則として，何の負担もないまっさらな所有権を取得する。

H17記述　　元の所有者（原所有者）の所有権を目的として設定されていた抵当権等は，時効取得の反射的効果によって消滅するので（民§397参照），その登記の抹消を申請する。

　　【例】　Aの所有する甲土地に，Xの抵当権の設定の登記がされていた。そして，この甲土地についてBが所有の意思をもって占有を開始し，時効取得した。この場合，Xの抵当権は消滅する。

・　この登記の抹消は，登記権利者（時効取得者）と登記義務者（抵当権者）が共同して申請する（不登§60）。
H31-17
H10-20　➡　登記官が職権で抹消することはできない。

2　登記の手続
(1)　登記の手続
H17記述
H7-27　　既に所有権の登記のある不動産を第三者が時効取得した場合は，時効取得者に対して所有権の移転の登記を申請する（大判大14.7.8，先例明44.6.22－414）。

考え方　時効取得は原始取得である，つまり時効取得者が新しい（まっさらな）所有権を取得するのであり，原所有者から承継取得するのではない。そ

の意味では，原所有者の登記を抹消し，登記記録を閉鎖した上で，新たに時効取得者の名義とする所有権の保存の登記を申請すべきであると考えることもできる。

　しかし，そこまで厳密な手続を要求するのは酷であるし，事実上は承継取得といってもいいので，移転の登記の方法によるとされている。

➡　その意味では，権利変動の過程がそのまま反映されているとはいえ　H10-27
ない。

・　表題登記のみがされた不動産を第三者が時効取得したときは，表題部所有者の名義とする所有権の保存の登記をした後に，時効取得者に対して所有権の移転の登記を申請する（先例明44.6.22-414）。

∵　時効取得者は所有権の保存の登記の申請適格者ではないので（不登§74参照），時効取得者の名義で所有権の保存の登記を申請することはできない。

(2)　**申請人**

> 登記権利者→　時効取得者
> 登記義務者→　原所有者（所有権の登記名義人）

(3)　**登記原因及びその日付**→　時効取得者が占有を開始した日をもって，「年月日時効取得」

∵　時効の効力は起算日に遡る（民§144）。

重要❗ ●
時効が完成した日，時効を援用した日が原因日付になるのではない。　H18-13

3　相続の登記の要否

　時効取得による所有権の移転の登記を申請する前提として，原所有者（所有権の登記名義人）についての相続の登記の要否が問題となることがある。

①　時効取得者が占有を開始する前に，既に所有権の登記名義人が死亡している場合

➡　時効取得による移転の登記の前提として，所有権の登記名義人について　R5-19
の相続の登記をすることを要する（質疑登研455 P 89）。　H26-20
　　　　　　　　　　　　　　　　　　　　　　　　　　　　　　H16-23

　∵　所有権の登記名義人の相続人が不動産を相続し，その後に時効取得者が不動産を取得することになるから。

📖ケーススタディ

・　甲土地は，Aの名義で所有権の登記がされている。
・　平成5年5月1日，Aが死亡した。相続人は子のBである。
　➡　しかし，甲土地について，相続による所有権の移転の登記はされていない。

・　平成10年10月1日，Xは，所有の意思を持って甲土地の占有を開始した。
・　Xは，甲土地の占有を継続し，甲土地を時効取得した。

この場合は，以下の登記を申請する。
①　「平成5年5月1日相続」を原因とするAからBへの所有権の移転の登記
②　「平成10年10月1日時効取得」を原因とするBからXへの所有権の移転の登記

---

②　時効取得者が占有を開始した後に，所有権の登記名義人が死亡した場合
　➡　時効取得による移転の登記の前提として，所有権の登記名義人についての相続の登記をすることを要しない（質疑登研401 P 161）。
　　∵　時効の効力はその起算日に遡るので（民§144），この場合は時効取得者は所有権の登記名義人から所有権を取得したことになる。原所有者の相続人に所有権は帰属していない。

【申請書】

```
登記の目的　所有権移転
原　　　因　年月日時効取得　　　　　　　　　　　＊
権　利　者　X
義　務　者　A
添 付 情 報　登記識別情報（Aのもの）
　　　　　　登記原因証明情報
　　　　　　代理権限証明情報（X及びAから司法書士への委任状）
　　　　　　印鑑証明情報（Aの印鑑証明書）
　　　　　　住所証明情報（Xの住民票の写し）
課 税 価 額　金1,000万円
登録免許税　金20万円
```

＊　時効取得者Xが占有を開始した日が原因日付である。

参考先例

① 　ＡＢの共有名義で登記されている不動産について，A持分についてのみ「時効取得」を登記原因としてCへの移転の登記を申請することができる（質疑登研547P145）。 R5-19 H16-23

∵　不動産全体について一度に登記をすべきとする規定は存在しない。

② 　未成年者の所有する不動産について，その未成年者本人が登記義務者となって，第三者に対して「時効取得」による所有権の移転の登記を申請する場合，申請情報と併せて親権者の同意を証する情報を提供することを要しない（質疑登研529P162）。 H19-12

∵　時効取得者の占有継続によって法律上当然に所有権が移転したのであり，未成年者が法律行為をしたわけではない（民§5Ⅰ参照）。

第8節　委任の終了

1　法人とは
　法人とは，自然人以外のもので，法律上権利義務の主体となることができるもの。
➡　人の集団である社団法人と，財産の集合である財団法人がある。

　法人は，法によって人格が認められているので，財産を所有することができる。
➡　1番分かりやすいのが，「会社」。

　会社は，（いうまでもなく）人ではないが，法によって人格が認められている（会§3）。だから，自然人と同様に，会社は財産を所有することができる。

　法人は，民法その他の法律の規定によらなければ，成立しない（民§33）。
➡　営利を目的とした法人については会社法が規定し，営利を目的としない法人については一般社団法人及び一般財団法人に関する法律が規定している。

2　権利能力のない社団とは
　一定の目的のもとに集まった人の集団（社団）でも，法の規定に従って法人とならなければ，法人格を有しない。
➡　営利を目的としない社団は，一般社団法人及び一般財団法人に関する法律の規定に基づいて法人格を取得することができるが，その手続を経ていない社団は法人格を有しない。

　つまり，権利能力を有しない社団ということになる。これを，"権利能力のない社団"という。

【例】　法人格取得の手続をしていない商店会，同窓会等

3　権利能力のない社団の名義とする登記の可否
　権利能力のない社団は，まさに権利能力を有していないので，財産を所有することもできない。
➡　社団のものとして取得した財産は，法律上は社団の構成員の総有（共有の一種）と解されている（最判昭32.11.14）。

そのため，権利能力のない社団のものとして不動産を取得した場合でも，その権利能力のない社団の名義で登記をすることはできない（先例昭23.6.21－1897，不登§25⑬，不登令§20②参照）。　**H23-14**

この場合には，個人の名義で登記をする必要がある。

---

① 当該社団の代表者
② 代表者ではない特定個人

等の名義で登記をする（最判平6.5.31，先例昭28.12.24－2523）。

➕ アルファ

代表者の名義で登記をする場合でも，社団の代表者である旨の肩書きを付すことはできない（先例昭36.7.21－625）。

∵ 肩書きを付すことを認めると，社団の名義で登記をすることを認めたのと同じことになってしまうから。

📖 ケーススタディ

埼玉県蓮田市豊中町には，「とよなか商店会」という集団がある。それなりにしっかりと組織が作られているが，法人化するのは面倒なので，法人化の手続はしていない（権利能力のない社団）。現在の構成員は20名で，代表者はAである。

そして，とよなか商店会は，集会場とするため，Xの所有する甲建物を購入した。

➡ 甲建物について，「とよなか商店会」を登記権利者として所有権の移転の登記をすることはできない。

とよなか商店会の代表者であるA（個人）を登記権利者として，所有権の移転の登記を申請する。

権　利　部（甲　区）		（所　有　権　に　関　す　る　事　項）	
順位番号	登記の目的	受付年月日・受付番号	権利者その他の事項
1	所有権移転	平成6年9月1日 第9000号	原因　平成6年9月1日売買 所有者　　X
2	所有権移転	令和5年8月6日 第8000号	原因　令和5年8月6日売買 所有者　　A

➡　登記記録を見ただけでは，とよなか商店会が購入した不動産ということ
は分からない。

4　登記名義人である代表者に交代が生じた場合の登記
(1)　申請すべき登記

H3-22 　　　所有権の登記名義人となっている代表者が退任し，新たな代表者が就任し
たときは，新たな代表者に対して所有権の移転の登記を申請する（先例昭
41.4.18 - 1126）。

考え方　　当該不動産は事実上は権利能力のない社団が所有するものであり（法
律上は社団の構成員が総有するものであり），代表者個人が所有してい
る不動産ではない。つまり，代表者が交代してもその不動産の所有権が
移転するわけではない。
　　　そのため，"所有権の移転の登記を申請すべき" というのはかなりの
違和感を覚えるが，他に適当な登記の形式が見当たらないので，仕方が
ない。

(2)　申請人

> 登記権利者→　新たな代表者
> 登記義務者→　前の代表者（所有権の登記名義人）

H27-15
H3-22　(3)　**登記原因及びその日付→**　代表者に交代が生じた日（新たな代表者が就任
した日，質疑登研573 P 124）をもって，「年月日
委任の終了」（先例昭41.4.18 - 1126）

【申請書】

```
登 記 の 目 的　所有権移転
原　　　　因　年月日委任の終了
権　利　者　B
義　務　者　A
添 付 情 報　登記識別情報（Aのもの）
　　　　　　　登記原因証明情報
　　　　　　　代理権限証明情報（B及びAから司法書士への委任状）
　　　　　　　印鑑証明情報（Aの印鑑証明書）
　　　　　　　住所証明情報（Bの住民票の写し）
課 税 価 額　金1,000万円
登 録 免 許 税　金20万円
```

参考先例

① 「委任の終了」を登記原因として所有権の移転の登記がされている不動産 **R4記述** については，「相続」を登記原因として所有権の移転の登記を申請すること **H26-20** ができない（質疑登研459 P 98）。

∵ 「委任の終了」による所有権の移転の登記がされている不動産は，登記名義人である代表者個人の財産ではないので，相続財産に属さない。

② 権利能力のない社団が（事実上）所有する甲土地について，代表者Aの名 **H31-16** 義で所有権の登記がされているが，Aが死亡し，Bが新たな代表者となった。しかし，まだ，委任の終了による所有権の移転の登記はされていない。

その後，新代表者Bが，甲土地をCに売却したときは，まずAからBに対して委任の終了による所有権の移転の登記を申請し，その後にBからCに対して売買による所有権の移転の登記を申請する（先例平2.3.28－1147）。

➡ 委任の終了による所有権の移転の登記を省略することはできない。

5　認可地縁団体
(1)　意　義

自治会や町内会などは，一般社団法人として法人格を取得していない場合には，法人格を有しない社団（いわゆる権利能力のない社団）であるが，一定の要件を満たした場合には，地方自治法の規定により，法人格を取得することができる。

> **地方自治法　第260条の2**　町又は字の区域その他市町村内の一定の区域に住所を有する者の地縁に基づいて形成された団体（地縁による団体）は，地域的な共同活動を円滑に行うため市町村長の認可を受けたときは，その規約に定める目的の範囲内において，権利を有し，義務を負う。

　この認可を受けた団体を，認可地縁団体という。

(2)　認可地縁団体の名義で登記をすることの可否

　認可地縁団体は，一定の目的の範囲内で権利能力を有するので，その認可地縁団体が不動産を取得したときは，その団体の名義で登記をすることができる。

・　権利能力のない社団である甲自治会が（事実上）所有する不動産について，代表者Aの名義で所有権の登記がされている場合において，後に，甲自治会が認可地縁団体となったときは，Aから当該認可地縁団体に対して，所有権の移転の登記を申請する（先例平3.4.2－2246）。

➡　登記原因は，「委任の終了」となる。

第9節　現物出資

1　意　義

　現物出資とは，会社に対し，金銭以外の財産をもって出資すること。

　不動産を現物出資することもでき，この場合には，出資者から会社に対して当該不動産の所有権が移転する。

2　登記の手続

　⑴　**申請人**

```
登記権利者→　会社
登記義務者→　出資者（所有権の登記名義人）
```

　⑵　**登記原因及びその日付→**　不動産を会社に給付した日（質疑登研26 P 28）　H20-15
　　　　　　　　　　　　　　　をもって，「年月日現物出資」

第10節　代物弁済

1　意　義

代物弁済とは，本来の給付に代えて，他の給付を現実にすることによって債務を消滅させること。

➡　債権者と弁済者との間の契約である（民§482）。

・　契約の締結だけでなく，本来の給付と異なる他の給付を現実にすることによって債務が消滅する。

2　登記の手続

代物弁済の目的が不動産であるときは，弁済者から債権者に対して所有権の移転の登記を申請する。

(1)　申請人

```
登記権利者→　債権者
登記義務者→　弁済者（所有権の登記名義人）
```

[H25-21]　(2)　**登記原因及びその日付→**　代物弁済の契約がされた日をもって，「年月日代物弁済」

【申請書】

```
登記の目的　所有権移転
原　　　因　年月日代物弁済
権　利　者　X
義　務　者　A
添 付 情 報　登記識別情報（Aのもの）
　　　　　　登記原因証明情報
　　　　　　代理権限証明情報（X及びAから司法書士への委任状）
　　　　　　印鑑証明情報（Aの印鑑証明書）
　　　　　　住所証明情報（Xの住民票の写し）
```

➡　この所有権の移転の登記がされた時に，Xに対する債務が消滅する。

第11節　譲渡担保，譲渡担保契約解除

1　意　義

　譲渡担保とは，債権の担保として，債務者又は第三者（物上保証人）の所有する財産を債権者に移転すること。

📖ケーススタディ

　XはAに対して金1,000万円を貸し付けた。そして，その担保とするため，Aの所有する甲土地について譲渡担保の契約をした。

➡　甲土地の所有権がAからXに移転する。

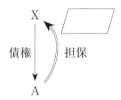

債権　　担保

　この後に，AがXに対して債務を弁済したときは，甲土地の所有権はXからAに復帰する。

2　登記の手続

　不動産について譲渡担保の契約がされたときは，当該不動産の所有権が債権者に移転するので，所有権の移転の登記を申請する（記録例233）。

(1)　申請人

> 登記権利者→　債権者
> 登記義務者→　担保提供者（所有権の登記名義人）
> ➡　債務者だけでなく，第三者（物上保証人）の場合もある

(2)　登記原因及びその日付→　譲渡担保の契約がされた日をもって，「年月日譲渡担保」

3　譲渡担保がされた後

　　譲渡担保による所有権の移転の登記がされた後，債務が弁済された場合や譲渡担保契約が解除されたときは，不動産は元の所有者（担保提供者）に復帰する。

R5記述
R3-18
H27-20
H26-18
H3-19
　　この場合は，譲渡担保による所有権の移転の登記の抹消を申請してもいいし，債権者（現在の所有権登記名義人）から元の所有者（担保提供者）に対して所有権の移転の登記を申請してもよい（質疑登研342 P 77）。

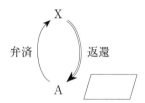

第12節　収　用

1　意　義

　特定の公共の利益となる事業の用に供するために必要である場合に，土地等の所有権をその所有者から強制的に取得すること（収用§2）。

2　登記の手続

　不動産の収用がされたときは，起業者に対して所有権の移転の登記を申請する。

(1)　申請人

　登記権利者が単独で申請することができる（不登§118Ⅰ）。　`R2-24` `H6-26`
　∵　収用は公法上の処分であり，その権利変動の発生の確実性は極めて高いといえる。そのため，収用の裁決が失効していないことを証する情報を提供すれば，登記の正確性は確保されるといえる。
　∵　また，収用は，強制的に所有権を取り上げるのだから，登記義務者が登記の手続に協力することは考えにくく，単独申請を認める必要がある。

(2)　登記原因及びその日付→　「年月日収用」

(3)　添付情報

　申請情報と併せて，収用の裁決が効力を失っていないことを証する情報及び `H29-13` びその他の登記原因を証する情報を提供する（不登令別表74添付情報欄イ）。

3　裁決手続の開始の登記の抹消

　起業者が収用の裁決を申請し，一定の期間を経過すると，収用委員会は，収用の目的である土地について収用の裁決手続の開始の登記を嘱託する（土地収用§45ノ2）。
　➡　一種の処分制限の登記である。

　そして，収用の裁決がされて，起業者に対して収用による所有権の移転の登記がされたときは，この裁決手続の開始の登記は，（目的を達成して）不要なものとなる。
　この場合は，登記官が職権で，裁決手続の開始の登記の抹消をする（不登§ `H8-25` 118Ⅵ）。

第13節　民法第646条第2項による移転

1　意　義

　受任者が，委任者のために自己の名で不動産を取得したときは，その不動産を委任者に移転することを要する（民§646Ⅱ）。

　この場合は，「民法第646条第2項による移転」を登記原因として，受任者から委任者に対して所有権の移転の登記を申請する。

2　登記の手続

(1)　申請人

> 登記権利者→　委任者
> 登記義務者→　受任者（所有権の登記名義人）

(2)　登記原因及びその日付→　「年月日民法第646条第2項による移転」

H25-21

　原因日付は，当事者間で特約があればその日。特約がないときは，登記を申請する日（質疑登研457P118）。

➕アルファ

　民法第646条第2項による移転を原因として所有権の移転の登記を申請するのは，代理権を与えない形で委任がされた場合の話。

　まず，代理権を付与した形で不動産売買についての委任をした場合の説明をすると，以下の感じになる。

【例】　Aは不動産を買いたいと思ったが，不動産売買の経験が無いので，自分ですることができなかった。そのため，不動産取引に詳しいXとの間で，「自分のために第三者から不動産を買ってくれ。この売買に関する代理権をXに与える」という約定をした。

　　➡　XはAを代理して，つまりAの名義で売主Bとの間で不動産の売買契約をすることができる。そうすると，この売買の効果はA本人に帰属し（民§99Ⅰ），不動産の所有権はBから（Xを経由せず）直接Aに帰属する。だから，BからAに対して売買による所有権の移転の登記を申請することができる。

```
売買契約書

売主　B　　㊞
買主　A
　上記代理人　X　　㊞
```

法律上，Aが買主。
➡　BからAに所有権が移転する。つまり，BからAへの所有権の移転の登記を申請する。

　一方，AがXに対して不動産売買の委任をしたが，代理権を与えなかったら，XはAの名義で売買契約をすることができない。つまり，受任者Xが自分の名義で売主Bとの間で売買契約を締結し，いったんXが不動産の所有権を取得する。そして，Xはこの不動産をAに移転することになる（民§646Ⅱ）。

```
売買契約書

売主　B　　㊞
買主　X　　㊞
```

Xが買主。
➡　BからXに所有権が移転する。そして，Xは，この所有権をAに移転させる。

➡　この場合には，まず「売買」を登記原因としてBからXに対して所有権の移転の登記を申請し，次いでXからAに対して「民法第646条第2項による移転」を登記原因として所有権の移転の登記を申請する。

第14節　民法第287条による放棄

1　意　義

　　これは，地役権が設定されている場合の要役地所有者と承役地所有者の間の話である。

　　承役地の所有者が地役権の行使のために積極的な義務を負っている場合（民§286），承役地の所有者は，地役権に必要な土地の部分の所有権を放棄し，地役権者にその所有権を移転することができる（民§287）。

2　登記の手続

　　承役地の所有権が放棄されたときは，地役権者に対して所有権の移転の登記を申請する。

⑴　申請人

> 登記権利者→　地役権者（要役地の所有権の登記名義人）
> 登記義務者→　承役地の所有者（所有権の登記名義人）

⑵　**登記原因及びその日付→**　放棄の意思表示がされた日をもって，「年月日民法第287条による放棄」

第15節　解除，取消し

1　意　義

　不動産の売買等の契約が解除された場合，その不動産は前の所有者に復帰する。契約が取り消された場合も同様。

　この場合，売買等による所有権の移転の登記の抹消を申請すべきであるが，登記の抹消に代えて，前の所有者（売主等）に対して所有権の移転の登記を申請することもできる（質疑登研113 P 36）。

➕ アルファ

　売買契約が解除されたら，はじめから買主に所有権が移転しなかったことになるので，売買による所有権の移転の登記をなかったものとする登記，つまり所有権の移転の登記の抹消を申請すべきである。

　しかし，登記の抹消をするためには，登記上の利害関係を有する第三者の承諾等を証する情報を提供すべきところ（不登令別表26添付情報欄ト，第5章参照），この情報を提供することができない場合には，登記の抹消を申請することができない。

　そのため，登記の抹消に代えて，売主に対して移転の登記をすることも認められている。

2　登記の手続

（1）　**申請人**

> 登記権利者→　前の所有権の登記名義人
> 登記義務者→　現在の所有権の登記名義人

（2）　**登記原因及びその日付**→　「年月日解除」,「年月日合意解除」,「年月日取消」

第16節　真正な登記名義の回復

1　意　義

H7-27　　ある不動産について真実の所有者と現在の所有権の登記名義人が異なるとき
は，「真正な登記名義の回復」を登記原因として，真実の所有者に対して所有
権の移転の登記を申請することができる。

考え方　　真実の所有者と現在の所有権の登記名義人が異なるときは，その所有
権の登記は無効であるので，本来であれば無効な所有権の登記を抹消
し，改めて真実の所有者の名義とする所有権の保存又は移転の登記を申
請すべきである。しかし，常に無効な登記の抹消を要求すると，登記の
抹消の申請において必要な登記上の利害関係を有する第三者の承諾（不
登§68）が得られないときは，登記の抹消を申請することができず，真
実の所有者は登記名義を取得することができなくなってしまう。
　　　そこで，このような場合は，便宜的に「真正な登記名義の回復」を登
記原因として，所有権の移転の登記の方法により真実の所有者が登記名
義を取得することが認められた（最判昭30.7.5等）。

【例】　甲土地は，本当はAが所有しているのに，何故だか知らぬがBの名義で
登記がされている。こういう場合には，「真正な登記名義の回復」を登記
原因として，BからAへの所有権の移転の登記を申請することができる。

2　登記の手続
(1)　申請人

> 登記権利者→　真実の所有者
> 登記義務者→　現在の所有権の登記名義人

(2)　**登記原因及びその日付→**　「真正な登記名義の回復」

重要❶　●●●●●●●●●●●●●●●●●●●●●●●●●●●●●●●●●●●●
原因日付を提供することを要しない（先例昭39.2.17-125）。
∵　登記権利者と登記義務者の間で直接の法律行為はない，つまり原因日付と
呼べるような日がない。

第17節　所有権の移転の登記に権利消滅の定めが付記されており，その条件が成就した場合

1　意　義

　　所有権の移転の登記に権利消滅の定めが付記されている場合（不登§59⑤，不登規§3⑥）に，その条件が成就したときは，現在の所有権の登記名義人から前の所有権の登記名義人に対して，所有権の移転の登記を申請する（大判大3.8.24）。

重要❗ ●

　　所有権の移転の登記の抹消を申請すべきではない。

∵　条件が成就した時に所有権が前所有者に復帰するのであって，遡及的に所有権の移転が無効になるのではない。

H26-18
H11-24

📖ケーススタディ

　　AとBは，Aの所有する甲土地をBに売り渡す契約を締結した。なお，この契約には，「買主Bが死亡した時は所有権移転が失効する」旨の特約がある。

（上記の契約に基づく登記がされた場合の登記記録）

権　利　部（甲　区）		（所　有　権　に　関　す　る　事　項）	
順位番号	登記の目的	受付年月日・受付番号	権　利　者　そ　の　他　の　事　項
1	所有権移転	平成6年9月1日 第9000号	原因　平成6年9月1日売買 所有者　　　A
2	所有権移転	令和4年4月1日 第4000号	原因　令和4年4月1日売買 所有者　　　B
付記1号	2番所有権移転 失効の定	余　白	買主Bが死亡した時は所有権移転が 　　失効する

　　このような登記がされた後，買主Bが死亡したときは，Aに対して所有権の移転の登記を申請する。

第18節　共有物分割

1　意義・方法
　ある物を数人が共有している場合，共有物分割禁止の特約（民§256Ⅰただし書）があるときを除き，各共有者はいつでも共有物の分割を請求することができる（同本文）。

　当事者間の協議による共有物分割の方法について特に制限はないが，以下の3通りが考えられる。

(1)　現物分割
　　数人の共有する一筆の土地を数筆に分割して，それぞれの単独所有とする方法。

　【例】　A・Bが共有する土地について，2つに割って，西側の土地はAのもの，東側の土地はBのものとする。

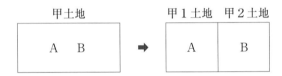

(2)　価格賠償
　　共有者の1人が他の共有者に金銭その他の賠償となる対価を支払って，共有物を単独で所有する方法。

　【例】　A・Bが共有する土地について，AがBに金1,000万円を支払って，甲土地をAの単独所有とする。
　　➡　持分の売買のようなものである。

⑶ **代金分割**

　共有物を第三者に売却し，その代金を各共有者に分配する方法。

2 申請する登記

　共有物分割には上記のとおりの3つの方法が考えられるので，それぞれ登記の手続も異なる。

➡ 話の便宜上，まずは「価格賠償」の方法により共有物分割がされた場合の登記の手続を説明する。

⑴ **価格賠償の方法により共有物分割がされた場合**

　「共有物分割」を登記原因として，他の共有者の持分の移転の登記を申請する。 `H24記述` `H11記述`

> 📖**ケーススタディ**
>
> 　甲土地は，AとBが共有している。

権　利　部（甲　区）　　（所　有　権　に　関　す　る　事　項)			
順位番号	登記の目的	受付年月日・受付番号	権利者その他の事項
1	所有権移転	平成6年9月1日 第9000号	原因　平成6年9月1日売買 共有者　持分2分の1　　A 　　　　　　2分の1　　B

　令和5年7月29日，AとBは甲土地の共有物分割の協議をした。その内容は，「AがBに対して金1,000万円を支払って，甲土地はAが単独で所有する」というものである。

➡ 「共有物分割」を登記原因として，Bの持分をAに移転する登記を申請する。

権　利　部（甲　区）　　（所　有　権　に　関　す　る　事　項)			
順位番号	登記の目的	受付年月日・受付番号	権利者その他の事項
1	所有権移転	平成6年9月1日 第9000号	原因　平成6年9月1日売買 共有者　持分2分の1　　A 　　　　　2分の1　　B
2	B持分全部移転	令和5年7月29日 第7200号	原因　令和5年7月29日共有物分割 所有者　持分2分の1　　A

Aは，甲区1番で持分2分の1の登記を取得し，甲区2番でさらに持分2分の1の登記を取得した。つまり，現在は単独所有者として登記されている状態である。

(2) 現物分割の方法により共有物分割がされた場合

H3-30

　　数人の共有する土地を共有者の数に応じて分筆する登記をし，分筆後の各土地につき，それぞれの単独所有とするように「共有物分割」を登記原因として持分の移転の登記を申請する。

➕ アルファ

　「分筆の登記」とは，1個の土地を2個の土地に分ける登記。分筆の登記は"不動産の表示に関する登記"であり"権利に関する登記"ではないので，司法書士の試験とは直接関係ない。

(3) 代金分割の方法により共有物分割がされた場合

　　共有不動産を買い受けた第三者に対し，「売買」を登記原因として共有者の全員の持分の全部を移転する登記を申請する。

3　登記の手続
(1) 申請人

　　共有物分割を登記原因とする共有持分の移転の登記は，原則どおり，登記権利者と登記義務者が共同で申請する（不登§60）。

登記権利者→　新たに持分を取得した共有者 登記義務者→　持分を失った共有者（持分の登記名義人）

・　共有物分割の裁判において，登記義務の履行が命じられた場合（民§258Ⅳ）は，登記権利者が単独で登記を申請することができる（不登§63Ⅰ）。

重要❗●●●●●●●●●●●●●●●●●●●●●●●●●●●●●●●●●●●●

　共有物分割による共有持分の移転の登記は，必ず登記記録上の他の共有者が登記権利者になる。

➡　共有登記名義人以外の第三者を登記権利者として，登記を申請することはできない。

∵　共有物分割は，共有者の間でされるから。

[重要先例]

①　ＡＢの共有の名義で登記されている甲土地について，「共有物分割」を登
記原因として，Ｂ持分をＣに移転する登記を申請することはできない。
　　∵　当たり前である。
　　　　甲土地はＡＢの共有であるから，共有物分割はＡＢ間でされるべきであ
　　　る。だから，共有者として登記されていないＣを権利者として，共有物分
　　　割による登記を申請することはできない。
　➡　登記官も，登記記録に記録された事項を基準にして，申請の受否を決定
　　　する。

[＋アルファ]

　仮に，現在，ＢとＣが甲土地を共有しているのであれば，まずは甲土地につ
いてＢとＣの名義とする登記をした後に，共有物分割によるＢ→Ｃへの持分の
移転登記を申請すべきである。

【例】(i)　甲土地の所有者であるＸが死亡し，ＡとＢが相続した。そのため，
　　　　　甲土地についてＸからＡＢへの所有権の移転の登記がされた。
　　　(ii)　その後，Ａは，甲土地についての持分を，親戚のＣに売り渡した（甲
　　　　　土地は，ＢとＣの共有となった）。しかし，面倒だったので，甲土地に
　　　　　ついてＡからＣへの持分の移転登記はされていない。
　　　(iii)　ＢとＣは，甲土地について共有物分割の協議をして，甲土地をＣの
　　　　　単独所有とすることが合意された。

　この場合は，まず「売買」を登記原因としてＡの持分をＣに移転する登記を
申請し，その後に「共有物分割」を登記原因としてＢの持分をＣに移転する登
記を申請すべきである。
➡　難しく考える必要はない。権利変動の過程のとおりに登記をすれば良い。

②　登記記録上Ａの単独所有名義で登記されている不動産について，共有物分　[H10-24]
割を登記原因として，ＡからＢへの所有権の移転の登記を申請することはで
きない（先例昭53.10.27 - 5940）。
　　∵　これも当たり前の話である。考え方は上記①と同じ。
　　　　共有物分割は，不動産を数人で共有していることが大前提である。登記
　　　記録上も共有となっていなければならない。

③　ＡＢの共有名義で登記された不動産について，「共有物分割」を登記原因としてＡの持分をＢに移転する登記を申請する場合において，Ｂの現在の住所が登記記録上の住所と異なるときは，持分の移転の登記の前提として，Ｂの住所の変更の登記をすることを要する（先例昭60.12.2－5441参照，質疑登研473Ｐ151）。

∵　共有物分割による持分の移転の登記は，必ず他の共有登記名義人が登記権利者になる。

つまり，登記権利者の氏名，住所と，登記記録上の他の共有者の氏名，住所は完璧に一致している必要がある。

H28-19　④　ＡＢ共有の甲土地をＡの単独所有とし，その代償としてＡの所有する乙土地をＢの所有とする共有物分割の協議がされたときは，乙土地について「共有物分割による交換」を原因としてＡからＢへの所有権の移転の登記を申請する（記録例224）。

⑵　申請情報の内容
①　登記の目的→　「何某持分全部移転」

R5-18　②　登記原因及びその日付→　共有物分割が成立した日をもって，「年月日共有物分割」

⑶　添付情報
通常の所有権の移転の登記と同じ。

①　登記義務者の登記識別情報（不登§22）
②　登記原因証明情報（不登令別表30添付情報欄イ）
③　代理権限証明情報（委任状，不登令§７Ⅰ②）
④　（書面申請の場合は）登記義務者の印鑑証明書（不登令§16Ⅱ，18Ⅱ）
⑤　登記権利者の住所証明情報（不登令別表30添付情報欄ハ）

⑷　登録免許税
登録免許税法別表では，

課税標準→　移転した持分の価額
税　　率→　1000分の4

とされている（登税別表第1.1(2)ロ）。

しかし，税率が1000分の4となるためには，一定の要件を満たしている必　H28-27
要がある（登税施行令§9Ⅰ）。その要件を満たさない場合は，税率は1000
分の20（登税別表第1.1(2)ハ，先例平15.4.1－1022参照）。

➡　価格賠償の方法による場合は，1000分の20となる。

📖ケーススタディ

権　利　部（甲　区）	（所　有　権　に　関　す　る　事　項）		
順位番号	登記の目的	受付年月日・受付番号	権利者その他の事項
1	所有権移転	平成6年9月1日 第9000号	原因　平成6年9月1日売買 共有者　持分2分の1　　　A 　　　　　　2分の1　　　B

令和5年7月8日，AとBは甲土地についての共有物分割の協議をし，「A
が代償としてBに金1,000万円を支払い，Aが甲土地を単独で所有する」旨
が合意された。なお，甲土地の価額は金4,000万円である。

【申請書】

```
登記の目的　B持分全部移転
原　　　因　令和5年7月8日共有物分割
権　利　者　持分2分の1　　A　　　　　　　　　　　＊1
義　務　者　B
添付情報　登記識別情報（Bの甲区1番の登記済証）
　　　　　　登記原因証明情報
　　　　　　代理権限証明情報（A及びBから司法書士への委任状）
　　　　　　印鑑証明情報（Bの印鑑証明書）
　　　　　　住所証明情報（Aの住民票の写し）
課税価額　移転した持分の価額　金2,000万円　　　　＊2
登録免許税　金40万円
```

＊1　登記権利者が取得した持分を提供する（不登令§3⑪ホ）。
＊2　甲土地の持分2分の1が移転した旨の登記であるので，甲土地の価額
　　金4,000万円に2分の1を乗じた金2,000万円がこの移転の登記における
　　課税価額となる。

第19節　共有持分放棄

1　意　義

　　共有者の1人が持分を放棄したときは，その持分は他の共有者に帰属する（民§255）。

　【例】　ＡＢの2人が甲土地を共有している場合（各持分2分の1）に，Ａが甲
　　　　土地の共有持分を放棄したときは，その持分2分の1はＢに帰属する。
　　　　つまり，甲土地はＢが単独で所有することとなる。

2　申請すべき登記

　　放棄された持分について，他の共有者に対して移転する登記を申請する（記録例221）。

　考え方　持分放棄がされた場合の他の共有者の持分の取得は，原始取得と解されている。そのため，放棄した者の権利について抹消をして，持分を取得した他の共有者の名義で改めて所有権の保存の登記を申請すべきと考えることもできる。しかし，そこまで厳密に扱われておらず，持分の移転の登記の方法によるとされている。

　　➡　その意味では，物権変動の過程がそのまま反映された登記とはいえない。

3　登記の手続
(1)　申請人

　　持分放棄による共有持分の移転の登記は，原則どおり，登記権利者と登記義務者の共同申請（不登§60）。

登記権利者→　持分が帰属した他の共有者 登記義務者→　持分を放棄した共有者（持分の登記名義人）

重要❗ ••

持分放棄による共有持分の移転の登記は，必ず他の共有登記名義人が登記権利者となる。

➡ 共有登記名義人以外の第三者を登記権利者として登記を申請することはできない。

∵ 持分放棄がされたら，その持分は他の共有者に帰属するから。

重要先例

① ＡＢの共有名義で登記された甲土地について，Ａの持分放棄を登記原因として，第三者Ｃに対する持分の移転の登記を申請することはできない（先例昭60.12.2－5441）。　`R5-18` `H28-19` `H21-21`

∵ 当たり前である。

登記の申請を受け付けた登記官は，"共有者Ａの持分が放棄されたらその持分は他の共有登記名義人であるＢに帰属するはずだ"と判断する。そのため，これと矛盾する登記の申請は却下される。

② ＡＢの共有名義で登記された不動産について，「持分放棄」を登記原因としてＡの持分をＢに移転する登記を申請する場合において，Ｂの現在の住所が登記記録上の住所と異なるときは，持分の移転の登記の前提としてＢの住所の変更の登記をすることを要する（質疑登研473Ｐ151）。　`H19-27`

∵ 持分放棄による共有持分の移転の登記は，必ず他の共有登記名義人が登記権利者になる。

つまり，登記権利者の氏名，住所と，登記記録上の他の共有者の氏名，住所は完璧に一致している必要がある。

③ ＡＢＣの共有名義で登記された不動産についてＡがその持分を放棄したため，「持分放棄」を登記原因としてＡの持分の一部をＢに移転する登記がされている場合に，Ａの残りの持分について，共有登記名義人でないＤに対し「売買」を登記原因として移転の登記を申請することができる（先例昭44.5.29－1134）。　`H28-19` `H19-27`

権　利　部（甲　区）		（所　有　権　に　関　す　る　事　項）	
順位番号	登記の目的	受付年月日・受付番号	権 利 者 そ の 他 の 事 項
1	所有権移転	平成6年9月1日 第9000号	原因　平成6年9月1日売買 共有者　持分3分の1　　A 　　　　　3分の1　　　B 　　　　　3分の1　　　C
2	A持分一部移転	令和5年7月29日 第7200号	原因　令和5年7月29日持分放棄 共有者　持分6分の1　　B
3	A持分全部移転	令和5年9月1日 第9000号	原因　令和5年9月1日売買 共有者　持分6分の1　　D

➡　こういった登記をすることも可能。

∵　持分放棄によってAの持分を取得したCと，売買によってAの持分を取得したDは，対抗の関係となる（この事例ではDの勝ち）。

(2)　申請情報の内容

①　登記の目的→　「何某持分全部移転」

H25-21
H3-22

②　登記原因及びその日付→　持分放棄の意思表示がされた日をもって，「年月日持分放棄」

(3)　登録免許税

課税標準→　移転した持分の価額

税　　率→　1000分の20（登税別表第1.1(2)ハ）

【申請書】

登記の目的　B持分全部移転

原　　　因　年月日持分放棄

権　利　者　持分2分の1　A

義　務　者　B

添付情報　登記識別情報（Bのもの）
　　　　　　登記原因証明情報
　　　　　　代理権限証明情報（A及びBから司法書士への委任状）
　　　　　　印鑑証明情報（Bの印鑑証明書）
　　　　　　住所証明情報（Aの住民票の写し）

課税価額　移転した持分の価額　金2,000万円

登録免許税　金40万円

第20節　所在等不明共有者の持分の取得，譲渡

📖ケーススタディ

　キャンプが趣味であるABCは，自分たちのキャンプ場とするため，山あいの甲土地を共同で買い受けた。ABCは，週末になると甲土地に集まり，キャンプをしていたが，だんだんとCが顔を見せなくなった。

　数年後，キャンプに飽きたAとBは，甲土地を売却することを考え，Cと連絡をとろうとしたが，電話は繋がらず，住民票上の住所にも住んでいなかった。

　これでは，甲土地の全部を処分することができない。どうすればよいか？

1　総　説

　不動産を数人が共有している場合に，"他の共有者が誰だか分からない"あるいは"他の共有者の所在が分からない"ということがあり得る。

➡　要は，他の共有者と連絡がつかないような状態である。

　そうすると，共有不動産を処分することができず，管理も疎かとなる。困った事態である。

　そこで，このような事態を解消するため，令和3年の民法改正により，2つの制度が設けられた。

---

　①　所在等不明共有者の持分の取得
　②　所在等不明共有者の持分の譲渡

2　所在等不明共有者の持分の取得
⑴　意　義

　不動産の共有者が，他の共有者を知ることができないとき，または他の共有者の所在を知ることができないときは，裁判所は，共有者の請求により，その共有者に，当該他の共有者（所在等不明共有者）の持分を取得させる裁判をすることができる（民§262の2Ⅰ）。

【例】　ケーススタディの事例では，A（あるいはA及びB）が，裁判所に申し立て，所在等不明共有者であるCの持分を取得することができる。

⑵　**登記の手続**

　　所在等不明共有者の持分を取得する裁判がされたときは，所在等不明共有者の持分の移転の登記を申請する。

①　申請人

　　裁判により持分を取得した共有者が登記権利者となり，所在等不明共有者が登記義務者となるが，持分を取得した共有者が登記義務者を代理して申請することができる（先例令5.3.28－533）。

➡　事実上の単独申請である。

②　登記原因及びその日付

　　裁判が確定した日を原因日付として，「年月日民法第262条の2の裁判」と提供する（先例令5.3.28－533）。

③　登記原因証明情報と代理権限証明情報

　　持分の取得の裁判に係る裁判書の謄本が登記原因証明情報兼代理権限証明情報となる（先例令5.3.28－533）。

3　所在等不明共有者の持分の譲渡
⑴　**意　義**

　　これは，所在等不明共有者がいる場合に，その所在等不明共有者の持分を含めて，共有不動産の全部を第三者に譲渡したい場合の話である。

　　この場合，共有者は，裁判所に，所在等不明共有者の持分の譲渡に関する申立てをすることができる。そして，裁判所は，所在等不明共有者以外の共有者の全員が特定の者に対してその有する共有持分の全部を譲渡することを停止条件として，所在等不明共有者の持分をその特定の者に譲渡する権限を，申立人に付与する裁判をすることができる。

➡　分かりづらいので，ケーススタディの事例を用いて解説する。

【例】　ケーススタディの事例において，Aは，裁判所に，所在等不明共有者であるCの持分の譲渡に関して申立てをすることができる。そして，裁判所は，所在等不明共有者（C）以外の共有者の全員（A，B）が特定の者（たとえばX）に対してその有する甲土地の持分の全部を譲渡することを停止条件として，Cの持分をその特定の者（X）に譲渡する権限を，Aに付与する裁判をすることができる。

➡　Aが，Cの持分をXに売却することができる。

・　上記の事例では，甲土地のAの持分とBの持分は，自分でXに売り渡す（A，BとXが売買契約をする）。所在等不明共有者であるCの持分については，（権限を付与された）AとXが売買契約をする。

(2)　登記の手続

①　申請人

裁判によって権限を付与された共有者が，所在等不明共有者の持分を譲渡したときは，譲受人に対して共有持分の移転の登記を申請する。

この移転の登記は，所在等不明共有者が登記義務者となるが，権限に基づいて譲渡をした共有者が，所在等不明共有者を代理して申請することができる（先例令5.3.28 – 533）。

②　代理権限証明情報

権限の付与の裁判に係る裁判書の謄本が代理権限証明情報となる（先例令5.3.28 – 533）。

③　期間の制限

所在等不明共有者の持分を譲渡する権限の付与の裁判の効力が生じた後2か月以内に譲渡の効力が生じないときは，（原則として）その裁判は効力を失う（非訟§88Ⅲ）。

そのため，（権限を付与された共有者による）所在等不明共有者の持分の譲渡に基づく移転の登記の原因日付は，権限を付与する裁判が確定した日から2か月以内の日であることを要する（先例令5.3.28 – 533）。

第21節　共有持分の移転の登記について

この節は，登記の技術的な解説である。

共有持分の全部又は一部の移転の登記については，いくつかの論点があるので，まとめて解説する。

1　共有持分の一部の移転の登記

(1)　通常の場合

権　利　部（甲　区）	（所　有　権　に　関　す　る　事　項）		
順位番号	登記の目的	受付年月日・受付番号	権利者その他の事項
1	所有権移転	平成6年9月1日 第9000号	原因　平成6年9月1日売買 共有者　持分2分の1　　　A 　　　　　　2分の1　　　　B

甲土地はAとBが各持分2分の1の割合で共有している。

そして，Aがその持分の半分，つまり4分の1をCに売り渡した。

➡　A持分の一部の移転の登記を申請することができる（まったく問題はない）。

【申請書】

```
登記の目的　A持分一部移転
原　　　因　令和5年7月8日売買
権　利　者　持分4分の1　　C
義　務　者　A
　（以下，略）
```

（完了後の登記記録）

権　利　部（甲　区）	（所　有　権　に　関　す　る　事　項）		
順位番号	登記の目的	受付年月日・受付番号	権利者その他の事項
1	所有権移転	平成6年9月1日 第9000号	原因　平成6年9月1日売買 共有者　持分2分の1　　　A 　　　　　　2分の1　　　　B
2	A持分一部移転	令和5年7月8日 第7000号	原因　令和5年7月8日売買 共有者　持分4分の1　　　C

(2)　**数回にわたって取得した持分の一部を移転する場合**

　　同一人が，同一の不動産について数回にわたって持分の登記を取得している場合に，その持分の一部の移転の登記を申請するときは，移転する部分を指定することができる。

権　利　部（甲　区）	（所　有　権　に　関　す　る　事　項）		
順位番号	登記の目的	受付年月日・受付番号	権 利 者 そ の 他 の 事 項
1	所有権移転	平成 6 年 9 月 1 日 第9000号	原因　平成 6 年 9 月 1 日売買 所有者　　　A
2	所有権一部移転	平成25年 7 月15日 第7000号	原因　　平成25年 7 月15日売買 共有者　持分 3 分の 1　　　B
3	A持分一部移転	平成30年 2 月14日 第2000号	原因　　平成30年 2 月14日売買 共有者　持分 3 分の 1　　　B

　＊　Bは，2回にわたって持分の取得の登記を受けている。

　　そして，BとCは，Bの有する持分の一部（持分 3 分の 1 ）をCに売り渡す契約をした。この場合は，Bの持分の一部をCに移転する登記を申請するが，この申請において，Bの"甲区 2 番で登記された部分"を移転する旨の指定をすることができる（先例昭58.4.4 - 2252）。

➡　Bは，甲区 2 番と甲区 3 番でそれぞれ持分 3 分の 1 の取得の登記を受けているが，そのうちの甲区 2 番の持分のみを移転するという指定である。

　　そんな指定をしてどうするんだという気がしないでもないが，こういった指定をせざるを得ない場面もあったりする。

`H3-30`　　登記の目的→　「B持分一部（順位 2 番で登記した持分）移転」（同先例）。

・　申請情報と併せて，登記義務者Bが甲区 2 番で登記を受けた際の登記識別情報を提供すれば足りる（同先例）。

2　共有持分の移転の登記を 1 つの申請情報で申請することの可否
(1)　**数人の共有する不動産を第三者に一括して売却した場合の各共有者の持分の移転の登記**
①　原　則
`H元-30`　　1 つの申請情報で申請することができる（先例昭37.1.23 - 112）。

甲土地は，ＡＢＣの３人が共有している。

権　利　部（甲　区）	（所　有　権　に　関　す　る　事　項）		
順位番号	登記の目的	受付年月日・受付番号	権利者その他の事項
1	所有権移転	平成６年９月１日 第9000号	原因　平成６年９月１日売買 共有者　持分３分の１　　　Ａ 　　　　　３分の１　　　Ｂ 　　　　　３分の１　　　Ｃ

令和５年８月３日，ＡＢＣとＤは，甲土地をＤに売り渡す契約をした。

➡　ＡＢＣの持分をＤに移転する登記は，１つの申請情報で申請することができる。

【申請書】

登記の目的	共有者全員持分全部移転
原　　　因	令和５年８月３日売買
権　利　者	Ｄ
義　務　者	Ａ Ｂ Ｃ
添付情報	登記識別情報（Ａ，Ｂ及びＣの甲区１番の登記済証） 登記原因証明情報 代理権限証明情報（Ｄ，Ａ，Ｂ及びＣから司法書士への委任状） 印鑑証明情報（Ａ，Ｂ及びＣの印鑑証明書） 住所証明情報（Ｄの住民票の写し）

（完了後の登記記録）

権　利　部（甲　区）	（所　有　権　に　関　す　る　事　項）		
順位番号	登記の目的	受付年月日・受付番号	権利者その他の事項
1	所有権移転	平成6年9月1日 第9000号	原因　平成6年9月1日売買 共有者　持分3分の1　　　A 　　　　　　3分の1　　　B 　　　　　　3分の1　　　C
2	共有者全員持分全部移転	令和5年8月3日 第8000号	原因　令和5年8月3日売買 所有者　　　D

② 例　外

R5-18
H26記述
H2-23

　　　共有者の一部の者の持分を目的として第三者の権利に関する登記（処分制限の登記を含む）がされているときは，その持分については各別の申請情報で申請することを要する（同先例）。

📖ケーススタディ

　甲土地はABCの3人が共有しており，そのうちのAの持分を目的としてXの抵当権の設定の登記がされている。

権　利　部（甲　区）	（所　有　権　に　関　す　る　事　項）		
順位番号	登記の目的	受付年月日・受付番号	権利者その他の事項
1	所有権移転	平成6年9月1日 第9000号	原因　平成6年9月1日売買 共有者　持分3分の1　　　A 　　　　　　3分の1　　　B 　　　　　　3分の1　　　C

権　利　部（乙　区）	（所有権以外の権利に関する事項）		
順位番号	登記の目的	受付年月日・受付番号	権利者その他の事項
1	A持分抵当権設定	平成18年5月23日 第5000号	原因　平成18年5月23日金銭消費貸借同日設定 債権額　金1,000万円 債務者　　A 抵当権者　　X

令和5年8月3日，ＡＢＣとＤは，甲土地をＤに売り渡す契約をした。

➡　Ａ持分をＤに移転する登記と，ＢＣ持分をＤに移転する登記を申請する（計2件）。

∵　Ａの持分のみに第三者Ｘの権利の登記がされているから。

このような例外が設けられている理由

　共有者の一部の者の持分を目的として第三者の権利に関する登記がされている場合に，各共有者の持分の移転の登記を1つの申請情報で申請することを認めてしまうと，後にその第三者の権利がどの部分を目的としているのかが分からなくなってしまうおそれがあるから。

➡　上記の事例において，1件の申請でＡＢＣの持分をＤに移転する登記を認めてしまうと，その後にＤからＥに対して所有権の一部の移転の登記がされた場合に，Ｘの抵当権はＤの持分を目的としているのかＥの持分を目的としているのかが分からなくなってしまう。

第４章
所有権の変更の登記

Topics ・"所有権の変更" というのはいまいちイメージが掴みづらいが，共有不動産について共有物分割禁止の特約がされた場合が代表である。

1　意　義

　所有権の登記がされた後，その所有権の内容に変更が生じたときは，所有権の変更の登記を申請することができる。

➡　上記 **Topics** のとおり，数人の共有する不動産について分割をしない旨の契約（共有物分割禁止の特約）がされた場合が代表。

　共有物分割禁止の特約がされたら，他の共有者に対して共有物の分割を請求することができなくなるので，所有権の内容に変更が生じたということができる。

・　その他，相続財産について遺産の分割をしない旨の契約がされた場合（民§908Ⅱ），不動産を信託財産として自己信託（信託§3③）がされた場合や信託の併合(信託§151)がされた場合等も，所有権に変更が生じたといえる。

➡　信託関係は後の「スタンダード合格テキスト　5不動産登記法Ⅱ」で解説をする。

2　申請すべき登記

R3-15 ①　共有の名義で所有権の登記がされた後に，共有物分割禁止の特約がされた場合

➡　所有権の変更の登記を申請する。

H27-20 ②　不動産を数人が共同で買い受ける契約をし，それと同時に買主の間で共有物分割禁止の特約がされた場合

➡　まず，買主に対して所有権の移転の登記を申請し，その後に共有物分割禁止の特約に基づく所有権の変更の登記を申請する。

　　【例】　Aの所有する甲土地を，BCに売り渡す契約がされた。この契約と同時に，BCは，甲土地について5年間分割をしない旨の特約をした。

➡　まずAからBCへの所有権の移転の登記を申請し，その後に共有物

分割禁止の特約に基づく所有権の変更の登記を申請する。

注意！ 所有権の移転の登記の申請情報の内容として，共有物分割禁止の特約 R3-18
がされた旨を提供することはできない（先例昭49.12.27-6686）。 H18-19

➡ 不動産登記令の条文上は，所有権の移転の登記の申請情報の内容と
して特約を提供できるようにも見えるが（不登令§3⑪ニ），実際に
は提供できないとされている。

③ 所有権の一部を売り渡す契約と同時に，売主と買主の間で共有物分割禁止
の特約がされた場合

➡ 所有権の一部の移転の登記の申請情報の内容として，共有物分割禁止の
特約の旨を提供することができる。

📖ケーススタディ

Aの所有する甲土地について，AとBの間で，以下のような契約がされた。
・ 甲土地の所有権の一部（持分3分の1）をBに売り渡す。
・ AとBは，向こう5年間，甲土地について共有物の分割をしない。

この場合には，AからBへの所有権の一部の移転の登記の申請情報の内容
として，共有物分割禁止の特約を提供することができる。

【申請書】

登記の目的　所有権一部移転
原　　　因　年月日売買
特　　　約　5年間共有物不分割
権　利　者　持分3分の1　B
義　務　者　A
以下，略

重要❗ •

これは，上記の②としっかり区別する必要がある。

上記の②は，所有権の全部を数人に売り渡し，買受人の間で共有物分割禁止

の特約がされた場合である。この場合は，所有権の移転の登記の申請情報の内容として，特約を提供することはできない。

∵　売買契約はAとBCの間でされている。一方，共有物分割禁止の特約はBCの間でされている。つまり，売買契約と共有物分割禁止の特約では当事者が異なる。そのため，移転の登記と特約の登記はまったく関係ない登記として，別々に申請する必要がある。

一方，この③の場合は，所有権の一部を売り渡し，売主と買主の間で特約がされている。この場合は，売買契約の当事者（売主Aと買主B）と特約の当事者（共有者AB）が同じであるので，所有権の一部の移転の登記の申請情報の内容として特約を提供できるとされている。

$$A \longrightarrow B$$

売買＆特約

3　変更の登記の手続

(1)　申請人

H21-21
共有者（共有登記名義人）の全員が共同で申請する（不登§65，先例昭50.1.10－16）。

➕ アルファ

条文上は「共同して」申請すると規定されているが（不登§65），実際のところは，いわゆる"登記権利者と登記義務者の共同申請"とはニュアンスが異なる。

この所有権の変更の登記は，共有者全員が「登記権利者兼登記義務者」の形となる。かなり特殊である。

∵　共有物分割禁止の特約は，他の共有者から共有物分割の請求を受けることがないという利益と，他の共有者に対して共有物分割の請求をすることができないという不利益を併せ持つから。

(2) **申請情報の内容**

① 登記の目的→ 変更する所有権の登記を順位番号をもって特定し,「○番所有権変更」

重要 ●●●●●●●●●●●●●●●●●●●●●●●●●●●●●●●●●●●●●●

変更の登記をする場合は,変更する登記を順位番号をもって特定することを要する。

➡ 登記の抹消や更正の登記をする場合も同様。

➡ 所有権の移転の登記を申請するときは,移転する登記を順位番号をもって特定する必要はない。

② 登記原因及びその日付→ 特約がされた日をもって,「年月日特約」 H27-15

③ 変更後の登記事項→ 特約の内容を提供する。「特約 ○年間共有物不分割」

➡ 5年を超える期間を定めることはできない。 H28-19

重要 ●●●●●●●●●●●●●●●●●●●●●●●●●●●●●●●●●●●●●●

権利の変更の登記を申請するときは,申請情報の内容として「変更後の登記事項」を提供することを要する(不登令別表25申請情報欄)。

∵ どういった変更がされたのかを明らかにするため。

④ 申請人→ 「権利者兼義務者」として,共有者の全員の氏名,住所を提供する。

(3) **添付情報**

① 登記識別情報(不登§22,不登令§8Ⅰ④) H26-12

共有者全員の所有権の登記を受けた際の登記識別情報を提供する。

➕ **アルファ**

この所有権の変更の登記は,いわゆる"登記権利者と登記義務者の共同申請"とは異なるので,不動産登記法22条がストレートに適用される場面ではない。

しかし,共有者全員が登記義務者となるといえるので,全員の登記識別情報の提供が必要とされた(不登令§8Ⅰ④)。

② 登記原因証明情報（不登令別表25添付情報欄イ）

　共有者間で，共有物分割禁止の特約がされた旨が明らかにされた情報を提供する。

③ 代理権限証明情報（不登令§7Ⅰ②）

　司法書士への委任状を提供する。

④ 印鑑証明書（不登令§16Ⅱ，18Ⅱ，不登規§47③イ⑵参照）

　書面によって申請するときは，申請人（共有者全員）は申請書又は委任状に記名押印し，その印鑑証明書を提供する。

⑤ 登記上の利害関係を有する第三者の承諾等を証する情報（先例昭50.1.10－16）

　共有物分割禁止の特約に基づく所有権の変更の登記を申請する場合に，登記上の利害関係を有する第三者（変更の登記をすることによって登記上不利益を受ける第三者）が存在するときは，申請情報と併せてその者が作成した承諾を証する情報又はその者に対抗することができる裁判があったことを証する情報を提供するものとされている。

➡　登記上の利害関係を有する第三者に該当するのは，共有者の持分を目的として権利の登記を有する者とされている。

(4) 登録免許税

定額課税。不動産1個につき「金1,000円」（登税別表第1.1⑭）。

重要❗・・・・・・・・・・・・・・・・・・・・・・・・・・・・・・・・・・・・・

　所有権の保存や移転の登記のように，"新たに権利を取得する登記"をする場合は，定率課税の方法で登録免許税を計算するが，それ以外の登記の場合は定額課税の方法で計算する。

・　申請情報の作成

権　利　部（甲　区）　　（所　有　権　に　関　す　る　事　項）			
順位番号	登記の目的	受付年月日・受付番号	権 利 者 そ の 他 の 事 項
1	所有権移転	平成6年9月1日 第9000号	原因　平成6年9月1日売買 共有者　持分2分の1　　　A 　　　　　　　2分の1　　　B

　　令和5年9月4日，AとBは，甲土地について，5年間共有物の分割をしない旨の契約をした。

【申請書】

> 登記の目的　　1番所有権変更
> 原　　　　因　　令和5年9月4日特約
> 特　　　　約　　5年間共有物不分割
> 権利者兼義務者　A
> 　　　　　　　　B
> 添　付　情　報　　登記識別情報（A及びBの甲区1番の登記済証）
> 　　　　　　　　登記原因証明情報
> 　　　　　　　　代理権限証明情報（A及びBから司法書士への委任状）
> 　　　　　　　　印鑑証明情報（A及びBの印鑑証明書）
> 登録免許税　　金1,000円

【完了後の登記記録】

権　利　部（甲　区）　　（所　有　権　に　関　す　る　事　項）			
順位番号	登記の目的	受付年月日・受付番号	権 利 者 そ の 他 の 事 項
1	所有権移転	平成6年9月1日 第9000号	原因　平成6年9月1日売買 共有者　持分2分の1　　　A 　　　　　　　2分の1　　　B
付記1号	1番所有権変更	令和5年9月4日 第9000号	原因　　令和5年9月4日特約 特約　　5年間共有物不分割

　＊　権利の変更の登記は，原則として，付記登記で実行される。

第5章
所有権の登記の抹消

Topics・所有権の登記がされたが，その登記が無効である場合には，その登記
　　　　　をなかったものとする登記を申請する。つまり，所有権の登記の抹消
　　　　　である。
　　　　・添付情報等で重要な論点がある。

　　登記の抹消とは，文字どおり登記を抹消する（消す）こと。
➡　　所有権の保存又は移転の登記がされたが，その登記の全部が無効であるよ
　うな場合には，登記を抹消し，登記をなかったものとすることができる。

📖ケーススタディ

　　Aの所有する甲土地について，Bに売り渡す契約がされたので，AからB
への所有権の移転の登記がされた。

権　利　部（甲　区）	（所　有　権　に　関　す　る　事　項）		
順位番号	登記の目的	受付年月日・受付番号	権 利 者 そ の 他 の 事 項
1	所有権移転	平成6年9月1日 第9000号	原因　平成6年9月1日売買 所有者　　　A
2	所有権移転	令和5年6月10日 第6000号	原因　令和5年6月10日売買 所有者　　　B

　　この登記がされた後に，AB間の売買契約が解除されたときは，甲土地は
はじめからBに移転しなかったことになる。
　　つまり，甲区2番のAからBへの所有権の移転の登記は，無効な登記とい
える。
　　このように，所有権の移転の登記がされたが，その登記の全部が無効となっ
たような場合には，所有権の移転の登記の抹消を申請することができる。
　　登記の抹消がされたら，登記記録は以下のようになる。

権　利　部（甲　区）	（所　有　権　に　関　す　る　事　項）		
順位番号	登記の目的	受付年月日・受付番号	権 利 者 そ の 他 の 事 項
1	所有権移転	平成 6 年 9 月 1 日 第9000号	原因　平成 6 年 9 月 1 日売買 所有者　　　A
2	所有権移転	令和 5 年 6 月10日 第6000号	原因　令和 5 年 6 月10日売買 所有者　　　B
3	2番所有権抹消	令和 5 年 8 月 1 日 第8000号	原因　令和 5 年 8 月 1 日解除

重要❗●●●●●●●●●●●●●●●●●●●●●●●●●●●●●

　登記の抹消は，主登記（独立の順位番号を付した登記）で実行される。

➡　上記の事例では「甲区 3 番」。

　そして，登記の抹消が実行されたときは，抹消の対象である登記（甲区 2 番の登記）に下線が引かれる。

➡　登記事項に下線が引かれたということは，その事項は抹消されたという意味である。

　これにより，甲区 2 番のAからBへの所有権の移転の登記がなかったこととなり，つまりAが甲土地の所有権の登記名義人に戻ったことになる。

第1節　所有権の保存の登記の抹消

1　意　義

　　所有権の保存の登記がされたが，その登記が無効である場合には，所有権の保存の登記の抹消を申請する。

【例】　建物が新築され，その建物についてAの名義で所有権の保存の登記がされたが，実はその建物の所有者はAではなくBであったような場合は，Aの名義の所有権の保存の登記は完全に無効であるので，その抹消を申請することができる。

2　申請人

H14-24

　　所有権の保存の登記の抹消は，所有権の保存の登記の名義人が単独で申請することができる（不登§77）。

【例】　Aの名義で登記された甲区1番の所有権の保存の登記の抹消は，Aが単独で申請することができる。

重要**!**・・・・・・・・・・・・・・・・・・・・・・・・・・・・

　　権利に関する登記は，登記権利者と登記義務者が共同で申請するのが原則であるが（不登§60），これはその例外である。

∵　所有権の保存の登記の抹消は，登記上直接に利益を受ける者が存在しないので，登記権利者と登記義務者という対立構造が成り立たない。

H22-24

・　所有権の保存の登記の名義人を被告として，所有権の保存の登記の抹消を命ずる確定判決を得た者は，単独で所有権の保存の登記の抹消を申請することができる（先例昭28.10.14-1869）。

➡　判決による登記については，入門編第6章3(3)参照。

3　申請情報の内容

(1)　**登記の目的→**　「1番所有権抹消」

➡　登記の抹消を申請するときは，抹消する登記を順位番号をもって特定する。

(2)　**登記原因及びその日付→**　間違って所有権の保存の登記がされ，その抹消

を申請するときは，登記原因として「錯誤」と提供する。

重要❗ •

「錯誤」を登記原因とするときは，原因日付を提供することを要しない（先例昭39.5.21−425参照）。

∵　間違って所有権の保存の登記がされてしまったということであり，原因日付と呼べるような日付がないから。

(3)　**申請人→**　「申請人」として，申請人（所有権の保存の登記の名義人）の氏名，住所を提供する。

➡　登記権利者と登記義務者の共同申請による登記ではないので，「権利者」や「義務者」といった資格はない。

4　添付情報

①　登記識別情報（不登§22，不登令§8Ⅰ⑤）
所有権の保存の登記の名義人の登記識別情報を提供する（不登令§8Ⅰ⑤）。 H14-24

考え方　登記権利者と登記義務者の共同申請による登記ではないので，本来ならば申請情報と併せて登記識別情報を提供する必要はないはずである（不登§22参照）。しかし，申請人である所有権の保存の登記の名義人が事実上は登記義務者みたいなものなので，その登記識別情報の提供が必要とされた。

②　登記原因証明情報（不登令別表26添付情報欄ハ）

③　代理権限証明情報（委任状，不登令§7Ⅰ②）

④　（書面申請の場合は）印鑑証明書（不登令§16Ⅱ，18Ⅱ，不登規§47③イ(3)参照） H23-26

➕アルファ

所有権の保存の登記の抹消は単独申請なので，厳密には"所有権の登記名義人が登記義務者となる登記"ではない。そのため，印鑑証明書の提供は必要なさそうにも思えるが，申請人である所有権の保存の登記の名義人が事実上は登記義務者みたいなものなので，印鑑証明書の提供が必要とされた。

⑤　登記上の利害関係を有する第三者がいる場合は，その者が作成した承諾を
証する情報又はその者に対抗することができる裁判があったことを証する情
報（不登令別表26添付情報欄ト）

　　権利の登記の抹消をする場合に，登記上の利害関係を有する第三者が存在
するときは，申請情報と併せてその者が作成した承諾を証する情報又はその
者に対抗することができる裁判があったことを証する情報（以下，「承諾等
を証する情報」という）を提供することを要する（不登令別表26添付情報欄
ト）。

　　登記の抹消をする場合の登記上の利害関係を有する第三者とは，その登記
の抹消をした場合に登記上不利益を受ける第三者をいう。
➡　ちょっと分かりづらいので，具体例で見ていこう。

📖ケーススタディ

　　甲建物についてAの名義とする所有権の保存の登記がされ，その後にAの
所有権を目的としてXの抵当権の設定の登記がされた。

権　利　部（甲　区）	（所　有　権　に　関　す　る　事　項）		
順位番号	登記の目的	受付年月日・受付番号	権 利 者 そ の 他 の 事 項
1	所有権保存	令和5年4月1日 第4000号	所有者　　　A

権　利　部（乙　区）	（所 有 権 以 外 の 権 利 に 関 す る 事 項）		
順位番号	登記の目的	受付年月日・受付番号	権 利 者 そ の 他 の 事 項
1	抵当権設定	令和5年6月1日 第6000号	原因　令和5年6月1日金銭消費貸 　　　借同日設定 債権額　金1,000万円 債務者　　　A 抵当権者　　　X

　　しかし，Aの所有権の保存の登記は無効であったので，その抹消をするこ
ととした。
　　Aの所有権の保存の登記の抹消がされたら，以下のような登記となる（は
ずである）。

権　利　部（甲　区）　　（所　有　権　に　関　す　る　事　項）			
順位番号	登記の目的	受付年月日・受付番号	権　利　者　そ　の　他　の　事　項
<u>1</u>	所有権保存	令和5年4月1日 第4000号	所有者　　　A
2	1番所有権抹消	令和5年8月1日 第8000号	原因　錯誤

権　利　部（乙　区）　　（所　有　権　以　外　の　権　利　に　関　す　る　事　項）			
順位番号	登記の目的	受付年月日・受付番号	権　利　者　そ　の　他　の　事　項
1	抵当権設定	令和5年6月1日 第6000号	原因　令和5年6月1日金銭消費貸 　　　借同日設定 債権額　金1,000万円 債務者　　A 抵当権者　　X

　しかし，これはおかしい。

➡　Aの所有権の登記がなくなったのに，Xの抵当権の登記は残っている。

　Xは，Aが甲建物の所有者であることを前提として，Aから抵当権の設定を受けた。Aが甲建物の所有者でなかったとなったら，Xの抵当権も存続できない。

　したがって，Aの所有権の保存の登記の抹消がされたときは，登記官が職権で，Xの抵当権の登記の抹消をする（不登規§152Ⅱ）。

　つまり，実際には，以下のような登記となる。

権　利　部（甲　区）　　（所　有　権　に　関　す　る　事　項）			
順位番号	登記の目的	受付年月日・受付番号	権　利　者　そ　の　他　の　事　項
<u>1</u>	所有権保存	令和5年4月1日 第4000号	所有者　　　A
2	1番所有権抹消	令和5年8月1日 第8000号	原因　錯誤

権　利　部　（乙　区）		（所 有 権 以 外 の 権 利 に 関 す る 事 項）	
順位番号	登記の目的	受付年月日・受付番号	権 利 者 そ の 他 の 事 項
<u>1</u>	抵当権設定	令和５年６月１日 第6000号	原因　令和５年６月１日金銭消費貸 　借同日設定 債権額　金1,000万円 債務者　　Ａ 抵当権者　　Ｘ
2	１番抵当権抹消	余　白	甲区２番所有権抹消により令和５年 　８月１日登記

注意！　　１番抵当権の登記の抹消は，当事者が申請したものではない。登記官が勝手に（職権で）したものである。
　　➡　所有権の保存の登記の抹消に伴い，登記記録上存続できなくなったＸの抵当権の登記を登記官が職権で抹消したのである。

　ただし，Ｘの意思を問わずに勝手にＸの登記を抹消するわけにはいかない。そのため，この所有権の保存の登記の抹消を申請するときは，Ｘの承諾を得る必要があるとされている（不登§68）。
➡　Ｘから「所有権の保存の登記の抹消をしてもいいですよ（それに伴って私の抵当権の登記も抹消されますが，それを認めます）。」という承諾を貰う必要がある。

　そして，所有権の保存の登記の抹消の申請情報と併せて，登記上の利害関係を有する第三者であるＸの承諾書を提供する（不登令別表26添付情報欄ト）。

・　所有権の保存の登記の抹消において，登記上の利害関係を有する第三者に該当する者

> ①　所有権の保存の登記がされた後，抵当権や地上権等の設定の登記を受けた者
> ②　所有権の保存の登記がされた後，所有権の移転に関する仮登記を受けた者
> ③　所有権の保存の登記がされた後，差押え等の処分制限の登記を受けた者

　➡　これらの者の承諾が得られないときは，所有権の保存の登記の抹消を申

請することができない。

5　登録免許税

定額課税。不動産1個につき金1,000円（登税別表第1.1⒂）。

➡　新たに権利を取得する登記ではないので，定額課税である。

6　登記記録の閉鎖

所有権の保存の登記が抹消された場合，原則としてその登記記録の表題部は閉鎖される（先例昭36.9.2－2163）。

➡　登記記録の権利部だけでなく，表題部も閉鎖される。

ただし，以下の場合には，所有権の保存の登記の抹消がされても表題部は閉鎖されず，登記官が職権で，所有権の保存の登記に伴って抹消した表題部所有者の氏名，住所を回復する（先例昭59.2.25－1085）。

① 法74条1項1号後段の規定によりされた所有権の保存の登記（表題部所有　R3-20
　　者の相続人の名義とする所有権の保存の登記）が抹消された場合

② 法74条2項の規定による所有権の保存の登記（区分建物の転得者の名義と　H27-21
　　する所有権の保存の登記）が抹消された場合
　　∵ 上記①と②の場合は，所有権の保存の登記の名義人の所有権は否定されたが，表題部所有者の所有権が否定されたわけではないからである。

第2節　所有権の移転の登記の抹消

1　意　義

　所有権の移転の登記がされたが，その登記が無効である（つまり所有権が移転していなかった）場合には，所有権の移転の登記の抹消を申請することができる。

所有権の移転の登記が無効である場合

> ①　売買等の契約が無効であった
> ②　売買等の契約がないにもかかわらず登記だけがされた
> ③　売買等の契約が解除された等

2　申請人

　所有権の移転の登記の抹消は，原則どおり登記権利者と登記義務者の共同申請による（不登§60）。

> 登記権利者→　前の所有権の登記名義人
> 登記義務者→　抹消される現在の所有権の登記名義人

　所有権の移転の登記が抹消されることによって，前の所有権の登記名義人の所有権が復活する形になるので，前の所有権の登記名義人が登記権利者となる。

参考先例

①　相続による所有権の移転の登記の抹消も，登記権利者と登記義務者が共同で申請する（質疑登研333 P 70）。
　∵　単独申請を認めた規定が存在しないから。

②　相続の登記の抹消において，登記権利者（の承継人）として申請する真実の相続人が数人いるときは，そのうちの1人が登記義務者と共同して申請することができる（質疑登研427 P 99）。
　∵　共有物の保存行為（民§252Ⅴ）に該当する。

③　売買によるAからBへの所有権の移転の登記がされた後に売主Aが死亡し `H26-18` `H2-16`
　た場合,売主の相続人Cと買主Bは当該売買契約を合意解除することができ,
　所有権の移転の登記の抹消を申請することができる。

　∵　相続人Cは,Aの売主としての地位を承継しているので,Aに代わって
　　売買契約の解除をすることができる。

④　AからB,BからCへの所有権の移転の登記がされた後に,各所有権の移 `H28-13` `H27-20`
　転の登記の抹消を申請するときは,まずBを登記権利者,Cを登記義務者と
　してBからCへの所有権の移転の登記を抹消し,登記名義をBに戻した上で,
　Aを登記権利者,Bを登記義務者としてAからBへの所有権の移転の登記の
　抹消を申請することを要する（先例昭43.5.29-1830）。

権　利　部（甲　区）	（所　有　権　に　関　す　る　事　項）		
順位番号	登記の目的	受付年月日・受付番号	権 利 者 そ の 他 の 事 項
1	所有権保存	令和5年4月1日 第4000号	所有者　　A
2	所有権移転	令和5年5月10日 第5000号	原因　令和5年5月10日売買 所有者　B
3	所有権移転	令和5年6月20日 第6000号	原因　令和5年6月20日売買 所有者　C
4	3番所有権抹消	令和5年8月1日 第8000号	原因　錯誤
5	2番所有権抹消	令和5年8月1日 第8001号	原因　錯誤

重要❗ ●

　登記手続は,現に効力を有する登記を起点としなければならないので,まずは
現在の所有権の登記名義人であるCを登記義務者として抹消する必要がある。

➡　また,所有権の移転の登記は2つされているので（甲区2番と甲区3番),
　その抹消も2つ申請しなければならない。

3　申請情報の内容

(1)　**登記の目的→**　抹消する所有権の登記を順位番号をもって特定し,「○番
　　　　　　　　　　　所有権抹消」

(2)　**登記原因及びその日付→**　「年月日解除」,「年月日合意解除」,「年月日取消」

や「錯誤」，「売買不存在」

➡　「錯誤」とは，"間違って所有権の移転の登記がされてしまった"場合に
その抹消を申請するときの登記原因。

➡　「錯誤」や「売買不存在」を登記原因とする場合は，原因日付と呼べる
ような日付がないので，原因日付を提供することを要しない（先例昭
39.5.21 − 425）。

(3)　**申請人→**　登記権利者として前の所有権の登記名義人，登記義務者として
抹消される現在の所有権の登記名義人の氏名，住所を提供する。

4　添付情報

①　登記義務者の登記識別情報（不登§22）
登記義務者が所有権の移転の登記を受けた際の登記識別情報を提供する。

②　登記原因証明情報（不登令別表26添付情報欄ヘ）
売買契約が解除された，取り消された，売買契約が存在しなかったといっ
たことが明らかにされた情報を提供する。

③　代理権限証明情報（委任状，不登令§7Ⅰ②）

④　（書面申請の場合は）登記義務者の印鑑証明書（不登令§16Ⅱ，18Ⅱ）

⑤　登記上の利害関係を有する第三者がいる場合には，その者が作成した承諾
を証する情報又はその者に対抗することができる裁判があったことを証する
情報（不登令別表26添付情報欄ト）
→　詳しくは，以下の5。

5　登記上の利害関係を有する第三者の承諾等を証する情報

権利の登記の抹消を申請する場合に，登記上の利害関係を有する第三者がい
るときは，申請情報と併せてその者が作成した承諾を証する情報又はその者に
対抗することができる裁判があったことを証する情報を提供することを要する
（不登令別表26添付情報欄ト）。

理由　　所有権の移転の登記の抹消をすることによって登記上不利益を受
ける第三者がいる場合，その者の意思を問わずに不利益を与えるわ
けにはいかない。

➡　考え方は，所有権の保存の登記の抹消の場合と同じ。

📖ケーススタディ

　甲土地についてAからBへの所有権の移転の登記がされ，Bの所有権を目的としてXの抵当権の設定の登記がされた。

権　利　部（甲　区）　（所　有　権　に　関　す　る　事　項）			
順位番号	登記の目的	受付年月日・受付番号	権 利 者 そ の 他 の 事 項
1	所有権保存	令和2年4月1日 第4000号	所有者　　A
2	所有権移転	令和5年5月17日 第5000号	原因　令和5年5月17日売買 所有者　　B

権　利　部（乙　区）　（所　有　権　以　外　の　権　利　に　関　す　る　事　項）			
順位番号	登記の目的	受付年月日・受付番号	権 利 者 そ の 他 の 事 項
1	抵当権設定	令和5年6月1日 第6000号	原因　令和5年6月1日金銭消費貸 　　　借同日設定 債権額　金1,000万円 債務者　　B 抵当権者　　X

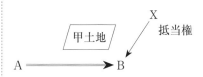

　しかし，AB間の甲土地の売買は無効であったので，所有権の移転の登記の抹消をすることとした。

➡　そして，甲区2番の所有権の移転の登記を抹消すると，乙区1番のXの抵当権の登記も，登記記録上存続できないものとなる。

　∵　Xの抵当権は，Bの所有権を目的としている。つまり，Bの所有権の登記が抹消されたら，Xの抵当権の登記も存続できないものとなる。

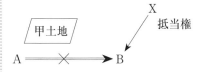

　Bの所有権がないのにXの抵当権が存続することはありえない。

したがって，甲区2番の所有権の登記の抹消がされたら，登記官が職権で乙区1番のXの抵当権の登記の抹消をする（不登規§152Ⅱ）。

権　利　部（甲　区）	（所　有　権　に　関　す　る　事　項）		
順位番号	登記の目的	受付年月日・受付番号	権 利 者 そ の 他 の 事 項
1	所有権保存	令和2年4月1日 第4000号	所有者　　A
2	所有権移転	令和5年5月17日 第5000号	原因　令和5年5月17日売買 所有者　　B
3	2番所有権抹消	令和5年8月1日 第8000号	原因　売買無効

権　利　部（乙　区）	（所有権以外の権利に関する事項）		
順位番号	登記の目的	受付年月日・受付番号	権 利 者 そ の 他 の 事 項
1	抵当権設定	令和5年6月1日 第6000号	原因　令和5年6月1日金銭消費貸 　　　借同日設定 債権額　金1,000万円 債務者　　B 抵当権者　　X
2	1番抵当権抹消	余　白	甲区3番所有権抹消により令和5年 8月1日登記

　ということは，甲区2番の所有権の登記の抹消をするにあたり，Xは登記上不利益を受けることとなる。

　もちろん，Xの意思を問わずに勝手に不利益を与えるわけにはいかないので，2番所有権の登記の抹消をするに当たってはXの承諾を得ることを要し（不登§68），登記の抹消の申請情報と併せてXの作成した承諾書を提供することを要する（不登令別表26添付情報欄ト）。

- **登記上の利害関係を有する第三者に該当する者**

　抹消される所有権を目的として新たな権利の登記を受けた者。

　つまり，（抹消されるべき）所有権の移転の登記がされた後に以下の登記を受けた者が該当する。

- ・　抵当権，地上権等の設定の登記を受けた者
- ・　所有権の移転に関する仮登記を受けた者
- ・　差押え，仮差押え，処分禁止仮処分の登記を受けた者

> **注意！**　抹消されるべき所有権の移転の登記がされる前に権利の登記を受けている者は，登記上の利害関係を有する第三者には該当しない（承諾書を提供することを要しない）。
> ∵　抹消されてしまう所有権を目的とした権利ではないので，ぜんぜん不利益を受けることはない。

参考先例

① 所有権の移転の登記がされる前に抵当権の設定の登記がされ，所有権の移転の登記がされた後にその抵当権の実行による差押えの登記がされている場合に，所有権の移転の登記の抹消を申請するときは，差押債権者は登記上の利害関係を有する第三者に該当する（先例昭61.7.15－5706）。 **H19記述**
∵　差押えの登記は，抹消される所有権の移転の登記がされた後に登記されている。つまり，差押えの登記は登記官の職権によって抹消される。
➡　ちなみに，抵当権の設定の登記はそのまま存続する。

② 債権者代位（民§423Ⅰ）によってされた所有権の移転の登記を，債務者である登記名義人の申請により抹消する場合，代位債権者は登記上の利害関係を有する第三者に該当する（先例昭39.4.14－1498参照）。 **R2-14　H19記述**
∵　代位債権者は，自分が申請した登記について利害の関係を有するといえる。

6　登録免許税

定額課税。不動産1個につき金1,000円（登税別表第1.1⒂）。

・　申請情報の作成

権　利　部（甲　区）	（所　有　権　に　関　す　る　事　項）		
順位番号	登記の目的	受付年月日・受付番号	権　利　者　そ　の　他　の　事　項
1	所有権保存	令和2年4月1日 第4000号	所有者　　A
2	所有権移転	令和5年5月17日 第5000号	原因　令和5年5月17日売買 所有者　　B

権　利　部（乙　区）	（所有権以外の権利に関する事項）		
順位番号	登記の目的	受付年月日・受付番号	権　利　者　そ　の　他　の　事　項
1	抵当権設定	令和5年6月1日 第6000号	原因　　令和5年6月1日金銭消費貸借 　同日設定 債権額　金1,000万円 債務者　　B 抵当権者　　X

　　　甲土地について上記のとおり登記がされたが，実は，ＡＢ間の甲土地の売
買契約は無効であった。なお，登記の抹消をするための登記上の利害関係を
有する第三者の承諾は得られている。

【申請書】

```
登記の目的　2番所有権抹消
原　　　因　売買無効
権　利　者　A
義　務　者　B
添 付 情 報　登記識別情報（Bの甲区2番の登記識別情報）
　　　　　　　登記原因証明情報
　　　　　　　代理権限証明情報（A及びBから司法書士への委任状）
　　　　　　　印鑑証明情報（Bの印鑑証明書）
　　　　　　　承諾証明情報（Xの承諾書）
登録免許税　金1,000円
```

第6章
所有権の更正の登記

Topics ・更正の登記とは，登記にちょっとした間違いがある場合に，それを訂正する登記。
・更正の登記は，登記の一部の抹消の実質を有することがあるので，登記の抹消とセットで学習するのが効率的。

1 更正の登記の意義

所有権の保存や移転の登記がされたが，その登記の内容が，登記の当初から錯誤や遺漏等により実体法上の権利関係と一致しないときは，更正の登記によりその不一致を是正することができる。

➡ 登記された事項にちょっと間違いがある場合に，それを訂正する登記である。

ケーススタディ

Aの所有する甲土地を，BCDの3人が共同で買い受ける旨の契約がされたが（各人の持分は3分の1），司法書士が申請書を書き間違って，AからBC（各持分2分の1）への所有権の移転の登記がされてしまった。

➡ 実際にこんなミスをしたら洒落にならない。

権 利 部（甲 区）	（所 有 権 に 関 す る 事 項）		
順位番号	登記の目的	受付年月日・受付番号	権 利 者 そ の 他 の 事 項
1	所有権保存	令和2年4月1日 第4000号	所有者　　　A
2	所有権移転	令和5年5月17日 第5000号	原因　令和5年5月17日売買 共有者　持分2分の1　　B 　　　　　2分の1　　C

このように，登記された事項にちょっと間違いがある場合には，更正の登記を申請して正しいものに直すことができる。

（更正の登記がされた場合の登記記録）

権　利　部　（甲　区）	（所　有　権　に　関　す　る　事　項）		
順位番号	登記の目的	受付年月日・受付番号	権 利 者 そ の 他 の 事 項
1	所有権保存	令和2年4月1日 第4000号	所有者　　A
2	所有権移転	令和5年5月17日 第5000号	原因　令和5年5月17日売買 共有者　持分2分の1　　B 2分の1　　C
付記1号	2番所有権更正	令和5年6月10日 第6000号	原因　錯誤 共有者　持分3分の1　　B 3分の1　　C 3分の1　　D

➡　登記記録を見れば，「持分2分の1　B，2分の1　C」というのは間違いで，本当は「持分3分の1　B，3分の1　C，3分の1　D」なんだな，ということが分かる。

2　所有権の更正の登記をするための要件

　既にされた登記の登記事項に間違いがある場合，常に更正の登記によって正しいものに直すことができるというわけではない。

　更正の登記を申請するためには，以下の要件を満たしている必要がある。

①　登記の当初から登記に錯誤や遺漏等があるため，登記と実体関係との間に不一致があること
　➡　登記がされたが，その登記事項に間違いがあった。

②　登記事項の一部について実体関係との間に不一致があること
　➡　登記の全部が間違いである場合，更正の登記によって正しい登記に直すことはできない。
　∵　登記の全部が間違いということは，既にされた登記は完全に無効であるので，無効な登記を有効なものに直すことはできない（さすがにこれは無理）。

③ 既にされた登記と本来すべき登記の間に同一性があること（更正の前後を 〔H14-13〕
通じて登記に同一性があること）

➡ たとえ登記事項の一部についてのみ間違いがある場合でも，既にされた
登記と本来すべき登記の間に同一性がないとき（つまり，その登記の本質
的な部分が間違っているとき）は，更正の登記によって正しい登記に直す
ことはできない。

➡ この場合は，既にされた登記は無効といえるので，その登記を抹消し，
改めて正しい内容の登記を申請する必要がある。

重要❗ •

「既にされた登記と本来すべき登記の間に同一性があること」とは
権利の主体（登記名義人）を更正する登記であれば，更正前の登記名義人の一
部の者でも更正後に残っていれば，登記に同一性があるといえる。

📖ケーススタディ

Aの所有する不動産をBCが共同で買い受けたが，間違ってAからBへの
所有権の移転の登記がされた。
➡ この場合，既にされた登記は「B名義」，本来すべき登記は「BC名義」
であり，どちらにも「B」が存在している。

既にされた登記	本来すべき登記
所有権移転 原因　売買 所有者　Ⓑ	所有権移転 原因　売買 共有者　持分2分の1　Ⓑ 　　　　　2分の1　　C

どちらにもBがいる。

つまり，既にされた登記と本来すべき登記の間に同一性があるといえる。
➡ したがって，B名義の登記をBCの共有名義に更正することができる。 〔H14-13〕

・ AからBへの所有権の移転の登記を，AからCへの所有権の移転の登記 〔H14-13〕
に更正することはできない（先例昭53.3.15－1524）。
∵ 更正の前後を通じて登記に同一性がない（BとCではまったくの別人）。

④　登記の一部の抹消の実質を有する場合は，登記上の利害関係を有する第三者の承諾があること

➡　AからBへの所有権の移転の登記を，BCの共有名義に更正するということは，Bの所有権の登記の一部の抹消と同視することができる。そのため，この更正の登記によって登記上不利益を受ける第三者がいる場合は，その承諾を得る必要がある。

重要❗ ●

更正の登記を申請することができる場合（具体的に）

更正の登記の態様	具　体　例
登記名義人の更正	AからBへの所有権の移転の登記を，AからBCへの所有権の移転の登記に更正する
共有持分の更正	「B持分3分の2，C持分3分の1」を「B持分2分の1，C持分2分の1」と更正する
登記の目的の更正	登記の目的を「所有権移転」から「所有権一部移転」に更正する
登記原因の更正	所有権の移転の登記の原因を「売買」から「贈与」に更正する

R3-15

3　更正の登記の申請人

大原則として，登記権利者と登記義務者の共同申請（不登§60）。

登記権利者→　更正の登記によって登記上直接に利益を受ける者
登記義務者→　更正の登記によって登記上直接に不利益を受ける者

➕アルファ

更正の登記がされても自己の権利に影響が及ばない者は，申請人とならない。

・　ただし，相続の登記が絡んだ更正の登記は，登記権利者からの単独申請となる場合がある（後記8参照）。

具体的に

(1) 単有の名義から共有の名義とする所有権の保存の登記の更正

　Aの名義で登記された所有権の保存の登記を，ABの共有名義と更正する登記

➡　Bが登記権利者，Aが登記義務者

∵　更正によってBは新たに登記名義（持分）を取得するので，登記上直接に利益を受ける。一方，Aは，所有権の一部の登記を失うので，登記上直接に不利益を受ける。

(2) 共有の名義から単有の名義とする所有権の保存の登記の更正

　ABの共有名義で登記された所有権の保存の登記を，Aの単有名義と更正する登記

➡　Aが登記権利者，Bが登記義務者

(3) 単有の名義から共有の名義とする"相続以外の登記原因"による所有権の移転の登記の更正

　売買を登記原因とするAからBへの所有権の移転の登記を，BCの共有名義と更正する登記

➡　Cが登記権利者，B及びAが登記義務者（先例昭40.8.26－2429）

H27-16
H22-21

ポイントは，前の所有権の登記名義人も登記義務者となること。

∵　Aは，BとCに対して所有権の移転の登記を申請する義務を負っていたのに，Bだけに登記をしてしまった。Cに対する義務を果たしていない。だから，更正の登記においても登記義務者となって，Cに対する責任を果たす必要がある。

　現在の登記名義人でない者が登記義務者になるという大変に特殊な登記である。

(4) 共有の名義から単有の名義とする"相続以外の登記原因"による所有権の移転の登記の更正

　売買を登記原因とするAからBCへの所有権の移転の登記を，Bの単有名義と更正する登記

➡　Bが登記権利者，C及びAが登記義務者（先例昭36.10.14－2604）。

H10-24

∵　考え方は(3)の場合と同様である。

271

(5) **単有の名義から共有の名義とする"相続による"所有権の移転の登記の更正**

　　相続を登記原因とするAからBへの所有権の移転の登記を，ＢＣの共有名義と更正する登記

　➡　Ｃが登記権利者，Ｂが登記義務者

　∵　前の所有権の登記名義人であるＡは相続の登記における申請人ではないので（相続の登記は相続人からの単独申請，不登§63Ⅱ），登記義務の不完全履行ということもなく，更正の登記においても申請人とはならない。

(6) **共有者の持分のみの更正**

　　売買を登記原因としてAからBC（持分各2分の1）への所有権の移転の登記がされた後に，Bの持分を3分の2，Cの持分を3分の1と更正する登記

　➡　Bが登記権利者，Cが登記義務者

　∵　この更正の登記によって，Bは持分が「2分の1」から「3分の2」に増える。一方，Cは持分が「2分の1」から「3分の1」に減る。

重要

　　共有者の持分のみを更正する登記を申請するときは，前の所有権の登記名義人（A）は申請人とならない。

　∵　前の所有権の登記名義人であるAは，"BCに対して所有権の移転の登記を申請する"という義務は完全に履行している。持分が違っているが，それはBC内部の問題である。

(7) **登記原因の更正**

　　AからBへの所有権の移転の登記の原因を「売買」から「贈与」に更正する登記

H元-16

　➡　Bが登記権利者，Aが登記義務者

　∵　登記原因を更正することについては，AとBのどちらが利益を受けるということもないのだが，一応，所有権の移転の登記における登記権利者が更正においても登記権利者となるとされている。

4　申請情報の内容

(1) **登記の目的**→　更正する登記を順位番号をもって特定し，「○番所有権更正」

(2)　**登記原因及びその日付**

① 　登記事項に間違いがあり，それを訂正する場合

➡ 　「錯誤」

② 　登記事項の一部が抜け落ちてしまったため，それを加える場合

➡ 　「遺漏」

重 要 ●

原因日付を提供することを要しない（先例昭39.5.21－425）。

∵ 　原因日付と呼べるような日付がない。

➕ **アルファ**

　相続放棄をした者を除いて相続による所有権の移転の登記がされた後，相 R5-14 続放棄の申述が取り消され，その者を相続の登記の名義人に加える更正の登 記をする場合は，登記原因は「年月日相続放棄取消」と提供する。

(3)　**更正後の登記事項**→　「更正後の事項」として，本来登記すべきであった
事項を提供する（不登令別表25申請情報欄）。

【例】 　AからBへの所有権の移転の登記を，AからBC（各持分2分の1）
への所有権の移転の登記に更正する場合

```
更正後の事項
　　共有者　持分2分の1　　B
　　　　　　　2分の1　　　C
```

・ 　登記名義人（権利の主体）を更正する登記の場合は，更正後の登記事項
として，本来登記すべきであった正しい登記名義人のすべてを提供する。

・ 　共有者の持分のみを更正する登記を申請するときは，更正後の登記事項
として，更正すべき持分のみを提供すれば足りる。

➡ 　間違っていない持分については提供することを要しない。

5　添付情報

①　登記識別情報（不登§22）
　登記義務者の登記識別情報を提供する。

②　登記原因証明情報（不登令別表25添付情報欄イ）
　登記事項に錯誤（間違い）等がある旨，そして正しい登記事項が明らかにされた情報を提供する。

③　代理権限証明情報（委任状，不登令§7Ⅰ②）

④（書面申請の場合は）登記義務者の印鑑証明書（不登令§16Ⅱ，18Ⅱ）

⑤　更正の登記によって初めて所有権（共有持分）の登記名義人となる者がいる場合の住所証明情報（不登令別表30添付情報欄ハ参照）

　　【例】　AからBへの所有権の移転の登記を，AからBCへの所有権の移転の登記に更正する場合，この更正の登記によってはじめてCは所有権（共有持分）の登記名義人となるので，申請情報と併せてCの住所を証する情報を提供することを要する。

⑥　登記上の利害関係を有する第三者がいる場合の，当該第三者の承諾等を証する情報（不登令別表26添付情報欄ト参照）

H13-18
　　更正の登記をするにあたり登記上の利害関係を有する第三者が存在するときは，申請情報と併せてその者が作成した承諾を証する情報又はその者に対抗することができる裁判があったことを証する情報を提供することを要する（不登§68参照，不登令別表26添付情報欄ト参照）。

　🖐理由　　所有権の登記の一部の抹消の実質を有する更正の登記を申請する場合に，その更正の登記によって登記上不利益を受ける者がいるときは，その者の意思を問わずに（勝手に）不利益を与えるわけにはいかないから。

📖ケーススタディ

甲土地について以下のような登記がされたが，実は，甲土地はBとCが共同で買い受けたものであった（B持分3分の1，C持分3分の2）。

権　利　部（甲　区）	（所　有　権　に　関　す　る　事　項）		
順位番号	登記の目的	受付年月日・受付番号	権　利　者　そ　の　他　の　事　項
1	所有権保存	令和2年4月1日 第4000号	所有者　　　A
2	所有権移転	令和5年5月17日 第5000号	原因　令和5年5月17日売買 所有者　　　B

権　利　部（乙　区）	（所　有　権　以　外　の　権　利　に　関　す　る　事　項）		
順位番号	登記の目的	受付年月日・受付番号	権　利　者　そ　の　他　の　事　項
1	抵当権設定	令和5年6月1日 第6000号	原因　令和5年6月1日金銭消費貸 　　借同日設定 債権額　金1,000万円 債務者　　　B 抵当権者　　　X

➡　甲区2番の登記には錯誤があるので，これをBCの共有とする更正の登記を申請する。

　そして，この更正の登記がされると，つまりBの所有権の登記の一部3分の2の抹消の実質を有するので，Xの抵当権も，消滅するBの所有権の一部（持分3分の2）を目的とした部分については登記記録上存続することができない。

➡　したがって，所有権の更正の登記がされたときは，登記官が職権で，Xの抵当権について更正の登記（更正後のB持分3分の1のみを目的とした抵当権となった旨の登記）をする。

275

（この所有権の更正の登記がされた場合の登記記録）

権利部（甲区）	（所有権に関する事項）		
順位番号	登記の目的	受付年月日・受付番号	権利者その他の事項
1	所有権保存	令和2年4月1日 第4000号	所有者　　A
2	所有権移転	令和5年5月17日 第5000号	原因　令和5年5月17日売買 所有者　　B
付記1号	2番所有権更正	令和5年8月1日 第8000号	原因　錯誤 共有者　持分3分の1　　B 　　　　　　3分の2　　C

権利部（乙区）	（所有権以外の権利に関する事項）		
順位番号	登記の目的	受付年月日・受付番号	権利者その他の事項
1	抵当権設定	令和5年6月1日 第6000号	原因　令和5年6月1日金銭消費貸 　　　借同日設定 債権額　金1,000万円 債務者　　B 抵当権者　　X
付記1号	1番抵当権更正	余　白	抵当権の目的　B持分 甲区2番付記1号の登記により令和 5年8月1日付記

　つまり，この所有権の更正の登記をすると，Xは登記上不利益を受けることとなる。そのため，所有権の更正の登記を申請するに当たりXは登記上の利害関係を有する第三者に該当し，その承諾を得ることを要する。

確認　通常，更正の登記は法66条の規定が適用されるので，更正の登記をするに当たって登記上の利害関係を有する第三者がいるときは，その承諾等が得られれば更正の登記は付記登記でされ，承諾等が得られないときは主登記でされる。

　しかし，所有権の登記の一部の抹消の実質を有する更正の登記をする場合は，必ず承諾等を得ることを要するとされている（不登§68参照）。

6　登記上の利害関係を有する第三者に該当する者

⑴　所有権の登記を単有から共有に更正する場合

　更正すべき所有権の移転の登記がされた後に以下の登記を受けた者が該当

する。

> ① 抵当権，地上権等の設定の登記を受けた者
> ② 所有権の移転に関する仮登記を受けた者
> ③ 差押え，仮差押え，処分禁止仮処分の登記を受けた者

➡ つまり，更正により減少する権利を目的として，新たな権利の登記を受けた者。

【例】 AからBへの所有権の移転の登記をBCの共有名義に更正する場合，Bへの移転の登記がされた後に抵当権や地上権等の設定の登記を受けた者の承諾書を提供する。

・ この更正の登記がされたときは，登記官の職権によって抵当権等の更正の登記（更正後のB持分のみを目的とした抵当権等とする更正の登記）がされる（記録例239）。

・ 一方，地上権等の用益権については，共有持分のみを目的として設定することはできない（先例昭37.3.26－844参照，第9章第1節4）。したがって，この更正の登記がされたときは，B持分のみを目的とした地上権とはならず，登記官の職権によって抹消される（記録例239）。 `H27-18`

(2) 所有権の登記を共有から単有に更正する場合 `H3-20`

AからBC（持分は3分の1と3分の2）への所有権の移転の登記を，Bの単有名義に更正するような場合，BCへの所有権の移転の登記がされた後に以下の登記を受けた者が該当する。

> ① 所有権全体を目的として抵当権，差押え等の登記を受けた者
> ② 共有者全員の持分の移転に関する仮登記を受けた者
> ③ C持分を目的として抵当権，差押え等の登記を受けた者
> ④ C持分の移転に関する仮登記を受けた者

* 地上権等の用益権の登記名義人が登記上の利害関係を有する第三者に該当するか否かは争いがある。

➡ ①②について

　ＢＣの共有名義からＢの単有名義に更正するということは，登記記録上Ｃの持分が消滅するということ。すなわち，所有権全体（ＢとＣの持分）を目的として登記されていた抵当権は，Ｃ持分を目的としていた部分については登記記録上存続基盤を失うことになる。

　そのため，抵当権は"更正後のＢの所有権の一部３分の１"のみを目的とした抵当権となる。

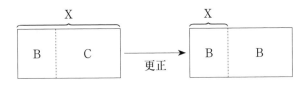

　この所有権の更正の登記がされたときは，登記官が職権で，抵当権の更正の登記（更正後の所有権の一部を目的とした抵当権となった旨の更正の登記）をする（記録例240）。

➕ アルファ

　Ｂは，あくまで更正前の持分（３分の１）を目的として抵当権を設定したのであって，所有権全体を目的として抵当権を設定したわけではない。そのため，所有権の更正の登記がされても，Ｂの所有権全体を目的とした抵当権とはならない。

➡ ③④について

　ＢＣの共有名義からＢの単有名義に更正するということは，登記記録上Ｃの持分が消滅するということ。すなわち，Ｃ持分を目的として設定の登記がされていた抵当権等は，完璧に登記記録上存続基盤を失うことになる。

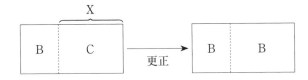

　この所有権の更正の登記がされたときは，登記官の職権により抵当権等の登記の抹消がされる（記録例240）。

📖ケーススタディ

権　利　部（甲　区）　（所　有　権　に　関　す　る　事　項）			
順位番号	登記の目的	受付年月日・受付番号	権利者その他の事項
1	所有権保存	令和2年4月1日 第4000号	所有者　　A
2	所有権移転	令和5年5月17日 第5000号	原因　令和5年5月17日売買 共有者　持分3分の1　　B 　　　　　　　3分の2　　C

権　利　部（乙　区）　（所　有　権　以　外　の　権　利　に　関　す　る　事　項）			
順位番号	登記の目的	受付年月日・受付番号	権利者その他の事項
1	抵当権設定	令和5年6月1日 第6000号	原因　令和5年6月1日金銭消費貸 　　借同日設定 債権額　金1,000万円 債務者　　B 抵当権者　　X
2	C持分抵当権 設定	令和5年6月20日 第6200号	原因　令和5年6月20日金銭消費貸 　　借同日設定 債権額　金500万円 債務者　　C 抵当権者　　Y

　このような登記がされた後，甲区2番の登記をBの単有名義に更正すると
きは，XとYが登記上の利害関係を有する第三者に該当する。

➡　この更正の登記がされたときは，Xの抵当権については登記官の職権に
よって“更正後の所有権の一部のみを目的とした抵当権”となった旨の更
正の登記がされ，Yの抵当権については登記官の職権によって抹消される。

(3)　**共有者の持分のみを更正する場合**　　H6-23

　　AからBCへの所有権の移転の登記（各持分は2分の1）がされた後，B
持分を3分の2，C持分を3分の1とする更正の登記を申請する場合，BC
への所有権の移転の登記がされた後に以下の登記を受けた者が登記上の利害
関係を有する第三者に該当する。

① C持分を目的として抵当権，差押え等の登記を受けた者
② C持分の移転に関する仮登記を受けた者

➡ BC持分各2分の1からB持分3分の2，C持分3分の1に更正すると
　いうことは，登記記録上Cの持分の一部6分の1が消滅するということ。
　　すなわち，C持分を目的として登記されていた抵当権も，その消滅する
　持分6分の1については登記記録上存続基盤を失うことになる。
　　そのため，所有権の更正の登記がされると，抵当権は更正後のC持分3分
　の1のみを目的とした抵当権となる。

重要先例

H27-16
H24-20

・　持分のみの更正の登記を申請する場合，所有権の全体を目的とした抵当権
　者は登記上の利害関係を有する第三者には該当しない（先例昭47.5.1－
　1765）。
　∵　共有者の持分のみが更正されても，所有権の全体を目的として抵当権を
　　有することに変わりはないから。

ケーススタディ

権　利　部（甲　区）　（所　有　権　に　関　す　る　事　項）			
順位番号	登記の目的	受付年月日・受付番号	権 利 者 そ の 他 の 事 項
1	所有権保存	令和2年4月1日 第4000号	所有者　　A
2	所有権移転	令和5年5月17日 第5000号	原因　令和5年5月17日売買 共有者　持分2分の1　　B 　　　　　　2分の1　　C

権　利　部（乙　区）		（所有権以外の権利に関する事項）	
順位番号	登記の目的	受付年月日・受付番号	権利者その他の事項
1	C持分抵当権設定	令和5年6月1日第6000号	原因　令和5年6月1日金銭消費貸借同日設定 債権額　金1,000万円 債務者　　C 抵当権者　　X
2	抵当権設定	令和5年6月20日第6200号	原因　令和5年6月20日金銭消費貸借同日設定 債権額　金500万円 債務者　　B 抵当権者　　Y

　このような登記がされた後，甲区2番の登記についてBの持分を3分の2，Cの持分を3分の1とする更正の登記を申請するときは，Xが登記上の利害関係を有する第三者に該当する。

　Yは登記上の利害関係を有する第三者に該当しない。

・　債権者代位（民§423Ⅰ）により登記がされた後，債務者である登記名義人が当該登記の更正の登記を申請するときは，代位して申請した債権者は登記上の利害関係を有する第三者に該当する（先例昭39.4.14－1498）。　H31-25 H26-14 H22-13

　∵　代位して申請した債権者は，その登記について利害関係を有するといえる。

［］ケーススタディ

　甲土地の所有権がAからBに移転したが，Bは，所有権の移転の登記をしなかった（面倒だったのだろう）。一方，Bに対して貸付金債権を有するXは，Bが取得した甲土地を差し押さえて，競売しようと考えた。ただ，そのためには，甲土地についてBの名義とする登記をしなければならないので，Xは，Bに代位して，AからBへの所有権の移転の登記をした。

権　利　部（甲　区）　　（所　有　権　に　関　す　る　事　項）			
順位番号	登記の目的	受付年月日・受付番号	権 利 者 そ の 他 の 事 項
1	所有権保存	令和2年4月1日 第4000号	所有者　　　A
2	所有権移転	令和5年7月17日 第7000号	原因　令和5年5月10日売買 所有者　　　B 代位者　　　X 代位原因　令和2年9月10日金銭消 　　　　費貸借による強制執行

　このような登記がされたが，実は，甲土地を取得したのは，BとCの2人（各持分2分の1）であった。

➡　甲区2番の登記について，Cを登記権利者，B及びAを登記義務者として，BとCの共有名義とする更正の登記を申請するが，この更正の登記において，甲区2番の登記を代位によって申請したXは登記上の利害関係を有する第三者に該当する。

7　登録免許税

定額課税。不動産1個につき金1,000円（登税別表第1.1⒁）。

・　例　外

R5-27
H30-27
H25-27
H9-18

　所有権の一部の移転の登記がされた後，これを所有権の全部の移転の登記に更正する登記を申請するときは，新たに移転する持分の課税価額に，所有権の移転の登記の税率を乗じた額を納付することを要する。

∵　この更正の登記は，実質的には所有権の一部の移転の登記であるといえる。

【例】　Aの所有する甲土地（課税価額900万円）について，Bに所有権の一部（持分3分の1）が売り渡されたものとして，所有権の一部の移転の登記がされた。しかし，実際には，甲土地の所有権の全部が売り渡されていた。

　　　この場合は，「所有権一部移転登記」を「所有権全部移転登記」に更正する登記を申請するが，登録免許税は，新たに移転する持分（3分の2）の価額に1000分の20を乗じた額となる。

➡　甲土地の価額は900万円なので，900万円×2／3＝600万円が課税価額であり，登録免許税はこれに1000分の20を乗じた12万円となる。

・　申請情報の作成
　　Aの所有する甲土地をBに売り渡す契約がされたが，間違ってAからBC
への所有権の移転の登記がされてしまったので（甲区3番），これをAから
Bへの所有権の移転の登記に更正する登記の申請書

【申請書】

登記の目的　3番所有権更正
原　　　　因　錯誤
更正後の事項　所有者　B
権　利　者　B
義　務　者　C
　　　　　　A　　　　　　　　　　　　　　　　　　　　　　　　＊
添 付 情 報　登記識別情報（Cの甲区3番及びAの甲区2番のもの）
　　　　　　登記原因証明情報
　　　　　　代理権限証明情報（B，C及びAの委任状）
　　　　　　印鑑証明情報（C及びAの印鑑証明書）
　　　　　　登記上の利害関係を有する第三者の承諾書
登録免許税　金1,000円

＊　売買による所有権の移転の登記の登記名義人を更正する登記なので，前の
　所有権の登記名義人も登記義務者となる。

8　法定相続分に基づく共同相続の登記の更正の登記

⑴　意　義

　　前記のとおり，所有権の更正の登記は，大原則として，登記権利者と登記
義務者の共同申請である（不登§60）。
　　しかし，法定相続分に基づく共同相続の登記がされた後に遺産分割がされ
た場合等の所有権の更正の登記は，登記権利者が単独で申請することができ
るとされている（先例令5.3.28－538）。

🖐理由　　相続による所有権の移転の登記は単独申請なのだから（不登§
　　　　　63Ⅱ），相続の登記を訂正する登記についても，単独申請を認め
　　　　　てもおかしくない。
　　　　➡　本音を探ると，"とにかく所有者不明土地を発生させたくない"
　　　　　　→"速やかに相続に関する登記を申請してほしい"→"共同申

請だと面倒だろうから，単独申請でいいよ”という感じである。

📖ケーススタディ

　甲土地の所有者であるＡが死亡し，妻のＢと子のＣＤが相続した。ＢＣＤは，いずれ遺産分割をする予定だが，まだ時間がかかりそうなので，とりあえず，甲土地について法定相続分に基づく所有権の移転の登記を申請した。

権 利 部（甲 区）	（所 有 権 に 関 す る 事 項）		
順位番号	登記の目的	受付年月日・受付番号	権利者その他の事項
1	所有権保存	平成14年４月１日第4000号	所有者　　　Ａ
2	所有権移転	令和５年５月17日第5000号	原因　令和５年４月１日相続 共有者　持分４分の２　　Ｂ ４分の１　　Ｃ ４分の１　　Ｄ

　その後の令和５年８月１日，ＢＣＤは遺産分割の協議をし，甲土地はＢが単独で相続することが合意された。

➡　相続開始の時からＢが単独で甲土地を相続したことになるので，甲区２番の登記について，Ｂの単独所有の名義とする所有権の更正の登記を申請する。

➡　この更正の登記は，登記権利者であるＢが**単独で申請する**ことができる。

（この更正の登記がされた後の登記記録）

権 利 部（甲 区）	（所 有 権 に 関 す る 事 項）		
順位番号	登記の目的	受付年月日・受付番号	権利者その他の事項
1	所有権保存	平成14年４月１日第4000号	所有者　　　Ａ
2	所有権移転	令和５年５月17日第5000号	原因　令和５年４月１日相続 共有者　持分４分の２　　Ｂ ４分の１　　Ｃ ４分の１　　Ｄ
付記１号	２番所有権更正	令和５年８月５日第8000号	原因　令和５年８月１日遺産分割 所有者　　　Ｂ

⑵　所有権の更正の登記を単独で申請することができる場合

　　法定相続分に基づく共同相続の登記がされている場合に，以下の事由があるときは，登記権利者が単独で所有権の更正の登記を申請することができる（先例令5.3.28－538）。

---

① 遺産分割の協議（調停や審判を含む）がされ，不動産を取得した。

② 他の相続人が相続の放棄をしたことによって，新たに権利を取得した。

③ 特定財産承継遺言により，所有権を取得した。

④ 相続人に対する遺贈により，所有権を取得した。

📖ケーススタディ

　　甲土地の所有者であるAが死亡し，妻のBと子のCDが相続した。そして，甲土地について，AからBCDに対して法定相続分に基づく所有権の移転の登記がされた。

権　利　部（甲　区）　　（所　有　権　に　関　す　る　事　項）			
順位番号	登記の目的	受付年月日・受付番号	権利者その他の事項
1	所有権保存	平成14年4月1日 第4000号	所有者　　　A
2	所有権移転	令和5年5月17日 第5000号	原因　令和5年4月1日相続 共有者　持分4分の2　　B 　　　　　　4分の1　　C 　　　　　　4分の1　　D

【例1】　Dは，家庭裁判所に相続放棄の申述をし，受理された。

　　➡　Dは初めから相続人でなかったことになり，Aの相続人はBCとなる（相続分は各2分の1）。

　　➡　甲区2番の登記について，BCの共有名義（各持分2分の1）とする更正の登記を申請する。この登記は，登記権利者Cが単独で申請することができる。

【例2】　Aは，「甲土地をBに単独で相続させる」旨の遺言（特定財産承継遺言）を残していた（共同相続の登記がされた後に遺言書が発見された）。

➡　甲土地は，Bが単独で相続する。

➡　甲区2番の登記について，Bの単独所有の名義とする更正の登記を申請する。この登記は，登記権利者Bが単独で申請することができる。

【例3】　Aは，「甲土地をBに遺贈する」旨の遺言を残していた（共同相続の登記がされた後に遺言書が発見された）。

➡　甲土地は，Bが単独で取得する。

➡　甲区2番の登記について，Bの単独所有の名義とする更正の登記を申請する。この登記は，登記権利者Bが単独で申請することができる。

(3)　申請情報の内容（登記原因）

　一般的に，更正の登記を申請するときは，登記原因は「錯誤」又は「遺漏」である。

　しかし，登記権利者からの単独申請により共同相続の登記の更正の登記を申請するときは，登記原因が異なる。

法定相続分に基づく共同相続の登記を更正する場合の登記原因（先例令5.3.28-538）

事　　由	登記原因
遺産分割によって所有権を取得した者が更正の登記を申請する場合	年月日遺産分割 ＊1
他の相続人の相続放棄によって所有権を取得した者が更正の登記を申請する場合	年月日相続放棄 ＊2
特定財産承継遺言により所有権を取得した者が更正の登記を申請する場合	年月日特定財産承継遺言 ＊3
相続人に対する遺贈により所有権を取得した者が更正の登記を申請する場合	年月日遺贈 ＊4

＊1　原因日付は，遺産分割が成立した日

＊2　原因日付は，相続の放棄の申述が受理された日

＊3　原因日付は，特定財産承継遺言の効力が生じた日

＊4　原因日付は，遺贈の効力が生じた日

⑷ 添付情報

　登記権利者からの単独申請により，共同相続の登記の更正の登記を申請するときは，登記原因証明情報として，以下のような情報を提供することを要する。

∵　登記権利者からの単独申請であるので，登記の正確性を確保するため，
　一定の情報が要求されている。

① 遺産分割によって所有権を取得した者が更正の登記を申請する場合
　➡　**遺産分割協議書**（申請人以外の相続人の印鑑証明書付き），遺産分割の調停調書の謄本，遺産分割の審判書の謄本（確定証明書付き）

② 他の相続人の相続放棄によって所有権を取得した者が更正の登記を申請する場合
　➡　家庭裁判所の**相続放棄申述受理証明書**及び相続を証する市区町村長その他の公務員が職務上作成した情報（**戸籍事項の証明書**）

③ 特定財産承継遺言により所有権を取得した者が更正の登記を申請する場合
　➡　**遺言書**（家庭裁判所による検認が必要なものにあっては，検認の手続を経たもの）

④ 相続人に対する遺贈により所有権を取得した者が更正の登記を申請する場合
　➡　**遺言書**（家庭裁判所による検認が必要なものにあっては，検認の手続を経たもの）

重要❗ •

　この更正の登記は，登記権利者からの単独申請であり，登記権利者と登記義務者の共同申請ではないので，申請情報と併せて，登記義務者の登記識別情報や印鑑証明書を提供することを要しない（不登§22等参照）。

287

・　申請情報の作成

甲土地の所有者であるＡが死亡し，妻のＢと子のＣＤがＡを相続した。そして，甲土地について，ＡからＢＣＤに対して法定相続分に基づく所有権の移転の登記がされた。

権　利　部　（甲　区）　　（所　有　権　に　関　す　る　事　項）			
順位番号	登記の目的	受付年月日・受付番号	権　利　者　そ　の　他　の　事　項
1	所有権保存	平成14年4月1日 第4000号	所有者　　Ａ
2	所有権移転	令和5年5月17日 第5000号	原因　令和5年4月1日相続 共有者　持分4分の2　　Ｂ 　　　　　　　4分の1　　Ｃ 　　　　　　　4分の1　　Ｄ

その後の令和5年8月1日，ＢＣＤは遺産分割協議をし，甲土地はＢが単独で相続する旨が合意された。

【申請書】

```
登記の目的　2番所有権更正
原　　　　因　令和5年8月1日遺産分割
更正後の事項　所有者　Ｂ
権　利　者　（申請人）　Ｂ
義　務　者　Ｃ
　　　　　　　Ｄ
添付情報　登記原因証明情報（遺産分割協議書（ＣＤの印鑑証明書
　　　　　　付き））
　　　　　代理権限証明情報（Ｂから司法書士への委任状）
登録免許税　金1,000円
```

(5)　**登記義務者に対する通知**

　登記官は，①特定財産承継遺言により所有権を取得した者から更正の登記の申請があった場合（単独申請に限る），また②相続人に対する遺贈により所有権を取得した者から更正の登記の申請があった場合（単独申請に限る）には，登記義務者（登記名義を失う者）に対し，当該申請があった旨を通知する（不登規§183Ⅳ）。

∵ 自分がまったく関与しないところで，自分の登記名義が失われる形であるので，一応，知らせてあげる。

・ 遺産分割により所有権を取得した者が単独で更正の登記を申請した場合は，登記義務者に対する通知はされない。
　∵ 登記義務者は，（自分で遺産分割をしているので）自分が権利を失ったことを知っているから。

第７章
買戻特約の登記

Topics・売買契約において買戻しの特約をしておけば，一定の期間内にその不動産を買い戻すことができる。
・買戻特約がされた場合，買戻権が行使された場合の登記について押さえる必要がある。

1　買戻特約の意義

　不動産の売買契約と同時に，売主のために買戻しの特約をしたときは，売主（買戻権者）は，買主が現実に支払った売買代金（もしくは別に定めた金額）及び契約費用を返還して，その売買を解除することができる（民§579）。

2　買戻特約がされた場合の登記

　買戻特約がされたときは，「買戻特約」の登記を申請する。
➡　所有権の移転や変更といった登記ではない。

　買戻特約の登記は，売買による所有権の移転の登記の申請と同時に，別個の申請情報をもって申請する（先例昭35.3.31-712）。
➡　「売買による所有権の移転の登記」と「買戻特約の登記」という2件の登記を同時に申請する。

・　所有権の移転の登記の申請と買戻特約の登記の申請は，同一の受付番号をもって受け付けられる。

➕ アルファ

「所有権の移転の登記の申請と同時に」とは

H29-21
H17-15
・　所有権の移転の登記が仮登記であるときは，買戻特約の仮登記は同時にすることを要しない（先例昭36.5.30-1257）。

➡ 売買による所有権の移転の仮登記がされた後に，買戻特約の仮登記を申請することができる。

R2-23
H24-22
H17-15

・ ただし，所有権の移転の本登記を申請するときは，それと同時に買戻特約の登記（又は買戻特約の仮登記の本登記）を申請することを要する（同先例）。

H19-24

重要先例

① 「代物弁済」を登記原因とした所有権の移転の登記や，「譲渡担保」を登記原因とした所有権の移転の登記の申請と同時に，買戻特約の登記を申請することはできない（先例昭37.1.10 - 1）。

H22-15

∵ 「売買」による移転の登記と同時に申請すべき。

② 所有権の保存の登記の申請と同時に，買戻特約の登記を申請することができる（先例昭38.8.29 - 2540）。

H17-15

➡ 一定の場合には，買主の名義で所有権の保存の登記をすることができるので（不登§74Ⅱ等），その保存の登記と同時に売主のために買戻特約の登記をすることは認められる。

3 登記の手続

⑴ 申請人

買戻特約の登記は，原則どおり，登記権利者と登記義務者の共同申請（不登§60）。

登記権利者→ 買戻権者（＝売主）

登記義務者→ 買主

⑵ 登記の目的，登記原因及びその日付

登記の目的→ 「買戻特約」

登記原因及びその日付→ 買戻特約がされた日をもって，「年月日特約」

⑶ （特殊的な）登記事項

買戻特約の登記を申請するときは，申請情報の内容として，買戻特約の内容を提供する（不登令別表64申請情報欄）。

絶対的登記事項→　「売買代金」（もしくは別に定めた金額）
　　　　　　　　　「契約費用」
任意的登記事項→　「買戻の期間」

確 認

特殊的な登記事項（入門編第4章6，9章3参照）
　個々の登記において特別に定められた登記事項。買戻特約の登記においては，特殊的な登記事項として買戻権の内容を提供する。

絶対的登記事項→　特殊的な登記事項のうち，申請情報の内容として必ず提
　　　　　　　　　供しなければならない事項
　➡　買戻特約の登記を申請するときは，申請情報の内容として必ず売買代
　　金（もしくは別に定めた金額）と契約費用を提供することを要する。
　∵　買戻権を行使するためにどれだけの金額を支払わなければならないの
　　かを公示する必要がある。

任意的登記事項→　特殊的な登記事項のうち，当事者間にその定めがある場
　　　　　　　　　合には申請情報の内容として提供する必要のある事項
　➡　買戻しの特約において買戻しの期間が定められた場合には，申請情報
　　の内容として買戻しの期間を提供する（定めがない場合には提供しない）。
　∵　民法上，買戻しの期間は定めても定めなくてもどちらでもよいとされ
　　ている（民§580）。

R5-20　① 売買代金（もしくは別に定めた金額）
　　　買戻しをするためには，売主（買戻権者）は，買主が支払った売買代金
　　もしくは別に定めた金額を買主に返還しなければならないので，その額を
　　提供する。

参考先例

R5-20　・　数個の不動産についての買戻特約の登記を1つの申請情報で申請する場
　　合，売買代金は，不動産ごとに分けて提供すべきである（先例昭35.8.1－
　　1934）。
　　∵　不動産ごとに買戻特約の登記がされるから。
　　➡　なお，敷地権付き区分建物においては，専有部分と敷地利用権について
　　　一体として登記がされるから，専有部分とその敷地利用権について一括し
　　　た売買代金を提供する（先例昭35.8.1－1934，昭43.2.21－335，質疑登研

531P119)。

② 契約費用

目的不動産の鑑定，測量等の費用，証書作成の費用等であり（登記申請の費用は契約費用に含まれないとするのが通説），買主が現実に支払った額を提供する。

・　契約費用が現実に発生しなかった
　➡　「契約費用なし」と提供する。
・　契約費用の返還は不要である旨の合意をした
　➡　「契約費用返還不要」と提供する。

重要！・・・・・・・・・・・・・・・・・・・・・・・・・・・・・・・

契約費用が発生しなかったり，返還不要の合意がある場合でも，契約費用の提供を省略することはできない。契約費用は絶対的登記事項だから。

③ 買戻しの期間

当事者間で買戻しの期間を定めた場合には，申請情報の内容としてその期間を提供する。

・　買戻しの期間は10年を超えることができない（民§580 I）。
・　一度定められた期間を伸長することはできない（同 II）。

R5-20

⑷ 添付情報

① 登記原因証明情報（不登令別表64添付情報欄）

買戻しの特約がされた旨やその内容（売買代金等）が明らかにされた情報を提供する。

② 代理権限証明情報（不登令§7 I②）

司法書士への委任状を提供する。

以下の添付情報は不要。

・　**登記義務者の登記識別情報**

∵　買戻特約の登記は,売買による所有権の移転の登記と同時に申請する(単に時間的に同時に申請するという意味だけでなく,同一の受付番号で受け付けられる)ため,買戻特約の登記義務者である不動産の買主は未だ所有権の登記名義人となっておらず,登記義務者の登記識別情報は存在しない(だから提供を要しない)。

・　**登記義務者の印鑑証明書**

∵　上記のとおり,登記義務者はまだ所有権の登記名義人となっていない。

(5)　登録免許税

定額課税。不動産1個につき金1,000円（登税別表第1.1⒁）。

(6)　登記の実行

買戻特約の登記は,売買による所有権の移転の登記に付記してされる。

【申請書】

```
登記の目的　買戻特約
原　　　因　令和5年5月28日特約
売 買 代 金　金3,000万円
契 約 費 用　金30万円
期　　　間　令和5年5月28日から8年間
権　利　者　A
義　務　者　B
添 付 情 報　登記原因証明情報
　　　　　　代理権限証明情報（A及びBから司法書士への委任状）
登録免許税　金1,000円
```

【登記記録】

権　利　部（甲　区）　（所　有　権　に　関　す　る　事　項）			
順位番号	登記の目的	受付年月日・受付番号	権 利 者 そ の 他 の 事 項
1	所有権保存	平成14年4月1日 第4000号	所有者　　　A
2	所有権移転	令和5年5月28日 第5000号	原因　令和5年5月28日売買 所有者　　　B
付記1号	買戻特約	令和5年5月28日 第5000号	原因　令和5年5月28日特約 売買代金　金3,000万円 契約費用　金30万円 期間　令和5年5月28日から8年間 買戻権者　　A

4　買戻権の移転の登記

　買戻権も1つの財産権と考えることができ，これを譲渡することができる（大判明34.9.14）。そして，買戻権の移転の登記を申請することができる。

　買戻権の移転の登記は，買戻特約の登記を主登記（基準の登記）とした付記 `R5-20`
登記（付記登記の付記登記）としてされる（記録例511）。
- ➡　甲区2番付記1号で登記された買戻権の移転の登記は，甲区2番付記1号の付記1号で登記される。

① 　買戻権の譲渡による移転の登記を申請するときは，登記義務者の登記識別情報（買戻特約の登記の際の登記識別情報）を提供する（不登§22）。
- ➡　登記義務者は既に買戻権の登記を受けている。

② 　所有権に関する買戻権の移転の登記を書面によって申請する場合，登記義 `H25-15`
務者の印鑑証明書を提供する（不登令§16Ⅱ，18Ⅱ）。
- ∵　買戻権は所有権そのものではないが，所有権に関する登記といえる。そのため，所有権の登記名義人が登記義務者となる場合と同様の扱いとなる。

5　買戻権の変更，更正の登記

　買戻特約の登記がされた後に登記事項に変更が生じた場合，又は登記された当初から登記事項の一部につき間違い等がある場合には，買戻権の変更や更正の登記をすることができる。

・　民法579条かっこ書の合意金額について，変更する登記を申請することができる（先例令2.3.31-328）。

・　登記された売買代金について，増額する更正の登記を申請することができる（質疑登研249P64）。

・　買戻しの期間を伸長する変更の登記を申請することはできない。
∵　一度定めた買戻しの期間を伸長することは許されない（民§580Ⅱ）。

6　買戻権の行使
(1)　買戻権の行使
買戻権者（売主）は，買戻期間内に売買代金（もしくは別に定めた金額）及び契約費用を返還して，不動産を買い戻すことができる（民§583Ⅰ参照）。
➡　買戻権の行使とは，法律的には売買契約を解除するということ（民§579）。

・　買戻権を行使することができる人
➡　買戻権者である売主又はその一般承継人，もしくは買戻権の譲渡を受けた者

・　買戻権の行使の相手方
➡　現在の所有権の登記名義人
➡　買戻特約の登記がされた後に，買主から第三者への所有権の移転の登記がされているときは，その転得者に対して買戻権を行使しなければならない（最判昭36.5.30）。

(2)　効　果
買戻権が行使されると，売買は遡及的に効力を失い，当該不動産ははじめから買主に移転しなかったことになる。

したがって，買戻特約の登記がされた後，買主が第三者のために抵当権等の権利を設定していた場合には，買戻権の行使によりそれらの権利も効力を失う。

【例】①　甲土地について売主A，買主Bの間で売買契約がされ，同時に買戻特約がされた。そしてその登記がされた。

② 　買主Ｂは，甲土地にＸのために抵当権を設定し，その登記がされた。

③ 　売主Ａは，Ｂに対して買戻権を行使した。

➡ 　甲土地の所有権はＡに戻り，同時にＸの抵当権は消滅する。

アルファ

　買戻権の行使により抵当権が消滅したときは，当事者が共同してその登記 H26-19
の抹消を申請する。 H8-19

➡ 　登記官が職権で抹消するのではない。

・ 　この抵当権の登記の抹消の登記原因は，買戻権の行使がされた日をもって
「年月日買戻権行使による所有権移転」と提供する。

7　買戻権が行使された場合の登記

(1)　申請する登記

　買戻権が行使された場合には，現在の所有権の登記名義人から買戻権者に
対し，「買戻」を登記原因として所有権の移転の登記を申請する（大判大
5.4.11）。

重要

　買戻権が行使されたときは，新たな所有権の移転の登記を申請する。売買によ
る所有権の移転の登記の抹消ではない。

∵ 　転得者が生じている場合，また買戻権の移転の登記がされている場合は，
所有権の移転の登記の抹消だと不都合が生ずる。

> 登記権利者→ 　買戻権を行使した者
> 登記義務者→ 　現在の所有権の登記名義人

(2)　申請情報の内容

① 　登記の目的→ 　「所有権移転」

② 　登記原因及びその日付→ 　買戻権の行使によって所有権が復帰した日を
もって「年月日買戻」

H9-26　　　・　農地について買戻しをするには，農地法所定の許可が必要（先例昭
　　　　30.2.19 - 355）。

　　　➡　買戻権が行使された後に許可が到達したときは，許可が到達した日
　　　　が原因日付となる。

H19-24　　　・　買戻しの期間内に買戻権行使の意思表示はされたが，買戻しの期間が
　　　　満了した後に農地法所定の許可が到達した場合，**この買戻しは有効。**

　　　∵　適法な期間内に買戻権の行使はしているから。

R5-14
H31-14
H20-15　　　➡　この場合の所有権の移転の登記の原因日付は，農地法所定の許可が
　　　　到達した日（先例昭42.2.8 - 293）。

(3)　添付情報

　　登記権利者と登記義務者の共同申請による所有権の移転の登記なので，通常の所有権の移転の登記と同様の添付情報を提供する。

①　登記義務者の登記識別情報（不登§22）
②　登記原因証明情報（不登令別表30添付情報欄イ）
③　代理権限証明情報（不登令§7Ⅰ②）
④ （書面申請の場合は）登記義務者の印鑑証明書（不登令§16Ⅱ，18Ⅱ）
⑤　登記権利者の住所証明情報（不登令別表30添付情報欄ハ）

H9-26　　　・　上記(2)②のとおり，農地について買戻しによる所有権の移転の登記を申
　　　　請するときは，農地法所定の許可を証する情報を提供する（不登令§7Ⅰ
　　　　⑤ハ）。

(4)　登録免許税

　　所有権の移転の登記なので，定率課税。

　　課税標準→　不動産の価額
　　税　　率→　1000分の20（登税別表第1.1(2)ハ）

【申請書】

```
登記の目的  所有権移転
原    因  年月日買戻
権  利  者  A
義  務  者  B
添 付 情 報  登記識別情報（Bのもの）
          登記原因証明情報
          代理権限証明情報（A及びBから司法書士への委任状）
          印鑑証明情報（Bの印鑑証明書）
          住所証明情報（Aの住民票の写し）
課 税 価 額  金1,000万円
登 録 免 許 税  金20万円
```

8 買戻特約の登記の抹消

(1) 当事者の申請による抹消

① 買戻特約の登記の抹消を申請する場合

買戻特約の取消し，解除，買戻期間の満了等により買戻権が消滅したときは，買戻特約の登記の抹消を申請する。

② 申請人

買戻特約の登記の抹消は，原則として，登記権利者と登記義務者の共同申請（不登§60）。

```
登記権利者→  現在の所有権の登記名義人
登記義務者→  買戻権の登記名義人
```

・ 売買契約の日（買戻特約の日）から10年を経過しているときは，登記権利者が単独で買戻特約の登記の抹消を申請することができる（不登§69の2）。

理由 買戻権の存続期間は，最長で10年である（民§580Ⅰ）。そして，一度定めた存続期間を伸長することはできない（同Ⅱ）。つまり，契約の日から10年を経過していれば，絶対的に買戻権は消滅している。

そのため，登記権利者が単独で買戻権を抹消できるとしても，買戻権者が不測の損害を被るようなことはない。

- ・ 登記義務者（買戻権者）の所在が知れないため，登記義務者と共同して買戻特約の登記の抹消を申請することができないときは，登記権利者は，非訟事件手続法に基づく一定の手続を経た上で，単独で買戻特約の登記の抹消を申請することができる（不登§70ⅠⅡⅢ）。
  - → 不動産登記法70条に基づく登記の抹消については，「スタンダード合格テキスト5 不動産登記法Ⅱ」で詳しく解説する。

③ 登記の目的
「○番付記○号買戻権抹消」と提供する。

④ 登記原因及びその日付
「年月日買戻期間満了」（記録例516）や「錯誤」等と提供する。

- ・ 契約の日から10年を経過し，登記権利者が単独で買戻特約の登記の抹消を申請するときは，「不動産登記法第69条の2の規定による抹消」と提供する（先例令5.3.28-538）。
  - ➡ 原因日付を提供することを要しない（同先例）。

⑤ 添付情報
  ㋐ 登記権利者と登記義務者が共同して登記の抹消を申請する場合
  - ・ 登記義務者の登記識別情報（不登§22）
    - ➡ 登記義務者が買戻特約の登記を受けた際の登記識別情報を提供する。

  - ・ 登記原因証明情報（不登令別表26添付情報欄へ）
  - ・ 代理権限証明情報（委任状，不登令§7Ⅰ②）

H12-27
  - ・ （所有権に関する買戻権について書面によって申請するときは）登記義務者の印鑑証明書（不登令§16Ⅱ，18Ⅱ，先例昭34.6.20-1131）
    - ∵ 買戻権は所有権そのものではないが，所有権に関する登記ということができる。

H29-21
  - ・ 登記上の利害関係を有する第三者が存在するときは，その者が作成した承諾を証する情報又はその者に対抗することができる裁判があっ

たことを証する情報（不登§68，不登令別表26添付情報欄ト）。

∵　登記の抹消によって登記上不利益を受ける者がいる場合，その者の意思を問わずに勝手に不利益を与えるわけにはいかない。

【例】　買戻権について差押えの登記をしている者等

④　契約の日から10年を経過し，登記権利者が単独で登記の抹消を申請する場合

登記権利者と登記義務者の共同申請による登記ではないので，申請情報と併せて，登記義務者の登記識別情報を提供することを要しない（不登§22参照）。

また，登記原因証明情報も提供することを要しない（不登令§7Ⅲ①，先例令5.3.28－538）。

∵　10年という時の経過に基づいて登記を申請するものであるので，わざわざ登記原因証明情報というものを作成して提供する必要はない。

➕アルファ

不動産登記法69条の2の規定に基づいて，登記権利者からの単独申請により買戻特約の登記の抹消が完了したときは，登記官は，当該買戻権の登記名義人であった者に対して，買戻特約の登記の抹消がされた旨を通知することを要する（不登規§183Ⅰ③）。

∵　買戻権の登記名義人が一切関与しない形で登記が抹消されてしまうので，一応，登記が抹消されたことを教えてあげる。

重要先例

①　買戻特約の登記の抹消を申請する場合において，登記義務者（買戻権者）の現在の氏名や住所が，登記記録上の氏名や住所と異なるときでも，申請情報と併せて氏名や住所の変更を証する情報を提供すれば，前提として買戻権の登記名義人の氏名等の変更の登記をすることなく，直ちに買戻特約の登記の抹消を申請することができる（先例昭31.10.17－2370参照。質疑登研460Ｐ105）。　H26-19　H19-24

②　甲土地について，AからBへの売買による所有権の移転の登記と，Aのための買戻特約の登記がされた後，Xのための抵当権の設定の登記がされた。　H30-15　H26-19

そして，Xの抵当権の実行としての差押えの登記がされた。この場合において，Aの買戻しの期間が満了したときは，Xは，所有権の登記名義人であるBに代位して，Aと共同して，買戻特約の登記の抹消を申請することができる（先例平8.7.29－1368）。

(2)　登記官の職権による抹消

買戻権の行使による所有権の移転の登記がされたときは，登記官が職権で買戻特約の登記の抹消をする（不登規§174）。

∵　買戻しによる所有権の移転の登記がされたら，買戻権が消滅したこと（買戻特約の登記が不要となったこと）が登記官にとっても明らかとなるから。

9　買戻特約の付記登記のある所有権の移転の登記を抹消する場合

R3-20
H19-24

買戻特約の付記登記がされている所有権の移転の登記を抹消するときは，それに先立って又は同時に，買戻特約の登記の抹消をすることを要する（先例昭41.8.24－2446）。

📖ケーススタディ

①　AからBへの売買による所有権の移転の登記と，Aのための買戻特約の登記がされた。
②　しかし，AB間の売買契約は無効であった。

➡　売買による所有権の移転の登記の抹消を申請するが，それに先立って又は同時に，買戻特約の登記の抹消も申請することを要する。

H27-18
H21-16

＊　AからBへの所有権の移転の登記の抹消に伴って，登記官が職権で買戻特約の登記を抹消するという扱いにはならない。

∵　Aの買戻権の登記は，Bの所有権を目的とした権利の登記とはいえないので，不動産登記規則152条2項の規定は適用されない。

（登記の抹消）
参考　不動産登記規則第152条
2　登記官は，前項の場合（権利の登記の抹消をする場合）において，抹消に係る権利を目的とする第三者の権利に関する登記があるときは，当該第三者の権利に関する登記の抹消をしなければならない。（後略）

第8章
所有者不明土地，管理不全土地について

1 所有者不明土地管理命令

(1) 意　義

　　裁判所は，所有者を知ることができず，又はその所在を知ることができない土地（所有者不明土地）について，必要があると認めるときは，利害関係人の請求により，所有者不明土地管理人による管理を命ずる処分をすることができる（民§264の2 I）。

➡　裁判所は，この命令をする場合には，所有者不明土地管理人を選任する（同IV）。

　　所有者不明土地管理命令がされた場合，裁判所書記官は，遅滞なく，当該土地について，所有者不明土地管理命令の登記を嘱託する（非訟§90 VI）。

➡　一種の"処分の制限の登記"である。

・　当該土地に所有権の登記がない場合には，（所有者不明土地管理命令の登記をする前提として）登記官が職権で，所有権の保存の登記をする（不登§76 II，先例令5.3.28 - 533）。

・　所有者不明土地管理命令の登記は，処分の制限の登記に該当するので，登録免許税は，不動産の価額に1000分の4を乗じた額である（登税別表第1.1(5)）。

(2) 所有者不明土地管理人が不動産を売却した場合の登記

　　所有者不明土地管理人は，裁判所の許可を得て，その所有者不明土地を売却することができる（民§264の3 II）。

①　この所有権の移転の登記は，所有者不明土地の所有権の登記名義人が登記義務者となり，所有者不明土地管理人が代理人となって，登記権利者と共同して申請する（先例令5.3.28 - 533）。

②　所有者不明土地管理人の代理権限を証する情報（不登令§7 I ②）及び印鑑証明書（不登令§16 II，18 II）として，裁判所書記官が作成した「所

有者不明土地管理人選任及び印鑑証明書」を提供する（同先例）。

③　申請情報と併せて，土地の売却についての裁判所の許可書（許可に係る裁判書の謄本）を提供する（不登令§7Ⅰ⑤ハ，同先例）。

④　申請情報と併せて，登記義務者の登記識別情報（不登§22）を提供することを要しない（同先例）。
　　∵　裁判所の許可書を提供するので，登記の正確性は確保される。

＊　所有者不明建物管理命令がされた場合の手続も，所有者不明土地管理命令がされた場合と同様である。

2　管理不全土地管理命令

(1)　意　義

　　裁判所は，所有者による土地の管理が不適当であることによって他人の権利又は法律上保護される利益が侵害され，又は侵害されるおそれがある場合において，必要があると認めるときは，利害関係人の請求により，管理不全土地管理人による管理を命ずる処分をすることができる（民§264の9Ⅰ）。

➡　裁判所は，この命令をする場合には，管理不全土地管理人を選任する（同Ⅲ）。

・　管理不全土地管理命令がされても，当該土地について，管理命令がされた旨の登記はされない（先例令5.3.28－533）。
　　➡　所有者不明土地管理命令があった場合（非訟§90Ⅵ）とは異なる。
　　∵　（所有者不明土地管理命令がされた場合と異なり）土地の管理や処分の権限が管理人に専属するわけではなく，土地所有者の権利が制限されるわけではないから。

(2)　管理不全土地管理人が不動産を売却した場合の登記

　　管理不全土地管理人は，裁判所の許可を得て，その管理不全土地を売却することができる（民§264の10Ⅱ）。

①　この所有権の移転の登記は，管理不全土地の所有権の登記名義人が登記義務者となり，管理不全土地管理人が代理人となって，登記権利者と共同して申請する（先例令5.3.28－533）。

② 管理不全土地管理人の代理権限を証する情報（不登令§7Ⅰ②）及び印鑑証明書（不登令§16Ⅱ，18Ⅱ）として，裁判所書記官が作成した「管理不全土地管理人選任及び印鑑証明書」を提供する（同先例）。

③ 申請情報と併せて，土地の売却についての裁判所の許可書（許可に係る裁判書の謄本）を提供する（不登令§7Ⅰ⑤ハ，同先例）。

④ 申請情報と併せて，登記義務者の登記識別情報（不登§22）を提供することを要しない（同先例）。

∵ 裁判所の許可書を提供するので，登記の正確性は確保される。

⑤ 申請情報と併せて，土地の所有者の同意（民§264の10Ⅲ）があったことを証する情報を提供することを要しない（同先例）。

＊ 管理不全建物管理命令がされた場合の手続も，管理不全土地管理命令がされた場合と同様である。

第 2 編

各種の権利の登記

2. 利用権に関する登記

序章
全体像の概観

Topics　・利用権の登記にはどういった特徴があるのだろうか。

　　　　　・利用権の登記を学習するに当たっては，どういった点に注意をすべき
　　　　　なのか。

　不動産を目的として地上権等の利用権が設定された場合には，それを第三者
に対抗するために，その利用権の登記をすることができる。

ケーススタディ

　AとXは，Aの所有する甲土地を目的として，Xのために地上権を設定す
る契約をした。

➡　甲土地に地上権の設定の登記をすることができる。

権　利　部　（甲　区）　　（所　有　権　に　関　す　る　事　項）			
順位番号	登記の目的	受付年月日・受付番号	権 利 者 そ の 他 の 事 項
1	所有権移転	平成6年7月10日 第7000号	原因　平成6年7月10日売買 所有者　　A

権　利　部　（乙　区）　　（所　有　権　以　外　の　権　利　に　関　す　る　事　項）			
順位番号	登記の目的	受付年月日・受付番号	権 利 者 そ の 他 の 事 項
1	地上権設定	令和5年6月10日 第6000号	原因　　令和5年6月10日設定 目的　建物所有 存続期間　50年 地代　1平方メートル1年金5万円 支払時期　毎年末日 地上権者　　X

➡　地上権の設定の登記をしておけば，後に甲土地がAからBに売り渡され
ても，Xは地上権をBに対抗することができる。つまり，Xは地上権者と
して甲土地を利用することができる。

1 利用権の登記の特徴

利用権の登記の特徴としては，特殊的な登記事項がたくさんあることが挙げられる。

【例】 地上権の設定の登記を申請するときは，申請情報の内容として地上権設定の目的を提供することを要し（絶対的登記事項，不登令別表33申請情報欄，不登§78①），また地代の定めや地上権の存続期間の定め等がある場合にはそういった定めも提供することを要する（任意的登記事項，同別表，不登§78②～）。

【例】 賃借権の設定の登記を申請するときは，申請情報の内容として賃料を提供することを要し（絶対的登記事項，不登令別表38申請情報欄，不登§81①），ほかに存続期間の定めや譲渡・転貸を許す旨の定め等がある場合にはそういった定めも提供することを要する（任意的登記事項，同別表，不登§81②～）。

重要！ ●●●●●●●●●●●●●●●●●●●●●●●●●●●●●●●●

ただ単に"この不動産に地上権が設定された。地上権者は○×である"といったことだけでなく，その具体的な内容も公示して，不動産取引の安全と円滑に資するためである。

2 厄介な点

利用権の登記においては特殊的な登記事項がたくさんあるが，厄介なのは，それぞれの権利によって特殊的な登記事項が微妙に異なっていること。

【例】 地代（賃料）に関しては，地上権の設定の登記においては任意的登記事項（不登令別表33申請情報欄，不登§78②）。賃借権の設定の登記においては絶対的登記事項（不登令別表38申請情報欄，不登§81①）。地役権の設定の登記においては申請情報の内容として提供できない（登記事項とされていない）。

これは，地代（賃料）だけでなく，存続期間等においても同じことがいえる。

重要！ ●●●●●●●●●●●●●●●●●●●●●●●●●●●●●●●●

司法書士の試験では，この微妙な違いが問われる。ガンガン出題されている。

【例】「地上権の設定の登記を申請する場合，申請情報の内容として地代の定めを提供することを要する」　➡　×（定めがあれば提供する）

【例】「賃借権の設定の登記を申請する場合，当事者間で賃料に関する定めがある場合にのみ，賃料の定めを提供することを要する」　➡　×（必ず提供する）

【例】「地役権の設定の登記を申請する場合，当事者間で地代に関する定めがあるときは，その定めを提供することができる」　➡　×（提供できない）

　そのため，不動産の利用権に関する登記を学習するにあたっては，こうした特殊的な登記事項を正確に押さえる必要がある。

第9章
地上権に関する登記

Topics・まずは設定の可否を押さえる。利用権に共通する原則のお話。
・そして，何といっても特殊的な登記事項が最重要。「何となく」では
なく「正確に」覚えること。

第1節 総 説

1 総 説
地上権とは，工作物又は竹木を所有するため，他人の土地を使用することの
できる権利（民§265）。

・ 地上権の効力は，その土地の上下に及ぶ。つまり，地上権者は，その土地
の地上のみならず地下も使用することができる。
ただし，地下又は空間の一定の上下の範囲を定め，その範囲のみを目的と
して地上権を設定することもできる（民§269の2Ⅰ）。これを区分地上権と
いう。

2 重複して地上権を設定することの可否
地上権は物権であるので，その土地を排他的に使用する権利を有する。
➡ つまり，同一の土地に重ねて地上権を設定することはできない。

① 既に地上権の設定の登記がされている土地に対し，重ねて第三者のために `H22-16`
地上権の設定の登記の申請がされたら，その申請は却下される（不登§25⑬,
大判明39.10.31)。

【例】 甲土地を目的としてXの地上権の設定の登記がされている場合に，さ
らに甲土地を目的としてYのために地上権の設定の登記を申請すること
はできない。

② 既に登記された地上権につき，登記記録上存続期間が満了していることが `H27-22`
明らかな場合でも，その地上権の登記を抹消することなく，新たな地上権の `H23-14`

設定の登記を申請することはできない（先例昭37.5.4－1262）。

∵　とにかく，登記記録に2つの地上権があることはあってはならない（区
　分地上権は除く）。

3　一筆の土地の一部を目的として地上権の設定の登記をすることの可否

H22-16　　一筆の土地の一部を目的として地上権を設定することは，実体法上は可能。
しかし，一筆の土地の一部を目的として地上権の設定の登記を申請することは
できない（不登§25⑬，不登令§20④）。

➡　実体法上は可能だが，登記手続法上はムリ。

∵　一筆の土地の一部であると，その範囲を登記記録上明らかにすることが困
　難だから。

重要❶ ●

1つの不動産の一部分のみを目的とした登記をすることはできない（不登§25
⑬，不登令§20④，地役権の登記を除く）。

➡　不動産登記の大原則。

📖ケーススタディ

　ここに一筆の土地（甲土地）がある。所有者はAである。

　この甲土地に関し，その一部，たとえば西側の30㎡の部分のみを目的とし
て，Xのために地上権を設定することができる（実体法上は可能である）。

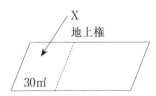

$$X$$
地上権

30㎡

　しかし，甲土地について，このままの登記記録の状態で，Xのために地上
権の設定の登記を申請することはできない（登記手続法上ムリ）。

　では，この地上権を第三者に対抗するためには，どうすればよいのか？

➡　甲土地を2つの土地に分筆して，分筆後の1筆の土地全体を目的とした
　形で設定の登記を申請する。

4　共有持分を目的として地上権を設定することの可否

　　数人の共有する土地について，共有者の持分のみを目的として地上権を設定 R5-22
することはできない（先例昭37.3.26 - 844，質疑登研191 P 72）。 H12-17

∵　他の共有者の持分権に基づく使用収益権と抵触するから。

・　他の共有者の同意があってもダメ。

　【例】　甲土地は，ＡＢが共有している。この場合，Ａは，Ｂの同意を得たと
　　　　しても，甲土地のＡ持分のみを目的としてＸのために地上権を設定する
　　　　ことはできない。

第2節　地上権の設定の登記

土地に地上権が設定されたときは，地上権の設定の登記を申請する。

1　申請人

原則どおり，登記権利者と登記義務者の共同申請（不登§60）。

> 登記権利者→　地上権者
> 登記義務者→　地上権設定者（所有権の登記名義人）
> ∵　地上権が設定されると，土地の所有者はその土地を使用することが
> 　　できなくなる。つまり，設定者が登記上直接に不利益を受けるといえる。

R5-22
・　法定地上権（民§388）の設定の登記も，登記権利者と登記義務者の共同
　　申請（先例昭55.8.28 – 5267）。
　➡　裁判所書記官からの嘱託ではない。

2　申請情報の内容

(1)　**登記の目的**→　「地上権設定」
　➡　"地上権" という物権が "設定" された旨の登記である。

(2)　**登記原因及びその日付**→　地上権が設定された日をもって，「年月日設定」

(3)　**登記事項**
　　　地上権の設定の登記においては，特殊的な登記事項がある（不登§78）。
　➡　簡単にいえば，その地上権の具体的な内容。

　理由　新たにその不動産について取引関係に入ろうとする第三者に対し
　　て，"この土地にはこういった内容の地上権が設定されていますよ"
　　ということを知らせるため。
　　　そのため，地上権の設定の登記を申請するときは，申請情報の内
　　容としてこういった特殊的な登記事項を提供する必要がある（不登
　　令別表33申請情報欄，不登§78）。

重要　・・・・・・・・・・・・・・・・・・・・・・・・・・・・・・・・・・・

絶対的登記事項と任意的登記事項（確認）
　申請情報の内容として提供すべき特殊的な登記事項には，絶対的登記事項と任

意的登記事項がある。

絶対的登記事項→　申請情報の内容として必ず提供しなければならない事項。
任意的登記事項→　当事者間でその定めがある場合にのみ申請情報の内容とし
　　　　　　　　　て提供すべき事項。定めがなければ，提供することを要しない。

地上権の設定の登記における絶対的登記事項と任意的登記事項

---

① 　絶対的登記事項（不登令別表33申請情報欄，不登§78①）　`H14-21`
・　地上権設定の目的

② 　任意的登記事項（不登令別表33申請情報欄，不登§78②〜）　`H25-23`
・　地代又はその支払時期の定めがあるときは，その定め
・　存続期間又は借地借家法22条１項前段もしくは23条１項の定めが
あるときは，その定め
・　地上権設定の目的が借地借家法23条１項又は２項に規定する建物
の所有であるときは，その旨
・　民法269条の２第１項前段に規定する地上権の設定にあっては，そ
の目的である地下又は空間の上下の範囲及び後段の定めがあるとき
はその定め

---

① 　地上権設定の目的
地上権は，工作物又は竹木の所有を目的として設定するものであるため　`H14-21`
（民§265），具体的な設定の目的を提供する。

【例】　「建物所有」
　　　「ゴルフ場所有」（先例昭47.9.19－447）　`H28-21`
　　　「スキー場所有」（先例昭58.8.17－4814）　`H18-17`

② 　地代又はその支払時期の定めがあるときは，その定め
地代やその支払時期について定められたときは，その内容を提供する。
➡　地上権は，地代の支払いを要件としていないが，当事者間で地代等に
つき定めることもできる（民§266参照）。

・　「地上権の存続期間中は地代の増額をしない」といった定めも，この"地　`H4-27`

代の定め"に該当する（大判明40.3.12）。

③　存続期間又は借地借家法22条１項前段もしくは23条１項の定めがあるときは，その定め

H28-21
H22-16
存続期間を定めるか否かは自由であるが（民§268Ⅰ参照），存続期間を定めたときはそれを提供する。

R2-20
H18-17
・　期間の長さについて特に制限はなく，永久と定めることもできる（大判明36.11.16）。

➕ アルファ

ただし，借地借家法の適用を受ける地上権(建物所有を目的とした地上権)については，借地借家法において最短期間等が定められている（借地借家§３）。

④　地上権設定の目的が借地借家法23条１項又は２項に規定する建物の所有であるときは，その旨
借地借家法の章（第14章）で説明する。

⑤　民法269条の２第１項前段に規定する地上権について
区分地上権で説明する。

⑷　申請人の氏名又は名称及び住所
登記権利者と登記義務者の氏名や住所を提供する。

3　添付情報
⑴　登記義務者の登記識別情報（不登§22）
登記義務者（設定者）の登記識別情報を提供する。

⑵　登記原因証明情報（不登令別表33添付情報欄ニ）
地上権の設定の契約がされて地上権が成立した旨，そして地上権の内容が明らかにされた情報を提供する。

⑶　代理権限証明情報（不登令§７Ⅰ②）
司法書士が当事者を代理して申請するときは，司法書士への委任状を提供する。

(4)　**（書面申請の場合は）登記義務者の印鑑証明書（不登令§16Ⅱ，18Ⅱ）**

　　所有権の登記名義人が登記義務者となる登記であるので，登記義務者は申請書又は委任状に記名押印し，その印鑑証明書を提供する。

4　登録免許税

　定率課税である。

∵　新たに権利を取得する登記であるといえる。

　　課税標準→　不動産の価額

　　税　　率→　1000分の10（登税別表第1.1(3)イ）

【申請書】

```
登記の目的　地上権設定
原　　　因　年月日設定
目　　　的　建物所有
存 続 期 間　60年
地　　　代　１平方メートル１年金50万円
支 払 時 期　毎年末日
権 利 者　X
義 務 者　A
添 付 情 報　登記識別情報（Aのもの）
　　　　　　登記原因証明情報
　　　　　　代理権限証明情報（X及びAから司法書士への委任状）
　　　　　　印鑑証明情報（Aの印鑑証明書）
課 税 価 額　金1,000万円
登録免許税　金10万円
```

第3節　区分地上権

1　意　義

　　地下又は空間の上下の範囲を定め，その部分のみを目的として，工作物を所有するために地上権を設定することができる（民§269の2Ⅰ）。これを区分地上権という。

　【例】　地下鉄を通すため，地下の一定の上下の範囲のみを目的として区分地上権を設定することができる。

H10-12　・　竹木を所有するために区分地上権を設定することはできない。

　　➡　区分地上権は，"工作物"を所有するために設定することができる（民§269の2Ⅰ）。

H11-27　・　階層的区分建物の特定階層の所有を目的とする区分地上権の設定の登記を申請することはできない（先例昭48.12.24－9230）。

2　既に地上権の設定の登記がされている土地を目的として，区分地上権を設定することの可否

　確認　既に地上権の設定の登記がされている土地に，重ねて地上権の設定の登記を申請することはできない（先例昭37.5.4－1262）。

　　∵　地上権は，目的である土地を全面的かつ排他的に使用することができる権利だから。

H30記述　しかし，土地の立体的な有効利用を図るという区分地上権の制度の趣旨から，
H元-15　既にその土地につき利用権が設定されている場合でも，その者及びその権利を目的として権利を有する第三者の承諾を得たときは，重ねてその土地に区分地上権を設定することができる（民§269の2Ⅱ）。

　【例】　Aの所有する甲土地にXのために地上権の設定の登記がされている場合，Xの承諾を得て，甲土地にYのために区分地上権を設定することができる。

　　➡　Xは，甲土地に建物を建てるためにAから地上権を設定してもらった。

だから，Xは甲土地の地上が利用できれば満足であり，地下については大して関心がない。

　一方，地下鉄事業者のYは，甲土地の下に地下鉄を通したいと考えていた。そのため，AとYは，甲土地の地下の一定範囲（地下5mから10mまで）を目的として，Yのために区分地上権の設定契約をした（この契約をしただけではまだ区分地上権は成立しない）。

　そしてYは，Xに対し，「この土地の地下に地下鉄を通したいので，区分地上権を設定することについて承諾してくれませんか」とお願いをする。そしてXが，「あっ，いいですよ。この近くに駅を作ってくれたら便利ですね」と承諾してくれたら，Yの区分地上権が成立する。

・　土地利用権を目的として権利を有する第三者とは，地上権を目的とした抵当権者等。

3　区分地上権の設定の登記

⑴　登記の手続

区分地上権の設定の登記も，登記権利者と登記義務者の共同申請。

> 登記権利者→　区分地上権者
> 登記義務者→　設定者（所有権の登記名義人）

⑵　登記の目的→　「地上権設定」

　➡　「区分地上権設定」ではない。区分地上権も地上権の一種である。

⑶　登記原因及びその日付→　「年月日設定」

・　原因日付
　通常は区分地上権の設定契約がされた日。
　ただし，既にその土地に第三者の利用権等の登記がされていて，区分地上権の設定契約より後に当該利用権者等の承諾を得たときは，その承諾の日。
　∵　土地の利用権者等の承諾は，実体法上の効力要件（民法上要求された承諾，民§269の2Ⅱ）。承諾を得ないと，区分地上権は成立しない。

⑷　**登記事項**

① 通常の地上権の設定の登記の登記事項

　　　　　　　　＋

② 区分地上権の目的となる範囲（区分地上権における絶対的登記事項，不登令別表33申請情報欄，不登§78⑤）。

③ 土地所有者の土地使用についての制限があるときは，その定め（任意的登記事項，同）。

➕ **アルファ**

土地所有者の土地の使用の制限

　区分地上権が設定されると，土地所有者は，区分地上権者の土地利用を妨げることはできないが，区分地上権の目的である範囲以外の部分については，所有者として排他的に土地を使用し得る。

　しかし，合意により，区分地上権の目的となっていない部分についての土地所有者の土地の使用を制限することができる（民§269の2Ⅰ後段）。

【例】　地下鉄を通すために地下の一定部分（地下5mから10mの間）を目的として区分地上権を設定するにあたって，「土地所有者は，地上に10トン以上の工作物を設置しない」旨の合意をすることができる。
　　　∵　地下が潰れてしまったら困るから。

⑸　**添付情報**

① 通常の地上権の設定の登記の添付情報

　　　　　　　　＋

H27-22
H18-17

② 当該土地につき既に第三者の利用権の登記がされているときは，その者等の承諾を証する情報（不登令§7Ⅰ⑤ハ，先例昭41.11.14-1907）。
　　　∵　その土地を目的とした利用権者の承諾は，"登記原因（区分地上権の設定）について必要な第三者の承諾"といえる。

R3-16
H27-22

・　区分地上権の目的である範囲を明らかにした図面を提供することを要しない。

【申請書】

登記の目的　地上権設定

原　　　因　年月日設定

目　　　的　高架鉄道施設

範　　　囲　東京湾平均海面の上100メートルから上40メートルの間

地　　　代　年金100万円

支 払 時 期　毎年末日

特　　　約　土地の所有者は高架鉄道の運行の障害となる工作物を設置
　　　　　　しない

権　利　者　Ｚ

義　務　者　Ａ

添 付 情 報　登記識別情報（Ａのもの）

　　　　　　登記原因証明情報

　　　　　　代理権限証明情報（Ｚ及びＡから司法書士への委任状）

　　　　　　印鑑証明情報（Ａの印鑑証明書）

　　　　　　利用権者等の承諾書

課 税 価 額　金1,000万円

登録免許税　金10万円

第4節　地上権の移転の登記

1　意　義

　地上権者が地上権を第三者に譲渡したり，又は地上権者が死亡して相続が開始したときは，地上権は移転する。

　この場合には，地上権の移転の登記を申請することができる。

H28-21
H15-23

　・　登記記録上，地上権の存続期間が満了していることが明らかな場合，存続期間が満了した後の日付を原因日付として，地上権の移転の登記を申請することはできない（先例昭35.5.18－1132）。

　　∵　存続期間の満了により，その地上権は消滅しているはずである。消滅した後に地上権が移転するということはあり得ない。

2　申請人

⑴　特定承継（売買や贈与等）による移転の登記

　登記権利者と登記義務者の共同申請（不登§60）

　➡　地上権を取得した者が登記権利者，地上権を譲渡した者（地上権の登記名義人）が登記義務者。

⑵　一般承継（相続や合併）による移転の登記

　登記権利者からの単独申請（不登§63Ⅱ）

　➡　相続人や権利を承継した法人が単独で申請することができる。

3　添付情報

⑴　特定承継による移転の登記の場合

　・　登記義務者（地上権の登記名義人）の登記識別情報（不登§22）
　・　登記原因証明情報（不登令§7Ⅰ⑤ロ）
　・　代理権限証明情報（委任状，不登令§7Ⅰ②）

➕アルファ

　所有権以外の権利の登記名義人が登記義務者となる登記なので，（原則として）登記義務者の印鑑証明書を提供することを要しない。

➕ **アルファ**

　所有権以外の権利の移転の登記なので，登記権利者の住所を証する情報を提供することを要しない。

(2)　一般承継による移転の登記の場合

・　登記原因証明情報（不登令別表22添付情報欄）

　　相続又は法人の合併を証する市区町村長，登記官その他の公務員が職務上作成した情報等を提供する。

　∵　登記権利者からの単独申請による登記なので，登記の正確性を確保するために，相続や合併を証する公務員が職務上作成した情報が必要である。

・　代理権限証明情報（委任状，不登令§7Ⅰ②）

4　登録免許税

　定率課税である。課税標準は，不動産の価額。

　税率は，特定承継による移転の登記か，一般承継による移転の登記かで異なる。

---

①　特定承継による移転の登記→　1000分の10（登税別表第1.1(3)ニ）。　　`H20-19`

②　一般承継による移転の登記→　1000分の2（登税別表第1.1(3)ロ）。　　`H21-24`

5　登記の実行

　地上権の移転の登記は，付記登記で実行される。

　∵　所有権以外の権利の移転の登記は，付記登記である（不登規§3⑤）。

第5節　地上権の変更の登記

1　意　義

　　地上権の設定の登記がされた後，登記された事項について変更が生じたとき
は，地上権の変更の登記を申請することができる。

【例】　存続期間を50年として地上権の設定の登記がされた後，存続期間が60年
　　　に変更されたときは，地上権の変更の登記を申請することができる。

2　申請人

　　地上権の変更の登記は，登記権利者と登記義務者の共同申請（不登§60）。
➡　地上権者と設定者が共同で申請する。

> 登記権利者→　変更の登記によって登記上直接に利益を受ける者
> 登記義務者→　変更の登記によって登記上直接に不利益を受ける者

【例】　地上権の存続期間を延長する変更の登記の場合，変更によって地上権者
　　　が登記上直接に利益を受けるので（当初の予定より長い期間その土地を利
　　　用できるので），地上権者が登記権利者となる。
　　　　そして，設定者が登記上直接に不利益を受けるので（当初の予定より長
　　　い期間その土地を利用することができなくなるので），設定者が登記義務
　　　者となる。

(1)　地上権者が登記権利者，設定者が登記義務者となる場合

・　地代の減額変更
∵　地上権者が設定者に対して支払うべきお金が減る。地上権者にとって
　　有難い。

・　存続期間の延長

(2)　設定者が登記権利者，地上権者が登記義務者となる場合

・　地代の増額
・　存続期間の短縮

3　申請情報の内容

(1)　**登記の目的**→　「○番地上権変更」

➡　"地上権"という物権について"変更"が生じた旨の登記である。

(2)　**登記原因及びその日付**→　変更が生じた日をもって,「年月日変更」

(3)　**変更後の登記事項**→　「変更後の事項」として,変更後の登記事項を提供
する（不登令別表25申請情報欄）。

➡　どういった変更が生じたのかを明らかにする。

【例】　存続期間を60年から70年に変更する登記であれば,

> 変更後の事項　存続期間　70年

のように提供する。

4　添付情報

(1)　**地上権者を登記権利者,設定者を登記義務者とする変更の登記**

①　登記義務者（設定者）の登記識別情報（不登§22）

②　登記原因証明情報（不登令別表25添付情報欄イ）

③　代理権限証明情報（委任状,不登令§7Ⅰ②）

④　（書面申請の場合は）登記義務者の印鑑証明書（不登令§16Ⅱ, 18Ⅱ）

⑤　登記上の利害関係を有する第三者が存在する場合で,変更の登記を付記
登記で実行したいときは,その承諾等を証する情報（不登令別表25添付情
報欄ロ）

→　後述。

(2)　**地上権者を登記義務者,設定者を登記権利者とする変更の登記**

①　登記義務者（地上権者）の登記識別情報（不登§22）

②　登記原因証明情報（不登令別表25添付情報欄イ）

③　代理権限証明情報（不登令§7Ⅰ②）

④　登記上の利害関係を有する第三者が存在する場合で,変更の登記を付記
登記で実行したいときは,その承諾等を証する情報（不登令別表25添付情
報欄ロ）

（権利の変更の登記又は更正の登記）
第66条（一部省略）　権利の変更の登記又は更正の登記は，登記上の利害関係を有する第三者の承諾がある場合及び当該第三者がない場合に限り，付記登記によってすることができる。

　　権利の変更の登記を申請する場合に，登記上の利害関係を有する第三者がいるときは，申請情報と併せてその承諾等を証する情報を提供した場合に限り，変更の登記は付記登記で実行される。
➡　当該第三者の承諾等がない場合は，主登記でされる。
∵　変更の登記を付記登記ですることによって登記上不利益を受ける第三者がいる場合，その者の意思を問わずに勝手に不利益を与えるわけにはいかないから。
　　そのため，その登記上不利益を受ける第三者（登記上の利害関係を有する第三者）の承諾があれば変更の登記は付記登記で，承諾がなければ主登記でされるという扱いとされた。

📖**ケーススタディ**

　　甲土地を目的として，Xの1番地上権の設定の登記，Yの2番抵当権の設定の登記がされた。そして，Xの1番地上権について，存続期間を60年から70年に変更する契約がされた。
　　この地上権の変更の登記が付記登記で実行されたら，以下のようになる。

権　利　部（乙　区）		（所 有 権 以 外 の 権 利 に 関 す る 事 項）	
順位番号	登記の目的	受付年月日・受付番号	権 利 者 そ の 他 の 事 項
1	地上権設定	令和1年6月10日 第6000号	原因　令和1年6月10日設定 目的　建物所有 存続期間　60年 地代　1平方メートル1年金5万円 支払時期　毎年末日 地上権者　　X
付記1号	1番地上権変更	令和5年8月5日 第8000号	原因　令和5年8月5日変更 存続期間　70年

2	抵当権設定	令和3年10月7日 第10000号	原因　令和3年10月7日金銭消費貸 　　　借同日設定 債権額　金1,000万円 債務者　　A 抵当権者　　Y

➡　変更の登記が「乙区1番付記1号」でされているので，つまり乙区1番
の地上権の存続期間が70年であるということになる。

　　これは，2番抵当権者のYからすると，「当初，自分に優先する1番地
上権の存続期間は60年だったはずなのに，70年になってしまった」という
ことになる。
➡　2番抵当権者のYにとっては不利益な事態である。
∵　地上権の存続期間が延長されたということは，それだけ土地の所有者
　がその土地を使用できない期間が延びるということ。だから，当然，こ
　の土地の売買（競売）の価格は下がる。
　　つまり，抵当権者Yが配当を受けられる額が減るということになる。

☆　もちろん，Yの意思を問わずに，勝手にYに不利益を与えるわけにはい
かない。
　　だから，権利の変更の登記を付記登記によってするためには，登記上の
利害関係を有する第三者（この事例のY）の承諾を得る必要があるとされ
ている（不登§66）。
➡　変更の登記の申請情報と併せてその承諾を証する情報を提供すれば，
　変更の登記は付記登記でされる（不登令別表25添付情報欄ロ）。

重要❶・・・・・・・・・・・・・・・・・・・・・・・・・・・・・・

　登記上の利害関係を有する第三者が承諾してくれなかった場合は，変更の登記
は主登記でされる。

【例】　上記の事例で，2番抵当権者であるYが，1番地上権の存続期間の変更
　　　の登記を付記登記ですることについて承諾しなかったときは，1番地上権
　　　の変更の登記は主登記，つまり乙区3番で実行される。
　　　➡　1番地上権の変更の登記が「乙区3番」というのもヘンであるが，仕
　　　　方がない。

(1)　**登記上の利害関係を有する第三者に該当する者**

　　地上権者にとって利益となる変更の登記をする場合と，地上権者にとって不利益となる変更の登記をする場合で異なる。

①　**地上権者にとって利益となる変更の登記を申請する場合**

H11-26
H元-15

> ・　後順位の担保権の登記名義人
> ・　後順位の所有権の移転に関する仮登記の名義人
> ・　後順位の所有権の差押え，仮差押え等の登記名義人

②　**地上権者にとって不利益となる変更の登記を申請する場合**

> ・　当該地上権を目的とした抵当権等の登記名義人
> ・　当該地上権を目的とした差押え等の登記名義人
> ・　当該地上権の移転に関する仮登記の名義人

【例】　地上権の存続期間を短縮する変更がされた場合，当初予定していたよりも早く地上権が消滅することになる。ということは，地上権の移転請求権の仮登記を受けている者（将来，その地上権の譲渡を約束してもらっている者）にとって不利益が及ぶおそれがある（2040年までこの土地を利用できると思っていたのに，2035年で終了は困る）。

➡　だから，その地上権について移転請求権の仮登記を受けている者は登記上の利害関係を有する第三者に該当する。

5　普通地上権⇔区分地上権とする変更の登記

H28-21
H6-16
普通地上権を区分地上権に変更することができる（先例昭41.11.14-1907）。
➡　普通地上権に地下又は空間の上下の範囲の定めを追加すること。

R5-22
同様に，区分地上権を普通地上権に変更することもできる。
➡　区分地上権から地下又は空間の上下の範囲の定めを廃止すること。

・　ただし，先順位で地上権の設定の登記がされ，後順位で区分地上権の設定の登記がされている場合に，後順位の区分地上権について上下の範囲の定めを廃止して，普通地上権とする変更の登記を申請することはできない。

∵　同一の土地に重複して地上権の設定の登記がされることになるからである。

6　登録免許税

定額課税。不動産 1 個につき金1,000円（登税別表第1.1⒁）。

∵　新たに権利を取得する登記というわけではない。

第6節　地上権の登記の抹消

地上権の設定契約が解除されたり，地上権の存続期間が満了して地上権が消滅したときは，地上権の登記の抹消を申請することができる。

1　申請人

登記権利者と登記義務者の共同申請（不登§60）。

登記権利者→　設定者（所有権の登記名義人）
∵　地上権という負担が消えることになるので，現在の所有権の登記名義人が登記上直接に利益を受けるといえる。

登記義務者→　地上権者（地上権の登記名義人）

H9-16　① 地上権の存続期間が満了したことが登記記録上から明らかな場合でも，所有権の登記名義人が単独で地上権の登記の抹消を申請することはできない。
∵　単独申請を認めた規定は存在しない。

H20-12　② 地上権の設定の登記に，「地上権者が死亡した時は地上権が消滅する」旨の定めが登記されている場合に（不登§59⑤），地上権者が死亡したときは，申請情報と併せて地上権者の死亡を証する市区町村長その他の公務員が職務上作成した情報（戸籍事項の証明書等）を提供して，登記権利者が単独で地上権の登記の抹消を申請することができる（不登§69，不登令別表26添付情報欄イ）。
∵　このような定めの登記がある場合，地上権の死亡を証する情報を提供すれば，地上権が消滅したことが登記官にとっても明らかだから，単独で抹消することが認められた。

③ 登記義務者（地上権者）の所在が知れないため，登記義務者と共同して地上権の登記の抹消を申請することができないときは，登記権利者は，非訟事件手続法に基づく一定の手続を経た上で，単独で地上権の登記の抹消を申請することができる（不登§70ⅠⅡⅢ）。
→　不動産登記法70条に基づく登記の抹消については，「スタンダード合格テキスト5　不動産登記法Ⅱ」で詳しく解説する。

2　申請情報の内容

(1)　**登記の目的→**　「○番地上権抹消」

➡　抹消する地上権を順位番号をもって特定する。

(2)　**登記原因及びその日付→**　地上権が消滅した日をもって「年月日解除」,「年月日放棄」,「年月日存続期間満了」(記録例271)。

3　添付情報

①　登記義務者(地上権の登記名義人)の登記識別情報(不登§22)

②　登記原因証明情報(不登令別表26添付情報欄ヘ)

③　代理権限証明情報(委任状,不登令§7Ⅰ②)

④　登記上の利害関係を有する第三者が存在するときは,その者が作成した承　**H19-25**
諾を証する情報又はその者に対抗することができる裁判があったことを証する情報(不登令別表26添付情報欄ト)

理由　地上権の登記が抹消されたら,その地上権を目的とした第三者の権利の登記も,登記記録上存続することができない。そのため,地上権の登記が抹消されたら,登記官が職権で,その地上権を目的とした第三者の権利の登記を抹消する(不登規§152Ⅱ,記録例273)。

➡　地上権の登記の抹消をするにあたり,その地上権を目的として権利の登記を有する者は登記上不利益を受けることになる。

その者の意思を問わずに勝手に不利益を与えるわけにはいかないので,地上権の登記の抹消をするにあたっては,その者の承諾等を得ることを要する(不登§68)。そして,登記の抹消の申請情報と併せて,その承諾等を証する情報を提供する必要がある。

登記上の利害関係を有する第三者に該当する者

---

①　当該地上権を目的として抵当権等の設定の登記を受けた者

②　当該地上権に対して差押え等の登記をした債権者

③　当該地上権の移転に関する仮登記を受けた者

➡　簡単にいえば,その地上権を目的として権利を有する者。

📖ケーススタディ

権　利　部（乙　区）		（所 有 権 以 外 の 権 利 に 関 す る 事 項)	
順位番号	登記の目的	受付年月日・受付番号	権 利 者 そ の 他 の 事 項
1	地上権設定	令和1年6月10日 第6000号	原因　令和1年6月10日設定 目的　建物所有 地上権者　　　X
付記1号	1番地上権抵 当権設定	令和3年7月5日 第7000号	原因　令和3年7月5日金銭消費貸 　　借同日設定 債権額　金500万円 債務者　　　X 抵当権者　　　Y

　この場合に，1番地上権の登記の抹消を申請するときは，Yは登記上の利害関係を有する第三者に該当し，その承諾等を証する情報（承諾書）を提供することを要する。

4　登録免許税

　定額課税。不動産1個につき金1,000円（登税別表第1.1⑴⑮)。

第10章
採石権に関する登記

Topics ・試験ではほとんど出題されていないが，やはり特殊的な登記事項は押さえておく必要がある。

1 採石権とは

他人の土地において岩石及び砂利を採取する権利（採石§4Ⅰ）。

➕ アルファ

採石権は民法に規定された物権ではないが，用益物権の1つと考えることができるので，登記をすることができる（不登§3⑩）。

➡ 採石権は物権とし，地上権に関する規定を準用すると規定されている（採石§4Ⅲ）。

2 設定の登記

採石権が設定されたときは，採石権の設定の登記を申請することができる。

(1) 申請人

原則どおり，登記権利者と登記義務者の共同申請（不登§60）。

```
登記権利者→　採石権者
登記義務者→　設定者（所有権の登記名義人）
```

(2) 申請情報の内容

① 登記の目的→　「採石権設定」

② 登記原因及びその日付→　採石権が設定された日をもって，「年月日設定」

③ 登記事項（不登令別表41申請情報欄，不登§82）
　採石権の登記においても，地上権の登記と同様，特殊的な登記事項が登記される。

➡　採石権の具体的な内容である。

そのため，申請情報の内容として，その特殊的な登記事項を提供する。

㋐　絶対的登記事項（不登令別表41申請情報欄，不登§82①）
・　**存続期間**

㋑　任意的登記事項（不登令別表41申請情報欄，不登§82②）
・　採石権の内容の定めがあるときは，その定め
・　採石料やその支払時期の定めがあるときは，その定め

H25-23

重要！・・・・・・・・・・・・・・・・・・・・・・・・・・・・・・・

地上権の特殊的登記事項としっかり区別すること。

①　地上権においては「地上権設定の目的」が絶対的登記事項とされているが，採石権においては登記事項とされていない。なお，採石権においては「採石権の内容の定め」が任意的登記事項である。

②　採石権においては「存続期間」が絶対的登記事項とされているが，地上権においては任意的登記事項である。

③　「地代（採石料)」については，地上権，採石権のどちらも任意的登記事項である。

(3)　**登録免許税**
定率課税である。
課税標準→　不動産の価額
税　　　率→　1000分の10（登税別表第1.1(3)イ）

3　採石権の移転，変更，抹消の登記
➡　地上権の移転，変更，抹消と同じように考えてよい。

第11章
永小作権に関する登記

Topics ・こちらも試験ではあまり出題されないが，特殊的な登記事項は押さえる必要がある。

1 永小作権とは

小作料を支払って，耕作又は牧畜を目的として他人の土地を使用する権利(民§270)。

2 設定の登記

(1) 申請人

原則どおり，登記権利者と登記義務者の共同申請（不登§60）。

登記権利者→　永小作人

登記義務者→　設定者（所有権の登記名義人）

---

(2) 申請情報の内容

① 登記の目的→　「永小作権設定」

② 登記原因及びその日付→　永小作権が設定された日をもって，「年月日設定」

③ 登記事項（不登令別表34申請情報欄，不登§79）
永小作権の登記においても，特殊的な登記事項が登記される。
➡　永小作権の具体的な内容である。

そのため，申請情報の内容として，その特殊的な登記事項を提供する必要がある。

H18-16　　㋐　絶対的登記事項（不登令別表34申請情報欄，不登§79①）
　　　・　小作料
　　　　∵　永小作権は，小作料を支払うことが要件とされている（民§270）。

H18-16　　㋑　任意的登記事項（不登令別表34申請情報欄，不登§79②〜④）
　　　・　存続期間の定めがあるときは，その定め
　　　・　小作料の支払時期の定めがあるときは，その定め
　　　・　永小作権の譲渡，賃貸を禁止する旨の定めがあるときは，その定め
　　　➡　永小作人は，その権利を他人に譲渡したり，土地を賃貸することができるが，設定契約において別段の定め（譲渡や賃貸を禁止する定め）をすることができる（民§272）。

➕ アルファ

H25-23
H18-16　　　地上権においては，たとえ設定契約で「地上権の譲渡や賃貸をすることができない」といった定めがされた場合でも，地上権の設定の登記の申請情報の内容としてその定めを提供することはできない（登記事項とはされていない，不登§78参照）。

　　　・　永小作人の権利又は義務に関する定めがあるときは，その定め

重要❗・・・・・・・・・・・・・・・・・・・・・・・・・・・・・
地上権や採石権の特殊的登記事項としっかり区別すること。

(3)　**登録免許税**
　定率課税である。
　課税標準➡　不動産の価額
　税　　率➡　1000分の10（登税別表第1.1(3)イ）

3　永小作権の移転，変更，抹消の登記
➡　地上権の移転，変更，抹消と同じように考えてよい。

第12章
地役権に関する登記

第1節　総　説

Topics・地役権は人のための権利ではなく，土地のための権利であるのが特徴。
・また，一筆の土地の一部に設定の登記ができる点でも他の物権とは大きく異なる。
・特殊的な登記事項も重要。

1　意　義

地役権とは，設定行為で定めた一定の目的に従い，他人の土地（承役地）を自己の土地（要役地）の便益に供する権利（民§280）。

重要❶・・・・・・・・・・・・・・・・・・・・・・・・・・・・・

あくまで土地のための権利（土地の利用価値を高める権利）である。人のための権利ではない。

【例】　甲土地の所有者Aと乙土地の所有者Bの間で，「甲土地の権利者は乙土地を通行することができる」とする地役権を設定することができる。

➡　特定個人（A）のための権利ではなく，甲土地の利用価値を高めるための権利ということができる。

この後に，甲土地の所有権がAからXに移転したときは，Xが乙土地を通行することができる。

2　地役権設定の当事者

通常は，要役地の所有者と承役地の所有者の間で地役権の設定契約をする。

・　要役地の地上権者や賃借人等，土地の利用権者もその存続期間の範囲内で　**H29-22**
地役権者となることができる。　**H23-16**

➡　地上権者を登記権利者として地役権の設定の登記をすることができる（先例昭39.7.31－2700等）。

H23-16 　・　反対に，土地の所有者の他，地上権者や賃借人等を設定者として，地役権の設定契約をすることもできる。

3　一筆の土地の一部を要役地又は承役地とすることの可否

一筆の土地の一部を承役地として，地役権を設定することができる。

【例】「乙土地の一部（北側の30㎡の部分）のみ通行することができる」という地役権を設定することができる。

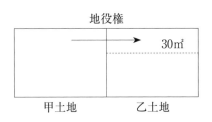

地役権

甲土地　　　　　　　　乙土地

H22-16 　この場合，承役地である乙土地について分筆の登記をすることなく，一筆の土地の一部を目的とした形で地役権の設定の登記を申請することができる（不登令§20④かっこ書き）。

重要❗ ・・・・・・・・・・・・・・・・・・・・・・・・・・・・

一筆の土地の一部を目的として登記ができるのは，この地役権のみ。

➡　第9章第1節3のとおり，一筆の土地の一部を目的として地上権の設定の登記を申請することはできない（前提として分筆の登記が必要である）。

➕アルファ

何故，地役権のみ，一筆の土地の一部を目的とした形で登記ができるのか？

それは，地役権はあまり強力な物権ではないということと関係する。たとえば，乙土地を承役地として，通行を目的とした地役権が設定された場合，地役権者（要役地の権利者）は乙土地を通行することができるが，乙土地の所有者も所有者として乙土地を使用することができる。

➡　つまり，地役権には排他性がない。

そのため，わざわざ前提としての分筆の登記を要求する必要もないということができる。

➕ アルファ

　一筆の土地の一部を要役地とした形で，地役権の設定の登記を申請することはできない。

4　土地の共有持分を要役地又は承役地とすることの可否

　土地の共有持分を要役地又は承役地として，地役権を設定することはできない（質疑登研309 P 77）。 `H13-25`

∵　地役権は土地のための権利であり，人のための権利ではないので，「共有持分のため」という考え方は成り立たない。

5　重ねて地役権を設定することの可否

　利用方法が両立し得ない場合を除いて，同一の土地を承役地として，異なる `H22-16` 地役権者のために複数の地役権を設定することができる（先例昭43.12.27 － 3671，昭38.2.12 － 390）。

∵　地役権は，地上権のように目的物を全面的かつ排他的に使用することのできる権利ではない。

【例】　甲土地を要役地，乙土地を承役地として地役権の設定の登記がされている場合に，丙土地を要役地，乙土地を承役地として重ねて地役権の設定の登記を申請することができる。 `R4-22` `H13-25`

第2節　地役権の設定の登記

1　前　提

地役権の設定の登記は，承役地に対して申請する。

∵　地役権は，承役地を目的とした権利である。要役地は“登記権利者的な立場”なので，要役地に対して申請することを要しない。

　ただし，承役地に地役権の設定の登記がされたときは，登記官が職権で，要役地の登記記録にも承役地の表示や地役権の内容を記録する（要役地である旨の登記，不登§80Ⅳ，不登規§159Ⅰ）。

➡　「この土地の所有者は乙土地を通行してもいいですよ」ということを明らかにするため。

ケーススタディ

（承役地（乙土地）の登記記録）

表　題　部（土地の表示）			不動産番号	【略】
所　　在	鳥取市潮見町		余　白	
① 地　番	② 地　目	③ 地　積 ㎡	原因及びその日付〔登記の日付〕	
31番	宅地	100：00	【略】	

権　利　部（甲　区）　（所　有　権　に　関　す　る　事　項）			
順位番号	登記の目的	受付年月日・受付番号	権利者その他の事項
1	所有権移転	平成6年7月10日第7000号	原因　平成6年7月10日売買所有者　　　B

権　利　部（乙　区）　（所　有　権　以　外　の　権　利　に　関　す　る　事　項）			
順位番号	登記の目的	受付年月日・受付番号	権利者その他の事項
1	地役権設定	令和5年6月10日第6000号	原因　令和5年6月10日設定目的　通行範囲　全部要役地　鳥取市潮見町38番

　そして，承役地に地役権の設定の登記がされたときは，登記官は職権で，要役地についても一定の登記をする（↓）。

（要役地（甲土地）の登記記録）

表　題　部（土地の表示）			不動産番号	【略】
所　　在	鳥取市潮見町		余　白	
①　地　番	②　地　目	③　地　積　㎡	原因及びその日付〔登記の日付〕	
38番	宅地	150:00	【略】	

権　利　部（甲　区）　　（所　有　権　に　関　す　る　事　項）			
順位番号	登記の目的	受付年月日・受付番号	権　利　者　そ　の　他　の　事　項
1	所有権移転	平成14年9月7日 第9000号	原因　平成14年9月7日売買 所有者　　　A

権　利　部（乙　区）　　（所　有　権　以　外　の　権　利　に　関　す　る　事　項）			
順位番号	登記の目的	受付年月日・受付番号	権　利　者　そ　の　他　の　事　項
1	要役地地役権	余　白	承役地　鳥取市潮見町31番 目的　　通行 範囲　　全部 令和5年6月10日登記

➡　この甲土地の登記記録を見ると，「おっ，甲土地の所有者は乙土地を通行することができるんだな」ということが分かる。

重要　● ●

　そのため，地役権の設定の登記を申請するためには，要役地についても所有権 `R4-22`
の登記があることを要する（不登§80Ⅲ）。 `H4-27`

∵　所有権の登記がなかったら，つまり登記記録の権利部がなかったら，要役地である旨の登記をすることができないから。

2　申請人

原則どおり，登記権利者と登記義務者の共同申請（不登§60）。

登記権利者→　地役権者（要役地の所有権等の登記名義人）
登記義務者→　設定者（承役地の所有権等の登記名義人）

➡　前記のとおり，要役地の地上権（賃借権）の登記名義人を登記権利者として申請することもできるし，反対に承役地の地上権（賃借権）の登記名義人

を登記義務者として申請することもできる。

3　申請情報の内容

(1)　**登記の目的→**　「地役権設定」

(2)　**登記原因及びその日付→**　地役権が設定された日をもって，「年月日設定」

(3)　**登記事項（不登令別表35申請情報欄，不登§80Ⅰ）**
　　地役権の登記においても，特殊的な登記事項がたくさんある。
　➡　簡単にいえば，その地役権の具体的な内容。

　　そのため，地役権の設定の登記の申請情報の内容として，それらの特殊的な登記事項を提供する必要がある。

---

⑦　絶対的登記事項（不登令別表35申請情報欄，不登§80Ⅰ①②）
　・　要役地の表示
　・　地役権設定の目的
　・　範囲

⑦　任意的登記事項（不登令別表35申請情報欄，不登§80Ⅰ③）
　・　民法281条1項ただし書の定めがあるときは，その定め
　・　民法285条1項ただし書の定めがあるときは，その定め
　・　民法286条の定めがあるときは，その定め

H18-16
H18-16

①　要役地の表示
　　申請情報の内容として，要役地の表示を提供することを要する（不登令別表35申請情報欄，不登§80Ⅰ①）。
　∵　地役権は要役地のための権利であるので，どの土地のための地役権であるかを明らかにする必要がある。
　➡　要役地の所在，地番を提供する。

②　地役権設定の目的
　　地役権は，要役地の利用価値を高めるための権利であるので，その具体的な目的を提供することを要する（不登令別表35申請情報欄，不登§80Ⅰ②）。

【例】　通行，眺望，日照，電線路施設……

・　日照等を目的とする場合に，さらに細かく内容が定められた場合には，その内容も提供する（先例昭54.5.9－2863）。　H11-27

【例】　「日照の確保のため，高さ30メートル以上の工作物を設置しない」

③　範　囲
　　申請情報の内容として，地役権の目的となる範囲を提供することを要する（不登令別表35申請情報欄，不登§80Ⅰ②）。　H16-16
∵　地役権は，一筆の土地の一部を目的として設定の登記をすることができるので，どの範囲を目的とした地役権かを明らかにする必要がある。

・　承役地の全部を目的とするときは，「範囲　全部」と提供する。
　➡　範囲が一筆の土地の全部である場合でも，範囲の提供を省略することはできない。

④　民法281条１項ただし書の定め
　　地役権は，要役地のための権利である。つまり，地役権は要役地の所有権等にくっついた権利ということができる。そのため，要役地の所有権等が移転すれば，当然に地役権も移転する（随伴性，民§281Ⅰ本文）。

【例】　Aの所有する甲土地を要役地，Bの所有する乙土地を承役地として，通行を目的とした地役権が設定された。そして，この後に甲土地の所有権がAからXに移転したときは，これに伴って当然に地役権もAからXに移転する（Xは乙土地を通行することができる）。
　➡　地役権の移転についての別段の意思表示は不要である。

　　しかし，地役権の設定契約において，これと異なる定めをすることができる（民§281Ⅰただし書）。

【例】　「地役権は要役地所有権とともに移転しない」といった定め。

　　このような特約がされたときは，申請情報の内容として「特約　地役権は要役地とともに移転しない」と提供する。

⑤　民法285条１項ただし書の定め
　　用水地役権の水利用の別段の定め

⑥　民法286条の定め
　　地役権設定者（承役地の所有者）は，原則として地役権者による土地利用等を受忍する義務を負うにとどまり（消極的義務），積極的に何かをしなければならないわけではない。

【例】　通行地役権が設定された場合，承役地所有者は，地役権者による土地の通行を受忍する義務（消極的義務）を負うにとどまる。地役権者が承役地を通行するための通路を開設したりする義務（積極的義務）は負わない。

　　ただし，地役権の設定契約において，“承役地の所有者は自己の費用をもって地役権行使のために工作物を設け，又は修繕をする義務を負う”旨を定めることもできる（積極的義務）。

H8-21
　➡　この定めがされたときは，申請情報の内容としてその定めを提供する。

重要❶ •
　地役権の設定の登記の申請情報において「特約」として提供することができるのは，上記④⑤⑥の定めだけ。地役権の設定契約においてその他の特約事項が定められた場合は，「特約」としてではなく，「設定の目的」としてその定めを提供する（先例昭33.4.10−768）。

【例】　地役権の設定契約において，「①目的　日照，②特約　承役地所有者は高さ30m以上の工作物を設置しない」と定められた場合には，申請情報の内容としては「目的　日照の確保のため，高さ30m以上の工作物を設置しない」のように提供する。

重要❶ •
H22-16
　地役権の設定契約において，地代や存続期間が定められた場合でも，それを申請情報の内容として提供することはできない。
∵　地役権の登記事項とはされていない（不登§80Ⅰ参照）。

⑷　**申請人→**　登記権利者と登記義務者の氏名や住所を提供する。

- 　登記権利者である要役地の所有権等の登記名義人が2人以上である場合 R4-13
  でも，登記権利者の持分を提供することを要しない。 H17-27
  - ∵　地役権は人のための権利ではないので，共有者の持分ということは関係ない。

4　添付情報

① 　登記義務者の登記識別情報（不登§22）

② 　登記原因証明情報（不登令別表35添付情報欄イ）

③ 　代理権限証明情報（委任状，不登令§7Ⅰ②）

④ 　（書面申請の場合は）登記義務者（所有権登記名義人）の印鑑証明書（不登令§16Ⅱ，18Ⅱ）

⑤ 　一筆の土地の一部を目的（承役地）とした地役権の場合 R3-16
　地役権の目的となる範囲を明確にした図面を提供することを要する（不登令別表35添付情報欄ロ）。
  - ∵　地役権の目的となる土地の部分を明らかにするため。

➕ アルファ

範囲が全部であるときは，図面を提供することを要しない。

⑥ 　要役地と承役地の管轄登記所が異なる場合 H27-22
　要役地の登記事項証明書を提供することを要する（不登令別表35添付情報 H9-17
欄ハ）。
  - ∵　地役権の設定の登記を申請するにあたっては，要役地についても所有権の登記があることを要する（不登§80Ⅲ）。そして，要役地の現在の登記名義人が登記権利者となって登記を申請することを要する。
　　そのため，地役権の設定の登記の申請がされたときは，登記官は要役地の登記記録を見て，①所有権の登記の有無，②要役地の現在の登記名義人が登記権利者となって登記を申請しているか，を確認する。
　　しかし，要役地と承役地の管轄登記所が異なるときは，申請を受け付けた登記官（承役地を管轄する登記所の登記官）は，要役地の登記記録を容易に確認することができない。そのため，この場合には，地役権の設定の登記の申請情報と併せて要役地の登記事項証明書を提供し，上記の①と②を証明する。

5　登録免許税

R5-27
H20-19

定額課税である。承役地１個につき金1,500円（登税別表第1.1(4)）。

 ●

　通常，権利の設定の登記（新たに権利を取得する登記）は定率課税であるが，地役権は排他性のない物権であるので，定額課税とされている。

6　1つの申請情報で申請することの可否

R4-22
H29-22
H20-16

　一筆の土地を要役地とし，所有者の異なる数筆の土地を承役地として，同時に同一の目的のために地役権を設定した場合でも，それら数筆の承役地についての地役権の設定の登記は，1つの申請情報で申請することはできない（先例昭33.2.22-421）。

∵　承役地の所有者が異なるので，同時に同一の目的のために地役権を設定しても，実質的な登記原因が異なることになり，1つの申請情報で申請するための要件（不登令§4ただし書）を満たさない。

> 【例】　Aの所有する甲土地を要役地，Bの所有する乙土地とCの所有する丙土地を承役地として，同時に，通行を目的とした地役権の設定契約がされた。
>
> ➡　乙土地を目的とした地役権の設定の登記と，丙土地を目的とした地役権の設定の登記は，別々に申請することを要する。1つの申請情報で申請することはできない。

7　登記の実行

(1)　登記の実行と要役地である旨の登記

①　地役権の設定の登記は，承役地の登記記録にされる。

↓

②　その後，登記官が職権で，要役地の登記記録に要役地である旨の登記をする（不登§80Ⅳ，不登規§159Ⅰ）。

➡　承役地の表示，その土地が地役権の目的である旨，地役権設定の目的，範囲等を記録する（前記1のケーススタディ参照）。

(2)　地役権者の氏名，住所について

H25-22
H14-27

　地役権の設定の登記においては，地役権者の氏名，住所は記録されない（不登§80Ⅱ）。

∵　地役権は，土地（要役地）のための権利であり，人のための権利ではな

いから。そのため，地役権の設定の登記には要役地の表示が記録され，地役権者の表示は記録されない。

重要❗ ・・・・・・・・・・・・・・・・・・・・・・・・・・・・・・・

ただし，地役権の設定の登記を申請するときは，申請情報の内容として，登記権利者(すなわち地役権者)の氏名，住所を提供することを要する(不登令§3①)。 `H27-14`

➡ 登記を申請するときは，申請情報の内容として，必ず申請人（登記権利者と登記義務者）の氏名，住所を提供する必要がある（不登令§3①）。

➡ 登記記録には地役権者の氏名，住所は記録されないが，申請情報の内容としては提供する必要がある。

(3) 登記識別情報について

地役権の設定の登記が完了しても，登記識別情報は通知されない。 `H23-12`

∵ 地役権の設定の登記においては，地役権者の氏名，住所は記録されない。 `H20-13`
つまり，申請人自らが登記名義人となる登記とはいえないから（不登§21参照）。

【申請書】

登記の目的	地役権設定
原　　　因	年月日設定
目　　　的	通行
範　　　囲	東側11平方メートル
特　　　約	地役権は要役地とともに移転しない
権　利　者	A
義　務　者	B
添付情報	登記識別情報（Bのもの）
	登記原因証明情報
	代理権限証明情報（A及びBから司法書士への委任状）
	印鑑証明情報（Bの印鑑証明書）
	地役権図面
登録免許税	金1,500円
不動産の表示	承役地（省略）
	要役地（省略）

第3節　地役権の移転

1　意　義

　地役権は，土地（要役地）の便益のための権利であるので，要役地の所有権等にくっついている。そのため，要役地と分離して地役権のみを譲渡することはできない（民§281Ⅱ）。

➡　地役権は要役地に随伴し，要役地の所有権等が移転したときは，別段の定めがない限り要役地に伴い地役権も移転する（同Ⅰ）。

2　地役権の移転に関する登記

　要役地の移転に伴って地役権も移転するが，地役権の移転の登記を申請することはできない。

∵　地役権の設定の登記には地役権者の表示は記録されないから（不登§80Ⅱ），地役権の移転の登記ということもあり得ない。

　要役地の移転に伴い地役権が移転したときは，要役地について所有権等の移転の登記をすれば，地役権の移転についても対抗力が備わると解されている。

第4節　地役権の変更の登記

　地役権の設定の登記がされた後，その登記事項に変更が生じたときは，地役権の変更の登記を申請することができる。

① 　地役権の効力が及ぶ範囲を変更し，変更後の範囲が一筆の土地の一部となるときは，変更の登記の申請情報と併せて変更後の範囲を明確にした図面を提供することを要する（不登令別表36添付情報欄ロ）。

② 　要役地と承役地の管轄登記所が異なるときは，地役権の変更の登記の申請情報と併せて，要役地の登記事項証明書を提供することを要する（不登令別表36添付情報欄ハ）。
　∵　要役地の現在の登記名義人が変更の登記を申請していることを証明するため。

③ 　地役権の変更について登記上の利害関係を有する第三者が存在する場合，申請情報と併せてその承諾等を証する情報を提供したときは変更の登記は付記登記でされ，提供しないときは主登記でされる（不登§66，不登令別表36添付情報欄ニ）。

第5節　地役権の登記の抹消

　地役権の設定契約が解除されたり，「地役権は要役地とともに移転しない」
旨の定めがある場合に要役地所有権が第三者に移転したときは，地役権は消滅
する。

　地役権が消滅したときは，地役権の登記の抹消を申請する。

1　登記の手続

　原則どおり，登記権利者と登記義務者の共同申請（不登§60）。

> 登記権利者→　承役地の登記名義人
> 登記義務者→　地役権者であった者

・　「地役権は要役地とともに移転しない」旨の特約がされている場合に，要
　役地の所有権の移転の登記がされても，登記官が職権で地役権の登記の抹消
　をすることはできない。当事者の申請により抹消する。
　　➡　登記原因は，「年月日要役地の所有権移転」と提供する（記録例290）。
　　➡　原則どおり，登記権利者と登記義務者が共同で申請する（不登§60）。

H29-22

2　登記義務者の登記識別情報

　地役権の登記の抹消を申請する場合，申請情報と併せて，"地役権の登記を
受けた際の登記識別情報"というものを提供することはできない。
∵　そもそも，地役権の設定の登記の登記識別情報というものは存在しない。

　そのため，登記の抹消の申請情報と併せて，地役権者が要役地の所有権の登
記を受けた際の登記識別情報を提供すると解されている。

H8-20

・　地役権の設定の登記がされた後，要役地の所有権の移転に伴って地役権も
　移転している場合に，地役権の登記の抹消を申請するときは，要役地につい
　て所有権の移転の登記を受けた際の登記識別情報を提供することができる
　（先例昭37.6.21－1652）。

3　その他

①　要役地と承役地の管轄登記所が異なるときは，地役権の登記の抹消の申請
　情報と併せて，要役地の登記事項証明書を提供することを要する（不登令別

表37添付情報欄ロ）。

∵　要役地の現在の登記名義人が登記義務者となって登記を申請していることを証明するため。

②　地役権の登記の抹消について登記上の利害関係を有する第三者が存在するときは，申請情報と併せて，その者が作成した承諾を証する情報又はその者に対抗することができる裁判があったことを証する情報を提供することを要する（不登令別表37添付情報欄ハ）。　`H16-16`

【例】　地役権の設定の登記がされた後に，要役地を目的として抵当権の設定の登記を受けた者等が登記上の利害関係を有する第三者に該当する。　`R4-22` `H26-14`

∵　地役権がなくなると，要役地の価値が下がる，すなわち要役地を目的とした抵当権者に不利益が及ぶと解されるから。

第13章
賃借権に関する登記

Topics　・賃借権は物権ではないが，不動産の利用権の一種として，登記をする
　　　　　　ことができる。
　　　　　・賃借権も，特殊的な登記事項が重要。

1　総　説

　賃借権とは，賃借人が賃貸人に対して賃料を支払い，ある物を使用収益する
ことを請求できる権利（民§601）。

　賃借権は債権であり，物を排他的に使用することのできる権利ではないが，
物の利用権の一種として登記をすることが認められている（不登§3⑧）。

H23-17　・　ただし，賃借人は賃貸人に対して当然に賃借権の設定の登記の請求権を有
するものではなく（大判大10.7.11），賃借権の設定契約等において賃借権の
登記をすることを約することによって，賃借権の設定の登記の請求権が発生
する。

2　設定の登記の可否

H17-23　①　既に賃借権の設定の登記がされている不動産について，重ねて第三者のた
めに賃借権の設定の登記を申請することができる（先例昭30.5.21－972）。
　　∵　賃借権は債権であり，物を排他的に支配する権利ではないので，同一の
　　　物につき2個以上の賃借権を設定することも可能。

➕ アルファ

　既に地上権の設定の登記のされている土地について，重ねて第三者のため
に地上権の設定の登記を申請することはできない（区分地上権を除く）。

②　一筆の土地の一部を目的として，賃借権の設定の登記を申請することはで
きない（不登§25⑬，不登令§20④）。
　➡　前提として分筆の登記をして，分筆後の一筆の土地の全部を目的とした
　　形で賃借権の設定の登記を申請する。

H3-30　③　共有持分を目的として，賃借権の設定の登記を申請することはできない（先

例昭48.10.13 - 7694)。

④ 工場財団に属した旨の登記がされている土地であっても，工場財団を目的 H8-13 とした抵当権者の同意を得たときは，賃借権の設定の登記を申請することが できる。

➡ 詳しくは「スタンダード合格テキスト　5不動産登記法Ⅱ」参照

3　登記の手続

(1)　申請人

原則どおり，登記権利者と登記義務者の共同申請（不登§60）。

> 登記権利者→　賃借人
> 登記義務者→　賃貸人（所有権の登記名義人）

(2)　申請情報の内容

① 登記の目的→　「賃借権設定」

② 登記原因及びその日付→　賃借権が設定された日をもって，「年月日設定」

③ 登記事項（不登令別表38申請情報欄，不登§81） H14-21
賃借権の登記においても，特殊的な登記事項が登記される。

➡ その賃借権の具体的な内容である。

そのため，申請情報の内容としてその特殊的な登記事項を提供する必要がある。

> ⑦　絶対的登記事項（不登令別表38申請情報欄，不登§81①） H23-17
> ・　賃料
>
> ⑦　任意的登記事項（不登令別表38申請情報欄，不登§81②～⑧） H26記述
> ・　存続期間の定めがあるときは，その定め
> ・　賃料の支払時期の定めがあるときは，その定め
> ・　賃借権の譲渡又は賃借物の転貸を許す旨の定めがあるときは，その定め

- ・　敷金があるときは，その旨
- ・　賃貸人が財産の処分につき行為能力の制限を受けた者又は財産の処分の権限を有しない者であるときは，その旨
- ・　土地の賃借権で，賃借権設定の目的が建物の所有であるときは，その旨
- ・　建物の所有を目的とした土地の賃借権で，建物が借地借家法23条1項又は2項に規定する建物であるときは，その旨
- ・　借地借家法22条1項前段，23条1項，38条1項もしくは39条1項等の定めがあるときは，その定め

(3)　賃　料

絶対的登記事項。賃料を必ず提供することを要する。

∵　賃借人は賃貸人に対して賃料を支払うことが要件とされている（民§601）。

① 賃料の定めは明確なものであることを要する。

∵　賃料が明確でないと，この不動産について取引関係に入ろうとする第三者が困る。

【例】「3年目までは年100万円，4年目以降の分については双方協議の上定める」といったような定めを提供することはできない（先例昭41.9.29－1010）。

② 賃料は，必ずしも金銭で定める必要はない。

【例】「甲土地を使用収益する」という定めも可能（先例昭41.4.15－193）。

③ 数個の不動産を目的とした賃借権の設定の登記を1つの申請情報で申請するときは，賃料は不動産ごとに分けて提供することを要する。

∵　賃借権は不動産ごとに成立し，不動産ごとに別々に登記されるので，各不動産の賃料を明らかにする必要がある。

【例】「甲不動産，乙不動産あわせて年100万円」という定めは×（先例昭54.4.3回答）。

⑷　存続期間の定め

　　賃貸借契約において賃借権の存続期間を定めたときは，それを申請情報の H26記述
内容として提供する（不登令別表38申請情報欄，不登§81②）。

➕ アルファ

　　民法上，賃借権の存続期間は50年を超えることができないとされており（民 R2-20
§604Ⅰ），また借地借家法が適用される場合には，特別の規定が設けられて
いる（借地借家§3等，第14章1参照）。

- ・　存続期間を「借主が死亡するまで」と定めることができる（先例昭 R2-20
38.11.22－3116）。 H17-23
  - ➡　借主が長生きしてしまったら50年を超えてしまう可能性もあるが，こ
のような定めの登記も可能とされている。

⑸　賃借権の譲渡や賃借物の転貸を許す旨の定め

　　賃借人は，賃貸人の承諾を得なければ，賃借権を譲渡し又は賃借物の転貸
をすることができない（民§612Ⅰ）。

➡　違反したら，賃貸人は契約を解除することができる（同Ⅱ）。

　　一方，賃貸借の契約において，賃貸人が「賃借人は自由に賃借権を譲渡し
ていいし，自由に賃借物の転貸をしていいですよ」と予めの承諾をしてくれ
た場合には，賃借権の設定の登記の申請情報の内容としてその旨を提供する
ことができる。

➡　「譲渡，転貸ができる」と提供する（記録例292）。

➕ アルファ

　　賃借権の譲渡→　文字どおり賃借権を第三者に譲渡すること。賃借権の譲
　　　　　　　　　　渡がされたら，賃借権が譲受人に移転する。
　　賃借物の転貸→　賃借人が賃借物を第三者に貸すこと。いわゆる"また貸
　　　　　　　　　　し"。賃借権が移転するわけではない。

⑹　建物所有を目的とする旨

　　賃借権の設定の登記においては，原則として「設定の目的」を提供するこ H14-21
とを要しない。

➡　地上権と区別すること。

　　　　　ただし，賃借権においても，①土地の賃借権で，②建物の所有を目的とするときは，その旨を提供することを要する。

∵　建物の所有を目的とした土地の賃借権については借地借家法の規定が適用されるので（借地借家§2①），その規定が適用される賃借権であることを明らかにする必要がある。

・　「目的　建物所有」と提供する（先例平4.7.7-3930）。

(7)　登録免許税

定率課税である。

課税標準→　不動産の価額

税　　率→　1000分の10（登税別表第1.1(3)イ）

【申請書】

登記の目的	賃借権設定
原　　　因	年月日設定
賃　　　料	1年金120万円
支 払 時 期	毎年末日
敷　　　金	金20万円
特　　　約	譲渡，転貸ができる
権 利 者	X
義 務 者	A
添 付 情 報	登記識別情報（Aのもの）
	登記原因証明情報
	代理権限証明情報（X及びAから司法書士への委任状）
	印鑑証明情報（Aの印鑑証明書）
課 税 価 額	金1,000万円
登録免許税	金10万円

参考先例

① 数人の共有する不動産を目的として短期の賃借権（民§602）を設定する場合は，共有物の管理に関する事項として，各共有者の持分の過半数の決定ですることができる（民§252Ⅰ）。

この場合は，持分の過半数を有する共有者らが賃借権の設定の登記の申請人となれば足りる（先例令5.3.28 - 533）。

➡　共有者全員（所有権の登記名義人全員）が申請人とならなくてよい。

➡　ただし，申請情報の内容としては，登記義務者として共有者全員の表示を提供することを要する（同先例）。

②　共有物の管理者（民§252の2）が，共有物について短期の賃借権（民§602）を設定した場合には，共有物の管理者が，管理者を選任した共有者らの代理人として，賃借権の設定の登記を申請することができる（先例令5.3.28 - 533）。

➡　各共有者の持分の過半数の決定により共有物の管理者を選任したことを証する情報（選任した共有者の印鑑証明書付き）が，代理権限を証する情報（不登令§7Ⅰ②）となる（同先例）。

4　賃借権の譲渡，賃借物の転貸の登記

　賃借人は，賃貸人の承諾を得たときは，賃借権の譲渡又は賃借物の転貸をすることができる（民§612Ⅰ）。この場合は，譲渡による賃借権の移転の登記又は転貸の登記を申請することができる。 `H6-16`

(1)　申請人

①　特定承継による賃借権の移転の登記は，登記権利者と登記義務者の共同申請（不登§60）。

> 登記権利者→　賃借権の譲受人
> 登記義務者→　賃借権の譲渡人（賃借権の登記名義人）

②　一般承継（相続・合併）による賃借権の移転の登記は，相続人（権利を承継した法人）からの単独申請（不登§63Ⅱ）。

③　転貸の登記は，登記権利者と登記義務者の共同申請（不登§60）

> 登記権利者→　転借人
> 登記義務者→　転貸人（賃借権の登記名義人）

(2) 登記の目的

① 賃借権の譲渡の登記→　「○番賃借権移転」

② 賃借物の転貸の登記→　「○番賃借権転貸」

(3) 登記原因及びその日付

① 賃借権の譲渡の登記→　「年月日売買」等

H27-15　② 賃借物の転貸の登記→　「年月日転貸」

- 登記原因の日付は，賃借権の譲渡又は賃借物の転貸の契約がされた日。

H20-15
- ➡ 当事者間の譲渡（転貸）の契約より後に賃貸人の承諾が得られた場合でも，その承諾の日が原因日付になるわけではない。

(4) 登記事項

① 賃借権の移転の登記→　賃借権がそのままの内容で移転するので，申請情報の内容として特殊的な登記事項を提供することを要しない。

② 賃借物の転貸の登記→　新たな賃借権の設定の登記のようなものなので，申請情報の内容として特殊的な登記事項（＝転借権の内容）を提供することを要する（不登令別表39申請情報欄，不登§81）。

- ➡ 特殊的な登記事項の内容は，賃借権の設定の登記と同じである。

- 転貸の登記の申請情報の内容として，賃貸人と賃借人（転貸人）の間の賃貸借契約において定められた賃料を提供することを要しない。

(5) 添付情報

H14-21　賃借権の譲渡又は賃借物の転貸の登記を申請するときは，申請情報と併せて，原則として賃貸人の承諾を証する情報を提供することを要する（不登令別表39添付情報欄ロ，同40添付情報欄ロ）。

∵ 賃借権の譲渡や賃借物の転貸をするためには，賃貸人の承諾が必要（民§612Ⅰ）。

- 賃借権の設定の登記に「譲渡，転貸ができる」旨の定めが登記されているときは，賃貸人の承諾を証する情報を提供することを要しない（同）。

∵ 賃貸人が，賃借権の譲渡又は賃借物の転貸について予め承諾している

ことが登記記録上から明らかだから。

5　賃借権の変更の登記

賃借権の設定の登記がされた後，その登記事項に変更が生じたときは，賃借権の変更の登記を申請することができる。

(1)　申請人

原則どおり，登記権利者と登記義務者の共同申請（不登§60）。

> 登記権利者→　変更の登記によって登記上直接に利益を受ける者
> 登記義務者→　変更の登記によって登記上直接に不利益を受ける者

賃借人が利益を受ける変更の登記であれば，賃借人が登記権利者，賃貸人が登記義務者となる。

- ・　賃借人にとって利益となる変更　→　賃料の減額や存続期間の延長等
- ・　賃借人にとって不利益となる変更→　賃料の増額や存続期間の短縮等

(2)　登記上の利害関係を有する第三者の承諾等を証する情報

賃借権の変更の登記を申請する場合に登記上の利害関係を有する第三者が存在するときは，申請情報と併せてその者が作成した承諾を証する情報又はその者に対抗することができる裁判があったことを証する情報を提供したときは変更の登記は付記登記でされ，提供しないときは主登記でされる（不登§66，不登令別表25添付情報欄ロ）。

登記上の利害関係を有する第三者に該当する者
① 　賃借人にとって利益となる変更の登記を申請する場合

> - ・　後順位の担保権の登記名義人
> - ・　後順位の所有権の差押え，仮差押え等の登記名義人

② 　賃借人にとって不利益となる変更の登記を申請する場合

> - ・　当該賃借権を目的とした転貸，差押え等の登記名義人
> - ・　当該賃借権の移転に関する仮登記の名義人

・　なお，賃借権の登記に転貸の登記がされている場合に，賃借権の賃料を増額する変更の登記を申請するときは，転借権の登記名義人は登記上の利害関係を有する第三者に該当しないとされている（質疑登研212 P 55）。

∵　賃料を増額したところで，転借権の登記名義人が登記上不利益を受けるわけではない。

6　賃借権を先順位抵当権に優先させる同意の登記

(1)　意　義

抵当権に後れる賃借権の登記がある場合，その賃借人は，不動産が競売されて買受人が現れたときは，その買受人に対して賃借権を対抗することができない。

➡　不動産の競売がされたときは，賃借人は買受人に対して不動産を明け渡さなければならない。

📖ケーススタディ

権　利　部　（甲　区）	（所　有　権　に　関　す　る　事　項）		
順位番号	登記の目的	受付年月日・受付番号	権利者その他の事項
1	所有権移転	平成6年7月10日 第7000号	原因　平成6年7月10日売買 所有者　　A

権　利　部　（乙　区）	（所有権以外の権利に関する事項）		
順位番号	登記の目的	受付年月日・受付番号	権利者その他の事項
1	抵当権設定	平成28年9月17日 第9000号	原因　平成28年9月17日金銭消費貸借同日設定 （登記事項省略） 抵当権者　　X
2	抵当権設定	令和1年6月27日 第6000号	原因　令和1年6月27日金銭消費貸借同日設定 （登記事項省略） 抵当権者　　Y
3	賃借権設定	令和4年10月8日 第10000号	原因　令和4年10月8日設定 （登記事項省略） 賃借権者　　Z

この後に不動産が差し押さえられて競売がされ，Bが買受人となった場合（AからBへの所有権の移転の登記がされた場合），ZはBに対して賃借権をもって対抗することができない。

➡ 賃借人として不動産を占有していたZは，Bに対して不動産を明け渡すことを要する。

しかし，競売がされる前に，先順位抵当権者X，Yが，Zの賃借権について抵当権に優先させることに同意をし，その登記をしたときは，Zは先順位抵当権者X，Y及び競売がされた場合の買受人に対抗することができる（民§387Ⅰ）。

➡ 後に不動産について競売がされ，Bが買受人となった場合でも，Zは賃借権に基づいて継続して不動産を使用・収益することができ，Bに不動産を明け渡す必要はない。

➡ Bは賃借権の負担の付いた不動産を買い受けたことになる。つまり，Bの所有する不動産についてZが賃借している関係となる。

⑵ **要 件**

① 賃借権より先順位の抵当権者全員の同意が必要（民§387Ⅰ）。

② 先順位抵当権者がこの同意をするためには，同意によって不利益を受ける立場にある者（抵当権を目的として権利を有する者。つまり転抵当権者等）の承諾を得ることを要する（同Ⅱ）。

⑶ **同意の登記の手続**

原則どおり，登記権利者と登記義務者の共同申請（不登§60）。 H29記述

登記権利者→ 賃借権の登記名義人
登記義務者→ 賃借権より先順位の抵当権者全員（先例平15.12.25－3817）。 H20-23

【例】 上記⑴の例でいうと，Zが登記権利者，XYが登記義務者となる。

⑷　**添付情報**

　　通常の共同申請による登記の添付情報のほか，同意によって不利益を受ける立場にある者（抵当権を目的とした転抵当権者等）の承諾を証する情報を提供することを要する（不登令§7Ⅰ⑤ハ，先例平15.12.25-3817）。

　∵　この承諾は，同意の効力要件である（民§387Ⅱ）。

⑸　**登録免許税**

H30-27
H23-27
　　定額課税。賃借権及び抵当権の件数1件につき金1,000円（登税別表第1.1⑼）。

【申請書】

登記の目的	3番賃借権の1番抵当権，2番抵当権に優先する同意
原　　　因	令和5年5月10日同意
権　利　者	Z
義　務　者	X
	Y
添 付 情 報	登記識別情報（Xの1番抵当権及びYの2番抵当権のもの） 登記原因証明情報 代理権限証明情報（Z，X及びYから司法書士への委任状） （不利益を受ける者がいる場合は承諾証明情報）
登録免許税	金3,000円

⑹　**登記の実行**

　　この同意の登記は，主登記でされる（先例平15.12.25-3817，記録例304）。

　∵　各抵当権や賃借権の登記に付記する形だと，登記記録が複雑になってしまう。

　　後述する抵当権の順位変更の登記と同じように考えることができる。

【登記完了後の登記記録】

権　利　部（乙　区）　（所有権以外の権利に関する事項）			
順位番号	登記の目的	受付年月日・受付番号	権利者その他の事項
1 ④	抵当権設定	平成28年9月17日 第9000号	原因　平成28年9月17日金銭消費貸借 　　同日設定 （登記事項省略） 抵当権者　　X
2 ④	抵当権設定	令和1年6月27日 第6000号	原因　令和1年6月27日金銭消費貸借 　　同日設定 （登記事項省略） 抵当権者　　Y
3 ④	賃借権設定	令和4年10月8日 第10000号	原因　令和4年10月8日設定 （登記事項省略） 賃借権者　　Z
4	3番賃借権の 1番抵当権, 2番抵当権に 優先する同意	令和5年5月10日 第5000号	原因　令和5年5月10日同意

7　賃借権の登記の抹消

　賃貸借契約の解除,存続期間の満了等により賃借権が消滅したときは,賃借権の登記の抹消を申請することができる。

(1)　申請人

　原則どおり,登記権利者と登記義務者の共同申請（不登§60）。

> 登記権利者→　賃貸人（所有権の登記名義人）
> 登記義務者→　賃借人（賃借権の登記名義人）

(2)　添付情報

　賃借権の登記の抹消を申請する場合に,登記上の利害関係を有する第三者が存在するときは,申請情報と併せてその者が作成した承諾を証する情報又はその者に対抗することができる裁判があったことを証する情報を提供することを要する（不登§68,不登令別表26添付情報欄ト）。

賃借権の登記が抹消されたら，その賃借権を目的とした第三者の権利の登記も登記記録上存続することができなくなり，登記官の職権によって抹消される（不登規§152Ⅱ）。

　　　その者の意思を問わずに勝手に抹消するわけにはいかないので，その者の承諾等を得る必要がある。

・　賃借権を目的として転貸の登記がされている場合，賃借権の登記の抹消を申請するときは，申請情報と併せて転借権の登記名義人の承諾等を証する情報を提供することを要する。

H23-17

　∵　賃借権の登記の抹消がされたら，転貸の登記は登記官の職権により抹消されてしまう（不登規§152Ⅱ）。

　➡　すなわち，賃借権の登記の抹消の前提として，転貸の登記の抹消を申請することを要しない。

第14章
借地借家法に関する登記

Topics・借地借家法とは，建物の所有を目的とする地上権や土地賃借権，また建物の賃貸借がされた場合について特別の定めをするもの。
・住宅（地）を所有する者とそれを利用する者の利害の調整（利用権者を保護する）を図っている。

1　意　義

> （趣旨）
>
> **借地借家法第1条**　この法律は，建物の所有を目的とする地上権及び土地の賃借権の存続期間，効力等並びに建物の賃貸借の契約の更新，効力等に関し特別の定めをするとともに，借地条件の変更等の裁判手続に関し必要な事項を定めるものとする。

　地上権，賃借権は民法の中で規定されているが，一定の要件を満たす場合には，この借地借家法の規定が適用される。

➕アルファ

民法→借地法・借家法→借地借家法への流れ

　地上権，賃借権は民法に規定されているが，住宅あるいは住宅地を借りるための規定は皆無に等しい。特に賃借権については債権であるので，契約自由の原則から借りる人の立場はあまりに弱かった。

　そこで，住宅や住宅地を借りる人を保護するため，大正時代に借地法・借家法が制定された。これは十分に意義を有する法律であったが，しかしあまり借主を保護してしまうと，今度は貸主の側が住宅（地）の供給を躊躇するようになったり，新たな問題が発生してきた。

　そのため，今度は，借りている方をしっかり保護しつつも，貸している方にも気を配った（といえる）借地借家法が，平成3年に成立した。

2　借地権

　建物の所有を目的とする地上権又は土地の賃借権をいう（借地借家§2①）。

・　借地権の存続期間は，30年である。ただし，当事者間の契約でこれより
長い期間を定めた場合には，その期間となる（借地借家§3）。

重要❗ ●

借地権の存続期間は，最低でも30年ということである。

➡　まさに借主を保護する規定である（民法の賃貸借では，最短期間の制限は
ない）。

➡　上限については特に制限はない。

3　自己借地権

H7-12
借地権を設定する場合において，他の者と共に有することになる場合に限り，
借地権設定者が自らその借地権者となることができる（借地借家§15）。

【例】　Aの所有する甲土地につき，AとBが準共有する借地権を設定すること
ができる。

4　定期借地権（広義）

定期借地権とは，一定の存続期間を定め，その期間が満了しても契約の更新
を保障せず，存続期間の満了によって借地関係を確定的に消滅させる制度（借
地借家§22〜24）。

⑴　意　義

通常の借地権を設定すると，借地権の物権化の傾向から，建物の存続する
限りは借地権を消滅させることが困難である。

【例】　Aの所有する土地を目的として，Xのために期間を30年と定めて借地
権を設定した。そして，Xは借地上に建物を建てて家族4人で幸せに暮
らしていた。

その後，借地権の存続期間が満了した。この場合，借地上に建物が存
在していれば，事実上Xは借地契約の更新が保障されているといってい
い。Aとしては土地を返してもらいたくても，そのためには正当事由が
必要だったり立退き料が必要だったり，かなり厳しい。

だから，土地を持っている人は「貸したらなかなか返してもらえない
から，貸すのをやめよう」となってしまう。

これではちょっとまずいので，一定の要件のもとに，契約の更新を保障せ

ず，期間が満了したら確実に土地を返してもらえるような借地権を新たに創
設した。これが定期借地権である。

(2) 定期借地権の種類
① 一般定期借地権（借地借家§22）
② 事業用（定期）借地権（同23）
③ 建物譲渡特約付借地権（同24）

5 一般定期借地権
(1) 意義，要件

> （定期借地権）
> **借地借家法第22条** 存続期間を50年以上として借地権を設定する場合において
> は，第9条及び第16条の規定にかかわらず，契約の更新及び建物の築造によ
> る存続期間の延長がなく，並びに第13条の規定による買取りの請求をしない
> こととする旨を定めることができる。この場合においては，その特約は，公
> 正証書による等書面によってしなければならない。

➡ このような特約がされた借地権を，一般定期借地権という。

・ この特約は，公正証書等の書面によってしなければならない（借地借家
§22Ⅰ後段）。
➡ 必ずしも公正証書であることを要しない。
➡ 書面だけでなく，電磁的記録で特約をすることも可（同Ⅱ）。

H31-19

・ この特約は，存続期間を50年以上とする借地権を設定する際にしなけ
ればならない。
➡ 存続期間を50年以上とする借地権の設定の登記がされている場合に，
新たに借地借家法第22条第1項の特約を追加する旨の変更の登記を申請
することはできない（先例平4.7.7-3930）。

(2) 登記の手続
基本的には地上権，賃借権の設定の登記と同様。

① 「特約」として「借地借家法第22条第1項の特約」と提供する（不登令
別表33申請情報欄，同38申請情報欄，不登§78③，81⑧）。

② 申請情報と併せて，特約を証する公正証書等の書面及びその他の登記原因を証する情報を提供することを要する（不登令別表33添付情報欄イ，同38添付情報欄イ）。

➡ ただし，登記原因証明情報として執行力ある確定判決の正本を提供した場合を除く（同）。

【申請書】

```
登記の目的　地上権設定
原　　　因　年月日設定
目　　　的　建物所有
存 続 期 間　50年
地 代 等　省略
特　　　約　借地借家法第22条第1項の特約
権 利 者　X
義 務 者　A
添 付 情 報　登記識別情報（Aのもの）
　　　　　　特約を証する書面及びその他の登記原因証明情報
　　　　　　代理権限証明情報（X及びAから司法書士への委任状）
　　　　　　印鑑証明情報（Aの印鑑証明書）
```

6　事業用（定期）借地権

(1)　意　義

いわゆる事業用（定期）借地権には，2つの種類がある。

まずは借地借家法23条1項

（事業用定期借地権等）

借地借家法第23条　専ら事業の用に供する建物（居住の用に供するものを除く。次項において同じ。）の所有を目的とし，かつ，存続期間を30年以上50年未満として借地権を設定する場合においては，第9条及び第16条の規定にかかわらず，契約の更新及び建物の築造による存続期間の延長がなく，並びに第13条の規定による買取りの請求をしないこととする旨を定めることができる。

➡　このような特約がされた借地権を，**事業用定期借地権**という。

　もう１つは，同条の２項

（事業用定期借地権等）

借地借家法第23条

2　専ら事業の用に供する建物の所有を目的とし，かつ，存続期間を10年以上
　30年未満として借地権を設定する場合には，第３条から第８条まで，第13条
　及び第18条の規定は，適用しない。

➡　このような内容の借地権を，**事業用借地権**という。

➕ **アルファ**

　借地借家法23条１項の事業用定期借地権は，専ら事業の用に供する建物（居
住の用に供するものを除く。）の所有を目的とし，かつ，存続期間を30年以
上50年未満として借地権を設定する場合には，「契約の更新や建物の築造に
よる存続期間の延長がなく，ならびに借地借家法13条の規定による建物の買
取請求をしないこととする」旨の特約を付すことができる，というものであ
る。

　一方，同２項の事業用借地権は，専ら事業の用に供する建物（居住の用に
供するものを除く。）の所有を目的とし，かつ，存続期間を10年以上30年未
満として借地権を設定する場合には，当然に契約の更新，存続期間の延長の
規定が適用されず，かつ建物の買取請求等の規定も適用されない，というも
のである。これは，"借地権に一定の特約を付した"というものではない。

・　社宅や賃貸マンションの所有を目的とする事業用（定期）借地権の設定　H18-27
　の登記をすることはできない。
　∵　事業用（定期）借地権は，居住の用に供する建物を所有するために設
　　定することはできない（借地借家§23ⅠⅡ）。

・　事業用（定期）借地権の設定は，**公正証書**によってしなければならない
　（借地借家§23Ⅲ）。

重要❗ •

一般定期借地権と事業用（定期）借地権の相違（書面について）

一般定期借地権→　特約は，公正証書"等"の書面によってすることを要する。

事業用（定期）借地権→　契約は，公正証書によってすることを要する。

(2)　登記の手続

基本的には地上権，賃借権の設定の登記と同様。

H28-21
H26記述

①　「目的」として「借地借家法第23条第1項（第2項）の建物所有」と提供する（不登令別表33申請情報欄，同38申請情報欄，不登§78④，81⑦）。

H28-21

②　借地借家法23条1項の事業用定期借地権である場合には，「借地借家法第23条第1項の特約」がある旨を提供する（不登令別表33申請情報欄，同38申請情報欄，不登§78③，81⑧）。

重要❗ •

借地借家法23条2項の事業用借地権は，借地権に一定の特約を付す形ではないので，「特約」として提供する必要はない。

H7-12

③　申請情報と併せて，契約を証する公正証書の謄本を提供することを要する（不登令別表33添付情報欄ロ，同38添付情報欄ロ）。

　➡　ただし，登記原因証明情報として執行力ある確定判決の正本を提供した場合を除く（同）。

【申請書】

登記の目的　賃借権設定

原　　　因　年月日設定

目　　　的　借地借家法第23条第2項の建物所有

賃　料　等　省略

存続期間　15年

権　利　者　X

義　務　者　A

添付情報　登記識別情報（Aのもの）

　　　　　　契約を証する公正証書の謄本（登記原因証明情報）

　　　　　　代理権限証明情報（X及びAから司法書士への委任状）

印鑑証明情報（Aの印鑑証明書）

7　建物譲渡特約付借地権

（建物譲渡特約付借地権）

借地借家法第24条　借地権を設定する場合においては，第9条の規定にかかわらず，借地権を消滅させるため，その設定後30年以上を経過した日に借地権の目的である土地の上の建物を借地権設定者に相当の対価で譲渡する旨を定めることができる。

➡　このような特約のある借地権を，建物譲渡特約付借地権という。

8　一時使用目的の借地権

　臨時設備の設置，その他一時使用のために借地権を設定したことが明らかな場合は，存続期間に関する規定，契約の更新，存続期間の延長に関する規定が適用されず，かつ建物買取請求に関する規定も適用されない（借地借家§25）。

➡　このような借地権を，**一時使用目的の借地権**という。

🔍**理由**　ずーっとそこに住むためではなく，一時使用のための借地権だから，そんなに借主を保護する必要もない。

　➡　これも，"借地権に一定の特約を付した"という性質のものではない。

・　存続期間に関する規定が適用されないので，期間は30年未満でも差し支えない。

・　公正証書等の書面によって契約をすることは要件とされていない。　H8-13

・　申請情報の内容として「目的　臨時建物所有」と提供する（先例平4.7.7－3930）。

9　借　家

・　**存続期間**

　特に制限はない。ただし，期間を1年未満とする建物の賃貸借は，期間の定めのない賃貸借とみなされる（借地借家§29）。

10　定期建物賃貸借

(1)　意　義

> （定期建物賃貸借）
>
> **借地借家法第38条**　期間の定めがある建物の賃貸借をする場合においては，公
> 正証書による等書面によって契約をするときに限り，第30条の規定にかかわ
> らず，契約の更新がないこととする旨を定めることができる。この場合には，
> 第29条第１項の規定を適用しない。

➡　このような特約のある賃貸借を，**定期建物賃貸借**という。

・　この契約は，**公正証書等の書面**によってすることを要する（借地借家§
38 Ⅰ）。

➡　電磁的記録でも差し支えない（同Ⅱ）。

・　定期建物賃貸借をするときは，建物の賃貸人は，あらかじめ，建物の賃
借人に対し，この建物賃貸借は契約の更新がなく，期間の満了により確定
的に終了することについて，書面（または電磁的記録）を交付して説明す
ることを要する（同Ⅲ Ⅳ）。

➡　賃貸人がこの説明をしなかったときは，契約の更新がない旨の定めは，
無効となる（同Ⅴ）。

(2)　登記の手続

①　申請情報の内容として，「特約　契約の更新がない」と提供する（先例
平12.2.24－473）。

②　申請情報と併せて，契約を証する公正証書等の書面を提供することを要
する（不登令別表38添付情報欄ハ）。

➡　ただし，登記原因証明情報として執行力ある確定判決の正本を提供し
た場合を除く（同）。

【申請書】

```
登記の目的　賃借権設定
原　　　因　年月日設定
賃　料　等　省略
存 続 期 間　年月日から20年
特　　　約　譲渡，転貸ができる
　　　　　　契約の更新がない
権 利 者　X
義 務 者　A
添 付 情 報　登記識別情報（Aのもの）
　　　　　　契約を証する書面（登記原因証明情報）
　　　　　　代理権限証明情報（X及びAから司法書士への委任状）
　　　　　　印鑑証明情報（Aの印鑑証明書）
```

11　取壊し予定の建物の賃貸借
(1)　意　義

（取壊し予定の建物の賃貸借）
借地借家法第39条　法令又は契約により一定の期間を経過した後に建物を取り
　壊すべきことが明らかな場合において，建物の賃貸借をするときは，第30条
　の規定にかかわらず，建物を取り壊すこととなる時に賃貸借が終了する旨を
　定めることができる。

➡　このような特約のある賃貸借を，取壊し予定の建物の賃貸借という。

・　この特約は，建物を取り壊すべき事由を記載した書面によってすること
　を要する（借地借家§39Ⅱ）。
　➡　電磁的記録でも差し支えない（同Ⅲ）。

(2)　登記の手続
①　申請情報の内容として，「特約　建物を取り壊すこととなる時に賃貸借
　終了」と提供する（先例平4.7.7-3930）。

② 申請情報と併せて，建物を取り壊すべき事由を記載した書面及びその他の登記原因を証する情報を提供することを要する（不登令別表38添付情報欄ニ）。

➡ ただし，登記原因証明情報として執行力ある確定判決の正本を提供した場合を除く（同）。

第 **2** 編

各種の権利の登記

3. 担保権に関する登記

序 章
全体像の概観

Topics ・担保権とはどういう権利か？
　　　　・担保権の登記にはどういう特徴があるのかを概観する。

1　担保権の意義

　　担保権とは，自己の有する債権の担保を目的とする権利。

➡　　債権の担保とは，自己の有する債権について優先的に弁済を受けるための
手段。

　　担保権には（基本的に）優先弁済的効力があるので，担保権を有する者は，
債務者が債務を履行しない場合に担保権を実行し，その目的物の売却の代金等
から他の債権者に優先して配当を受けることができる。

2　担保権の種類

　　民法に規定された担保権は，以下の4つ。

---

① 　留置権
② 　先取特権
③ 　質権
④ 　抵当権（根抵当権）

　　このうち，留置権と先取特権は，法の規定によって当然に発生するもの（法
定担保物権）。
　　質権と抵当権（根抵当権）は，当事者間の設定契約によって発生するもの（約
定担保物権）。

3　担保権の登記

　　担保権も，不動産を目的とした物権であるので，その登記をすることができ
る（不登§3⑤〜⑦）。

➡　　ただし，留置権は，登記による公示という制度に馴染まないので，登記を
することができない。

4　特殊的な登記事項

担保権の登記においても，特殊的な登記事項が沢山ある。

➡ その担保権の具体的な内容である。

抵当権の設定の登記においては，以下のような事項が登記される。

権　利　部（乙　区）		（所 有 権 以 外 の 権 利 に 関 す る 事 項）	
順位番号	登記の目的	受付年月日・受付番号	権 利 者 そ の 他 の 事 項
1	抵当権設定	令和4年9月17日 第9000号	原因　令和4年9月17日金銭消費貸 　　借同日設定 債権額　金1,000万円 利息　年3％ 損害金　年10% 債務者　　A 抵当権者　　X

➡ この登記記録を見れば，"この不動産にはXのAに対する金1,000万円の債権を担保する抵当権が設定されているんだな。この債権の利息は年3％で，遅延損害金は年10%か。ということは，この不動産が競売されたら，Xは最大で1,200万円くらいの優先弁済を受ける可能性があるんだな"ということが分かる。

重要❶ ●

単に"この不動産にXの抵当権が設定されている"ということだけでなく，その具体的な内容（債権額等）も公示して，不動産取引の安全と円滑に資するため。

・　特殊的な登記事項の内容
　先取特権，質権，抵当権（根抵当権）で，それぞれ特殊的な登記事項も異なっている。
　→　詳しくは後述する。

5　試験における重要性

登記をすることができる担保権は先取特権，質権，抵当権（根抵当権）であるが，司法書士試験においては，抵当権（根抵当権）が圧倒的に重要である。

➡ 出題数を見ても，他の権利とは比較にならないくらい出題されている。

　また，抵当権（根抵当権）は不動産登記の記述式試験においても頻出なので，その重要性はさらに高まる。

　したがって，抵当権と根抵当権について重点的に解説する。

➡　解説の順番も，抵当権，根抵当権，先取特権，質権の順に解説する。

→　根抵当権以降は，「スタンダード合格テキスト5　不動産登記法Ⅱ」で解説する。

第15章
抵当権に関する登記

Topics　・担保権の王様である。試験においても，択一式，記述式のいずれでも
　　　　　　頻繁に出題される。
　　　　　・設定，移転，変更，処分，抹消等，学習すべき論点は山のようにある。

第1節　抵当権の設定の登記

1　抵当権とは

　　ある特定の債権を担保するために債務者又は第三者（物上保証人）の提供し
た不動産を，提供者の使用収益に委ねておきながら，債務が弁済されなかった
場合にそれを換価する等して，その代金等から優先弁済を受けるものとする約
定の担保物権（民§369Ⅰ）。

➡　　ある債権を担保するために抵当権が設定された後，債務者が債務を履行し
ない場合には，抵当権者は抵当権を実行することができる。
　　そして，抵当権の目的である不動産（抵当不動産）が競売され，買受人が
代金を納付したときは，抵当権者はその代金から優先的に配当を受けること
ができる。

2　抵当権の客体（民§369）

・　不動産（所有権）
・　地上権
・　永小作権

H28-21

➕アルファ

　　その他，各種財団抵当法による財団，立木に関する法律による立木も抵当
権の目的とすることができる。

① 　工場財団を目的として，抵当権を設定することができる。
　∵ 　工場財団は，1個の不動産とみなされる（工抵§14Ⅰ）。

H9-16　② 不動産賃借権を目的として，抵当権を設定することはできない（民§369Ⅱ参照）。

➕ アルファ

H10-15　不動産賃借権を目的として，質権を設定することはできる。

③ 一筆の土地の一部を目的として，抵当権の設定の登記を申請することはできない（先例明32.12.22 – 2080）。

∵ 一筆の土地の一部だと，抵当権が設定された部分を登記記録上明らかにすることが困難。

➡ 前提として分筆の登記をして，分筆後の一筆の土地の全部を目的とした形で設定の登記を申請すべき。

H8-16　④ 主である建物と附属建物が1つの不動産として登記されている場合，主である建物のみ又は附属建物のみを目的とした形で抵当権の設定の登記を申請することはできない（先例明37.2.13 – 1057）。

∵ 法律上は主である建物と附属建物をあわせて1つの不動産として扱われるので，1つの不動産の一部を目的とした形で設定の登記を申請することはできない。

H15-12　➡ 主である建物と附属建物を分割する登記をして，各建物を独立の不動産とすれば，附属建物であった建物のみを目的として抵当権の設定の登記を申請することができる（同先例）。

⑤ 将来建築される建物（まだ存在していない建物）を目的として抵当権を設定することはできない（先例昭37.12.28 – 3727）。

∵ 抵当権は物権であるので，その目的である物が現に存在し，特定されていなければならないから。

H31-20
H15-12　⑥ 登記記録の表題部に記録された建物の新築の日付より前の日付を原因日付として，抵当権の設定の登記を申請することができる（先例昭39.4.6 – 1291）。

📖ケーススタディ

表　題　部　（主である建物の表示）			不動産番号	【略】
所　　在	新宿区新橋一丁目　２番地３			
家屋番号	２番３			
①　種類	②　構造	③　床面積 ㎡	原因及びその日付〔登記の日付〕	
居　　宅	木造スレート ぶき２階建	１階　41:52 ２階　41:52	令和５年５月15日新築 〔令和５年５月25日〕	
所有者	A			

権　利　部（甲　区）　（所　有　権　に　関　す　る　事　項）			
順位番号	登記の目的	受付年月日・受付番号	権利者その他の事項
1	所有権保存	令和５年６月５日 第6000号	所有者　　　A

　この建物について，“令和５年５月１日設定”を登記原因とする抵当権の設定の登記を申請することができる。

➕アルファ

　"建物の新築の日付より前に抵当権の設定契約がされた"ということは，上記⑤のとおり，まだ建物が存在しない段階での抵当権設定契約であり抵当権は成立しないのでは？　という疑問も生じるが，そういうわけではない。ちょっと整理してみよう。

　建物は，完成した時に建物として認められるというわけではない。
　完成していなくても，「屋根及び周壁又はこれらに類するものを有し，土地に定着した建造物であって，その目的とする用途に供し得る状態」となっていれば，（法律上）建物として扱われる（不登規§111）。
➡　完成していなくても，屋根や壁があって，土地に定着していて，その目的となる用途に供し得る状態（とりあえず住もうと思えば住める状態）となっていれば，法律上建物として認められるのだから，これを目的として抵当権を設定することができる。

　一方，建物の登記記録の表題部には，「原因及びその日付」としてその建物が新築された日付が記録されるが（不登§27①），この新築の日付は，当

381

該建物が法律上建物として認められる状態となった日より後の日付であるのが通常である。

➡　"登記記録の表題部には「令和5年5月15日新築」と記録されているが，実際にはこの建物は令和5年4月25日の時点で既に法律上建物として認められる状態となっていた"ということも十分にあり得る。

　つまり，登記記録の表題部に記録された新築の日付より前に当該建物を目的として抵当権が成立することもあり得るので，新築の日付より前の日付を原因日付とする抵当権の設定の登記の申請も受理される。

3　抵当権設定の可否

①　不動産の共有持分を目的として，抵当権を設定することができる。

【例】　甲土地をAとBが共有している場合，Aの持分のみを目的としてXのために抵当権を設定することができる。

②　不動産の所有権の一部や共有持分の一部を目的として，抵当権を設定することは（原則として）できない（先例昭35.6.1 - 1340）。

【例】　甲土地をAが単独で所有している場合に，その所有権の一部（持分3分の1）のみを目的としてXのために抵当権を設定することはできない。
∵　このような抵当権の設定を認めると，この後にAが甲土地の所有権の一部をBに売り渡した場合に，Xの抵当権は甲土地のAの持分を目的としているのかBの持分を目的としているのかが分からなくなってしまうから。

H22-27
・　ただし，同一人が同一の不動産について数回に分けて持分取得の登記を得ている場合は，その登記を受けた各持分，つまり所有権（持分）の一部を目的として抵当権の設定の登記をすることができる（先例昭58.4.4 - 2252）。

📖ケーススタディ

権　利　部（甲　区）	（所　有　権　に　関　す　る　事　項）		
順位番号	登記の目的	受付年月日・受付番号	権利者その他の事項
1	所有権保存	平成15年6月5日 第6000号	所有者　　　A
2	所有権一部移転	令和2年9月17日 第9000号	原因　令和2年9月17日売買 共有者　持分3分の1　B
3	A持分全部移転	令和4年3月30日 第3000号	原因　令和4年3月30日売買 所有者　持分3分の2　B

➡　この場合，Bは，"甲区2番で取得した持分3分の1のみ"を目的として，Xのために抵当権を設定することができる。

　∵　Bの所有権の一部に対する抵当権の設定であるが，持分の取得の登記は別々にされているので，抵当権が設定された持分（甲区2番で登記を受けた持分）が特定され，公示上の問題も生じないから。

③　清算中の会社を設定者として抵当権の設定契約をすることができ，その登記を申請することができる（先例昭41.11.7‐3252）。　`R5-23` `H21-25` `H5-21` `H2-25`

　∵　会社が解散した後は，会社は清算の目的の範囲内において存続するが（会§476），この「清算」には抵当権の設定も含まれると解されている。

④　現在は他人が所有している不動産について，設定者が将来その不動産を取得することを前提として，抵当権の設定契約をすることができる（大決大4.10.23）。　`H21-25`

　∵　不動産は設定者の所有に属していないが，不動産は現存し特定されているので，物権契約としての抵当権の設定は，設定者が当該不動産の所有権を取得することを停止条件として有効に成立する。

➡　設定者が不動産の所有権を取得した時に当然に抵当権が成立する。　`H23-18`

4　抵当権の効力の及ぶ範囲

　抵当権の効力は，抵当地の上に存する建物を除き，その目的である不動産に付加して一体となっている物に及ぶ（民§370）。

　ただし，設定行為に別段の定めがある場合等は，この限りでない（同ただし書）。

【例】　土地に抵当権を設定する場合に，「立木には抵当権の効力は及ばない」といった定めをすることができる。

5　抵当権の法的性質

(1)　付従性

① 原則的な話

抵当権は特定の債権を担保するものであるので，付従性を有する。

そのため，担保されるべき債権が存在しない状態で，抵当権を設定することはできない（成立における付従性）。

② 例外的な話

H8-15
ただし，例外的に，現に債権が存在しなくても，ある特定の債権が将来において発生する可能性が法律上存在するときは，その将来発生する債権を担保するために抵当権を設定することが認められている（付従性の緩和）。

∵　確かに現時点では債権が存在しないが，将来において債権が発生するのだから，今の時点で抵当権を設定するのを認めてもよかろう。

将来債権には以下のようなものがあげられる。

・　保証人が将来に保証債務を履行した際に取得する求償債権
・　分割貸付，限度貸付
H30-12
H15-12
・　請負契約がされた場合の，将来の請負代金債権（先例昭44.8.15 – 675）
・　損害賠償の予約による将来の損害賠償債権（先例昭60.8.26 – 5262）
H28-22
・　賃貸借契約が終了した際に発生する保証金の返還請求権（先例昭51.10.15 – 5414）

---

(2)　随伴性

抵当権はその被担保債権に随伴する。つまり，被担保債権が売買等により移転したときは，抵当権もそれに伴い移転する。

➡　抵当権は，被担保債権とくっついているので，被担保債権が第三者に移転したら当然に抵当権も第三者に移転する。

⑶　**不可分性**

⑷　**物上代位性**

6　被担保債権（抵当権によって担保される債権）

抵当権の被担保債権は金銭債権が通常であるが，それに限るわけではない。

①　物の引渡しの債権を担保するため，抵当権を設定することができる（不登§83Ⅰ①参照）。

　【例】　XがAに対して石炭1万トンの引渡しを請求することができる場合は，その引渡債権を担保するために抵当権を設定することができる。

②　外国の通貨をもって指定した債権を担保するため，抵当権を設定することができる（不登§83Ⅰ⑤参照）。

　【例】　XがAに対して米貨金1万ドルを貸し付けた場合，債権額を「1万ドル」と表示して抵当権を設定することができる。

③　同一の債権者の有する数個の債権を併せて担保するため，1個の抵当権を設定することができる（記録例368）。　`R5-23`
　➡　それぞれの債権について債務者が異なっていても差し支えない（記録例370）。

　【例】　XはAに対して令和4年8月28日に金300万円を貸し付け，また令和5年5月2日にも金500万円を貸し付けている（2つの貸金債権を有している）。
　　　　この場合，Xの有する2つの貸金債権を併せて担保するため，1個の抵当権を設定することができる。

　・　一方，数人の債権者がそれぞれ有する数個の債権を併せて担保するために，1個の抵当権を設定することはできない（先例昭35.12.27－3280）。　`R5-23` `H8-15`
　∴　これを認めると，他人の債権についても抵当権を取得することになり，抵当権の付従性に反することになる。

【例】　ＸはＡに対して令和４年11月10日に金500万円を貸し付け，ＹもＡに対して令和５年１月13日に金700万円を貸し付けた。この場合，ＸとＹの債権を併せて担保するため，１個の抵当権を設定することはできない。

④　金銭消費貸借上の債権の一部を担保するために抵当権を設定することができる（先例昭30.4.8－683）。

【例】　ＸがＡに対して金1,000万円の貸金債権を有している場合，その債権の一部金700万円分を担保するために抵当権を設定することができる。
　　　∵　どれだけの額について優先弁済権を取得するかは，当事者の自由である。

⑤　元本債権の他，一定期間に発生する利息債権の額を併せて債権額として，抵当権の設定の登記を申請することができる（記録例364）。

【例】　ＸがＡに対して金1,000万円の貸金債権（利息年３％）を有している場合に，その元本債権の他，一定期間（たとえば令和３年５月１日から令和５年４月30日まで）に発生した利息の額金60万円を併せて，金1,060万円を債権額とする抵当権の設定の登記を申請することができる。

7　抵当権の設定の登記

　抵当権は不動産を目的とした物権であるので，その登記をすることができる（不登§３⑦）。

　不動産を目的として抵当権の設定契約がされ，抵当権が成立したときは，抵当権の設定の登記を申請する。

・　**申請人**

　原則どおり，登記権利者と登記義務者の共同申請（不登§60）。

登記権利者→　抵当権者
登記義務者→　設定者（所有権等の登記名義人）

重要❶●●●●●●●●●●●●●●●●●●●●●●●●●●●●●●●●●●●●●●●

　登記義務者は抵当権の"設定者"。債務者以外の第三者が抵当権を設定した場合には，その担保を提供した第三者（物上保証人）が登記義務者となる。

➡　この場合は，債務者は申請人とならない。

8　申請情報の内容

(1)　**登記の目的**→　「抵当権設定」

➡　"抵当権"という物権が"設定"された旨の登記である。

・　共有持分に抵当権が設定された場合→　「何某持分抵当権設定」
・　地上権を目的として抵当権が設定された場合

→　「○番地上権抵当権設定」

(2)　**登記原因及びその日付**→　債権の発生原因及びその日付並びに抵当権が設定された旨及びその日付を提供する。

➕ アルファ

　登記原因とは，登記の目的である物権変動が生じた原因である。そのため，抵当権の設定の登記であれば，登記原因は抵当権が成立した原因，つまり抵当権の設定契約を提供すべきである。具体的には，「年月日設定」のように提供すべきといえる。

　しかし，抵当権は，特定の債権を担保するものであるので，登記原因の一部として，被担保債権の発生原因である債権契約及びその日付も提供する必要があるとされている（先例昭30.12.23 − 2747）。

　【例】　ＸはＡに対し，令和５年７月１日に金1,000万円を貸し付けた。そして，同日，Ａの所有する甲土地に抵当権を設定する契約を締結した。

➡　原因は，「令和５年７月１日金銭消費貸借同日設定」と提供する。

①　金銭債権の一部を担保する抵当権の場合
➡　「年月日金銭消費貸借金1,000万円のうち金700万円年月日設定」（記録　H28-22
例371）

②　抵当権設定契約後，債権の一部が弁済された場合
　　抵当権の設定契約がされたが，その登記をする前に債務者が債務の一部 H21-14
を弁済し，債権額が減少しているときは，現在の債権額をもって抵当権の

設定の登記をすることができるが（先例昭34.5.6－900），この場合，登記
原因において債務の一部の弁済がされている旨を提供することを要しない。

➡　「年月日金銭消費貸借年月日設定」と提供すれば足りる。

R2–15
・　登記原因証明情報として，抵当権設定契約書に一部弁済証書を合綴し
たものを提供することができる（同先例）。

③　保証委託契約に基づく将来の求償債権を担保する場合

【例】　AはXに対して借入金債務を負担しているが，AはBに対し，「こ
の債務の保証人となってほしい」と依頼した。Bはこれを受諾した（保
証委託契約が成立した）。
　そして，BとAは，Bが将来Aに代わって債務を弁済した場合に発
生する求償債権を担保するため，Aの所有する不動産に抵当権を設定
した。

H21記述
➡　「年月日保証委託契約による求償債権年月日設定」（先例昭48.11.1
－8118）。

④　既存の債務を消費貸借の目的とし，その準消費貸借によって発生した債
権を担保する場合

H7記述
➡　「年月日準消費貸借年月日設定」（質疑登研450P125）

H6記述
⑤　同一の債権者の有する数個の債権を併せて担保する場合
➡　「(あ)令和5年3月3日金銭消費貸借，(い)令和5年6月7日金銭消費
貸借，令和5年6月9日設定」のように提供する（記録例372）
➡　各債権を，(あ)，(い)のような符号をもって特定する。

⑥　物の引渡しの債権を担保する場合
➡　「年月日石炭売買の引渡債権年月日設定」（記録例375）。

⑦　第三者から譲渡を受けた無担保の債権を担保する場合

【例】　XはAに対して貸金債権を有するが，この債権をYに譲渡した。そして，YとAがこの債権を担保するために抵当権の設定契約をした。
➡　「年月日債権譲渡（譲渡人X）にかかる債権年月日設定」（質疑登研624P168）。

⑧　債務弁済契約がされた場合
　　既に存する債務について，その弁済方法を新たに定めた場合に，債権の発生原因として「債務弁済契約」と提供して，抵当権の設定の登記を申請することはできない（先例昭40.4.14－851）。 `H2-25`

📖ケーススタディ

　平成28年10月1日，XはAに対して金1,000万円を貸し付けた（弁済期は10年後，元本一括返済の約定）。その後の令和5年6月1日，XA間で弁済方法についての変更契約をし，毎年9月30日に金100万円ずつ10回に分割して返済する旨を合意した。そして，この債権を担保するために抵当権の設定契約をした。
➡　抵当権の設定の登記の登記原因は，「平成28年10月1日金銭消費貸借令和5年6月1日設定」と提供する。
➡　「令和5年6月1日債務弁済契約同日設定」と提供することはできない。
∵　既に存する債務について単に弁済方法を定めたに過ぎない（新たに債権が発生したわけではない）ので，抵当権の被担保債権の発生原因とはいえないから。

⑨　債務承認契約がされた場合
　　当事者間で残存しているであろう債権額を確定させて，新たに遅延損害金の約定をするなど，更改契約や準消費貸借契約がされたような性質の契約をしたときは，債権の発生原因として「債務承認契約」と提供することができる（先例昭58.7.6－3810）。 `H15-12`
∵　この場合は，債務の承認契約によって新たな別個の債権が発生したと考えることができる。

📖**ケーススタディ**

　XはAに対して昔100万円貸した記憶があるが，それが返済されたか否かの記憶が曖昧である（多分まだ返してもらっていない）。そのため，令和5年6月1日にXとAは，XがAに対して金50万円の債権を有していることとし（遅延損害金を年10％と定めた），この債権を担保するために抵当権を設定した。

➡　抵当権の設定の登記の登記原因は「令和5年6月1日債務承認契約同日設定」と提供することができる。

(3)　**申請人→**　抵当権者と設定者の氏名や住所を提供する。

➕**アルファ**

　抵当権の設定の登記を申請するときは，申請人の資格として「権利者，義務者」とするのではなく，「抵当権者，設定者」のように提供する。

```
抵当権者　　（住所）　X
設定者　　　（住所）　B
```

H28-22　・　抵当権者が銀行等の複数の支店を持つ金融機関である場合には，その抵当権の取扱店を提供することができる（先例昭36.5.17－1134）。

```
抵当権者　（住所）　株式会社ユニバーサル銀行
　　　　　　　　　　（取扱店　浦和支店）
```

＊　銀行等の支店は独立の法人格を有するものではないため，抵当権の設定の登記において支店の表示を登記するのはおかしいが，金融機関の便宜のために認められた。

・　銀行だけでなく，信用金庫についても，取扱店を表示することができる（質疑登研866P249）。

9　登記事項

　抵当権の登記においては，特殊的な登記事項がたくさんある。

➡　簡単にいえば，その抵当権の具体的な内容である。

理由　"誰に対するいくらの債権を担保する抵当権なのか。"また，"その債権の利息や損害金はどれくらいなのか"といったことを登記して公示し，不動産取引の安全と円滑に資するため。

抵当権の設定の登記を申請するときは，申請情報の内容として特殊的な登記事項を提供する必要がある。

---

① 絶対的登記事項（不登令別表55申請情報欄イ，不登§83Ⅰ）　`H5-20`
・　債権額
・　債務者の氏名（名称），住所

② 任意的登記事項（不登令別表55申請情報欄ロ，不登§88Ⅰ）　`H25-23`
・　利息に関する定めがあるときは，その定め　`R4-23`
・　損害の賠償額の定めがあるときは，その定め
・　債権に付した条件があるときは，その条件　`R4-23`
・　民法370条ただし書の別段の定めがあるときは，その定め　`R4-23`
・　抵当証券発行の定めがあるときは，その定め
・　抵当証券発行の定めがある場合において，元本又は利息の弁済期又は支払場所の定めがあるときは，その定め

＊　抵当証券発行の定めがある場合を除いて，被担保債権の弁済期を提供することはできない。　`R4-23`

---

(1) 債権額

絶対的登記事項。必ず提供することを要する。
∵　どれだけの額について優先弁済を受けるのかを公示する必要がある。

① 同一の債権者の有する数個の債権を1個の抵当権で担保させるとき　`H6記述`
➡　まず数個の債権の合計額を提供し，内訳として各債権の額を提供する（記録例372）。

> 債権額　金2,500万円
> 　　内訳　（あ）　金1,500万円
> 　　　　　（い）　金1,000万円

② 金銭債権以外の債権を担保する抵当権であるとき

H28-22

➡ まず実際の債権を提供し，次いでその価格を提供する（不登§83 I ①）。

債権価格　石炭 1 万トン　　価格　金600万円

➡ 実際の被担保債権「石炭 1 万トン」を提供するだけでは足りない。債務不履行があって抵当権を実行した場合，抵当権者は金銭によって配当を受けるからである（不動産を競売しても石炭にはならない）。

③ 外国の通貨で表示した債権を担保するとき

R4-14
H19-18

➡ 外貨で債権額を表示し，担保限度額として一定の額の日本円を提供する（不登§83 I ⑤，記録例376）。

債権額　米貨金 1 万ドル　　担保限度額　金100万円

H5-21

➡ この担保限度額は，外貨で表示された額につき申請時の為替レートで換算した額である必要はなく，当事者が任意に定めた額でよい（先例昭35.3.31－712）。

④ 元本債権と一定期間に発生する利息債権を併せて担保する場合（元利金担保の抵当権）

H28-22

➡ 債権額として元本と利息の合計額を提供し，内訳として元本債権額と利息債権額を提供する（記録例364）。

債権額　金2,100万円
　内訳　元本　金2,000万円
　　　　利息　金100万円（平成29年 1 月 1 日から平成30年12月31
　　　　　　　　日までの分）

---

(2) 利息に関する定め，損害の賠償額（損害金）の定め

R4-23

任意的登記事項。当事者間で利息等に関する定めがされた場合には，申請情報の内容として提供する必要がある。

➡ 定めがない場合には，提供することを要しない。

① 利息や損害金の定めは明確なものであることを要し，「年5％，但し金融情勢の変化により当事者は変更することができる」のような不明確な定めを提供することはできない（先例昭31.3.14－506）。 R5-23 H29-12

∵ 抵当権者は，元本債権のほか，最後の2年分の利息（損害金）についても優先弁済を受けることができる（民§375）。だから，利息（損害金）の割合が明確でないと，その不動産について新たに取引関係に入る第三者が困る。

② 利息の発生期を提供することもできる。

【例】「利息　年5％　但し，令和7年9月9日から発生する」

③ 利息を「無利息」と定めた場合，申請情報の内容としてその旨を提供することを要する（質疑登研470P98）。
∵ "無利息という定め"をしている。だから，利息に関する定めとして提供する必要がある。
➡ 一方，利息に関する"定めをしなかった"場合には，提供することを要しない。 H17-22

④ 利息や損害金について「（年365日日割計算）」という定めを付すことができる（先例昭45.5.8－2192）。 H6記述
➡ 年365日日割計算とは，閏年であるか否かにかかわらず，1日あたりの利息の金額は元本債権に年利率を乗じた金額を365で割った金額とすることである。
この特約があれば，閏年には通常の年よりも1日分多い利息を請求することができる。

⑤ 同一の債権者の有する数個の債権を併せて担保する抵当権の場合に，各債権でそれぞれ利息の定めが異なる場合には，各債権の利息を(あ)(い)のような符号をもって特定する（記録例373）。

利息　（あ）　年3％
　　　（い）　年5％

⑥　元利金を担保する抵当権については，以下のように提供する（記録例364）。

利　息　元本につき　　年５％
損害金　元利金につき　年15％

H23-14

⑦　債務の不履行があった場合の「違約金」については，提供することができない（先例昭34.7.25 − 1567）。

【例】　「債務不履行があったときは金100万円の違約金を支払う」という定めを提供することはできない。

∵　民法375条２項の解釈，質権についての規定（民§346）との対比から，一定の金額を定めた違約金は抵当権によって担保されないと解される。

➡　債務不履行があった場合の損害の賠償額の定めについては，必ず元本に対する割合（たとえば「年10％」）として定める必要がある。

⑶　債権に付した条件

R4-23

被担保債権について条件が付されている場合には，その条件を提供する。

【例】　「債権者が死亡した時に債権は消滅する」

➕ アルファ

抵当権消滅の定め

抵当権の設定契約において，「抵当権者が死亡した時に抵当権は消滅する」旨の定めをしたときは，申請情報の内容としてこれを提供することができる。

【例】　XのAに対する貸金債権を担保するため，Aの所有する甲土地に抵当権を設定する契約がされた。この設定契約においては「抵当権者Xが死亡した時に抵当権は消滅する」旨の定めがされた。

➡　この定めを申請情報の内容として提供することができる。

これは，「登記の目的である権利の消滅に関する定め」である（不登令§３⑪ニ）。

➡　不動産登記令３条に規定された申請情報の内容であるので，いわゆる"一

般的な申請情報の内容（すべての権利の登記に共通する申請情報の内容）”
である。

➡　抵当権の設定の登記のみならず，不動産の売買契約において「買主が死
亡した時に所有権の移転が失効する」旨の定めがされたときは，所有権の
移転の登記の申請情報の内容としてこの定めを提供することができる。

　一方，「債権に付した条件」は，抵当権の登記における特殊的な登記事項で
ある（不登§88Ⅰ③）。

(4)　民法370条ただし書の別段の定め

　抵当権の目的物に付加して一体となった物のうち，抵当権の効力が及ばな　R4-23
いものを定めたときは，その定めを提供する。

【例】　「立木には抵当権の効力が及ばない」

(5)　債務者の氏名又は名称及び住所

　債権額とともに絶対的登記事項（不登令別表55申請情報欄イ，不登§83Ⅰ
②）。

➡　必ず債務者の氏名（名称），住所を提供することを要する。

①　債務者が数人で，連帯債務者の関係であるときは，「連帯債務者」とし
てその数人の債務者の氏名，住所を提供する（記録例369）。

➡　各債務者の負担割合を提供することを要しない。　　　　　　　R4-13

➕ アルファ

根抵当権においては「連帯債務者」という肩書きを付すことはできない。

②　抵当権の（被担保債権の）債務者として権利能力のない社団を提供する　H31-16
ことができる（先例昭31.6.13 - 1317）。　　　　　　　　　　　　　　H6-22

　∵　抵当権の債務者の表示は，抵当権の登記事項の一部である。登記名義
人として登記を受けるわけではない。

確認　　権利能力のない社団は，登記名義人となることができない（先例昭
　23.6.21 - 1897）。

10　添付情報

① 登記義務者の登記識別情報（不登§22）

　　抵当権設定者（所有権等の登記名義人）の登記識別情報を提供する。

② 登記原因証明情報（不登令別表55添付情報欄）

　　被担保債権が発生し，その債権を担保するために抵当権が設定された旨が明らかにされた情報を提供する。

③ 代理権限証明情報（不登令§7Ⅰ②）

　　司法書士の代理権限を証する情報（委任状）を提供する。

④ 印鑑証明書（不登令§16Ⅱ，18Ⅱ）

　　書面によって申請するときは，申請情報と併せて登記義務者（所有権の登記名義人）の印鑑証明書を提供する。

11　登録免許税

新たに権利を取得する登記であるので，定率課税である。

課税標準→　債権額
税　　　率→　1000分の4　（登税別表第1.1(5)）

① 抵当権の被担保債権が一定の金額の支払いを目的としない場合（物の引渡債権等の場合）は，債権の価格（不登§83Ⅰ①）が課税標準となる（登税§11Ⅰ）。

　➡　石炭1万トンの引渡しの債権を担保する抵当権の場合，石炭40トンを納付してもダメである。登記所も困る。

② 外国の通貨をもって債権額を指定したときは，日本の通貨をもって表示した担保限度額（不登§83Ⅰ⑤）が課税標準となる。

③ 工場財団を目的とした抵当権の設定の登記の場合は，税率は1000分の2.5である（登税別表第1.5(2)）。

・　申請情報の作成

権　利　部（甲　区）　　（所　有　権　に　関　す　る　事　項）			
順位番号	登記の目的	受付年月日・受付番号	権 利 者 そ の 他 の 事 項
1	所有権移転	令和3年6月5日 第6000号	原因　令和3年6月5日売買 所有者　　A

　令和5年6月10日，株式会社X銀行とAは金銭消費貸借契約を締結し，株式会社X銀行はAに対して金1,000万円を貸し付けた。この債権の利息は年2％で，遅延損害金は年14％である。

　また，この契約と同時に，株式会社X銀行とAは，上記の貸金債権を担保するため，Aの所有する甲土地を目的として抵当権を設定する契約を締結した。

　なお，この抵当権を取り扱っているのは，株式会社X銀行の新宿支店である。

【申請書】

```
登記の目的　抵当権設定
原　　　因　令和5年6月10日金銭消費貸借同日設定
債　権　額　金1,000万円
利　　　息　年2％
損　害　金　年14％
債　務　者　A
抵 当 権 者　株式会社X銀行
　　　　　　　（取扱店　新宿支店）
　　　　　　　代表取締役　（省略）
　　　　　　　会社法人等番号　（省略）　　　　　　　＊
設　定　者　A
添 付 情 報　登記識別情報（Aの甲区1番のもの）
　　　　　　　登記原因証明情報
　　　　　　　会社法人等番号　　　　　　　　　　　　＊
　　　　　　　代理権限証明情報（株式会社X銀行の代表者及びAから
　　　　　　　司法書士への委任状）
　　　　　　　印鑑証明情報（Aの印鑑証明書）
課 税 価 額　金1,000万円
登録免許税　金4万円
```

　＊　　会社法人等番号は，添付情報の1つであるが，実際には申請人の下に記載する。

（完了後の登記記録）

権　利　部（乙　区）		（所有権以外の権利に関する事項）	
順位番号	登記の目的	受付年月日・受付番号	権利者その他の事項
1	抵当権設定	令和5年6月10日 第6000号	原因　令和5年6月10日金銭消費貸借 　　　同日設定 債権額　金1,000万円 利息　年2％ 損害金　年14％ 債務者　A 抵当権者　　株式会社X銀行 　　　　　　（取扱店　新宿支店）

【参考～数個の債権を併せて担保する抵当権の設定の登記の申請書】

登記の目的　抵当権設定

原　　　因　（あ）令和5年2月10日金銭消費貸借，（い）令和5年3
　　　　　　月30日金銭消費貸借，令和5年6月30日設定

債　権　額　金3,000万円

内　　　訳　（あ）金2,000万円
　　　　　　（い）金1,000万円

利　　　息　（あ）年5％
　　　　　　（い）年7％

損　害　金　年10％

債　務　者　A

抵当権者　X

設　定　者　A

添付情報　登記識別情報（Aのもの）
　　　　　　登記原因証明情報
　　　　　　代理権限証明情報（X及びAから司法書士への委任状）
　　　　　　印鑑証明情報（Aの印鑑証明書）

課税価額　金3,000万円

登録免許税　金12万円

第2節　共同抵当

1　共同抵当の意義

　共同抵当とは，同一の債権の担保として，数個の不動産の上に設定された抵当権のこと。

➡　数個の不動産を目的として抵当権を設定することにより，債権者（抵当権者）はより確実に債権を回収できることとなる。

📖ケーススタディ

　XはAに対して金3,000万円を貸し付けた。そして，この債権を担保するため，Aの所有する甲土地と乙土地を目的として抵当権を設定した。

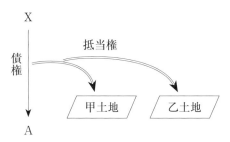

　1個の債権を担保するため，2つの不動産に抵当権が設定されたわけである。

2　共同抵当の成立

　同一の債権を担保するため，数個の不動産を目的として抵当権が設定されたときは，当然にそれらの抵当権は共同抵当ということになる。

・　共同抵当の関係が成立すると，その数個の不動産について，特別の関係性が生ずる。

➡　競売代金の配当や，後順位抵当権者の代位等に関し，特別の規定が適用される（民§392，393）。

➕アルファ

　「スタンダード合格テキスト5　不動産登記法Ⅱ」で解説するが，同一の債権を担保するため数個の不動産を目的として"根抵当権"を設定した場合，

それら数個の根抵当権は当然には共同根抵当（共同担保の関係）とならない。「これらの根抵当権は共同担保の関係です」といった登記がされて初めて共同根抵当となる（民§398の16）。

① 不動産と工場財団を共同担保として抵当権を設定することができる。
∵ 工場財団は法律上不動産とみなされるので（工抵§14Ⅰ），他の不動産と共同担保の関係が成立する。

H2-22 ② 不動産と登記船舶を共同担保として抵当権を設定することはできない。
∵ 登記された船舶については，法律上不動産とみなすといった規定は存在しない。

3　共同抵当の設定の登記
(1)　共同抵当の設定の登記
共同抵当といっても，普通の抵当権であることに変わりはない。

➡ 同一の債権を担保するため，数個の不動産を目的として抵当権が設定されたということに過ぎない。

共同抵当に特有の登記事項もあったりするが，基本的には普通の抵当権の設定の登記と同様であると考えて差し支えない。

H21-25 ・ 同一の債権を担保するために数個の不動産を目的として抵当権を設定したことが登記原因証明情報から明らかな場合でも，そのうちの一部の不動産についてのみ抵当権の設定の登記を申請することができる（先例昭30.4.30－835）。
∵ どの不動産につき登記をするかは当事者の自由である。

(2)　１つの申請情報で申請することの可否～原則論
共同抵当は，数個の不動産に設定された抵当権であるので，"その数個の不動産についての抵当権の設定の登記を１つの申請情報でまとめて申請できるか"という論点がある。

確認 登記の申請は，１個の不動産について１つの申請情報（申請書）をもってすることを要する（一件一申請情報主義）。
しかし，一定の要件を満たしている場合には，数個の不動産に関する登記を１つの申請情報でまとめて申請することができる。

その要件は，以下の３つ（不登令§４ただし書）。

---

① 　数個の不動産について，管轄登記所が同一であること。
② 　登記の目的が同一であること。
③ 　登記原因及びその日付が同一であること。

　この①から③の要件が満たされていれば，数個の不動産を目的とした抵当権の設定の登記は，１つの申請情報でまとめて申請することができる。

【例】　令和５年７月１日，ＸとＡは金銭消費貸借契約を締結し，ＸはＡに対して金800万円を貸し付けた。そして，このＸの債権を担保するため，Ａの所有する甲土地と乙土地（管轄登記所は同一である）を目的として，Ｘのために抵当権を設定する契約をした。
　➡　甲土地と乙土地にＸの抵当権の設定の登記を申請するが，上記の①から③の要件を満たしているので，甲土地と乙土地の抵当権の設定の登記は，１つの申請情報で申請できる。

⑶　１つの申請情報で申請することの可否～特則

　共同抵当に関する登記においては，前記の①から③の要件を満たしていなくても，１つの申請情報でまとめて申請することができる場合がある。
　➡　不動産登記規則35条10号

（一の申請情報によって申請することができる場合）
不動産登記規則第35条
　十　同一の登記所の管轄区域内にある２以上の不動産について申請する登記が，同一の債権を担保する先取特権，質権又は抵当権（以下「担保権」と総称する。）に関する登記であって，登記の目的が同一であるとき。

　つまり，共同抵当に関する登記については，数個の不動産について管轄登記所が同一であり，また登記の目的が同一であるときは，登記原因及びその日付が同一でなくても，数個の不動産について１つの申請情報でまとめて申請することができる。
∵　共同抵当とは，同一の債権を担保する仲間であるから，登記原因及びその日付が違っていても便宜的に１つの申請情報でまとめて申請することを認めてやろうということ。

具体例（すべての不動産の管轄登記所は同一であるものとする）。

① 　同一の債権を担保するため，所有者を異にする数個の不動産を目的として同時に抵当権が設定された。

➡ 　1つの申請情報でまとめて申請することができる。

【例】　同一の債権（令和5年7月10日付け貸金債権）を担保するため，Aの所有する甲土地とBの所有する乙土地を目的として，同月13日に抵当権の設定契約をした。

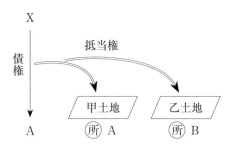

➡ 　甲土地と乙土地の抵当権の設定の登記は，1つの申請情報で申請することができる。

➕ アルファ

この場合，一見すると登記原因及びその日付も同一に見える。甲土地も乙土地も，登記原因及びその日付は「令和5年7月10日金銭消費貸借令和5年7月13日設定」である。

しかし，甲土地についてはX・A間の抵当権設定契約，乙土地についてはX・B間の抵当権設定契約であり，各不動産で契約当事者が異なっている。

ということは，甲土地と乙土地では異なる契約ということができ，実質的な登記原因が異なるといえる。

➡ 　甲土地と乙土地で（実質的な）登記原因は異なるが，共同抵当に関する登記であり，登記の目的（「抵当権設定」）は同一なので，甲土地と乙土地について1つの申請情報でまとめて申請できる。

H25-13
H18-19
② 　同一の債権を担保するため，数個の不動産を目的として日を異にして抵当権が設定された。

➡ 　1つの申請情報でまとめて申請することができる。

【例】　令和5年7月7日，XはAに対して金1,000万円を貸し付け，同時に，その債権を担保するために甲土地に抵当権を設定した。また，7月9日，これと同一の債権を担保するため，乙土地に抵当権を設定した。

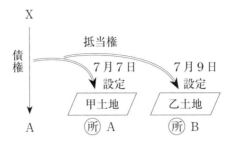

➡　甲土地と乙土地の抵当権の設定の登記は，1つの申請情報で申請することができる。

⑷　申請情報の内容

①　登記の目的，登記原因及びその日付
通常の抵当権の設定の登記と同様。

登記の目的→　「抵当権設定」
登記原因及びその日付→　「年月日金銭消費貸借年月日設定」等

②　登記事項
基本的に通常の抵当権の設定の登記と同様。
ただし，共同抵当の設定の登記を申請するときは，申請情報の内容とし H19-18 て共同担保の目的である不動産の表示を提供することを要する（不登令別表55申請情報欄イ，不登§83Ⅰ④）。

📖ケーススタディ

　令和5年7月1日，XはAに対して金銭を貸し付け，この債権を担保するため，甲土地と乙土地（管轄登記所は異なる）を目的として抵当権の設定契約がされた。そして，最初に甲土地に抵当権の設定の登記を申請する場合の申請書は，以下のとおり。
＊　甲土地と乙土地は管轄登記所が異なるから，1つの申請情報でまとめて申請することはできない。

```
登記の目的　抵当権設定
原　　　因　令和5年7月1日金銭消費貸借同日設定
　　（中略）
抵 当 権 者　X
設 定 者　A
　　（中略）
不動産の表示　甲土地の表示（甲土地の所在，地番，地目，地積）
管轄外の物件　乙土地の表示（乙土地の所在，地番，地目，地積）
```

➡　このように，登記を申請する不動産（甲土地）の表示だけでなく，他の共同担保の目的である不動産（乙土地）の表示も記載する。

(5)　登録免許税

同一の債権を担保するため，同一の登記所の管轄に属する数個の不動産を目的として同時に抵当権の設定の登記を申請する場合，その設定の登記は1つの抵当権の設定の登記とみなして登録免許税を計算する（登税§13Ⅰ）。

【例】　金1,000万円の貸金債権を担保するため，甲土地と乙土地を目的として同時に共同抵当の設定の登記を申請する場合，登録免許税は金1,000万円×1000分の4＝金4万円。

➡　不動産が2つだからといって，金2,000万円が課税標準となるのではない。

∵　共同抵当の場合，複数の不動産を目的としていても結局は金1,000万円についてしか優先弁済を受けることができないから。

・　この場合に，数個の抵当権の設定の登記につき税率が異なるときは，そのうち最も低い税率をもって当該設定の登記の税率とする（登税§13Ⅰ）。

H19-17　【例】　同一の債権を担保するため，土地と工場財団を目的として同時に抵当権の設定の登記を申請するときは，工場財団を目的とした抵当権の設定の登記の税率1000分の2.5（登税別表第1.5(2)）で計算した税を納付すれば足りる。

4　共同担保目録

⑴　意　義

　　共同抵当が設定された場合には，"どの不動産とどの不動産に共同抵当が設定されているのか"が大変に重要な情報といえるので，これを分かりやすく公示する必要がある。

> **確認**　共同抵当が設定された後，抵当権が実行された場合には，各不動産の価額の割合に応じて抵当権者は配当を受ける（同時配当の場合，民§392Ⅰ）。また，1つの不動産の抵当権が実行され，抵当権者が配当を受けた場合には，後順位の担保権者は他の不動産を目的とした共同抵当に代位することができる（異時配当の場合，民§392Ⅱ）。

　　そのため，共同抵当の設定の登記がされたときは，登記官が職権で，共同担保の目的である不動産を明らかにした共同担保目録を作成することができる（不登§83Ⅱ）。

（見本）

共 同 担 保 目 録				
記号及び番号	（か）第100号		調製	令和5年7月29日
番　　号	担保の目的である権利の表示	順位番号	予　　備	
1	新宿区新宿七丁目　1番2の土地	1	余　白	
2	新宿区落合八丁目　2番3の土地	3	余　白	

> ➡　この共同担保目録を見れば，"同一の債権を担保するため，新宿区新宿七丁目1番2の土地の順位1番と，新宿区落合八丁目2番3の土地の順位3番で抵当権（共同抵当）の設定の登記がされている"ということが分かる。

⑵　具体的な流れで見ると

①　XのAに対する債権を担保するため，甲土地と乙土地（管轄登記所は同一）を目的として抵当権の設定契約がされた。そのため，甲土地と乙土地を目的として抵当権の設定の登記を申請した。

↓

②　この申請を受け付けた登記官は，「甲土地と乙土地を目的とした共同抵当だな。」と判断し，共同担保目録を作成する。

↓

③　登記官は，甲土地と乙土地の登記記録に抵当権の設定の登記を実行するが，その末尾に共同担保目録の記号と目録番号を記録する（不登規§166Ⅱ）。

（甲土地の登記記録）

権　利　部（乙　区）	（所 有 権 以 外 の 権 利 に 関 す る 事 項）		
順位番号	登記の目的	受付年月日・受付番号	権 利 者 そ の 他 の 事 項
1	抵当権設定	令和5年7月29日 第7000号	原因　令和5年7月29日金銭消費貸借 　　　同日設定 債権額　金1,000万円 債務者　　A 抵当権者　　X 共同担保　目録（か）第100号

（乙土地の登記記録は省略）

➡　甲土地について新たに取引関係に入ろうとする第三者は，甲土地の登記記録を見て，"おっ，乙区1番でXの抵当権の設定の登記がされているな。これには共同担保目録の記号と番号が登記されているから，この抵当権は共同抵当なんだな。では，他にどの不動産に抵当権が設定されているのかを見てみよう。"ということになって，「共同担保目録（か）第100号」を見ると，"この甲土地のほかに乙土地にも抵当権が設定されているんだな"ということが分かる。

・　申請情報の作成
　　（甲土地の登記記録）

表　題　部（土地の表示）			不動産番号	【略】
所　　在	豊島区東池袋一丁目		余　白	
① 地　番	② 地　目	③ 地　積　㎡	原因及びその日付〔登記の日付〕	
3番2	宅地	100：00	【略】	

権　利　部（甲　区）	（所　有　権　に　関　す　る　事　項）		
順位番号	登記の目的	受付年月日・受付番号	権 利 者 そ の 他 の 事 項
1	所有権移転	平成21年7月10日 第7000号	原因　平成21年7月10日売買 所有者　　A

（乙土地の登記記録）

表　題　部（土地の表示）			不動産番号	【略】
所　　　在	豊島区高田三丁目		余　白	
① 地　番	② 地　目	③ 地　積 ㎡	原因及びその日付〔登記の日付〕	
7番5	宅地	80:00	【略】	

権　利　部（甲　区）　（所　有　権　に　関　す　る　事　項）			
順位番号	登記の目的	受付年月日・受付番号	権利者その他の事項
1	所有権移転	平成25年9月23日 第9000号	原因　平成25年9月23日売買 所有者　　　B

　令和5年7月4日，XとAは金銭消費貸借契約を締結し，XはAに対して金1,000万円を貸し付けた（利息は年3％，損害金は年8％）。同時に，XとAは，この債権を担保するため甲土地を目的として抵当権を設定する契約を締結した。

　また，同月6日，XとBは，上記のXのAに対する貸金債権を担保するため，乙土地を目的として抵当権を設定する契約を締結した。

【申請書】

```
登記の目的　抵当権設定
原　　　因　令和5年7月4日金銭消費貸借の設定（但し，設定日付
　　　　　　は後記のとおり）　　　　　　　　　　　　　　＊1
債　権　額　金1,000万円
利　　　息　年3％
損　害　金　年8％
債　務　者　A
抵当権者　X
設　定　者　A
　　　　　　B
添付情報　登記識別情報（Aの甲土地甲区1番，Bの乙土地甲区1
　　　　　　番のもの）
　　　　　　登記原因証明情報
　　　　　　代理権限証明情報（X，A及びBから司法書士への委任状）
　　　　　　印鑑証明情報（A及びBの印鑑証明書）
```

```
課 税 価 額　金1,000万円
登録免許税　金4万円
不動産の表示　所在　豊島区東池袋一丁目
　　　　　　　地番　３番２
　　　　　　　地目　宅地
　　　　　　　地積　100.00㎡
　　　　　　　　　　原因　令和５年７月４日設定
　　　　　　　　　　所有者　Ａ　　　　　　　　　　　　　　　　　＊2
　　　　　　　所在　豊島区高田三丁目
　　　　　　　地番　７番５
　　　　　　　地目　宅地
　　　　　　　地積　80.00㎡
　　　　　　　　　　原因　令和５年７月６日設定
　　　　　　　　　　所有者　Ｂ　　　　　　　　　　　　　　　　　＊2
```

＊1　甲土地と乙土地で抵当権が設定された日付（登記原因日付）が異なるので，原因について「…但し，設定日付は後記のとおり」と提供する。そして，不動産の表示において，不動産ごとの設定日付を特定する。

＊2　各不動産で設定者が異なるので，不動産の表示において各不動産の設定者を特定する。

5　共同抵当の追加設定の登記

(1)　共同抵当の追加設定

　共同抵当の設定は，必ずしもすべての不動産について同時にする必要はない。

➡　ある債権を担保するために抵当権の設定の登記がされた後，それと同一の債権を担保するために他の不動産に抵当権を追加的に設定して，すべての不動産を共同担保の関係とすることもできる。

【例】　XのAに対する金1,000万円の貸金債権を担保するために甲土地に抵当権が設定された後，これと同一の債権を担保するために乙土地にも抵当権が設定された。

➡　甲土地と乙土地は共同担保の関係となる。つまり，Xは，甲土地と乙土地から合計して金1,000万円の配当を受けることができる。

(2)　共同抵当の追加設定の登記

　共同抵当の追加設定の契約がされたときは，抵当権の追加設定の登記を申請する。

　追加設定の登記といっても，基本的には通常の抵当権の設定の登記と同様である。ただし，若干の違いがある。

① 申請情報の内容として，既に登記された抵当権に関する表示を提供することを要する（不登令別表55申請情報欄ハ）。

　➡ "既に同一の債権を担保するため○△の不動産に抵当権の設定の登記がされています。今回はその追加設定です。" といったことを明らかにする。

　具体的には，以下のような事項を提供する。

㋐ 追加設定の登記を申請する登記所に，当該抵当権に関する共同担保目録がない場合には，既に登記された抵当権の目的である不動産の表示並びにその抵当権の順位事項（同別表）

　登記の目的　抵当権設定
　原　　　因　令和5年6月21日金銭消費貸借令和5年7月11日設定
　債　権　額　金1,000万円
　債　務　者　A
　抵 当 権 者　X
　設　定　者　A
　添付情報，登録免許税　（省略）
　不動産の表示　乙土地の表示　（省略）
　前登記の表示　新宿区高田馬場七丁目5番6の土地
　　　　　　　　順位番号　1番

㋑ 追加設定の登記を申請する登記所に，当該抵当権に関する共同担保目録 `H31-24` が既にある場合には，その共同担保目録の記号及び目録番号(同別表，不登規§168Ⅰ)。

　➡ この場合には，不動産の表示や抵当権の順位事項を提供することを要しない。

② 登録免許税

抵当権の設定の登記の登録免許税は，債権金額に1000分の4を乗じた額であるが（登税別表第1.1(5)），共同抵当の追加設定の登記の場合は，一定の要件を満たせば減税される。

H19-17

・ 追加設定の登記の申請情報と併せて，既に同一の債権を担保する抵当権の登記を受けていることを証する財務省令で定める書面を提供したときは，登録免許税は**不動産１個について金1,500円**となる（登税§13Ⅱ，登税規§11）。

　【例】　XのAに対する金1,000万円の債権を担保するため，甲土地に抵当権の設定の登記がされた後，これと同一の債権を担保するため，乙土地に抵当権の追加設定契約をした。
　➡　乙土地の抵当権の設定の登記の申請情報と併せて，"同一の債権を担保するために既に甲土地に抵当権の設定の登記を受けている"ことを証する書面を提供したときは，登録免許税は金1,500円となる。
　∵　最初に甲土地に抵当権の設定の登記をした際に，金４万円の登録免許税を納付している。そのため，乙土地の追加設定の登記の際にさらに金４万円の登録免許税を要求するのは，ある意味不当といえるから（Xは，甲土地と乙土地を合わせて1,000万円しか優先弁済を受けられないから）。

・ 既に抵当権の登記を受けていることを証する財務省令で定める書面
　➡　既に抵当権の登記がされている不動産の登記事項証明書（不登準§125Ⅰ）。

　【例】　上記の事例だと，甲土地の登記事項証明書を提供する。

重要

既に登記されている抵当権と同一の登記所に追加設定の登記を申請するときは，この登記事項証明書の提供を省略することができる。

【例】　新宿登記所の管轄に属する甲土地に抵当権の設定の登記がされた後，それと同一の債権を担保するために，同じく新宿登記所の管轄に属する乙土地を目的として共同抵当の追加設定の登記を申請する場合，申請情報と併

せて甲土地の登記事項証明書を提供しなくても，登録免許税は金1,500円
となる。

∵　追加設定の登記の申請を受け付けた新宿登記所の登記官が甲土地の登
記記録を見て，「確かに既に抵当権の登記がされている」と確認してく
れる。敢えて申請人が登記事項証明書を提供しなくても良い（管轄が異
なるとそうはいかない）。

・　申請情報の作成
（甲土地の登記記録）

権　利　部（甲　区）　　（所　有　権　に　関　す　る　事　項)			
順位番号	登記の目的	受付年月日・受付番号	権利者その他の事項
1	所有権移転	平成6年6月5日 第6000号	原因　平成6年6月5日売買 所有者　　A

権　利　部（乙　区）　　（所有権以外の権利に関する事項)			
順位番号	登記の目的	受付年月日・受付番号	権利者その他の事項
1	抵当権設定	平成26年8月22日 第8000号	原因　平成26年8月22日金銭消費貸借 　　　同日設定 債権額　金1,000万円 利息　年4％ 損害金　年10％ 債務者　　A 抵当権者　　X 共同担保　目録（た）第53号

（乙土地の登記記録）

権　利　部（甲　区）　　（所　有　権　に　関　す　る　事　項)			
順位番号	登記の目的	受付年月日・受付番号	権利者その他の事項
1	所有権移転	平成8年6月27日 第6700号	原因　平成8年6月27日売買 所有者　　A

令和5年7月20日，XとAは，甲土地の乙区1番等で登記された抵当権の追
加担保として，乙土地に抵当権を設定する契約を締結した。

＊　甲土地と乙土地を管轄する登記所は同一である。

【申請書】

```
登 記 の 目 的　抵当権設定
原　　　　因　平成26年8月22日金銭消費貸借令和5年7月20日設定
債　権　額　金1,000万円
利　　　息　年4％
損　害　金　年10％
債　務　者　A
抵 当 権 者　X
設　定　者　A
添 付 情 報　登記識別情報（Aの乙土地甲区1番の登記済証）
　　　　　　　登記原因証明情報
　　　　　　　代理権限証明情報（X及びAから司法書士への委任状）
　　　　　　　印鑑証明情報（Aの印鑑証明書）
登録免許税　金1,500円（登録免許税法第13条第2項）　　　　　　＊1
不動産の表示　乙土地の表示（省略）
前登記の表示　共同担保　目録（た）第53号　　　　　　　　　　＊2
```

＊1　減税措置の根拠条文をかっこ書で提供する（不登規§189Ⅲ）。
＊2　登記を申請する登記所に当該抵当権に関する共同担保目録があるので，
　　　その共同担保目録の記号，目録番号を提供する。

6　追加設定の登記の可否

　　共同抵当の追加設定の登記を申請する場合，申請情報の内容として提供され
た登記事項（つまり抵当権の内容）と，既に登記された抵当権の登記事項は完
璧に一致している必要があるはずである。
➡　債権額，債務者，利息，損害金の定め等は，すべての抵当権で一致してい
　　るはずである。
∵　共同抵当とは，同一の債権を担保するため数個の不動産を目的として設定
　　された抵当権をいうから。

　　しかし，実務上はそんなに厳密には解されておらず，申請情報の内容として
提供された登記事項と既に登記された抵当権の登記事項が若干異なっていて
も，ある程度の同一性が判断できれば追加設定の登記の申請は受理されている。

① 既に登記された抵当権の利息と，追加設定の登記の申請情報の内容として R2-13
提供された利息が異なる場合でも，その追加設定の登記の申請は受理される
（先例昭41.12.1 – 3322）。

> ▢ケーススタディ
>
> 甲土地に登記された抵当権には，「利息　年３％」と登記されている。そ
> して，これと同一の債権を担保するため，乙土地に共同抵当の追加設定の登
> 記を申請する場合，申請情報の内容として「利息　年５％」と記載されてい
> ても，その追加設定の登記の申請は受理される。
> ➡ 甲土地に抵当権の設定の登記がされた後，その債権の利息が年３％から
> 年５％に変更されたと考えられる。
> ➡ 利息の定めが違うということは，「これは同一の債権を担保する抵当権
> なのか？」という疑問が生ずるところではあるが，利息の定めは被担保債
> 権の同一性を判断するための１つの資料に過ぎない。だから，利息が違っ
> ていても追加設定の登記として受理される。

② 既に登記された抵当権の債務者の氏名，住所と，追加設定の登記の申請情 H18-23
報の内容として提供された債務者の氏名，住所が一致しない場合でも，その
追加設定の登記の申請は受理される（質疑登研425 P 125）。
➡ 最初に抵当権の設定の登記がされた後に，債務者の住所が移転したよう
な場合。
∵ 債務者の表示も抵当権の被担保債権の同一性を判断する１つの資料にす
ぎず，債務者の表示が異なることのみをもって被担保債権の同一性を否定
するのは妥当でない。

➕ アルファ

共同根抵当権の追加設定の登記とは扱いが異なるので注意。

③ 既に登記された抵当権について被担保債権の一部の弁済がされたが，まだ H8-15
債権額の変更の登記はされていない。そして，これと同一の債権を担保する
ために，一部弁済後の債権額を提供して共同抵当の追加設定の登記を申請す
ることができる（先例昭37.3.13 – 650）。
➡ 既に登記された抵当権の「債権額」と，追加設定の登記の申請情報の内
容として提供された「債権額」が異なるが，この追加設定の登記の申請は
受理される。

7　共同抵当の次順位者の代位の登記
⑴　共同抵当の次順位者の代位の意義
　　Aの所有する甲土地と乙土地を目的として，Xの共同抵当の登記（いずれも順位1番）がされている。そして，甲土地には，順位2番でYの抵当権の登記がされている。

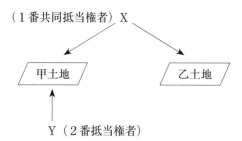

　　Xは，甲土地の抵当権のみ実行し，甲土地の売却の代金から債権全額の配当を受けることができる（異時配当。民§392Ⅱ）。
　　そして，Xが債権全額の配当を受けたため，Yは十分な配当が受けられなかったものとする。
　➡　同時配当がされたならば一定の額の弁済を受けられたはずなのに（民§392Ⅰ参照），異時配当がされたからその額の弁済が受けられなかった。

H23-19　　この場合，次順位の抵当権者であるYは，一定の額を限度として，乙土地のXの抵当権に代位することができる（民§392Ⅱ後段）。
　➡　つまり，乙土地のXの抵当権がYに移転する。
　∵　同時配当がされた場合と異時配当がされた場合とで，後順位抵当権者の地位に変化が生ずるのを防ぐため。

⑵　次順位抵当権者の代位の登記の手続
　　共同抵当に関する次順位抵当権者の代位の登記は，登記権利者と登記義務者の共同申請（不登§60）。
H7-16　➡　裁判所書記官が嘱託するものではない。

| 登記権利者→ | 代位する次順位の抵当権者 |
| 登記義務者→ | 代位される共同抵当権者 |

(3)　**申請情報の内容**

①　登記の目的→　代位される共同抵当の順位番号をもって，「○番抵当権代位」

②　登記原因及びその日付→　共同抵当権者が配当を受けた日（質疑登研444P108）をもって，「年月日民法第392条第2項による代位」

③　登記事項→　競売された不動産の表示，競売代価，共同抵当権者が弁済を受けた額，次順位抵当権の被担保債権の内容を提供する（不登令別表59申請情報欄イロハ）。

【申請書】

```
登記の目的　○番抵当権代位                         ［R5記述］
原　　　因　年月日民法第392条第2項による代位
競売不動産　○市○町○番の土地
競 売 代 価　金○万円
弁 済 額　金○万円
債 権 額　金○万円
利　　　息　年○%
損 害 金　年○%
債 務 者　A
権 利 者　Y
義 務 者　X
添 付 情 報　登記識別情報（Xのもの）
　　　　　　登記原因証明情報
　　　　　　代理権限証明情報（Y及びXから司法書士への委任状）
登録免許税　金1,000円
```

第3節　抵当権の移転の登記

1　抵当権の移転
(1)　意　義
抵当権は，特定の債権を担保するものである。そのため，抵当権の被担保債権が第三者に移転したときは，債権に伴って抵当権も移転する（随伴性）。

➡　抵当権は，被担保債権にくっついているわけだから，被担保債権が移転すれば抵当権もそれに伴って当然に移転する。

【例】　XのAに対する債権を担保するために甲土地に抵当権が設定された後，XY間の債権譲渡契約によってXの債権がYに移転した。
➡　債権に伴って抵当権もYに移転する。
➡　XからYへの抵当権の移転の登記を申請することができる。

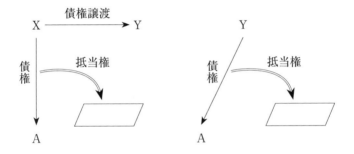

・　被担保債権の一部が移転したときは，抵当権も一部が移転する。

(2)　債権が移転する場合

> ・　被担保債権の譲渡
> ・　第三者による弁済（代位弁済）
> ・　抵当権者の相続や合併，会社分割
> ・　転付命令

【例】　XのAに対する債権を担保するため，甲土地に抵当権が設定された。その後，Aの債務の保証人であるBが，Aに代わってXに債務を弁済し

た。

➡　BはAに対して求償権を取得し（民§459Ⅰ），債務者のために弁済
　　をした者として当然に債権者Xに代位する（民§499）。

　　つまり，Xが有していた債権と抵当権がBに移転したので，「代位弁済」
　を登記原因としてXからBに対して抵当権の移転の登記を申請する。

・　連帯債務者A・Bに対する債権を担保する抵当権が設定された後，A　**H31-20**
　に対する債権のみが第三者Cに譲渡されたときは，当該抵当権の一部の　**H20-20**
　移転の登記を申請する（先例平9.12.4 - 2155）。

2　抵当権の移転の登記の申請人

　一般承継か特定承継かによって異なる。

➡　所有権の移転の登記と考え方は同様。

(1)　一般承継（相続や合併）により抵当権が移転した場合

　相続人（合併により権利を承継した法人）が単独で申請することができる　**H12-20**
（不登§63Ⅱ）。

　【例】　X株式会社からY株式会社への「合併」による抵当権の移転の登記は，
　　　　Y株式会社が単独で申請することができる。

(2)　特定承継（債権譲渡や代位弁済）により抵当権が移転した場合

　登記権利者と登記義務者が共同で申請する（不登§60）。

登記権利者→　債権と抵当権を取得した者
登記義務者→　債権と抵当権を失った者（抵当権の登記名義人）

・　会社分割による抵当権の移転の登記は，登記権利者と登記義務者の共同
　申請。

➡　合併の場合とは異なり，承継会社が単独で申請することはできない。

∵　合併の場合とは異なり，登記義務者となるべき分割会社がまだ存在し
　ている。

(3) 転付命令により抵当権が移転した場合

　　債権の転付命令により抵当権が移転したときは，申立てにより，裁判所書記官が抵当権の移転の登記を嘱託する（民執§164Ⅰ）。

H20-20
　　➡　当事者が抵当権の移転の登記を申請するのではない。

3　申請情報の内容

(1) 登記の目的→　「○番抵当権移転」

　　➡　"抵当権"という物権について"移転"という変動が生じた旨の登記である。

　　➡　移転した抵当権を順位番号をもって特定する。

　　・　抵当権の一部が移転した場合→　「○番抵当権一部移転」

(2) 登記原因及びその日付→　抵当権が移転した原因及びその日付を提供する。

　　➡　被担保債権の移転に伴って抵当権も当然に移転するので，すなわち被担保債権の移転の原因である。

> ・　「年月日債権譲渡」
> ・　「年月日代位弁済」
> ・　「年月日相続」
> ・　「年月日合併」等

➕ **アルファ**

　　債権譲渡の契約がされた後に債務者に対する通知（民§467Ⅰ）がされた場合でも，原因日付は債権譲渡の契約がされた日。債権譲渡の通知がされた日ではない。
∵　債務者に対する通知（債務者の承諾）は債権譲渡の対抗要件であって（民§467Ⅰ），効力要件ではない。

　　・　債権の一部の譲渡（債務の一部の代位弁済）により抵当権の一部の移転の登記を申請するときは，「年月日債権一部譲渡」や「年月日一部代位弁済」のように提供する（記録例384，390）。

(3) 登記事項→　基本的に提供することを要しない。

∵　抵当権は，そのままの内容で移転するので（債権額，利息，損害金等に

変更は生じない），改めて登記すべき事項はない。

・　債権一部譲渡（一部代位弁済）により抵当権の一部の移転の登記を申請する場合

➡　「譲渡額」又は「弁済額」を提供する（不登令別表57申請情報欄）。

∴　どれだけの抵当権が移転したのかを明らかにする必要がある。

【例】　債権額が「金1,000万円」と登記された抵当権について，債権の一部金300万円が譲渡されたことによる抵当権の一部の移転の登記を申請する場合

譲渡額　　　金300万円

4　添付情報

(1)　一般承継（相続，合併）による移転の登記の場合

①　登記原因証明情報（不登令別表22添付情報欄）

抵当権者に相続又は合併が生じたことを証する市区町村長，登記官その他の公務員が職務上作成した情報及びその他の登記原因を証する情報を提供する。

∴　単独申請による登記なので，登記の正確性を確保するため，公務員が職務上作成した情報の提供が必要。

・　自然人の相続の場合→　戸籍事項の証明書等 ・　法人の合併の場合→　合併により権利を承継した法人の登記事項証明書（会社法人等番号，先例平18.3.29－755）

②　代理権限証明情報（委任状，不登令§7Ⅰ②）

➕アルファ

登記権利者と登記義務者の共同申請による登記ではないので，登記識別情報を提供することを要しない（不登§22参照）。

🔵 **アルファ**

　所有権以外の権利の移転の登記なので，登記権利者の住所を証する情報は不要である。

⑵　特定承継（債権譲渡，代位弁済）による移転の登記の場合

　①　登記義務者の登記識別情報（不登§22）

　　　登記義務者である抵当権の登記名義人が，抵当権の取得の登記（設定の登記等）を受けた際の登記識別情報を提供する。

　②　登記原因証明情報（不登令§7Ⅰ⑤ロ）

　　　債権譲渡や代位弁済によって抵当権が移転した旨が明らかにされた情報（債権譲渡契約書等）を提供する。

　③　代理権限証明情報（委任状，不登令§7Ⅰ②）

🔵 **アルファ**

　債権譲渡による抵当権の移転の登記を申請する場合，債務者に対して債権譲渡の通知をしたことを証する情報を提供することを要しないとされている。

🔵 **アルファ**

H25-25
H20-20
　吸収分割により，吸収分割承継会社への抵当権の移転の登記を申請するときは，登記原因証明情報として，分割契約を証する情報（分割契約書等）と，会社分割の記載がある吸収分割承継会社の登記事項証明書（会社法人等番号）を提供することを要する（先例平18.3.29-755）。

∵　被担保債権が承継会社に承継されたことを証するため，分割契約の内容を証する情報も必要となる。

🔵 **アルファ**

　所有権以外の権利の登記名義人が登記義務者となる登記なので，原則として，登記義務者の印鑑証明書を提供することを要しない。

5　登録免許税

　定率課税である。

∵　新たに権利を取得する登記であるといえる。

(1) **課税標準**

抵当権の全部が移転する場合→ 登記記録に記録された債権額

抵当権の一部が移転する場合→ 「譲渡額」又は「弁済額」

(2) **税 率**

一般承継（相続，合併）による移転の登記

→ 1000分の1 （登税別表第1.1(6)イ）

特定承継（債権譲渡，代位弁済）による移転の登記

→ 1000分の2 （登税別表第1.1(6)ロ）

参考先例

・ 共同抵当の移転の登記を申請する場合に，その申請が最初の申請以外のものであるときは，そのことを証する財務省令で定める書面を提供すれば，登録免許税法13条2項の規定に準じて，抵当権の移転の登記の登録免許税は不動産1個につき金1,500円となる（先例昭43.10.14－3152）。

・ 申請情報の作成

権 利 部（乙 区）	（所 有 権 以 外 の 権 利 に 関 す る 事 項）		
順位番号	登記の目的	受付年月日・受付番号	権 利 者 そ の 他 の 事 項
1	抵当権設定	平成26年8月22日 第8000号	原因 平成26年8月22日金銭消費貸借 同日設定 債権額 金1,000万円 利息 年4% 損害金 年10% 債務者 A 抵当権者 X

令和5年7月29日，XとYは，乙区1番の抵当権の被担保債権の全部を，Yに譲渡する契約を締結した。なお，Xは，翌日，Aに対し，債権譲渡の通知をした。

【申請書】

```
登記の目的　１番抵当権移転
原　　　因　令和５年７月29日債権譲渡
権　利　者　Y
義　務　者　X
添 付 情 報　登記識別情報（Xの乙区１番のもの）
　　　　　　登記原因証明情報
　　　　　　代理権限証明情報（Y及びXから司法書士への委任状）
課 税 価 額　金1,000万円
登録免許税　金２万円
```

（完了後の登記記録）

権　利　部（乙　区）		（所有権以外の権利に関する事項）	
順位番号	登記の目的	受付年月日・受付番号	権利者その他の事項
1	抵当権設定	平成26年８月22日 第8000号	原因　平成26年８月22日金銭消費貸借 　同日設定 債権額　金1,000万円 利息　年４％ 損害金　年10％ 債務者　　A 抵当権者　　X
付記１号	１番抵当権移転	令和５年８月１日 第8000号	原因　令和５年７月29日債権譲渡 抵当権者　　Y

H21-23

＊　所有権以外の権利の移転の登記なので，付記登記で実行される（不登規
§３⑤）。

【一部代位弁済による抵当権の一部の移転の登記の申請書】

```
登記の目的　○番抵当権一部移転
原　　　因　年月日一部代位弁済
弁　済　額　金300万円
権　利　者　Y
義　務　者　X
添 付 情 報　登記識別情報（Xのもの）
　　　　　　登記原因証明情報
　　　　　　代理権限証明情報（Y及びXから司法書士への委任状）
課 税 価 額　金300万円　　＊
登録免許税　金6,000円
```

＊　「弁済額」が課税標準となる。

【相続による抵当権の移転の登記の申請書】

```
登記の目的　○番抵当権移転
原　　　因　年月日相続
抵 当 権 者　（被相続人　X）
　　　　　　　　　　　　Y
添 付 情 報　登記原因証明情報
　　　　　　代理権限証明情報（Yから司法書士への委任状）
課 税 価 額　金1,000万円
登録免許税　金1万円
```

【合併による抵当権の移転の登記の申請書】

登記の目的	○番抵当権移転
原　　　因	年月日合併
抵 当 権 者	（被合併会社　Ｘ株式会社） Ｙ株式会社 　代表取締役　Ｙ 　（会社法人等番号　0990-01-123456）＊
添 付 情 報	登記原因証明情報 会社法人等番号（Ｙ株式会社の会社法人等番号）　　＊ 代理権限証明情報（Ｙ株式会社の代表者から司法書士へ の委任状）
課 税 価 額	金1,000万円
登録免許税	金１万円

＊　この会社法人等番号は，添付情報の１つであるが，実際には「申請人」
の下に会社法人等番号を記載する。

6　「真正な登記名義の回復」を登記原因として，抵当権の移転の登記を申請することの可否

H20-20　Ｘを登記名義人として抵当権の設定の登記がされている場合において，「真正な登記名義の回復」を登記原因として，ＸからＹへの抵当権の移転の登記を申請することはできない（先例昭40.7.13－1857）。

∵　Ｘの名義で抵当権の設定の登記がされたが，実は抵当権者はＹであったとなると，Ｘ名義で登記された抵当権は無効ということになるので，無効な抵当権の移転ということはあり得ないから。

➕ アルファ

この場合，Ｙが抵当権の登記名義を取得するためには，Ｙの名義で抵当権の設定の登記をすれば良いので，「真正な登記名義の回復」を登記原因とする移転の登記を認めなくても，不都合は生じない。

➡　抵当権は，同一の不動産に複数設定することができ，その間の"順位"が重要なので，安易に「真正な登記名義の回復」を登記原因とした移転の登記（付記登記）を認めるわけにはいかない。

第4節　抵当権の変更の登記

　抵当権の設定の登記がされた後，その登記事項に変更が生じたときは，抵当権の変更の登記を申請することができる。

第4節の1　債権額の変更

　抵当権の「債権額」に変更が生じたときは，債権額の変更の登記を申請することができる。

注意！　ただし，債権額の"増額の"変更に関しては，抵当権の法的な性質に関連して，その可否が問題となることがある。

1　債権額の増額変更の登記の可否
(1)　債権額の増額変更をすることができない場合
　ある債権を担保するために抵当権が設定された後，別の債権を被担保債権に加えたことによる債権額の増額変更の登記をすることはできない（先例明32.11.1 - 1904）。
　∵　抵当権は，特定の債権を担保するものである（抵当権と被担保債権はセットになっている）。そのため，ある債権を担保するために抵当権が設定された後，その抵当権に別の債権を被担保債権として加えることは抵当権の付従性に反するといえる。

　　【例】　令和5年3月1日，XはAに対して金800万円を貸し付け，この債権を担保するため，Aの所有する甲土地を目的として抵当権が設定された（順位1番で登記がされた）。
　　　　　その後の令和5年8月1日，XはAに対してさらに金300万円を貸し付けた。
　　　　　この場合，XとAの合意により，1番抵当権の債権額を金1,100万円に増額することはできない。
　　➡　令和5年8月1日付けの貸金債権について，新たな抵当権の設定の登記をすべきである。

(2)　**債権額の増額変更をすることができる場合**

　　上記のように，抵当権の付従性に反する形では債権額の増額変更をすることができないが，**債権額の増額変更をしても被担保債権の同一性があり，抵当権の付従性に反しないと認められる場合には，債権額の増額変更をすることができる。**

①　債権の一部を担保するために抵当権が設定された後，抵当権によって担保される債権の額を増額する変更をした場合
∵　抵当権によって担保される債権は同一であり，付従性の要件に反することはない。

【例】　XのAに対する金1,000万円の債権のうち，金700万円分を担保するために抵当権を設定した。その後，債権の総額である金1,000万円分について抵当権によって担保させる旨の債権額の増額変更の登記をすることができる（被担保債権額を金700万円から金1,000万円に増額する変更）。

R2-21②　将来発生する債権を担保するために抵当権が設定された後，その将来債権の債権額が増額された場合
∵　実際に債権が発生する前に，将来発生すべき債権の債権額が増額されても，債権には同一性があり，付従性の要件に反しないといえる。

・　この将来債権には，保証人の将来の求償債権，分割貸付，限度貸付等がある。

③　利息の元本組入れをした場合（先例昭25.10.20-2810）

④　担保限度額（不登§83Ⅰ⑤），債権の価額（同Ⅰ①）を増額した場合

(3)　**利息の元本組入れについて**

　　利息の元本組入れとは，弁済期に利息が支払われなかった場合等に，その利息を元本に組み入れて，これを元本の一部としてさらに利息を発生させること。つまり，重利。

　　利息の元本組入れがされたときは抵当権の債権額が増額するので，抵当権の債権額の増額変更の登記を申請することができる。

2　債権額の減額変更

以下のような場合に，抵当権の債権額は減少する。

---

① 債権額を減額する変更契約がされた。
② 被担保債権の一部が弁済された。
③ 債務の一部が免除された。
④ 債権の一部が放棄された。
⑤ 元本債権のほか，利息も残っている場合に，元本債権の全額が弁済された。

R2-21

3　債権額の変更の登記の手続

(1)　申請人

原則どおり，登記権利者と登記義務者の共同申請（不登§60）。

① 債権額の増額変更の登記

登記権利者→　抵当権者
登記義務者→　設定者

∵　債権額が増額されるということは，抵当権者が優先弁済を受けられる額が増えるということ。つまり，抵当権者が登記上直接に利益を受ける。
　一方，債権額が増額されるということは，その不動産の負担が増えるということであるので，設定者（現在の所有権の登記名義人）が登記上直接に不利益を受ける。

② 債権額の減額変更の登記

登記権利者→　設定者
登記義務者→　抵当権者

---

(2)　申請情報の内容

① 登記の目的→　「○番抵当権変更」
➡ "抵当権" という物権の登記事項に "変更" が生じた旨の登記である。
➡ 変更する抵当権を順位番号をもって特定する。

② 登記原因及びその日付→　抵当権に変更が生じた原因を提供する。

- ・ 単なる債権額の変更契約であるとき→　「年月日変更」
- ・ 債権の一部弁済がされたとき→　「年月日一部弁済」
- ・ 利息の元本組入れがされたとき→　組入れによって債権額が増加した日をもって、「令和5年1月1日，令和3年1月1日から令和4年12月31日までの利息の元本組入」（記録例399）

H26-22 ③ 登記事項→　変更後の債権額を提供する。

➡ 変更の登記においては，「変更後の登記事項」を提供することを要する（不登令別表25申請情報欄）。

変更後の事項　　債権額　金2,000万円

---

(3) 添付情報

① 債権額の増額変更の登記の場合
- ・ 登記義務者（設定者）の登記識別情報（不登§22）
- ・ 登記原因証明情報（不登令別表25添付情報欄イ）
- ・ 代理権限証明情報（委任状，不登令§7Ⅰ②）
- ・ （書面申請の場合は）登記義務者である所有権の登記名義人の印鑑証明書（不登令§16Ⅱ，18Ⅱ）
- ・ 変更の登記につき登記上の利害関係を有する第三者が存在する場合で，変更の登記を付記登記でしたいときは，当該第三者の作成した承諾等を証する情報（不登令別表25申請情報欄ロ）
  - → 以下の(4)で詳しく説明する。

② 債権額の減額変更の登記の場合
- ・ 登記義務者（抵当権者）の登記識別情報（不登§22）
- ・ 登記原因証明情報（不登令別表25添付情報欄イ）
- ・ 代理権限証明情報（委任状，不登令§7Ⅰ②）
- ・ 変更の登記につき登記上の利害関係を有する第三者が存在する場合で，変更の登記を付記登記でしたいときは，当該第三者の作成した承諾等を証する情報（不登令別表25申請情報欄ロ）

重要

②の場合，所有権以外の権利の登記名義人が登記義務者となる登記なので，原則として登記義務者の印鑑証明書は不要。

(4)　登記上の利害関係を有する第三者の承諾等を証する情報

変更の登記をすることについて登記上の利害関係を有する第三者がいる場合，変更の登記の申請情報と併せて当該第三者が作成した承諾を証する情報又はその者に対抗することができる裁判があったことを証する情報を提供したときは，変更の登記は付記登記でされ，提供しないときは主登記でされる（不登§66）。 `H26-22`

理由　その変更の登記を付記登記ですることによって登記上不利益を受ける第三者（登記上の利害関係を有する第三者）がいる場合，その者の意思を問わずに勝手に不利益を与えるわけにはいかない。
だから，その不利益を受ける第三者の承諾があれば変更の登記は付記登記でされ，承諾がなければ変更の登記は主登記でされるという扱いとされた。

☆　抵当権の変更の登記を付記登記ですることによって第三者が登記上不利益を受けるというのは，どういうことであろうか？

ケーススタディ

権　利　部（乙　区）		（所有権以外の権利に関する事項）	
順位番号	登記の目的	受付年月日・受付番号	権利者その他の事項
1	抵当権設定	平成26年8月22日第8000号	原因　平成26年8月22日金銭消費貸借金2,000万円のうち金1,000万円同日設定 債権額　金1,000万円 債務者　　A 抵当権者　　X
2	抵当権設定	平成28年2月17日第2000号	原因　平成28年2月17日金銭消費貸借同日設定 債権額　金2,000万円 債務者　　A 抵当権者　　Y

　このような登記がされた後の令和5年9月1日，抵当権者Xと設定者（甲土地の所有者）は，乙区1番の抵当権によって担保させる債権の額を金2,000万円とする（債権の全部を担保させる）ことに合意した。
➡　1番抵当権の債権額の変更の登記を申請する。

　この変更の登記が付記登記によってされたら，登記の記録は以下のようになる。

権　利　部（乙　区）		（所 有 権 以 外 の 権 利 に 関 す る 事 項）	
順位番号	登記の目的	受付年月日・受付番号	権 利 者 そ の 他 の 事 項
1	抵当権設定	平成26年8月22日第8000号	原因　平成26年8月22日金銭消費貸借金2,000万円のうち金1,000万円同日設定 債権額　金1,000万円 債務者　　A 抵当権者　　X
付記1号	1番抵当権変更	令和5年9月1日第9000号	原因　　令和5年9月1日変更 債権額　金2,000万円
2	抵当権設定	平成28年2月17日第2000号	原因　平成28年2月17日金銭消費貸借同日設定 債権額　金2,000万円 債務者　　A 抵当権者　　Y

　＊　下線のあるものは，抹消された事項であることを示す。

　これは，後順位の抵当権者であるYにとっては，困ったことといえる。
➡　変更の登記が付記登記（1番付記1号）でされると，1番抵当権の債権額が金2,000万円ということになる。そのため，この後に甲土地が競売されたら，Xは1番抵当権者として金2,000万円の配当を受けることができる。
　　ということは，競売の価格によっては，Yは当初予定していた額の配当を受けられないおそれがあるということである。

　具体的な数字で見ていこう。
　甲土地が競売され，金3,000万円で売却された場合，仮に1番抵当権の債権額の変更の登記がなかったら，その売却代金からXが金1,000万円の配当を受け，Yはその残りの金2,000万円の配当を受けることができた（Yも満足である）。

　しかし，１番抵当権の債権額が変更され，金2,000万円ということになったら，競売の代金からXが金2,000万円の配当を受け，Yは残りの金1,000万円しか配当を受けられないことになる（Yとしてはたまったものではない）。

　このように，抵当権の変更の登記を付記登記によって実行すると，第三者に不利益が及んでしまうことがある。もちろん，その第三者の意思を問わずに勝手に不利益を与えるわけにはいかないので，その第三者が"変更の登記を付記登記でしてもいいですよ"という承諾をした場合に限って，変更の登記を付記登記ですることができるとされた（不登§66）。

H22-18

➡　上記の事例では，申請情報と併せてYの承諾書を提供すれば，Xの１番抵当権の変更の登記は付記登記で実行される。

➕ アルファ

　登記上の利害関係を有する第三者が，変更の登記を付記登記ですることについて承諾しなかった場合には，変更の登記を付記登記で実行することはできないので（勝手に不利益を与えるわけにはいかないので），変更の登記は主登記で実行される。
➡　上記の事例でいうと，乙区３番で「１番抵当権変更」の登記がされる。
　　１番抵当権の変更の登記が「順位３番」というのもヘンであるが，仕方がない。
➡　この場合は，増額分の金1,000万円については，Yに劣後することになる。

(5)　登記上の利害関係を有する第三者に該当する者

①　債権額の増額変更の登記の場合

> ・　同順位又は後順位の担保権の登記名義人
> ・　後順位の所有権の移転に関する仮登記の名義人
> ・　後順位の所有権の差押え，仮差押えの登記名義人
> ・　当該抵当権のために順位譲渡等をした先順位担保権者

H11-26

➕ アルファ

　後順位の利用権の登記名義人は，登記上の利害関係を有する第三者に該当しない。

・　甲土地について，Ｘが順位１番と順位２番で抵当権の設定の登記を受けている場合，１番抵当権の債権額の増額変更の登記を申請するときは，申請情報と併せて２番抵当権者としてのＸの承諾書を提供することを要しない。

重要

変更の登記に限らず一般的な話となるが，申請情報と併せて「…第三者の承諾を証する情報」を提供すべきとされている場合，申請人以外の第三者の承諾を証する情報を提供すべきである。

➡　申請人本人の承諾書を提供する必要はないということ。

② 　債権額の減額変更の登記の場合

・　当該抵当権から民法376条１項の処分（転抵当，順位の譲渡等）を受けている者
・　当該抵当権の移転に関する仮登記の名義人
・　当該抵当権を目的とする差押え，仮差押えの登記名義人

➡　大雑把にいえば，その抵当権を目的として権利の登記を有する者や，その抵当権に依存している者。

⑹　**登録免許税**
定額課税。不動産１個につき金1,000円（登税別表第1.1⒁）。
∵　新たに権利を取得する登記というわけではない。

ただし，債権額の増額変更の登記は，定率課税となる。
∵　債権額を増額するということは，新たな抵当権の設定の登記と同視できる（登税§12Ⅰ）。

課税標準→　債権の増加額
税　　率→　1000分の４（登税別表第1.1⑸）

【例】　債権額を金2,000万円から金3,000万円に増額する変更の登記の場合は，増加額金1,000万円×1000分の４で金４万円。

・　申請情報の作成（利息の元本組入がされた場合）

権　利　部（甲　区）		（所　有　権　に　関　す　る　事　項）	
順位番号	登記の目的	受付年月日・受付番号	権　利　者　そ　の　他　の　事　項
1	所有権移転	平成8年6月27日 第6700号	原因　平成8年6月27日売買 所有者　　A

権　利　部（乙　区）		（所　有　権　以　外　の　権　利　に　関　す　る　事　項）	
順位番号	登記の目的	受付年月日・受付番号	権　利　者　そ　の　他　の　事　項
1	抵当権設定	平成27年4月9日 第4000号	原因　平成27年4月9日金銭消費貸借 　　　同日設定 債権額　金1,000万円 利息　年5％ 損害金　年10％ 債務者　　A 抵当権者　　X
2	抵当権設定	平成28年2月17日 第2000号	原因　平成28年2月17日金銭消費貸借 　　　同日設定 債権額　金2,000万円 債務者　　A 抵当権者　　Y

　　Aは，乙区1番の抵当権の被担保債権に関し，令和3年4月9日から令和5年4月8日までの利息金100万円の支払いを怠っている。そして，XはAに対して利息の支払いを催告したが，Aは支払わなかった。そのため，XはAに対して当該延滞利息を元本に組み入れる旨を通知し，その通知は令和5年6月10日にAに到達した。

＊　登記上の利害関係を有する第三者がいる場合は，その者の作成に係る承諾書が得られているものとする。

【申請書】

登記の目的　1番抵当権変更（付記）　　　　　　　　　　　＊1
原　　　　因　令和5年6月10日，令和3年4月9日から令和5年4月 　　　　　　　8日までの利息の元本組入
変更後の事項　債権額　金1,100万円
権　利　者　X
義　務　者　A

```
添 付 情 報　登記識別情報（Aの甲区１番の登記済証）
　　　　　　　登記原因証明情報
　　　　　　　代理権限証明情報（X及びAから司法書士への委任状）
　　　　　　　印鑑証明情報（Aの印鑑証明書）
　　　　　　　承諾を証する情報（Yの承諾書）
課 税 価 額　金100万円　　　　　　　　　　　　　　　　　　　＊2
登録免許税　金4,000円
```

＊1　「登記上の利害関係を有する第三者の承諾を得たから，この変更の登
　　　記はちゃんと付記登記で実行してくださいね」ということを登記官にア
　　　ピールするために，登記の目的に「（付記）」と提供する。
＊2　債権額の増額変更の登記であるので，定率課税。

【一部弁済がされた場合の申請書】

```
登記の目的　○番抵当権変更（付記）
原　　　因　年月日一部弁済
変更後の事項　債権額　金700万円
権 利 者　A　　　　　　　　　　　　　　　　　　　　　　　　＊
義 務 者　X
添 付 情 報　登記識別情報（Xのもの）
　　　　　　　登記原因証明情報
　　　　　　　代理権限証明情報（A及びXから司法書士への委任状）
登録免許税　金1,000円
```

＊　債権額の減額変更の登記であるから，設定者が登記権利者，抵当権者が
　　登記義務者。

4　元本の全額が弁済された場合の登記
(1)　意　義

H11-21
　　　抵当権の被担保債権のうち元本部分の全額が弁済されたが，まだ利息が残
　　っている場合は，債権額をその利息の額とする変更の登記を申請することが
　　できる（記録例398）。
　　∵　抵当権は，元本のみならず，最後の２年分の利息等も担保するので（民
　　　§375），利息等が残存している場合には，元本の全額が弁済されても抵当
　　　権は消滅しない。

⑵　登記の手続

① 申請人→　設定者を登記権利者，抵当権者を登記義務者とする共同申請
　　　　　（不登§60）。

② 登記の目的→　「○番抵当権変更」

③ 登記原因及びその日付→　元本全額の弁済がされた日をもって「年月日 **R2-21**
　　　　　元本弁済」

④ 登記事項→　変更後の登記事項（不登令別表25申請情報欄）として，残
　　　　　存する利息の額並びにその利息の発生した期間を提供する
　　　　　（記録例398）。

> 変更後の事項　債権額　金100万円（○年7月分から△年6月分まで
> の利息）

➡ 　残存するのは利息であって元本債権ではないが，「債権額」と表示す
るものとされている。

【申請書】

> 登記の目的　○番抵当権変更（付記）
> 原　　　因　年月日元本弁済
> 変更後の事項　債権額　金100万円（年月分から年月分までの利息）
> 権　利　者　A
> 義　務　者　X
> 添 付 情 報　登記識別情報（Xのもの）
> 　　　　　　登記原因証明情報
> 　　　　　　代理権限証明情報（A及びXから司法書士への委任状）
> 登録免許税　金1,000円

5　抵当権の一部の移転の登記がされた後，共有者の１人の債権が弁済された場合

⑴　意　義

　　Ｘの名義で抵当権の設定の登記がされた後，債権の一部の譲渡（一部代位弁済）によりＸからＹに対して抵当権の一部の移転の登記がされている場合に，Ｘのみが債務者から弁済を受けた，あるいはＹのみが債務者から弁済を受けた，ということがあり得る。

H27-23
H4記述
➡　共有者の１人の債権弁済による債権額の変更の登記を申請する（記録例401，402）。

┌───┐
📖ケーススタディ

権　利　部（乙　区）		（所有権以外の権利に関する事項）	
順位番号	登記の目的	受付年月日・受付番号	権利者その他の事項
1	抵当権設定	平成26年８月22日第8000号	原因　平成26年８月22日金銭消費貸借同日設定 債権額　金1,000万円 債務者　Ａ 抵当権者　　Ｘ
付記１号	１番抵当権一部移転	令和２年９月１日第9000号	原因　令和２年９月１日債権一部譲渡 譲渡額　金300万円 抵当権者　　Ｙ

　このような登記がされた後，ＡはＸに対し，その負担する債務の全額である金700万円を弁済した。これにより，１番抵当権は，ＹがＡに対して有する金300万円の債権を担保する抵当権となる。
➡　Ｘは抵当権者でなくなり，また債権額が金300万円となった旨の変更の登記を申請する。
└───┘

　　・　同様に，上記のような登記がされた後，ＡがＹに対し，その負担する債務の全額である金300万円を弁済した場合は，Ｙは抵当権者でなくなり，また債権額が金700万円となった旨の変更の登記を申請する。

H11-21　**注意！**　　Ｙの債権の全額が弁済された場合，ＸからＹへの抵当権の一部の移転の登記の抹消を申請することはできない。

　∵　別にXからYへの債権一部譲渡が無効となったわけではないので，これを抹消するのは適当でない。

(2)　登記の手続

① 申請人

> 登記権利者→　設定者
> 登記義務者→　争いがある。

＊　たとえばXからYへの抵当権の一部の移転の登記がされた後，Xの債権の全額が弁済された場合，Xのみが弁済を受けてXが抵当権者ではなくなる登記なので，Xのみが登記義務者となるという見解と，抵当権の債権額を減額する変更の登記だから抵当権の登記名義人全員（XとY）が登記義務者となるという見解がある。

② 登記の目的→　「○番抵当権変更」

③ 登記原因及びその日付→　Xの債権の全額が弁済された日をもって，「年月日Xの債権弁済」

④ 登記事項→　変更後の登記事項（不登令別表25申請情報欄）として，残存する債権額を提供する。

第4節の2　利息・損害金の変更

1　利息，損害金の変更

　抵当権の設定の登記がされた後，利息や損害金の定めに変更が生じたときは，その変更の登記を申請することができる。

2　登記の手続

(1)　申請人

　原則どおり，登記権利者と登記義務者の共同申請（不登§60）。

① 利息，損害金を増加させる変更

> 登記権利者→　抵当権者
> 登記義務者→　設定者

∵　利息や損害金が増加すれば，抵当権者が優先弁済を受けられる額が増加する。

② 利息，損害金を減少させる変更

> 登記権利者→　設定者
> 登記義務者→　抵当権者

⑵ **申請情報の内容，添付情報**
債権額の変更の登記と同様。

➡ 債権額の変更も，利息や損害金の変更も，抵当権の登記事項の変更の登記であるから，登記の手続は同じ。

・ 「変更後の登記事項」（不登令別表25申請情報欄）として，変更後の利息（又は損害金）を提供する。

・ 利息（損害金）の変更の登記を申請する場合に，登記上の利害関係を有する第三者が存在するときは，申請情報と併せてその者が作成した承諾を証する情報又はその者に対抗することができる裁判があったことを証する情報を提供したときは，変更の登記は付記登記でされ，提供しないときは主登記でされる（不登§66）。

＋アルファ

登記上の利害関係を有する第三者に該当する者は，債権額の変更の登記と同様である。
利息（又は損害金）を増加させる変更の登記を申請する場合は，後順位の抵当権者等が登記上の利害関係を有する第三者に該当する。

⑶ **登録免許税**
定額課税。不動産１個について金1,000円（登税別表第1.1⒁）。

3　利息の特別登記
⑴　意　義

　　抵当権者が利息その他の定期金を請求する権利を有するときは，満期となった最後の2年分についてのみ抵当権を行使する（優先弁済を受ける）ことができる（民§375Ⅰ本文）。

　　債務の不履行により生じた損害の賠償を請求する権利を有するときも，抵当権者は利息その他の定期金と通算して最後の2年分について抵当権を行使することができるにすぎない（同Ⅱ）。

　🖐️理由　　その抵当権の後順位担保権者，一般債権者等，利害関係を有する第三者が出現した場合に，当該抵当権によって担保される債権額が予想外に増大するのを防止することにより，第三者を保護するため。

　　したがって，最後の2年分より前の利息，損害金については，第三者との関係においては，抵当権者は優先して弁済を受けることができない。

📖ケーススタディ

　　XはAに対し，金1,000万円を利息年10％の約定で貸し付けた。そして，甲土地に抵当権を設定した。
↓
　　Aは，5年分の利息（金500万円）の支払いを怠った（弁済期において，XはAに金1,500万円を請求できる）。
↓
　　Xは抵当権を実行した（甲土地が競売された）。
↓
　　Xは，甲土地の売却の代金のうち，元本金1,000万円の他，最後の2年分の利息金200万円の配当を受けることができるにすぎない。
➡️　残りの300万円の利息については，Xは抵当権に基づいて優先的に配当を受けることはできない。

　　ただし，最後の2年分より前の利息，損害金についても，満期となった後に特別の登記をしたときは，その登記の時から抵当権によって優先弁済を受けることができる（民§375Ⅰただし書）。

特別の登記をすれば，延滞利息の額が登記記録に公示されるた
め，後順位担保権者等の第三者は抵当権によって担保される債権
額の上限を知ることができ，不測の損害を被ることはないから。

【例】　上記の例において，Aが支払いを怠っている利息金500万円について
特別の登記（延滞利息について抵当権によって担保させる旨の登記）を
しておけば，その全額（500万円の利息）についてXは抵当権に基づい
て優先的に配当を受けることができる。

➕アルファ

利息の特別登記と利息の元本組入れの違い

　利息の特別登記→　延滞利息を抵当権によって担保させるための登記。単
にそれだけの登記であり，その延滞利息にさらに利息が発生することはない。
つまり，元本債権額が増加するものではない。

　利息の元本組入れ→　延滞利息を元本に組み入れ，その延滞利息に対して
さらに利息を発生させるもの（重利）。元本債権額が増加する。
➡　元本組入れの方が債務者にとっては辛い（もちろん，利息を支払わない
のだから仕方ない）。

(2)　**利息の特別登記の手続**

　優先弁済権の範囲を拡張するものとして，抵当権の変更の登記の一種とさ
れている（先例昭27.4.8-396）。

➕アルファ

　元本債権額等の登記事項に変更が生じるわけではないので，"変更の登記
そのもの"ではない。

(3)　**申請人**

　抵当権の変更の登記の一種であるので，原則どおり，登記権利者と登記義
務者の共同申請（不登§60）。

登記権利者→　抵当権者 登記義務者→　設定者

∵　優先弁済額を増加させる登記である。つまり，債権額の増額変更に類似

する。

(4) **登記の目的**→ 「○番抵当権の利息の特別登記」（記録例400）。
  ➡ 変更の登記そのものではないので，「○番抵当権変更」とはならない。

(5) **登記原因及びその日付**
  債務者と設定者が同一人の場合と異なる場合で違いがある。

  ① 債務者と設定者が同一人である場合
  「年月日から年月日までの利息延滞」と提供する（記録例400）。
  ➡ 債務者と設定者が同一人の場合は，債務者が利息の支払いを怠ったら抵当権者は当然に利息の特別登記の請求権を取得するので，特段の契約は必要ない。そのため，「利息延滞」という事実を提供すれば足りる。

  ② 債務者と設定者が異なる場合
  「年月日から年月日までの利息の担保契約」と提供する（記録例400）。
  ➡ 債務者と設定者が異なるときは，利息の特別登記をするにあたって，抵当権者と設定者の間で延滞利息についての新たな物上保証契約が必要であると解されている。
  ➡ 利息の担保契約を締結した日付については提供する必要がないとされている。

(6) **登記事項**→ 抵当権によって担保させる延滞利息の額を提供する。
  ➡ 元本債権額が増加するわけではない。

(7) **添付情報**
  抵当権の債権額の増額変更の登記と同様の添付情報を提供する。

・ 利息の特別登記は抵当権の変更の登記の一種として扱われるので，利息 **H4-26** の特別登記について登記上の利害関係を有する第三者が存在するときは，申請情報と併せてその者が作成した承諾を証する情報又はその者に対抗することができる裁判があったことを証する情報を提供したときは利息の特別登記は付記登記でされ，提供しないときは主登記でされる（不登§66，先例昭27.4.8-396）。
  ➡ 登記上の利害関係を有する第三者に該当する者は，債権額の増額変更の登記と同じ。

(8)　**登録免許税**

定率課税である（先例昭42.7.6決議）。

∵　抵当権の優先弁済額を増加させる登記であるので，債権額の増額変更の登記と同視できる。

課税標準→　増加額である延滞利息の額
税　　率→　1000分の4（登税別表第1.1(5)）

【債務者と設定者が同一人の場合の申請書】

登記の目的　○番抵当権の利息の特別登記（付記）
原　　　因　年月日から年月日までの利息延滞
延 滞 利 息　金60万円　　　　　　　　　　　　　　　　　　　＊
権 利 者　X
義 務 者　A
添 付 情 報　登記識別情報（Aのもの）
　　　　　　登記原因証明情報
　　　　　　代理権限証明情報（X及びAから司法書士への委任状）
　　　　　　印鑑証明情報（Aの印鑑証明書）
　　　　　　承諾を証する情報
課 税 価 額　金60万円
登録免許税　金2,400円

＊　登記事項に変更が生じたというわけではないので，「変更後の事項」と提供することを要しない。

第4節の3　債務者の変更

抵当権の設定の登記がされた後，債務者に変更が生じたときは，債務者の変更の登記をすることができる。

1　免責的債務引受

(1)　**意　義**

免責的債務引受とは，債務の同一性を変えることなく，債務が債務者から引受人に移転すること。

➡　旧債務者は債務を免れ，引受人が債務を負担することになる（民§472Ⅰ）。

【例】　XはAに対して金1,000万円を貸し付けた。その後，AのXに対する債務をBが免責的に引き受ける契約がされたときは，Bが債務者となる。Aは債務者でなくなる。

　免責的債務引受の契約は，債権者，債務者，引受人の三者でするのが基本であるが，債権者と引受人の間の契約によってすることもできる。
➡　この場合は，債権者が債務者に対して免責的債務引受の契約をした旨の通知をした時に，その効力を生ずる（民§472Ⅱ）。

(2)　免責的債務引受と抵当権の関係

　抵当権の被担保債権について免責的債務引受がされた場合，債権者（抵当権者）は，抵当権を引受人が負担する債務に移すことができる（民§472の4Ⅰ本文）。

【例】　XのAに対する貸金債権を担保するため，抵当権が設定されていた。そして，Aの債務をBが免責的に引き受けた場合，債権者Xは，抵当権を引受人が負担する債務に移すことができる。
➡　Bが引き受けた債務が，抵当権によって担保される。

①　抵当権の設定者が引受人以外の者である場合には，抵当権を引受人が負担する債務に移すためには，設定者の承諾を得ることを要する（民§472の4Ⅰただし書）。

【例】　XのAに対する貸金債権を担保するため，Mの所有する甲土地に抵当権が設定されていた。その後，Aの負担する債務をBが免責的に引き受ける契約がされ，債権者Xは抵当権をBが負担する債務に移すこととした。
➡　引受人（B）と設定者（M）が異なるので，抵当権を移すためには設定者Mの承諾を得ることを要する。

理由　設定者Mは，Aを信頼して自分の不動産に抵当権を設定している（Aなら自分で債務を返済するだろう。私の不動産が競売されることはないだろう）。
　それが，いつの間にか債務者がAからBに変わっていたら，

　　　　Mは大変に困る（Bが債務を返済しなかったら，甲土地が競売
　　　　されてしまう）。
　　　　　なので，引受人以外の者が設定者である場合には，その承諾
　　　　が要求された。

・　この設定者の承諾が得られない場合は，抵当権は消滅する。
　　➡　XのBに対する債権は，無担保の債権となる（やむを得ない）。

②　抵当権を引受債務に移すためには，債権者の引受人に対する意思表示が
　必要である（民§472の4Ⅱ）。

(3)　申請する登記

　　抵当権の被担保債権について免責的債務引受がされ，債権者の意思表示に
よって抵当権が引受債務に移された場合は，つまり抵当権の債務者に変更が
生ずることとなる。
　　この場合は，抵当権の債務者の変更の登記を申請することができる。

【例】　XのAに対する貸金債権を担保するため，Mの所有する不動産に抵当
　　　権が設定された後，Aの債務をBが免責的に引き受ける契約がされた。
　　　Xは，抵当権を引受債務に移す意思表示をし，設定者Mはこれを承諾し
　　　た。
　　　➡　抵当権の債務者がAからBに変わるので，債務者の変更の登記を申
　　　　請する。

(4)　申請人

　　抵当権の登記事項の変更の登記であるので，原則どおり，登記権利者と登
記義務者の共同申請（不登§60）。

登記権利者→　抵当権者
登記義務者→　設定者

➡　抵当権の債務者が変わっても，抵当権の優先弁済権に影響はないので，
　抵当権者が登記上直接に利益を受けるというわけではないが，かといって
　設定者が登記上直接に利益を受けるわけでもないので，「じゃあ抵当権者
　を登記権利者ということにしよう」とされた。

⑸　**申請情報の内容**

①　登記の目的→　「○番抵当権変更」

②　登記原因及びその日付→　免責的債務引受及び債権者の意思表示によっ H16-18
て債務者に変更が生じた日をもって，「年月日
免責的債務引受」

③　変更後の登記事項→　変更後の債務者の氏名，住所を提供する。

⑹　**添付情報**

①　登記義務者（設定者）の登記識別情報（不登§22）

②　登記原因証明情報（不登令別表25添付情報欄イ）

③　代理権限証明情報（委任状，不登令§7Ⅰ②）

重要👆・・・・・・・・・・・・・・・・・・・・・・・・・・・・・・・・

登記義務者が所有権の登記名義人である場合でも，登記義務者の印鑑証明書を H28-17
提供することを要しない（不登規§47③イ(1)かっこ書参照）。 H18-23

∵　債務者の変更の登記がされても，抵当権者の優先弁済権が拡大するわけで
はない。つまり，設定者が不利益を受ける登記というわけではないので，印
鑑証明書は不要とされた。

＊　ただし，申請情報と併せて登記義務者の登記識別情報を提供しない（提
供できない）ときは，登記義務者の印鑑証明書を提供することを要する（不
登規§47③ロ参照）。

重要👆・・・・・・・・・・・・・・・・・・・・・・・・・・・・・・・・

抵当権の債務者の変更の登記については登記上の利害関係を有する第三者は存 H19-18
在せず，申請情報と併せて第三者の承諾等を証する情報を提供することを要しない。

∵　債務者が変更されても，その抵当権の優先弁済権については影響が生じな
いので，特に誰かが不利益を受けるということはない。

⑺　**登録免許税**

定額課税。不動産1個につき金1,000円（登税別表第1.1⒁）。

・　申請情報の作成

権　利　部（甲　区）		（所　有　権　に　関　す　る　事　項）	
順位番号	登記の目的	受付年月日・受付番号	権　利　者　そ　の　他　の　事　項
1	所有権移転	平成22年6月27日 第6700号	原因　平成22年6月27日売買 所有者　　A

権　利　部（乙　区）		（所有権以外の権利に関する事項）	
順位番号	登記の目的	受付年月日・受付番号	権　利　者　そ　の　他　の　事　項
1	抵当権設定	平成27年4月9日 第4000号	原因　平成27年4月9日金銭消費貸借 　　　同日設定 債権額　金1,000万円 利息　年5% 損害金　年10% 債務者　　M 抵当権者　　X

　　令和5年8月1日，X，M及びBは，MがXに対して負担している甲土地乙区1番の抵当権の被担保債権について，Bが免責的に引き受ける契約を締結した。そして，Xは，甲土地乙区1番の抵当権についてBが引き受けた債務に移す意思表示をし，Aはこれを承諾した。

【申請書】

```
登記の目的　1番抵当権変更　　　　　　　　　　　　　＊
原　　　因　令和5年8月1日免責的債務引受
変更後の事項　債務者　B
権　利　者　X
義　務　者　A
添 付 情 報　登記識別情報（Aの甲区1番のもの）
　　　　　　登記原因証明情報
　　　　　　代理権限証明情報（X及びAから司法書士への委任状）
登録免許税　金1,000円
```

　＊　債務者の変更の登記においては登記上の利害関係を有する第三者が存在せず，債務者の変更の登記は必ず付記登記で実行される。主登記でされる可能性は0.1%もないので，わざわざ登記の目的に「（付記）」と書いてアピールする必要はない。

2　併存的債務引受（重畳的債務引受）
⑴　意　義
　　併存的債務引受とは，引受人が既存の債務に加入して新たに債務者となり，既存の債務者とともに債務を負担すること（民§470Ⅰ）。
　➡　従前の債務者も引き続き債務者である点で，免責的債務引受とは異なる。

　・　従前からの債務者と引受人の関係は，連帯債務の関係となる（民§470Ⅰ）。

　・　併存的債務引受の契約は，債権者，債務者，引受人の三者でするのが基本であるが，債権者と引受人の間の契約によってすることもできる（民§470Ⅱ）。　R4-15

⑵　申請する登記
　　抵当権の被担保債権について併存的債務引受がされ，債務者が増えたときは，引受人を債務者に追加する変更の登記を申請することができる（記録例409）。

　・　申請人
　　登記権利者と登記義務者の共同申請（不登§60）。

```
登記権利者→　抵当権者
登記義務者→　設定者
```

⑶　申請情報の内容
　①　登記の目的→　「○番抵当権変更」

　②　登記原因及びその日付→　併存的債務引受及び引受人の債務を担保させる合意がされた日をもって，「年月日併存的債務引受」（先例令2.3.31-328）

　③　変更後の登記事項→　「追加する事項」として引受人の氏名，住所を提供する。
　　➡　「変更後の事項」として債務者全員の氏名，住所を提供するのではない。
　　∵　従前からの債務者は変更なく債務者のままである。

⑷　**添付情報**

　　免責的債務引受による債務者の変更の登記と同じ。

①　登記義務者（設定者）の登記識別情報（不登§22）
②　登記原因証明情報（不登令別表25添付情報欄イ）
③　代理権限証明情報（委任状，不登令§7Ⅰ②）

➡　登記義務者の印鑑証明書は不要。
➡　登記上の利害関係を有する第三者は存在しない。

【申請書】

登記の目的　○番抵当権変更
原　　　因　年月日併存的債務引受
追加する事項　連帯債務者　B
権　利　者　X
義　務　者　A
添　付　情　報　登記識別情報（Aのもの）
登記原因証明情報
代理権限証明情報（X及びAから司法書士への委任状）
登録免許税　金1,000円

3　相続による債務者の変更

　　抵当権の被担保債権の債務者が死亡し，相続が開始したときは，相続人が債務を承継する。つまり，抵当権の債務者に変更が生ずることになるので，債務者の変更の登記を申請する。

・　抵当権の被担保債権の債務者である会社が合併により消滅したときは，合併後の存続会社（設立会社）が債務を承継するので，債務者の変更の登記を申請する。

⑴　**登記の手続**

　　債務引受による債務者の変更の登記と同じ。
➡　抵当権者を登記権利者，設定者を登記義務者とする共同申請（不登§60）。

➕ **アルファ**

　相続による権利の移転の登記は相続人が単独で申請することができるが（不登§63Ⅱ），相続による債務者の変更の登記は，**抵当権の登記事項の変更の登記である**ので，他の登記事項の変更の登記と同様，抵当権者と設定者が共同で申請する。

　　申請情報の内容，添付情報も債務引受による変更の登記と同じ。

➕ **アルファ**

　登記原因証明情報は，市区町村長その他の公務員が職務上作成したものでなくても良い（質疑登研120 P 38）。　　　　　　　　　　　　　`R2-15`
∵　相続による債務者の変更の登記は登記権利者と登記義務者の共同申請なので，その申請構造によって登記の正確性は基本的に確保されるといえるから。

【申請書】

```
登記の目的　○番抵当権変更
原　　　因　年月日相続
変更後の事項　債務者　M
　　　　　　　　　　　N
権　利　者　X
義　務　者　A
添付情報　　登記識別情報（Aのもの）
　　　　　　登記原因証明情報
　　　　　　代理権限証明情報（X及びAから司法書士への委任状）
登録免許税　金1,000円
```

(2)　債務について遺産分割がされた場合

　債務者が死亡した場合に，債権者の承諾を得て債務についての遺産分割が　`H25-24`
され，相続人の1人が債務のすべてを承継する旨が定められたときは，「相続」　`H12-18`
を原因として，債務を承継した者のみを債務者とする変更の登記を申請することができる（先例昭33.5.10－964）。
　➡　共同相続人全員を債務者とする変更の登記をすることを要しない。

∵　遺産分割の効力は相続開始の時にさかのぼるので（民§909），その者の
みが単独で被相続人から債務を承継したといえるから。

┌─📖ケーススタディ─────────────────────────────┐

　Aの債務を担保する抵当権が設定された後，Aが死亡した。相続人はBC
である。

↓

　BCの間で遺産分割協議がされ，Aの負担していた債務はBが単独で承継
する旨が合意された。

↓

　Bが単独で債務を承継することについて，債権者が承諾した。

↓

　抵当権について，「相続」を原因として債務者をBとする変更の登記を申
請することができる。

└──┘

(3)　遺産分割以外で相続債務の引受けがされた場合

R5記述
H29記述
　　上記(2)と異なり，遺産分割とは関係なく，債務者の相続人と債権者の間で
相続債務についての債務引受契約がされ，相続人の1人が他の相続人の債務
のすべてを引き受けたときは，相続を登記原因として債務を引き受けた者の
みを債務者とする変更の登記を申請することはできない（先例昭33.5.10 -
964）。

　　この場合は，
① 「相続」を登記原因として相続人全員を債務者とする変更の登記を申請し，
② 「何某の債務引受」を登記原因として引受人を債務者とする変更の登記
を申請する。
　∵　この場合は，相続債務がいったん共同相続人全員に承継された後，債
務引受によって債務が移転している。そのため，この債務の流れを忠実
に登記する必要がある。

> ┌─ 📖ケーススタディ ─┐
>
> 　Aの債務を担保する抵当権が設定された後，Aが死亡した。相続人はBC
> である。
>
> ↓
>
> 　債権者Xと相続人BCの間で，Cが承継した債務をBが引き受ける旨（B
> が単独の債務者となる旨）の債務引受契約がされた。
>
> ↓
>
> 「相続」を原因として債務者をBCとする変更の登記を申請し，次いで「C
> の債務引受」を原因として債務者をBとする変更の登記を申請する。

4　債務者の更改

(1)　更改契約の意義

　当事者が，従前の債務に代えて，新たな債務であって次に掲げるものを発
生させる契約をしたときは，従前の債務は更改によって消滅する（民§
513）。

① 　従前の給付の内容について重要な変更をするもの
② 　従前の債務者が第三者と交替するもの
③ 　従前の債権者が第三者と交替するもの

　更改がされたときは，従前の債務が消滅し，新たな債務が発生する。

(2)　債務者の交替による更改

　XのAに対して有する債権を消滅させ，XのBに対する新たな債権を成立
させることを目的とする契約

　債務者の交替による更改は，債権者X，旧債務者A，新債務者Bの三者で
するのが基本であるが，債権者Xと新債務者Bの間の契約によってすること
もできる。
➡　この場合は，債権者Xが旧債務者Aに対して更改契約をした旨の通知を
　した時に，その効力を生ずる（民§514Ⅰ）。

(3)　更改契約と抵当権

　更改によって旧債務は消滅することになるので，旧債務に存在した抗弁権，
抵当権等の担保物権等は，付従性により消滅する。

　　しかし，債権者は，更改前の債務を担保していた質権または抵当権について，（更改前の債務の目的の限度において）更改後の債務に移すことができる（民§518Ⅰ本文）。

考え方　　更改によって被担保債権が消滅するので，本来ならば抵当権も消滅し，抵当権の登記の抹消を申請すべきである。
　➡　更改によって成立した債務（新債務）を抵当権によって担保させたければ，新たに抵当権の設定契約をし，新たな抵当権の設定の登記を申請すべきである。

　　　しかし，これでは，抵当権者は従前の順位を確保できなくなってしまうので，更改前の債務を担保していた抵当権の順位を更改後の債務についても保持させるべく，**特別にこのような規定が設けられた。**
　➡　まさに法が抵当権者に与えてくれた恩恵である。

　＊　「付従性」という抵当権の根本的な性質を歪めてまで，抵当権者に“従前の順位で抵当権を存続させてあげる”という恩恵を与えた。

重要●●●●●●●●●●●●●●●●●●●●●●●●●●●●●●●●●●●●●

　　抵当権の設定者が債務者以外の第三者であるときは，抵当権を新債務に移すためにはその第三者の承諾を得なければならない（民§518Ⅰただし書）。
∵　設定者にとっては，「いつの間にか債務者が変わっていた！」というのは困る。

　・　抵当権を新債務に移すためには，債権者から更改の相手方に対する意思表示が必要である（民§518Ⅱ）。

ケーススタディ

①　XのAに対する貸金債権を担保するため，Aの所有する甲土地に抵当権が設定された。
　　　　　　　　　　　　　　↓
②　その後，X，A及びBは，XのAに対する貸金債権を消滅させて，XのBに対する新たな債権を発生させる更改契約（債務者の交替による更改契約）を締結した。
　➡　XのAに対する貸金債権（甲土地の抵当権の被担保債権）は消滅し，新たにXのBに対する債権が発生した。

↓

③　債権者Ｘは，甲土地の抵当権について，新たに発生したＸのＢに対する
　　債権に移す意思表示をした。そして，設定者Ａはこれを承諾した。

↓

④　甲土地の抵当権は，ＸのＢに対する債権を担保するものとして存続する。

(4)　申請すべき登記

　　抵当権の被担保債権について債務者の交替による更改がされ，旧債務を担
保していた抵当権が新債務を担保するために移ったときは，**抵当権の変更の
登記を申請する**（記録例412）。

∵　抵当権の被担保債権が変わった，つまり抵当権の登記事項に変更が生じ
　　たと考えることができる。

(5)　申請人

登記権利者→　抵当権者
登記義務者→　設定者

> **注意！**　更改によって成立した債権の債権額が，更改前の債権の債権額より少
> ない場合でも，抵当権者が登記権利者となる。
>
> ∵　更改がされたら，本当ならば抵当権の登記の抹消をすべきだが，法
> 　　が与えてくれた恩恵により，抵当権の変更の登記をすることができる
> 　　とされた（従前の順位を確保できる）。つまり，債権額が減ろうとも，
> 　　"抵当権の変更の登記ができる"ということ自体が抵当権者にとって
> 　　幸せであるといえる。
>
> 【例】　上記のケーススタディの事例で，ＸのＡに対する貸金債権の額が
> 　　　　800万円で，更改により新たに成立したＸのＢに対する債権の額が
> 　　　　600万円であったとしても，更改による抵当権の変更の登記は，抵
> 　　　　当権者Ｘが登記権利者，設定者Ａが登記義務者となる。

(6)　申請情報の内容

①　登記の目的→　「○番抵当権変更」

　② 登記原因及びその日付→「年月日債務者更改による新債務担保」（記録
例412）

③ 変更後の登記事項→ 更改により成立した債務（新債務）の内容を提供
する。

➡ 新債務の債権額，利息，損害金，債務者の氏名，住所を提供する。

(7) 添付情報

① 登記義務者（設定者）の登記識別情報（不登§22）
② 登記原因証明情報（不登令別表25申請情報欄イ）
③ 代理権限証明情報（委任状，不登令§7Ⅰ②）

　・ 登記義務者である設定者の印鑑証明書を提供することを要しない（質疑
登研104P41）。

∵ 更改がされた場合に抵当権を新債務に移すことができるのは，"旧債
務の目的の限度において"とされている。ということは，債務者更改に
よる新債務担保に基づく変更の登記がされても，抵当権者の優先弁済権
が拡大することはない（不動産の負担が増大することはない）。

つまり，"設定者が登記義務者にはなるけれど，実質的には設定者は
不利益を受けない"といえるので，わざわざ印鑑証明書を提供させる必
要はない。

【申請書】

```
登記の目的　○番抵当権変更
原　　　因　年月日債務者更改による新債務担保
債　権　額　金1,000万円
利　　　息　年3％
債　務　者　B
権　利　者　X
義　務　者　A
添 付 情 報　登記識別情報（Aのもの）
　　　　　　　登記原因証明情報
　　　　　　　代理権限証明情報（X及びAから司法書士への委任状）
登録免許税　金1,000円
```

第4節の4　取扱店の表示の追加

1　取扱店の表示

　　抵当権者が銀行等の複数の支店を有する金融機関である場合には，銀行等の便宜のために，その取扱店を登記することが認められている（先例昭36.5.17－1134）。

　　取扱店の表示は，抵当権の設定の登記において登記することができるが，抵当権の設定の登記がされた後に取扱店の表示を追加する登記を申請することもできる（先例昭36.11.30－2983）。

・　他の抵当権の登記事項の変更の登記と同時に，取扱店の表示を追加することもできる（同先例）。

【例】　債権額の変更の登記と同時に，取扱店の表示を追加することができる。
　　➡　ただし，抵当権の処分（民§376Ⅰ）の登記と同時に取扱店の表示を追加することはできない（同先例）。

2　取扱店の表示を追加する登記
(1)　申請人

　　抵当権の登記名義人が単独で申請することができる（先例昭36.9.14－2277）。　H22-22

　∵　登記名義人の名称の変更の登記（不登§64）に似た登記だから。

(2)　申請情報の内容

　①　登記の目的→　「○番抵当権変更」
　　➡　登記事項の変更というわけではないが，一応，抵当権変更と提供する。

　②　登記原因及びその日付→　提供することを要しない（先例昭36.11.30－2983）。　R4-14
　∵　登記原因と呼べるようなものがない。

　③　登記事項→　「追加事項」として取扱店の表示を提供する。

(3)　添付情報

① 登記原因証明情報

申請情報の内容として登記原因及びその日付を提供しないが，登記原因証明情報を提供することを要するとされている（質疑登研689 P 291）。

∵　登記原因証明情報の提供を要しないといった条文がないから。

➡ 「この抵当権は新宿支店が取り扱っています」といったことが明らかにされた情報を提供する。

② 会社法人等番号（不登令§7 I ①）

申請人（抵当権者）は金融機関，つまり法人であるので，（その代表者の資格を証する）会社法人等番号を提供する。

③ 代理権限証明情報（委任状，不登令§7 I ②）

(4)　登録免許税

定額課税。不動産1個につき金1,000円（登税別表第1.1⒁）。

第4節の5　抵当権の効力を所有権全部に及ぼす変更の登記

1　前提の話

A，Bの共有する不動産について，Aの持分にXの抵当権の設定の登記がされた。その後，AがBの持分を取得し，当該不動産はAの単独所有となった。

この場合でも，Xの抵当権の効力は，Aが新たに取得した持分に及ぶわけではない。

➡ 不動産全体を目的とした抵当権となるわけではない。

権　利　部（甲　区）　　（所　有　権　に　関　す　る　事　項）			
順位番号	登記の目的	受付年月日・受付番号	権利者その他の事項
1	所有権移転	平成22年6月27日第6700号	原因　平成22年6月27日売買 共有者　持分3分の1　A 　　　　　　3分の2　B
2	B持分全部移転	令和5年7月6日第7000号	原因　令和5年7月6日売買 所有者　持分3分の2　A

権　利　部　（乙　区）	（所 有 権 以 外 の 権 利 に 関 す る 事 項）		
順位番号	登記の目的	受付年月日・受付番号	権 利 者 そ の 他 の 事 項
1	A持分抵当権設定	平成29年4月9日第4000号	原因　平成29年4月9日金銭消費貸借同日設定 債権額　金1,000万円 利息　年5％ 損害金　年10％ 債務者　A 抵当権者　X

➡　Xの抵当権の効力は，Aが新たに取得した甲区2番の持分に当然に及ぶわけではない（あくまで甲区1番の持分3分の1のみを目的とした抵当権である）。

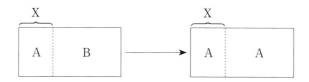

　　この場合は，XとAが，Aが新たに取得した持分（甲区2番の持分）につき抵当権の追加設定契約をすることによって，抵当権の効力を所有権全部に及ぼすことができる。

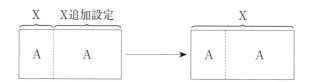

2　申請すべき登記

　　上記のとおり，Aが新たに取得した持分に抵当権の追加設定がされたときは，不動産登記法66条に基づいて，抵当権の変更の登記を申請する（先例昭28.4.6－556）。　**R5記述** **H22記述**

➡　いわゆる"抵当権の効力を所有権全部に及ぼす変更"の登記である。

考え方　今までは甲土地の所有権の一部（甲区1番の持分）3分の1のみを目的とした抵当権だったけど，現在は所有権全体を目的とした抵当権となった，つまり抵当権の効力の及ぶ範囲が変わった，という扱いである。

➕ **アルファ**

　Aの所有権の一部（甲区2番で登記された持分）を目的として抵当権が追加設定されたので，所有権の一部を目的として抵当権の追加設定の登記を申請すべきと考えることもできる。しかし，所有権の一部を目的として抵当権の設定の登記を申請することは原則として認められていないので，抵当権の変更の登記とされた。

　なお，同一人が，同一の不動産について数回にわたって持分の登記名義を取得して，現在は単独の所有者となっている場合は，その所有権の一部（各別に登記を受けたそれぞれの持分）を目的として抵当権の設定の登記を申請することができるが（先例昭58.4.4－2252），既に所有権の一部を目的として抵当権の設定の登記がされており，その追加担保として残余の部分を目的として抵当権を設定した場合には，所有権の一部に対する抵当権の設定の登記ではなく，抵当権の効力を所有権全部に及ぼす変更の登記を申請する（質疑登研451 P126）。

3　登記の手続

　抵当権の効力を所有権全部に及ぼす変更の登記は，形式上は"変更の登記"であるが，実質上は"抵当権の追加設定の登記"であるので，かなり特殊な申請情報となっている。

(1)　申請人

　原則どおり，登記権利者と登記義務者の共同申請（不登§60）。

> 登記権利者→　抵当権者
> 登記義務者→　設定者

➕ **アルファ**

　申請情報の内容としては，「権利者　X，義務者　A」のように提供する。形式上は抵当権の変更の登記であり，抵当権の設定の登記ではないので，申請人の資格として「抵当権者，設定者」のように提供するのではない。

(2)　申請情報の内容
　①　登記の目的→　「○番抵当権の効力を所有権全部に及ぼす変更」

➡　抵当権の登記事項の変更の登記とは違うので，「○番抵当権変更」ではない。

②　登記原因及びその日付→　抵当権の設定の登記と同様の原因を提供する H16-17
　　　　　　　　　　　　　　（記録例415）。
➡　「年月日金銭消費貸借年月日設定」等
∵　事実上は抵当権の追加設定の登記だから。

③　登記事項→　提供することを要しない。
➡　特殊的な登記事項はない。
∵　債権額等の抵当権の内容は，主登記である抵当権の設定の登記を見れば分かる。

(3)　添付情報

事実上の抵当権の追加設定の登記であるので，抵当権の追加設定の登記と同様の添付情報を提供する。

①　登記義務者の登記識別情報（不登§22）
　　新たに抵当権の効力が及ぶ持分（抵当権が追加設定された持分）を取得した際の登記識別情報を提供する（質疑登研411 P 84）。
∵　事実上の追加設定の登記だから。

②　登記原因証明情報（不登令別表55添付情報欄イ）
　　所有権の一部を目的として抵当権の追加設定がされた旨が明らかにされた情報を提供する。

③　代理権限証明情報（委任状，不登令§7Ⅰ②）

④　（書面申請の場合は）登記義務者の印鑑証明書（不登令§16Ⅱ，18Ⅱ）

⑤　登記上の利害関係を有する第三者が存在する場合で，及ぼす変更の登記を付記登記でするためには，当該第三者が作成した承諾を証する情報又はその者に対抗することができる裁判があったことを証する情報（不登令別表25添付情報欄ロ，先例昭28.4.6－556）

【例】　登記上の利害関係を有する第三者に該当するのは，新たに抵当権の効力が及ぶ持分についての後順位担保権者，後順位の所有権の仮登記権利者等。

∵　後順位の担保権者から見ると，いきなり先順位の担保権者が発生することになるから。

(4)　登録免許税

事実上の共同抵当の追加設定の登記であるので，不動産１個につき金1,500円（登税§13Ⅱ）。

・　申請情報の作成

権　利　部（甲　区）	（所　有　権　に　関　す　る　事　項）		
順位番号	登記の目的	受付年月日・受付番号	権　利　者　そ　の　他　の　事　項
1	所有権移転	平成22年６月27日第6700号	原因　平成22年６月27日売買 共有者　持分３分の１　A 　　　　　　　３分の２　B
2	B持分全部移転	令和５年７月６日第7000号	原因　令和５年７月６日売買 所有者　持分３分の２　A

権　利　部（乙　区）	（所　有　権　以　外　の　権　利　に　関　す　る　事　項）		
順位番号	登記の目的	受付年月日・受付番号	権　利　者　そ　の　他　の　事　項
1	A持分抵当権設定	平成29年４月９日第4000号	原因　平成29年４月９日金銭消費貸借 　　同日設定 債権額　金1,000万円 利息　年５％ 損害金　年10％ 債務者　　A 抵当権者　　X

令和５年７月20日，XとAは，乙区１番で登記された抵当権と同一の債権を担保するため，Aが甲区２番で取得した持分を目的として共同抵当の追加設定の契約をした。

【申請書】

> 登記の目的　１番抵当権の効力を所有権全部に及ぼす変更（付記）
> 原　　　因　平成29年４月９日金銭消費貸借令和５年７月20日設定
> 権　利　者　Ｘ
> 義　務　者　Ａ
> 添付情報　登記識別情報（Ａの甲区２番のもの）
> 　　　　　登記原因証明情報
> 　　　　　代理権限証明情報（Ｘ及びＡから司法書士への委任状）
> 　　　　　印鑑証明情報（Ａの印鑑証明書）
> 登録免許税　金1,500円（登録免許税法第13条第２項）

`R5記述`

（完了後の登記記録）

権　利　部（乙　区）	（所有権以外の権利に関する事項）		
順位番号	登記の目的	受付年月日・受付番号	権利者その他の事項
1	Ａ持分抵当権設定	平成29年４月９日第4000号	原因　平成29年４月９日金銭消費貸借同日設定 債権額　金1,000万円 利息　年５％ 損害金　年10％ 債務者　　Ａ 抵当権者　　Ｘ
付記１号	１番抵当権の効力を所有権全部に及ぼす変更	令和５年７月20日第7200号	原因　平成29年４月９日金銭消費貸借令和５年７月20日設定

＊　及ぼす変更の登記がされても，申請人が登記名義人となるわけではないので，この登記が完了しても登記識別情報は通知されない（不登§22参照，先例平17.8.26－1919）。 `H20-13`

第4節の6　抵当権を共有者の持分の抵当権とする変更の登記

1　意　義

簡単にいうと，前記の「抵当権の効力を所有権全部に及ぼす変更」の逆バージョン。

➡　抵当権の効力の及ぶ範囲を，所有権全部から共有持分に縮小する変更といえる。

2　前提の話

ＡＢの共有する不動産を目的として抵当権が設定された後，抵当権者は，Ｂの持分を目的とした部分について抵当権を放棄し，以後Ａの持分のみを目的とした抵当権とすることができる。

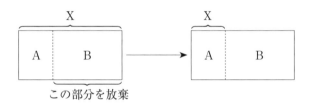

・　また，Ａの所有する不動産を目的として抵当権が設定された後，当該不動産がＡＢの共有となった場合に，抵当権者はＢの持分を目的とした部分について抵当権を放棄し，以後Ａの持分のみを目的とした抵当権とすることができる。

3　申請すべき登記

H7記述　上記のように，ある者の持分について抵当権が消滅したときは，抵当権の変更の登記を申請する。

➡　いわゆる"共有者の持分の抵当権とする変更の登記"である。

考え方　今までは所有権全部（ＡＢ持分）を目的とした抵当権だったけど，現在はＡ持分のみを目的とした抵当権となった。つまり抵当権の効力の及ぶ範囲に変更が生じた，という扱いである。

重要❗・・・・・・・・・・・・・・・・・・・・・・・・・・・・・・

抵当権の一部が消滅しているので，抵当権の登記の一部の抹消を申請すべきと

考えることもできる。しかし，不動産登記法上，「権利の登記の一部の抹消」という登記手続は存在しないので，変更の登記とされた。

4　登記の手続
(1)　申請人
原則どおり，登記権利者と登記義務者の共同申請（不登§60）。

> 登記権利者→　抵当権の放棄を受けた持分の登記名義人（B）。
> ∵　B持分については，抵当権という負担が消滅した。つまり，この変更の登記をすることによってBが登記上直接に利益を受けるといえる。
>
> 登記義務者→　抵当権者（X）

H16-17

重要❶・・・・・・・・・・・・・・・・・・・・・・・・・・・・・・・・・・・・・

他の共有者であるAは申請人とならない。
∵　Aの持分については抵当権がついたままである。だから，この変更の登記がされてもAは影響を受けない。

H25-24

(2)　申請情報の内容
①　登記の目的→　「○番抵当権をA持分の抵当権とする変更」（記録例416）。

②　登記原因及びその日付→　「年月日B持分の放棄」（記録例416）。

③　登記事項→　提供することを要しない。
∵　登記事項に変更が生じたわけではない。

H27-14

(3)　添付情報
①　登記義務者（抵当権者）の登記識別情報（不登§22）

②　登記原因証明情報（不登令別表25添付情報欄イ）

③　代理権限証明情報（委任状，不登令§7Ⅰ②）

④　登記上の利害関係を有する第三者がいる場合には，その者が作成した承諾を証する情報又はその者に対抗することができる裁判があったことを証する情報（不登§68，不登令別表26添付情報欄ト参照）

➡　登記上の利害関係を有する第三者がいる場合には，必ず提供する。

∵　抵当権を共有者の持分の抵当権とする変更の登記は，形式上は"変更の登記"であるが，事実上は"抵当権の登記の抹消"だから（B持分について抵当権が消滅した）。

登記上の利害関係を有する第三者に該当する者

- ・　当該抵当権から民法376条1項の処分を受けている者
- ・　当該抵当権の移転に関する仮登記を受けている者
- ・　当該抵当権に対して差押等の登記をしている債権者，等

➡　大雑把にいえば，当該抵当権を目的として権利を有している者，また，当該抵当権に依存しているような者。

(4)　登録免許税

定額課税。不動産1個につき金1,000円（登税別表第1.1⑭）。

・　申請情報の作成

権利部（甲区）	（所有権に関する事項）		
順位番号	登記の目的	受付年月日・受付番号	権利者その他の事項
1	所有権移転	平成22年6月27日 第6700号	原因　平成22年6月27日売買 所有者　　A
2	所有権一部移転	令和5年7月6日 第7000号	原因　令和5年7月6日売買 共有者　持分3分の1　　B

権利部（乙区）	（所有権以外の権利に関する事項）		
順位番号	登記の目的	受付年月日・受付番号	権利者その他の事項
1	抵当権設定	平成29年4月9日 第4000号	原因　平成29年4月9日金銭消費貸借 　　　同日設定 債権額　金1,000万円 利息　年5％ 損害金　年10％ 債務者　　A 抵当権者　　X

　令和5年7月19日，XはBに対し，乙区1番の抵当権についてBの持分を目的とした部分について放棄する旨の意思表示をした。

【申請書】

登記の目的　　１番抵当権をA持分の抵当権とする変更　　＊ 原　　　因　　令和5年7月19日B持分の放棄 権　利　者　　B 義　務　者　　X 添付情報　　　登記識別情報（Xの乙区1番のもの） 　　　　　　　登記原因証明情報 　　　　　　　代理権限証明情報（B及びXから司法書士への委任状） 登録免許税　　金1,000円

＊　この変更の登記は，常に付記登記で実行される（登記上の利害関係を有する第三者がいる場合は，必ずその承諾等を証する情報を提供するから）。
　　付記登記しかあり得ないので，登記官も間違いようがなく，わざわざ登記の目的に「（付記）」と書いて登記官にアピールする必要はない。

（完了後の登記記録）

権利部（乙区）	（所有権以外の権利に関する事項）		
順位番号	登記の目的	受付年月日・受付番号	権利者その他の事項
1	抵当権設定	平成29年4月9日 第4000号	原因　平成29年4月9日金銭消費貸借 　同日設定 債権額　金1,000万円 利息　年5％ 損害金　年10% 債務者　　A 抵当権者　　X
付記1号	1番抵当権を A持分の抵当 権とする変更	令和5年7月19日 第7190号	原因　令和5年7月19日B持分の放棄

第5節　抵当権の更正の登記

1　意　義

抵当権の設定や移転の登記がされたが，登記の当初から錯誤又は遺漏によって登記された内容（の一部）と実体法上の権利関係が一致しないときは，抵当権の更正の登記をすることによってその不一致を是正することができる。

➡　更正の登記とは，**登記された事項にちょっと間違いがある場合にそれを訂正する登記。**

2　更正の登記の可否

H3-18

①　Xの名義で抵当権の設定の登記がされた後，抵当権者をX・Yとする更正の登記をすることができる。

この申請人は，Yが登記権利者，X及び設定者が登記義務者となる（質疑登研466 P 113）。

∵　設定者は，XYの共有名義とする抵当権の設定の登記の申請義務を完全に履行していないので，更正の登記においても登記義務者となる。

R2-21
H24-18

②　抵当権の債務者を「A」から「B」に更正する登記をすることができる（先例昭37.7.26 - 2074）。

∵　更正の登記をするためには，既にされた登記と本来すべき登記の間に同一性があることが必要であるが，抵当権の債務者の表示は登記事項の一部にすぎないので，AからBに入れ替える形であっても登記に同一性があるといえる。

➕ **アルファ**

登記名義人をAからBに入れ替える更正の登記をすることはできない。

H3-18

③　XからYへの抵当権の移転の登記がされた後，抵当権者をY・Zとする更正の登記をすることができる。

この更正の登記については，後順位の抵当権者は登記上の利害関係を有する第三者には該当しない（先例昭33.7.9 - 468）。

∵　この更正の登記によって抵当権者はYからYZの2人になるが，抵当権の優先弁済権が拡大するわけではないので，後順位抵当権者にとって不利益を受けることはない。

3　登記上の利害関係を有する第三者に関して

　抵当権の更正の登記を申請する場合において，登記上の利害関係を有する第三者が存在するときは，申請情報と併せてその者が作成した承諾を証する情報又はその者に対抗することができる裁判があったことを証する情報を提供すれば更正の登記は付記登記でされ，提供しないときは主登記でされる（不登§66）。

第6節　抵当権の処分の登記

　　抵当権の処分とは，抵当権をその被担保債権から切り離して，抵当権の優先弁済権を他の債権者のために処分することをいう。

> **確認**　抵当権は，特定の債権を担保するものであるから，抵当権とそれによって担保される債権（被担保債権）はセットになっている。
> 　　そのため，本来ならば，抵当権と被担保債権は一体として処分されるべきであるが，民法376条1項で定められた一定の場合には，被担保債権と切り離して抵当権のみ処分することができる。
> 　➡　付従性の例外といえる。

民法376条1項の抵当権の処分の種類

---
① 　転抵当
② 　抵当権の譲渡
③ 　抵当権の放棄
④ 　抵当権の順位の譲渡
⑤ 　抵当権の順位の放棄

第6節の1　転抵当

1　意　義

　　転抵当とは，抵当権をもって他の債権の担保とすること。
　➡　転抵当権者は，目的である抵当権の優先弁済権の範囲内で，目的である抵当権者に優先して弁済を受けることができる。

2　可　否

　　①　抵当権の一部について転抵当をすることができる（記録例428）。

H8-24　②　原抵当権の被担保債権の弁済期より後に弁済期が到来する債権を担保するために，転抵当をすることができる。

3　登記の手続

(1)　申請人

原則どおり，登記権利者と登記義務者の共同申請（不登§60）。

➡　転抵当の登記は，抵当権を目的とした抵当権の設定の登記といった感じである。

> 登記権利者→　転抵当権者
> 登記義務者→　転抵当の設定者（原抵当権者）

(2)　申請情報の内容

① 　登記の目的→　「○番抵当権転抵当」

➡　目的である抵当権を順位番号をもって特定する。

・ 　抵当権の一部について転抵当をしたときは，「○番抵当権の一部（金1,000万円のうちの500万円分）転抵当」（記録例428）。

② 　登記原因及びその日付→　「年月日金銭消費貸借年月日設定」等

➡　抵当権の設定の登記と同じ。

③ 　登記事項→　転抵当の内容を提供する（不登令別表58申請情報欄イロ，不登§83Ⅰ，88Ⅰ）。

➡　抵当権の設定の登記と同様である。

つまり，債権額や債務者の氏名，住所を提供することを要し，利息や損害の賠償額等の定めがある場合には，その定めを提供する。

(3)　添付情報

① 　登記義務者の登記識別情報（不登§22）

転抵当の設定者，つまり抵当権の登記名義人の登記識別情報を提供する。

② 　登記原因証明情報（不登令§7Ⅰ⑤ロ）

被担保債権が発生し，転抵当がされた旨が明らかにされた情報を提供する。

③ 　代理権限証明情報（委任状，不登令§7Ⅰ②）

- ・　原則として，登記義務者の印鑑証明書を提供することを要しない（不登規§47③ハ参照，48Ⅰ⑤，49Ⅱ④）。
    - ∵　所有権以外の権利の登記名義人が登記義務者となる登記だから。

H7-16
- ・　申請情報と併せて，原抵当権の設定者（所有権の登記名義人）の承諾を証する情報を提供することを要しない。
    - ∵　設定者の承諾を得ることは特に必要とされていない。

H8-15
- ・　申請情報と併せて，後順位抵当権者の承諾等を証する情報を提供することを要しない。
    - ∵　転抵当がされても，後順位の抵当権者に登記上不利益は及ばない。

(4)　登録免許税

定額課税。不動産１個につき金1,000円（登税別表第1.1⒁）。

➕アルファ

　転抵当の登記は抵当権の設定の登記と同視できるが，債権額に1000分の4（登税別表第1.1(5)）を乗じた額を納付する必要はない。
∵　転抵当は，不動産について新たな担保価値を把握するものではなく，既に登記された抵当権（抵当権の設定の登記をした際に既に債権額に1000分の4を乗じた額を納付している）を目的として担保価値を把握するものだから。

(5)　登記の実行

目的である抵当権に付記してされる。
∵　転抵当は，所有権以外の権利（抵当権）を目的とした権利に関する登記である（不登規§3④）。

【申請書】

```
登記の目的　○番抵当権転抵当
原　　　因　年月日金銭消費貸借同日設定
債　権　額　金1,000万円
利息・損害金　省略
債　務　者　X
権　利　者　Y
```

```
義　務　者　X
添 付 情 報　登記識別情報（Xのもの）
　　　　　　　登記原因証明情報
　　　　　　　代理権限証明情報（Y及びXから司法書士への委任状）
登録免許税　金1,000円
```

第6節の2　抵当権の譲渡，抵当権の放棄

1　意　義

　　　抵当権の譲渡→　同一の債務者に対する他の無担保債権者のために，抵当権
　　　　　　　　　　　を譲渡すること（民§376Ⅰ）。

➡　抵当権の譲渡がされたときは，その抵当権者が把握していた優先弁済権の
　範囲内で，抵当権の譲渡を受けた者が譲渡人に優先して弁済を受けることが
　できる。

　　　抵当権の放棄→　同一の債務者に対する他の無担保債権者のために，抵当権
　　　　　　　　　　　を放棄すること（民§376Ⅰ）。

➡　抵当権の放棄がされたときは，その抵当権者が把握していた優先弁済権の
　範囲内で，抵当権の放棄をした者と抵当権の放棄を受けた者が同順位で，す
　なわち各債権額の割合に応じて弁済を受けることができる。

・　抵当権の一部について譲渡や放棄をすることができる（記録例433）。

・　無担保債権者の債権の一部について譲渡や放棄をすることができる（記録
　例432）。

2　登記の手続

(1)　申請人

　　　原則どおり，登記権利者と登記義務者の共同申請（不登§60）。　　　H12-20

```
登記権利者→　抵当権の譲渡（放棄）を受けた者
登記義務者→　抵当権の譲渡（放棄）をした者（抵当権の登記名義人）
```

⑵　申請情報の内容

① 　登記の目的→　「○番抵当権譲渡（放棄）」

➡　譲渡（放棄）をした抵当権を順位番号をもって特定する。

② 　登記原因及びその日付→　譲渡（放棄）を受けた債権の発生原因である債権契約及びその日付並びに抵当権の譲渡（放棄）がされた旨及びその日付を提供する。

【例】「年月日金銭消費貸借年月日譲渡（放棄）」

③ 　登記事項→　特殊的な登記事項として，譲渡（放棄）を受けた債権（受益債権）の内容を提供する（不登令別表58申請情報欄イロ）。

⑶　添付情報

① 　登記義務者（抵当権者）の登記識別情報（不登§22）
② 　登記原因証明情報（不登令別表58添付情報欄イ）
③ 　代理権限証明情報（委任状，不登令§7Ⅰ②）

⑷　登録免許税

定額課税。不動産 1 個につき金1,000円（登税別表第1.1⒁）。

【申請書】

```
登記の目的　○番抵当権譲渡
原　　　因　年月日金銭消費貸借年月日譲渡
債 権 額　金1,000万円
利　　　息　年 5 %
損 害 金　年10%
債 務 者　A
権 利 者　Y
義 務 者　X
添 付 情 報　登記識別情報（Xのもの）
　　　　　　登記原因証明情報
　　　　　　代理権限証明情報（Y及びXから司法書士への委任状）
登録免許税　金1,000円
```

1　意　義

抵当権の順位の譲渡→　同一の債務者に対する後順位の担保権者のために，
　　　　　　　　　　　抵当権の順位を譲渡すること（民§376Ⅰ）。

➡　受益者が後順位の担保権者であるという点で，抵当権のみの譲渡とは異なる。

【例】　甲土地を目的としてXの1番抵当権，Yの2番抵当権，Zの3番抵当権
　　　の設定の登記がされた後，Xは，1番抵当権の順位をZの3番抵当権のた
　　　めに譲渡することができる。
　　　➡　XとZとの関係ではZが先順位となり，ZがXに優先して配当を受け
　　　　ることができる。

抵当権の順位の放棄→　同一の債務者に対する後順位の担保権者のために，
　　　　　　　　　　　抵当権の順位を放棄すること（民§376Ⅰ）。

2　可　否

① 　順位の譲渡や順位の放棄は，「同一の債務者に対する後順位の担保権者」　**H11-16**
に対してすることができるとされているが，同一の不動産を目的とした後順
位の担保権者であれば，債務者が異なっていても差し支えないとされている
（先例昭33.11.11－855）。

【例】　甲土地を目的としたXの1番抵当権の債務者はAであり，Yの2番抵
　　　当権の債務者はBである場合，1番抵当権の順位を2番抵当権のために
　　　譲渡することができる。

② 　抵当権の一部について後順位の担保権者のために順位の譲渡（順位の放棄）　**H10記述**
をすることができる（記録例439）。また，後順位の担保権の一部のために順　**H5-13**
位の譲渡（順位の放棄）をすることもできる（記録例440）。

③ 　X，Yが1個の抵当権を準共有している場合に，Xの持分についてYの持　**H11-21**
分のために順位の譲渡をすることができる。

④ 　同一の不動産を目的として，Xが順位1番と順位3番の2つの抵当権を有　**H21-25**

している場合，１番抵当権の順位を３番抵当権に放棄する登記を申請することができる。

∵　抵当権者は同一でも，抵当権は別個のものである。

H21-14　⑤　順位を譲渡する抵当権が登記されていれば，順位の譲渡を受ける担保権はまだ登記されていなくても，有効に順位の譲渡の契約は成立する（先例昭36.12.23 – 3184）。

➡　後日に順位の譲渡を受ける担保権の設定の登記がされたときは，順位の譲渡の契約がされた日を原因日付として，順位の譲渡の登記を申請することができる。

3　登記の手続

(1)　申請人

原則どおり，登記権利者と登記義務者の共同申請（不登§60）。

> 登記権利者→　順位の譲渡（順位の放棄）を受けた者
> 登記義務者→　順位の譲渡（順位の放棄）をした者

(2)　申請情報の内容

①　登記の目的→　「○番抵当権の△番抵当権への順位譲渡（順位放棄）」

②　登記原因及びその日付→　「年月日順位譲渡（順位放棄）」

➡　順位の譲渡（順位の放棄）を受けた債権については既に登記されているので（後順位の担保権だから），受益債権の発生原因を提供することを要しない。

③　登記事項→　特殊的な登記事項はない。

∵　順位の譲渡（順位の放棄）を受けた者は，既に担保権の登記を受けており，債権の内容も登記されているので，改めて債権の内容を明らかにする必要はない。

(3)　添付情報

①　登記義務者の登記識別情報（不登§22）

②　登記原因証明情報（不登令§７Ⅰ⑤ロ）

③　代理権限証明情報（委任状，不登令§７Ⅰ②）

⑷　登録免許税

定額課税。不動産1個につき金1,000円（登税別表第1.1⒁）。

【抵当権の順位の譲渡の登記の申請書】

```
登記の目的　○番抵当権の△番抵当権への順位譲渡
原　　　因　年月日順位譲渡
権 利 者　Y
義 務 者　X
添付情報　登記識別情報（Xのもの）
　　　　　　登記原因証明情報
　　　　　　代理権限証明情報（Y及びXから司法書士への委任状）
登録免許税　金1,000円
```

【抵当権の一部の順位の放棄の登記の申請書】

```
登記の目的　○番抵当権の一部（金2,000万円のうち1,000万円分）の△番
　　　　　　抵当権への順位放棄
原　　　因　年月日抵当権一部順位放棄
権 利 者　Y
義 務 者　X
添付情報　登記識別情報（Xのもの）
　　　　　　登記原因証明情報
　　　　　　代理権限証明情報（Y及びXから司法書士への委任状）
登録免許税　金1,000円
```

第7節　抵当権の被担保債権の質入

H16-18　抵当権の被担保債権となっている債権を質入れした場合，抵当権の随伴性によりその質権の効力は抵当権に対しても及ぶ。そのため，**抵当権の登記を目的として，債権質入れの登記をすることができる**（質疑登研241 P 66，記録例442）。

＊　債権の質入れは民法376条１項の処分ではないが，他に適当な場所がないのでここに書かせていただいた。

【申請書】

登記の目的	○番抵当権の債権質入
原　　　因	年月日金銭消費貸借同日設定
債　権　額	金1,000万円
利　　　息	年５％
損　害　金	年10％
債　務　者	X
権　利　者	Y
義　務　者	X
添 付 情 報	登記識別情報（Xのもの）
	登記原因証明情報
	代理権限証明情報（Y及びXから司法書士への委任状）
登録免許税	金1,000円

H30-27

第8節　抵当権の順位の変更の登記

1　意義，効果

　　抵当権の順位の変更とは，同一の不動産に設定された数個の抵当権の順位を絶対的に変更すること（民§374Ⅰ）。

➡　同一の不動産を目的として数個の抵当権が設定された場合，それらの抵当権の順位は設定の登記の前後によるが（民§373），その順位を変更することができる。

・　順位の変更がされると，順位の変更に合意した当事者間においては，設定の時から変更後の順位であったのと同様の効果を生ずる。

➕アルファ

　　ただし，順位の変更は，抵当権の優先弁済権の順位を絶対的に変更するものであり，登記記録上の形式的な順位までも変更するものではない。

➡　乙区における利用権者に対しては効力を生ぜず，また甲区で登記された権利にも効力は生じない。

➡　順位の変更をした抵当権と利用権や甲区の登記との関係は，順位の変更がないものとして考える。

2　順位の変更をすることができる権利

　　担保権に限られる。

∵　順位の変更とは，優先弁済権の順位を変更するものである。

順位の変更ができる	順位の変更ができない
①　抵当権，根抵当権	①　不動産の利用権
②　先取特権，不動産質権	②　担保仮登記
③　仮登記された担保権	

H5-13

・　根抵当権は，元本の確定の前後を問わない。

・　「仮登記された担保権」とは，抵当権設定仮登記がされている場合，抵当権設定請求権仮登記がされているような場合（質疑登研300 P 69）。

R4-25
H3-31

➡　裏から見ると，仮登記された担保権を除外して順位の変更をすることはできない。

H8-24　　・　不動産の利用権は，優先弁済権とは関係ないので，順位の変更はできない。

H9-20　　・　担保仮登記（仮担§1）は，優先弁済を受けるための権利ではないので，順位の変更はできない。

　　　➡　仮登記された担保権とは違うので注意。

H31-20　①　同一の抵当権を目的として数個の転抵当の登記がされている場合，それら
H3-31　　数個の転抵当権について順位の変更をすることができる（先例昭58.5.11－2984）。

H5-13　②　1個の抵当権の一部について，他の抵当権との順位の変更をすることはできない。

　　　∵　1個の抵当権について1つの順位がある。1個の抵当権の一部について1つの順位があるわけではない。

　　【例】　債権額を金1,000万円とするXの1番抵当権がある場合に，1番抵当権の一部金300万円分について2番抵当権との間で順位の変更をすることはできない。

（＋アルファ）

順位の譲渡については，抵当権の一部についてすることができる。

3　順位の変更の手続

順位の変更は，以下の3つがすべてされることによって効力を生ずる（民§374ⅠⅡ）。

---

①　関係担保権者間の合意
②　利害関係人の承諾
③　順位の変更の登記

（重要）・・・・・・・・・・・・・・・・・・・・・・・・・・・・・

意思表示（合意）だけでは効力を生ぜず，登記が効力要件である。

4　順位変更の合意をすべき者

権　利　部（乙　区）		（所有権以外の権利に関する事項）	
順位番号	登記の目的	受付年月日・受付番号	権 利 者 そ の 他 の 事 項
1	抵当権設定	平成29年4月9日 第4000号	（登記事項省略） 抵当権者　　A
2	抵当権設定	平成30年5月10日 第5100号	（登記事項省略） 抵当権者　　B
3	抵当権設定	令和2年3月10日 第3100号	（登記事項省略） 抵当権者　　C
4	抵当権設定	令和4年9月7日 第9070号	（登記事項省略） 抵当権者　　D

①　Cの抵当権を第1順位，Aの抵当権を第3順位とする順位の変更をすると
　きは，ＡＢＣの3名が順位の変更の合意をしなければならない（先例昭
　46.10.4－3230）。

➡　Bは，順位の変更がされても順位2番のままであるが，順位の変更の合
　意の当事者となる。
　∵　先順位の抵当権者が変わるということは（優先順位1番の抵当権者が
　　AからCに変わるということは），Bにとっても重大な影響が及ぶ可能
　　性があるので，Bも合意の当事者となることを要する。

　➡　後にAの抵当権が弁済等によって消滅し，Cの抵当権は存続している
　　という状況になると，Bにとっては「嗚呼，順位の変更なんか無ければ
　　良かったのに（順位の変更がなければ，先順位のAの抵当権が消滅して
　　自分が1番抵当権者となれたのに）…」ということになるので，順位の
　　変更をすることについてBに影響が及ぶ可能性があるといえる。

重要❗ ●

　これは，たとえAの抵当権の債権額がCの抵当権の債権額より大きい場合でも　H16-19
同様。

【例】　上記の事例で，Aの１番抵当権の債権額が3,000万円，Bの２番抵当権の債権額が2,000万円，Cの３番抵当権の債権額が1,000万円である場合，１番抵当権と３番抵当権の順位を入れ替える順位の変更をするときは，ABCの３人が合意をする必要がある。

$$
\begin{array}{lll}
3{,}000万円 & A & \\
2{,}000万円 & B & \\
1{,}000万円 & C &
\end{array}
\qquad
\begin{array}{ll}
C & 1{,}000万円 \\
B & 2{,}000万円 \\
A & 3{,}000万円
\end{array}
$$

➡　順位の変更によって，先順位抵当権の債権額が3,000万円から1,000万円に減るので，Bにとって登記記録上明らかに利益であり，敢えてBを合意当事者に含めなくてもいいように思えるが，それでもBを含める必要がある。

∵　後にAの抵当権が弁済等により消滅し，Cの抵当権は存続しているという状況になると，やはり２番抵当権に影響はある。そのため，Bの合意も必要である。

② 甲土地は，以下のとおり登記がされているものとする。

権　利　部（乙　区）	（所有権以外の権利に関する事項）		
順位番号	登記の目的	受付年月日・受付番号	権利者その他の事項
1	抵当権設定	平成29年４月９日 第4000号	（登記事項省略） 抵当権者　　A
付記１号	１番抵当権譲渡	平成30年５月10日 第5100号	（登記事項省略） 受益者　　B
2	抵当権設定	令和２年３月10日 第3100号	（登記事項省略） 抵当権者　　C

　１番抵当権と２番抵当権について順位の変更をするときは，AとCが合意の当事者となる。

➡　Bは合意当事者とはならない。

∵　Bは，１番抵当権の優先弁済権の譲渡を受けているだけであり，抵当権者そのものとはいえない。なお，後述するように，この順位の変更をするときはBは利害関係人となる。

5　利害関係人の承諾

　順位の変更をする場合において，利害関係を有する者（利害関係人）がいるときは，その承諾を得なければならない（民§374Ⅰただし書）。

∵　その人の意思を問わずに勝手に不利益を与えるわけにはいかない。

利害関係人→　順位を変更しようとする担保権を目的として権利を有する者等であって，順位の変更により不利益を受ける者。

① 甲土地にXが2番抵当権，Yが3番抵当権の設定の登記を受けている場合 H14-22 に，Yの抵当権を第1順位，Xの抵当権を第2順位とする順位の変更をするときは，順位が下がるXの2番抵当権について以下の関係を持っている者が利害関係人となる。

> a　Xから民法376条1項の処分を受けている者
> b　当該抵当権の移転に関する仮登記を受けている者
> c　当該抵当権を目的とした差押え，仮差押え，質入の登記を受けている者
> d　Xの抵当権に対して順位の譲渡をしている先順位抵当権者

➡　aからcはXの抵当権について権利を有する者，dはそれとは若干ニュアンスが異なるが，利害関係人に該当する。

📖ケーススタディ

権　利　部（乙　区）	（所有権以外の権利に関する事項）		
順位番号	登記の目的	受付年月日・受付番号	権利者その他の事項
1	抵当権設定	平成29年4月9日 第4000号	（登記事項省略） 抵当権者　　X
付記1号	1番抵当権転抵当	平成30年5月10日 第5100号	（登記事項省略） 転抵当権者　　A
2	抵当権設定	令和2年3月10日 第3100号	（登記事項省略） 抵当権者　　Y

Yの抵当権を第1順位，Xの抵当権を第2順位とする順位の変更をするときは，Aが利害関係人に該当する。

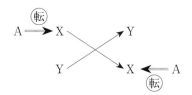

∴　順位の変更がなければ，Aは1番優先して弁済を受けることができる（1番抵当権を目的とした転抵当権者だから）。しかし，順位の変更がされたら，まず第1順位となったYが弁済を受けて，その残りについてAが弁済を受けることになる。

つまり，この順位の変更によってAは不利益を受けることになる。

H9-25
　・　順位の変更によって順位が上昇する抵当権を目的として権利を有する者は，利害関係人に該当しない。

∴　目的である抵当権の順位が上昇するのだから，不利益を受けることはない。

H5-13
②　その不動産を目的とした利用権者，所有権の差押債権者，所有権の仮登記名義人は，順位の変更の利害関係人には該当しない（先例昭46.12.24－3630）。

∴　順位の変更は，担保権の優先弁済権の順位を変更するものなので，優先弁済とは関係ない権利について影響が及ぶことはない。

6　登記の手続

（1）　申請人

H9-14
　　順位の変更の登記は，順位の変更の合意をした抵当権の登記名義人全員が共同して申請する（不登§89Ⅰ）。

➕アルファ

H28-12
　　条文では「共同して」申請すると規定されているが，いわゆる"登記権利者と登記義務者の共同申請"（不登§60）とはニュアンスが違う。全員が同じ資格で共同して申請する。

H19-18
∴　順位の変更の登記においては，単純に登記権利者（利益を受ける者）と登記義務者（不利益を受ける者）の関係が決まる場合もあれば，その関係が複雑になることもある。XはYに対しては権利者となるがZに対しては義務者となる，ということもあり得る。そのため，"登記権利者と登記義務者の共同申請"ではなくて全員が同じ資格で申請する。

（2）　申請情報の内容

①　登記の目的→　「○番，△番，□番順位変更」

➡　順位を変更する抵当権の順位番号をすべて掲げる。

② 登記原因及びその日付→ 「年月日合意」

・ 原因日付

　　原則として当事者間の合意の日であるが，当事者間の合意より後に利
害関係人の承諾が得られた場合には，承諾の日（先例昭46.12.24－3630）。
　∵　利害関係人の承諾は，順位の変更の合意における実体法上の効力要
　　件である（民法上要求される承諾。民§374Iただし書）。承諾が得ら
　　れないと順位の変更の合意の効力は生じない。

R2-21

③ 登記事項→　変更後の順位を提供する。

変更後の順位	第1　3番抵当権
	第2　2番抵当権
	第3　1番抵当権

➕ アルファ

　この「第1」とか「第2」というのは，合意当事者内の優先弁済権の順序。
登記記録上の順位番号とは関係ない。

(3) 添付情報

① 各抵当権者の登記識別情報（不登§22，不登令§8I⑥）
　申請人全員の抵当権の取得の登記を受けた際の登記識別情報を提供する。

H30-19
H26-12

➕ アルファ

　順位の変更の登記は，登記権利者と登記義務者の共同申請による登記では
ないので，原則論からいえば登記識別情報を提供する必要はないはずである
が，「その他……政令で定める登記」（不登§22）として登記識別情報の提供
が要求されている（不登令§8I⑥）。

② 登記原因証明情報（不登令§7I⑤ロ）
　適法な当事者間で順位の変更の合意がされ，またすべての利害関係人の
承諾を得て順位の変更の合意の効力が生じた旨が明らかにされた情報を提
供する。

③　代理権限証明情報（不登令§7Ⅰ②）

司法書士への委任を証する情報（委任状）を提供する。

H元記述 ④　利害関係人の承諾を証する情報（不登令§7Ⅰ⑤ハ）

利害関係人の承諾は，登記原因（合意）について必要な第三者の承諾であるので，その承諾を証する情報（承諾書）を提供する。

重要❶・・・・・・・・・・・・・・・・・・・・・・・・・・・・・・・・・・・・

これは，「登記原因について第三者の承諾が必要な場合の，当該第三者の承諾を証する情報」（不登令§7Ⅰ⑤ハ）である。一般的な登記事項の変更の登記を申請する場合の「登記上の利害関係を有する第三者の承諾を証する情報」（不登令別表25添付情報欄ロ）とは違う。

➡　前者は"登記原因（順位の変更の合意）について"必要な承諾（民法上要求される承諾）であり，後者は"変更の登記を付記登記でするために"必要な承諾（不動産登記法上要求される承諾）である。

・　申請情報と併せて，抵当権設定者の承諾を証する情報を提供することを要しない。

∵　順位の変更をするに当たって，設定者の承諾は要求されていない。

(4)　登録免許税

H20-19　　定額課税。抵当権の件数1件につき金1,000円（登税別表第1.1(8)）。

注意！　　課税標準は，順位の変更をする抵当権の件数である。

【例】　甲土地を目的とした1番，2番，3番抵当権の順位の変更の場合は，登録免許税は金3,000円。

重要先例

R5-27
H29-15　　順位の変更の当事者の一部に，国又は登録免許税法別表第2に掲げられた非課税法人が含まれている場合でも，国等を含めて当事者全員が課税される（先
H13-11　　例昭48.10.31－8188）。

➡　国等が有する抵当権について順位変更の登記をする場合，国等が"自己のために受ける登記（登税§4Ⅰ参照）"とは言い切れないので，非課税とはならない。

7　登記の実行

(1)　登記の実行

　　順位の変更の登記は，独立の順位番号を付した主登記でされる（記録例 **H24-24**
422）。

　∵　各抵当権に付記する形だと，登記記録が相当複雑になってしまう。

　・　順位の変更の登記がされたときは，登記官は，順位を変更した各抵当権
　　の登記の順位番号欄に，その順位の変更の登記の順位番号をかっこ書きで
　　記録する（不登規§164）。

(2)　効力の発生

　　順位の変更は，登記がされることによって効力を生ずる（民§374Ⅱ）。

(3)　登記識別情報

　　順位の変更の登記が完了しても，申請人に対して登記識別情報は通知され
ない。

　∵　順位の変更の登記がされても，申請人が登記名義人となることはないか
　　ら（不登§21参照）。

【申請書】

登記の目的　１番，２番，３番順位変更	**R5記述**

```
登記の目的　１番，２番，３番順位変更
原　　　因　年月日合意
変更後の順位　第１　３番抵当権
　　　　　　　第２　２番抵当権
　　　　　　　第３　１番抵当権
申　請　人　X
　　　　　　Y
　　　　　　Z
添 付 情 報　登記識別情報（乙区１番，２番，３番のもの）
　　　　　　登記原因証明情報
　　　　　　代理権限証明情報（X，Y及びZから司法書士への委任状）
　　　　　　利害関係人の承諾書
登録免許税　金3,000円
```

（参考～順位の変更の登記がされた場合の登記記録）

権　利　部（乙　区）		（所有権以外の権利に関する事項）	
順位番号	登記の目的	受付年月日・受付番号	権　利　者　そ　の　他　の　事　項
1 ④　　＊	抵当権設定	平成29年4月9日 第4000号	（登記事項省略） 抵当権者　　X
2 ④　　＊	抵当権設定	平成30年5月10日 第5100号	（登記事項省略） 抵当権者　　Y
3 ④　　＊	抵当権設定	令和2年3月10日 第3100号	（登記事項省略） 抵当権者　　Z
4	1番，2番， 3番順位変更	令和5年9月7日 第9070号	原因　令和5年9月7日合意 第1　3番抵当権 第2　2番抵当権 第3　1番抵当権

＊　順位の変更の登記がされたら，その順位の変更の登記の順位番号がかっこ書で記録される。

8　順位の変更の変更の登記の可否

H16-19
　順位の変更の登記がされた後，その当事者間でさらに変更後の順位を変更する合意がされた場合，"順位の変更の変更"の登記を申請することはできない。
∵　順位の変更は，その登記がされることによって新たな順位として確定する。そのため，事後的にこの順位の変更を変更することはできない。

　変更後の順位について，さらに順位を変更する合意がされたときは，新たな順位の変更の登記を申請する（先例昭46.10.4－3230）。

9　順位の変更の更正の登記

H27-16
H5-13
　順位の変更の登記がされたが，その登記された内容の一部に誤りがあるときは，順位の変更の登記の更正の登記をすることができる。

＋アルファ

　順位の変更の変更の登記はダメだが，順位の変更の更正の登記は申請できる（間違った登記を正しいものに直すことは当然できる）。

(1)　**申請人**

　　この更正の登記は，更正により影響を受ける者が共同して申請する。

　➡　更正によって影響を受けない者は申請人とならない。

(2)　**登録免許税**

　　定額課税。不動産1個につき金1,000円（登税別表第1.1(14)）。

　➡　更正の登記の場合は，不動産の個数が課税標準となる。

(3)　**登記の実行**

　　順位の変更の登記に付記してされる。

10　順位の変更の登記の抹消

(1)　**登記の抹消の可否**

　　順位の変更の合意が無効であったり，また取り消されたような場合は，順 `H5-13`
位の変更の登記の抹消をすることができる。

　➡　はじめから順位の変更の効力が生じなかったといえるような場合である。

　　一方，順位の変更の登記がされた後，当事者間で従前の順位に戻す合意が
された場合（あるいは順位の変更が合意解除された場合）は，順位の変更の
登記の抹消を申請することはできない（先例昭46.12.24 − 3630）。

　➡　新たな順位の変更の登記を申請すべき。

(2)　**登記の抹消の手続**

①　申請人

　　順位の変更の登記の抹消は，当該順位の変更に係る抵当権の登記名義人 `H18-23`
全員が申請人となる。

②　登記識別情報について

　　順位の変更の登記の抹消を申請するときは，申請人が抵当権の取得の登 `H8-20`
記を受けた際の登記識別情報を提供する（先例昭46.10.4 − 3230）。

　➡　順位の変更の登記がされた場合，申請人に対して登記識別情報は通知
　　されないので，"順位の変更の登記の際の登記識別情報"を提供すると
　　いうことはあり得ない。

【まとめ　順位の変更の変更，更正，抹消の可否】

可…○，不可…×

順位の変更の変更	×
順位の変更の更正	○
順位の変更の抹消 ① 順位の変更の合意が無効又は取り消された ② 順位の変更の合意解除	○ ×

11　順位の変更がされた後の抵当権の債権額（根抵当権の極度額）の変更

　順位の変更がされると，順位の変更に合意した当事者間においては，設定の時から変更後の順位であったのと同様の効果を生ずる。

　そのため，順位の変更がされた後に抵当権の債権額の変更や根抵当権の極度額の変更をするときは，変更後の順位を基準として利害関係人を判断する必要がある。

【例】　甲土地を目的として，Ｘの１番抵当権，Ｙの２番抵当権，Ｚの３番根抵当権の設定の登記がされた後，Ｚの３番根抵当権を第１順位，Ｘの１番抵当権を第３順位とする順位の変更の登記がされた。
　　　　この後に，Ｚの３番根抵当権について極度額の増額変更をするときは，後順位となったＸとＹが利害関係人に該当する。

第9節　抵当権の登記の抹消

第9節の1　抵当権の登記の抹消

1　抵当権が消滅する場合

① 被担保債権が消滅した場合

∵ 抵当権は特定の債権を担保するものであるから，その債権が消滅したときは当然に抵当権も消滅する（消滅における付従性）。

- ・ 被担保債権の弁済
- ・ 被担保債権の放棄
- ・ 被担保債権（債務）の免除

② 被担保債権とは関係なく抵当権が消滅した場合
- ・ 抵当権の設定契約が解除された場合
- ・ 抵当権者が抵当権を（絶対的に）放棄した場合
- ・ 抵当権の消滅請求（民§379）がされた場合
- ・ 抵当権の被担保債権について免責的債務引受がされ，（引受人でない）設定者が引受債務を担保することを承諾しなかったような場合
  等々

このように，登記された抵当権が消滅したときは，抵当権の登記の抹消をすることができる。

2　登記の抹消の申請人

原則として，登記権利者と登記義務者の共同申請（不登§60）

> 登記権利者→　設定者
> 登記義務者→　抵当権者

∵ その不動産から抵当権という負担が消える登記なので，設定者（現在の所有権の登記名義人）が登記上直接に利益を受ける。

- ・ 一定の例外に該当する場合（不登§69，70，70の2）は，登記権利者が単

独で申請することができる（後述）。

重要　• •

　債務者と設定者が異なる場合，抵当権の登記の抹消の登記権利者は設定者である。債務者は申請人とならない。

∵　抵当権の登記の抹消によって登記上直接に利益を受けるのは，自分の不動産から抵当権という負担が消える設定者である。

📖ケーススタディ

権　利　部（甲　区）　（所　有　権　に　関　す　る　事　項）			
順位番号	登記の目的	受付年月日・受付番号	権利者その他の事項
1	所有権移転	平成22年6月27日 第6700号	原因　平成22年6月27日売買 所有者　　A

権　利　部（乙　区）　（所　有　権　以　外　の　権　利　に　関　す　る　事　項）			
順位番号	登記の目的	受付年月日・受付番号	権利者その他の事項
1	抵当権設定	平成29年4月9日 第4000号	原因　平成29年4月9日金銭消費貸借同日設定 債権額　金1,000万円 利息　年5％ 損害金　年10％ 債務者　　B 抵当権者　　X

　この後に，Bが債務を弁済したことによって1番抵当権が消滅した場合，1番抵当権の登記の抹消は，Aを登記権利者，Xを登記義務者として共同で申請する。

➡　債務を弁済したBは申請人とならない。

重要先例

R3-21
H14-16
①　消滅した抵当権の後順位の抵当権者も，先順位抵当権の登記の抹消につき登記権利者となることができる（先例昭31.12.24-2916）。

∵　後順位抵当権者も，先順位の抵当権が抹消されることで登記上直接に利益を受けるといえる（目の上のたんこぶが取れる）。

② 数人の共有する不動産を目的として抵当権の設定の登記がされている場合，共有者の1人と抵当権者が共同して，抵当権の登記の抹消を申請することができる（質疑登研244 P 69）。

∵ 共有物の保存行為（民§252Ⅴ）に該当する。

【例】　A，Bの共有する不動産を目的としたXの抵当権の登記の抹消は，AとXが共同して申請することができる。

3　申請情報の内容

(1) **登記の目的**→「○番抵当権抹消」

➡ 抹消する抵当権を順位番号をもって特定する。

(2) **登記原因及びその日付**

抵当権が消滅した事由	登記原因
被担保債権の弁済	弁済
被担保債権の代物弁済	代物弁済
抵当権の設定契約の解除	解除
抵当権者が抵当権を放棄した	放棄
保証委託契約に基づき保証人が将来取得する求償債権を担保するために抵当権の設定の登記がされている場合に，主たる債務者が債権者に債務を弁済し，求償債権を担保する抵当権が消滅した	主債務消滅
抵当権の消滅請求（民§379）	抵当権消滅請求
抵当権の目的である不動産が第三者に時効取得されたため，その反射的効果により抵当権が消滅した	所有権の時効取得
買戻権が行使されたため，買戻権に後れる抵当権が消滅した	買戻権行使による所有権移転

H19-18

4　添付情報

① 登記義務者（抵当権者）の登記識別情報（不登§22）
② 登記原因証明情報（不登令別表26添付情報欄へ）
③ 代理権限証明情報（委任状，不登令§7Ⅰ②）
④ 登記上の利害関係を有する第三者が存在する場合は，その者が作成した承諾等を証する情報（不登令別表26添付情報欄ト）

5　登記上の利害関係を有する第三者の承諾等を証する情報

(1)　意　義

　　抵当権の登記の抹消を申請する場合に，登記上の利害関係を有する第三者が存在するときは，申請情報と併せて，その者が作成した承諾を証する情報又はその者に対抗することができる裁判があったことを証する情報を提供することを要する（不登令別表26添付情報欄ト）。

理由　　抵当権の登記が抹消されたら，その抵当権を目的とした第三者の権利はその存続基盤を失い，登記官の職権によって抹消されてしまう（不登規§152Ⅱ）。

　　その者の意思を問わずに勝手に不利益を与えるわけにはいかないので，抹消をすることについての承諾を得る必要がある。

📖 **ケーススタディ**

権　利　部（甲　区）	（所　有　権　に　関　す　る　事　項）		
順位番号	登記の目的	受付年月日・受付番号	権　利　者　そ　の　他　の　事　項
1	所有権移転	平成22年6月27日 第6700号	原因　平成22年6月27日売買 所有者　　A

権　利　部（乙　区）	（所　有　権　以　外　の　権　利　に　関　す　る　事項）		
順位番号	登記の目的	受付年月日・受付番号	権　利　者　そ　の　他　の　事　項
1	抵当権設定	平成29年4月9日 第4000号	原因　平成29年4月9日金銭消費貸 　　借同日設定 債権額　金1,000万円 債務者　　A 抵当権者　　X
付記1号	1番抵当権転 抵当	平成30年5月10日 第5100号	（登記事項省略） 転抵当権者　　Y

　　このような登記がされたが，実はA，X間の抵当権の設定契約は無効であった。そのため，1番抵当権の登記の抹消をする。

権　利　部（乙　区）	（所 有 権 以 外 の 権 利 に 関 す る 事 項）		
順位番号	登記の目的	受付年月日・受付番号	権 利 者 そ の 他 の 事 項
1	抵当権設定	平成29年４月９日 第4000号	原因　平成29年４月９日金銭消費貸 　借同日設定 債権額　金1,000万円 債務者　　A 抵当権者　　X
付記１号	１番抵当権転 抵当	平成30年５月10日 第5100号	（登記事項省略） 転抵当権者　　Y
2	１番抵当権抹 消	令和５年８月10日 第8000号	原因　錯誤

➡　Yの転抵当は，Xの１番抵当権を目的としたものである。ということは，目的である１番抵当権が抹消されたら，Yの転抵当も登記記録上存続基盤を失うことになる。

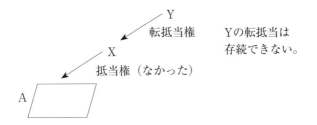

　そのため，１番抵当権の登記の抹消がされたら，その１番抵当権を目的としたYの転抵当は，登記官の職権によって抹消される（以下のように登記がされる）。

権　利　部（乙　区）	（所 有 権 以 外 の 権 利 に 関 す る 事 項）		
順位番号	登記の目的	受付年月日・受付番号	権 利 者 そ の 他 の 事 項
1	抵当権設定	平成29年４月９日 第4000号	原因　平成29年４月９日金銭消費貸 　借同日設定 債権額　金1,000万円 債務者　　A 抵当権者　　X
付記１号	１番抵当権転 抵当	平成30年５月10日 第5100号	（登記事項省略） 転抵当権者　　Y
2	１番抵当権抹 消	令和５年８月10日 第8000号	原因　錯誤

| 3 | 1番付記1号
転抵当抹消 | 余　白 | 1番抵当権抹消により令和5年8月
10日登記 |

➡ つまり，1番抵当権の登記の抹消をすることにより，Yは登記上不利益
を受けるといえる。

　もちろん，Yの意思を問わずに勝手に不利益を与えるわけにはいかない
ので，1番抵当権の登記の抹消をするに当たっては，Yの承諾を得ること
を要する。そして，1番抵当権の登記の抹消の申請情報と併せて，Yの承
諾を証する情報を提供することを要する。

H14-22 (2) 登記上の利害関係を有する第三者に該当する者

> ① 抹消される抵当権から民法376条1項の処分を受けている者
> ② 抹消される抵当権の移転に関する仮登記を受けている者
> ③ 抹消される抵当権を目的として差押え，仮差押え，質入れの登記
> を受けている者

➡ 大雑把にいえば，抹消される抵当権を目的として権利を有する者や，そ
の抵当権に依存している者。

重要先例

H28-15
H18-15
① 順位1番でXの抵当権，順位2番でYの抵当権の設定の登記がされており，
Xの1番抵当権の順位をYの2番抵当権のために譲渡する登記がされている
場合において，Xの1番抵当権の登記の抹消を申請するときは，2番抵当権
者Yは登記上の利害関係を有する第三者に該当する（先例昭37.8.1-2206）。
　➡ この場合は，一見すると，Yは登記上の利害関係を有する第三者に該当
しないようにみえる（Xの1番抵当権が抹消されれば，Yが実質的に順位
1番の抵当権者となるから）。しかし，租税債権との絡みで，Yは不利益
を受けるおそれがあるので（国税徴収§16），その承諾が必要とされている。

H26-14
H18-15
② Xの1番抵当権，Yの2番抵当権の設定の登記がされた後，その順位を逆
転させる順位の変更の登記がされている場合に，Xの1番抵当権の登記の抹
消を申請するときは，Yは登記上の利害関係を有する第三者に該当しない（質
疑登研301P69）。
　∵ Yは，Xの抵当権に依存している関係ではない。

③　1番抵当権から2番抵当権への順位譲渡の登記がされている場合におい　**H21-16**
て，2番抵当権の登記の抹消がされたときは，登記官が職権で，順位譲渡の
登記を抹消する（先例昭35.12.23－484）。

∵　2番抵当権がなくなって，順位譲渡の意味がなくなったことが登記官に
とって明らかとなる。

・　申請情報の作成

権 利 部（甲 区）	（所 有 権 に 関 す る 事 項）		
順位番号	登記の目的	受付年月日・受付番号	権 利 者 そ の 他 の 事 項
1	所有権移転	平成22年6月27日 第6700号	原因　平成22年6月27日売買 所有者　　A

権 利 部（乙 区）	（所 有 権 以 外 の 権 利 に 関 す る 事 項）		
順位番号	登記の目的	受付年月日・受付番号	権 利 者 そ の 他 の 事 項
1	抵当権設定	平成29年4月9日 第4000号	原因　平成29年4月9日金銭消費貸借 　　同日設定 債権額　金1,000万円 債務者　　A 抵当権者　　X
付記1号	1番抵当権転抵当	平成30年5月10日 第5100号	（登記事項省略） 転抵当権者　　Y

　　令和5年7月20日，XはAに対し，乙区1番で登記された抵当権を絶対的
に放棄する意思表示をした。

＊　登記上の利害関係を有する第三者が存在するときは，その者の作成に係
る承諾書が得られているものとする。

【申請書】

登記の目的　1番抵当権抹消	
原　　　　因　令和5年7月20日放棄	
権　利　者　A	
義　務　者　X	
添 付 情 報　登記識別情報（Xの乙区1番の登記識別情報）	
登記原因証明情報	
代理権限証明情報（A及びXから司法書士への委任状）	

承諾を証する情報（Yの承諾書）
登録免許税　金1,000円

6　1つの申請情報で申請することの可否

H28記述　① 同一の不動産を目的として，同一人を抵当権者とする数個の抵当権の設定の登記がされている場合，同一の登記原因によりその登記の抹消を申請するときは，1つの申請情報で申請することができる（質疑登研401 P 162）。

∵ 登記の目的，登記原因及びその日付ともに同一であるので，1つの申請情報で申請するための要件（不登令§4ただし書）を満たす（不登規§35⑨）。

➕ アルファ

H25-27
H12-11　数個の抵当権の登記の抹消であるが，不動産は1個であるので，登録免許税は金1,000円（先例昭42.7.22-2121）。

② 同一の不動産を目的としてXの1番抵当権，Yの2番抵当権の登記がある場合に，同日にXとYがそれぞれ債務者から弁済を受け，その登記の抹消をするときは，1つの申請情報でまとめて申請することはできない（質疑登研421 P 107）。

∵ 1番抵当権はXが弁済を受けたものであり，2番抵当権はYが弁済を受けたものであるので，各抵当権の登記の抹消の実質的な登記原因が異なるといえる。

7　抵当権の登記の抹消の前提として必要な登記について

(1)　相続（合併）の登記の要否について

① 抵当権者が死亡し，その後に相続人が債務者から弁済を受けて抵当権が消滅した。

➡ 抵当権の登記の抹消の前提として，相続による抵当権の移転の登記をすることを要する（先例昭32.12.27-2440）。

∵ 相続人に抵当権が承継された後に抵当権が消滅しているので，その物権変動の過程を忠実に登記記録に公示する必要がある。

【例】 抵当権者Xが死亡し，YZが相続した。その後，債務者がYZに対して被担保債権の全額を弁済し，抵当権が消滅した。

➡️　まずXからＹＺに対して抵当権の移転の登記を申請し，その後に抵当権の登記の抹消を申請する。

重要❗ •

相続による抵当権の移転の登記を省略することはできない。

・　抵当権者が合併によって消滅した後に抵当権が消滅した場合も同様。　`H29-14` `H28記述`

📖ケーススタディ

甲土地を目的として，株式会社Ｘの抵当権の設定の登記がされた。
↓
株式会社Ｘは，株式会社Ｙに吸収合併されて消滅した（株式会社Ｙが被担保債権と抵当権を承継した）。
↓
株式会社Ｙが，債務者から，抵当権の被担保債権の弁済を受けた。

この場合は，①「合併」を登記原因として株式会社Ｘから株式会社Ｙに対して抵当権の移転の登記を申請し，その後に②「弁済」を登記原因として抵当権の登記の抹消を申請する。
➡️　抵当権の移転の登記を省略することはできない。

②　抵当権が消滅した後に抵当権者が死亡した。
　➡️　抵当権の登記の抹消の前提として，相続による抵当権の移転の登記をすることを要しない（先例昭37.2.22-321）。
　∵　抵当権が消滅した後に死亡しているので，相続人に抵当権が移転していない。

・　抵当権が消滅した後に，抵当権者が合併によって消滅した場合も，抵当権の移転の登記をすることなく，直ちに抵当権の登記の抹消を申請することができる。
　➡️　登記義務者である抵当権者は合併によって消滅しているので，その承継会社が代わって登記を申請する（一般承継人からする登記，不登§62）。

③ 抵当権設定者が死亡した後に抵当権が消滅した。

H26-20
➡ 抵当権の登記の抹消の前提として，相続による所有権の移転の登記をすることを要する（質疑登研661 P 225）。

(2) 登記名義人の氏名等の変更の登記の要否について

H21記述
① 抵当権の登記の抹消を申請するにあたり，登記義務者（抵当権者）の現在の氏名や住所（以下「氏名等」という）が登記記録上の氏名等と一致しない場合，申請情報と併せて氏名等の変更を証する情報を提供すれば，直ちに抵当権の登記の抹消を申請することができる（先例昭31.10.17－2370，昭31.9.20－2202）。

➡ 前提として，抵当権の登記名義人の氏名等の変更の登記をすることを要しない。

➕アルファ

申請情報の内容として提供された登記義務者の氏名等と，登記記録上の登記名義人の氏名等が異なるときは，本来ならばその申請は却下されるが（不登§25⑦），所有権以外の権利の登記の抹消においては便宜的な扱いが認められている（前提として氏名等の変更の登記をしても，どうせすぐにその抵当権の登記は抹消されてしまうから）。

📖ケーススタディ

甲土地を目的として，株式会社Ｘの抵当権の設定の登記がされた。

↓

株式会社Ｘは，株式会社Ｙに商号を変更した（抵当権者の名称に変更が生じた）。

↓

抵当権の被担保債権の弁済がされ，抵当権が消滅した。

この場合，抵当権の登記名義人の名称の変更の登記をすることなく，直ちに抵当権の登記の抹消を申請することができる。

➡ 申請情報と併せて，抵当権者の名称に変更が生じたことを証する情報を提供する。

②　抵当権の登記の抹消を申請するにあたり，登記権利者である所有権の登 `H21記述`
記名義人の現在の氏名等が登記記録上の氏名等と一致しない場合，抵当権
の登記の抹消の前提として所有権登記名義人の氏名等の変更の登記をする
ことを要する（質疑登研355 P 90）。

＋ アルファ

登記義務者の氏名等の変更と，登記権利者の氏名等の変更を区別すること。

第9節の2　混同による抵当権の登記の抹消

1　混同による抵当権の消滅

同一の不動産について，所有権と所有権以外の物権が同一人に帰属したとき
は，所有権以外の物権は混同によって消滅する（民§179Ⅰ）。
∵　2つの権利を並存させておいても意味がない。

【例】　Aの所有する甲土地にXの抵当権の設定の登記がされている。その後，
　　　AX間で甲土地の売買契約がされ，Xが甲土地の所有権を取得した。
　　➡　甲土地について所有権と抵当権が同一人Xに帰属したので，抵当権は
　　　混同によって消滅する。

ただし，所有権と抵当権が同一人に帰属した場合でも，その抵当権の後順位 `H10-20`
で第三者の権利が設定されているとき，あるいはその抵当権を目的として第三
者の権利が設定されているときは，その抵当権は混同によって消滅しない（い
わゆる混同の例外，同ただし書）。
∵　この場合に混同によって抵当権が消滅してしまうと，抵当権者（＝不動産
　の所有者）あるいは当該抵当権を目的として権利を有する者が不当な不利益
　を受けることになってしまうから。

ケーススタディ

権利部（甲区）	（所有権に関する事項）		
順位番号	登記の目的	受付年月日・受付番号	権利者その他の事項
1	所有権移転	平成22年6月27日 第6700号	原因　平成22年6月27日売買 所有者　　　A

権利部（乙区）	（所有権以外の権利に関する事項）		
順位番号	登記の目的	受付年月日・受付番号	権利者その他の事項
1	抵当権設定	平成29年4月9日 第4000号	原因　平成29年4月9日金銭消費貸 　　　借同日設定 （登記事項省略） 抵当権者　　　X
2	抵当権設定	令和2年7月23日 第7200号	原因　令和2年7月23日金銭消費貸 　　　借同日設定 （登記事項省略） 抵当権者　　　Y

　　この後に，AとXは甲土地の売買契約を締結し，甲土地の所有権がXに移転した。

➡　甲土地について，所有権と抵当権が同一人（X）に帰属したが，Xの抵当権の後順位でYの抵当権の設定の登記がされているので，混同の例外に該当し，Xの1番抵当権は混同によって消滅しない。

➕ アルファ

　　後に後順位のYの抵当権が消滅したときは，その時点でXの1番抵当権は混同により消滅する。

2　混同による抵当権の登記の抹消の手続

(1)　申請人

　　事実上単独で申請することができる。

∵　登記権利者である設定者と登記義務者である抵当権者は同一人である。

➡　申請人の資格としては，「登記権利者兼登記義務者」となる。

・　ただし，混同による抵当権の登記の抹消を申請する前に第三者への所有　`H28-12`
権の移転の登記がされた場合は，現在の所有権の登記名義人を登記権利者，　`H7-26`
抵当権の登記名義人を登記義務者として共同で登記の抹消を申請すること
を要する（先例昭30.2.4－226）。

∵　抵当権の登記の抹消によって登記上直接に利益を受けるのは，現在の
所有権登記名義人である。

(2)　**登記原因及びその日付**→　所有権と抵当権が同一人に帰属した日をもっ
て，「年月日混同」

➡　混同の例外の状態が解消されて抵当権が消滅したときは，混同の例外の
状態が解消された日が原因日付。

(3)　**添付情報**

①　登記義務者の登記識別情報（不登§22）
登記義務者である抵当権者の登記識別情報を提供する（不登§22，先例　`R3-21`
平2.4.18－1494）。　`H24-16`

∵　事実上の単独申請であるが，抵当権の登記名義人が登記義務者である
ことに変わりはない。

②　登記原因証明情報（不登令別表26添付情報欄へ）
抵当権が混同によって消滅したことが明らかにされた情報を提供すべき
であるが，抵当権が混同によって消滅していることが登記記録の上から明
らかであるときは，登記原因証明情報の提供を省略することができる（質
疑登研690 P 221）。

∵　登記記録を見れば抵当権が消滅していることが明らかなのだから，わ
ざわざ抵当権の消滅を証する情報を提供する必要はない。

③　代理権限証明情報（委任状，不登令§7 I ②）

【申請書】

　Aの所有する甲土地を目的としてXの1番抵当権の設定の登記がされており，その後の令和5年7月1日に，Xが甲土地の所有権を取得した。この場合の混同によるXの抵当権の登記の抹消の申請書。

登記の目的　　1番抵当権抹消
原　　　　因　　令和5年7月1日混同
権利者兼義務者　　　X
添 付 情 報　　登記識別情報（Xの乙区1番のもの）
　　　　　　　　登記原因証明情報（提供省略）
　　　　　　　　代理権限証明情報（Xから司法書士への委任状）
登録免許税　　金1,000円

第9節の3　単独で申請する抵当権の登記の抹消

　抵当権の登記の抹消は，登記権利者と登記義務者が共同で申請するのが原則である（不登§60）。しかし，登記義務者である抵当権者の所在が知れないため，登記権利者と登記義務者の共同申請の形で登記の抹消を申請することができない場合で，一定の要件を満たしているときは，登記権利者が単独で登記の抹消を申請することができる（不登§70Ⅳ，70の2）。

➕ アルファ

R2-24

　通常，登記権利者が単独で登記の抹消を申請するためには，登記義務者を被告として登記の抹消の手続を命ずる確定判決を得るか（不登§63Ⅰ），あるいは公示催告をして除権決定を得る必要があるが（不登§70ⅠⅢ），担保権の登記の抹消については，それよりも簡単な手続で抹消することが認められている。

1　抵当権の被担保債権が消滅したことを証する情報を提供したとき

　登記義務者である抵当権者の所在が知れないため，登記権利者と登記義務者の共同申請により抵当権の登記の抹消を申請することができない場合，申請情報と併せて被担保債権が消滅したことを証する不動産登記令で定める情報を提供したときは，登記権利者が単独で抵当権の登記の抹消を申請することができる（不登§70Ⅳ前段）。

具体的には，以下の情報を提供することを要する（不登令別表26添付情報欄ハ）。

> ① 債権証書並びに被担保債権及び最後の2年分の利息等の完全な弁済があったことを証する情報
> ② 登記義務者の所在が知れないことを証する情報

`H29-13`

2 被担保債権の弁済期から20年を経過し，かつ，その期間を経過した後に当該被担保債権，その利息及び損害金の全額に相当する金銭を供託したとき（いわゆる“休眠担保権の抹消”）

(1) 意　義

登記義務者である抵当権者の所在が知れないため，登記権利者と登記義務者の共同申請により抵当権の登記の抹消を申請することができない場合で，被担保債権の弁済期から20年を経過しているときは，その期間が経過した後に被担保債権，その利息及び損害金の全額に相当する金銭を供託したときは，登記権利者が単独で抵当権の登記の抹消を申請することができる（不登§70Ⅳ後段）。

`H24記述`

➕ アルファ

これは，前記「1」とは根本的に考え方が異なる。「1」は，既に被担保債権が弁済されて抵当権が消滅しているけど，抵当権者が消えちゃったから共同申請の形で抹消できない場合に，その救済措置として認められたものである。一方，この「2」は，その抵当権がまだ存続している（被担保債権が弁済されていない）ことを前提としている。

➡ 後の「3」も同様である。

「2」の場合は，抵当権はまだ存続しているけれど，債権の弁済期から20年を経過しているということは，抵当権者はもはやその抵当権を行使する気がないだろうと考えられるので，単独での抹消を認めてもいいか，という考え方である。

➡ ただし，無条件に抹消していいわけではなく，きちんと債権等の全額を供託させて，抵当権者に不利益が及ばないような扱いとなっている。

(2)　**単独抹消の可否**

H17-26　① 抵当権者が法人の場合にも，休眠担保権の単独抹消は認められる（先例昭63.7.1－3456）。

　　➡ 「法人の所在が知れない」とは，当該法人についての登記記録が現在は存在せず，かつ閉鎖登記記録が廃棄済みであるため，その存在を確認することができない場合等をいう。

　② 根抵当権も，休眠担保権の単独抹消の対象となる（先例昭63.7.1－3499）。

　　➡ 被担保債権の弁済期は，元本確定の日とみなすものとする（同先例）。

(3)　**単独抹消の要件**

　・ 登記義務者である抵当権者の所在が知れないこと
　・ 債権の弁済期より20年を経過していること
　・ 債権の弁済期より20年を経過した後に被担保債権，その利息及び損害金の全額に相当する金銭を供託したこと
　・ 登記の抹消の申請情報と併せてその供託等を証する情報を提供すること

(4)　**供託しなければならない額**

　「被担保債権」については，原則として，登記記録に記録された債権額の全額。

H17-26　➡ たとえ既に被担保債権の一部が弁済されている場合でも，残存する債権額を供託しただけでは足りず，登記記録に記録された債権額の全額を供託する必要がある（先例昭63.7.1－3499）。

　　➡ 債権の一部を担保する抵当権である場合には，登記記録に記録された債権額を供託しただけでは足りず，債権の全額を供託する必要がある（同先例）。

H27-23　・ 抵当権の登記に利息，損害金の定めが記録されていないときは，年6分の割合による利息及び損害金を供託することを要する（同先例）。

　　➡ 債権額に相当する金銭を供託しただけでは足りない。

➕ **アルファ**

　元本債権，利息及び損害金の全額を供託しなければならないと聞くと，莫大な額の金銭を用意しなければならないのかと不安になるが，実はそうでもない。

たとえば昭和初期の抵当権の場合は，債権額が「金200円」といった感じである。そのため，損害金の全額を含めても数千円を供託すれば足りる。

➡　実務上も，たまにある案件である。

　　ただ，昭和の中期や後期の抵当権となると，そうはいかない。債権額が数百万円，数千万円というレベルになるので，損害金を含めて全額を供託するのは困難である。その場合は，次に説明する「3」の規定により抹消できないかを検討することになる。

⑸　**登記原因及びその日付**→　供託の効力が生じた日をもって，「**年月日弁済**」（先例昭63.7.1－3456）。
　∵　この供託は，弁済供託の性質を有する。

⑹　**添付情報（不登令別表26添付情報欄ニ）**
　①　被担保債権の弁済期を証する情報
　②　被担保債権，その利息及び損害金の全額に相当する金銭を供託したことを証する情報
　③　登記義務者の所在が知れないことを証する情報

　　登記義務者の所在が知れないことを証する情報→　登記義務者が登記記 H10-20
録上の住所に居住していないことを証する市区町村長の作成した情報又は登記義務者の登記記録上の住所に宛てた被担保債権の受領催告書が不到達であったことを証する情報等（先例昭63.7.1－3499）。

3　抵当権者が法人である場合において，被担保債権の弁済期から30年を経過し，かつ，法人の解散の日から30年を経過したとき

⑴　**意　義**
　　これは，抵当権者が会社等の法人であり，かつ，その法人が解散している場合に限定して認められた方法である。
　➡　法人の解散については，会社法で学習する。

　　不動産登記法70条2項に規定する方法により調査をしても，抵当権者である法人の清算人の所在が判明しないため，登記義務者（抵当権者）と共同して抵当権の登記の抹消を申請することができない場合において，被担保債権の弁済期から30年を経過し，かつ，その法人の解散の日から30年を経過したときは，登記権利者が単独で抵当権の登記の抹消を申請することができる

（不登§70の２）。

理由　　法人が解散してから30年を経過しているということは，もうその法人には実体がないと考えられるので，あまりその法人の保護を考える必要はない。

(2) **要　件**

① 登記義務者である抵当権者が法人であり，その法人が解散していること。
  ➡ 解散していることが必要。いくら古い会社でも，解散していなければ，この規定による単独抹消は認められない。

  ・ 会社の意思によって解散した場合（会§471）だけでなく，いわゆる休眠会社のみなし解散の場合（会§472）も含まれる。

② 不動産登記法70条２項に規定する方法により調査をしても，抵当権者である法人の清算人の所在が判明しないこと。
  ➡ 法人の登記記録や清算人の住民票等を辿って，いろいろ調べてみたが，それでも清算人の所在が判明しなかった。
  ➡ 清算人の古い住民票（昔の住所地の住民票）が廃棄されて，現在の住所に辿り着けないような場合。

③ 被担保債権の弁済期から30年を経過していること。
  ➡ 30年である。前記「２」は20年なので，それとは区別する必要がある。

理由　　この「３」の規定による抵当権の登記の抹消は，被担保債権額等の供託が要求されていない。つまり，まったく弁済しないで抵当権の登記の抹消を申請することができる。そのため，確実に被担保債権が（事実上）時効消滅しているであろう期間の経過が必要とされた（30年たっていれば十分だろう）。

④ 法人の解散の日から30年を経過していること。
  ➡ 解散（もう事業をやめます）から30年を経過しているということは，その法人に実体がなく，抵当権を行使する意思がないと考えることができる。

  ・ 解散の日から長期間経過したため，会社の登記記録が閉鎖され，さら

に廃棄されてしまっているような場合（解散の事実を確認できない場合）
も，解散した日から30年を経過しているのと同様に扱われると解される。
- ➡　会社の登記記録が廃棄されているということは，相当に長い期間が
経過しているといえる。

(3)　**登記原因及びその日付**

「不動産登記法第70条の２の規定による抹消」と提供する（先例令5.3.28
－538）。

- ・　原因日付を提供することを要しない（同先例）。
  - ∵　前記２の休眠担保権の登記の抹消と異なり，弁済供託等をしていない
ので，原因日付と呼べるような日付が存在しない。

(4)　**添付情報（不登令別表26添付情報欄ホ，先例令5.3.28－538）**

①　被担保債権の弁済期を証する情報
- ➡　金銭消費貸借契約書や債権の弁済期の記載のある閉鎖登記簿の謄本
- ➡　超大昔（昭和初期）の抵当権の設定の登記においては，債権の弁済期
が登記されていた。

②　共同して登記の抹消の申請をすべき法人の解散の日を証する情報
- ➡　当該法人の登記事項証明書等

③　法70条２項に規定する方法により調査を行ってもなお当該法人の清算人
の所在が判明しないことを証する情報
- ➡　法70条２項に規定する方法による調査の結果を記載した報告書（調査
の過程で収集した書類や所在調査に係る郵便記録等を含む）
- ➡　清算人の住民票の除票等が廃棄されている場合には，不在住証明書や
不在籍証明書も添付する。

第10節　抵当証券

1　抵当証券とは
抵当権とこれによって担保される債権を表章する有価証券。

　抵当証券が発行されると，抵当権及び債権の処分は抵当証券の裏書譲渡をもってすることになる。
　➡　抵当証券が発行されると，抵当権とその被担保債権の譲渡につき煩雑な手続を経ることなく，抵当証券の裏書きをもって譲渡することができるので，権利の流通化が図られる。
　➡　抵当証券の裏書譲渡がされると，債権譲渡と抵当権の移転について対抗要件が備わる。

2　抵当証券の発行の要件
(1)　前提－1
　抵当証券を発行するためには，まず，抵当権者と設定者の間で，抵当証券発行の特約が必要（抵証§2⑤参照）。
　∵　抵当証券が発行されると，債務者や設定者等の利害に重大な影響があるので，予めの特約が必要。

(2)　前提－2
　抵当証券の発行を申請することができるのは，土地，建物又は地上権を目的として抵当権を有する者（抵証§1Ⅰ）。
　➡　永小作権を目的とした抵当権者は，抵当証券の発行を申請することができない。

(3)　抵当証券発行の禁止
　以下のいずれかの事由に該当する場合は，抵当証券を発行することができない（抵証§2）。

　①　抵当権が根抵当権であるとき
　　∵　元本確定前の根抵当権は付従性がない，つまり債権と根抵当権の結びつきがないので，根抵当権と被担保債権を併せて証券化することは適当でない。

② 抵当権について本登記がないとき
➡ 「本登記がない」というのは，(a)抵当権についてまったく登記がない，(b)抵当権の仮登記のみがある，の双方を含む。

③ 債権の差押え，仮差押えの登記，抵当権の処分禁止の登記，その抵当権を目的とした転抵当の登記があるとき
∵ 抵当権が誰か別の人のものになってしまうおそれがあるから。抵当証券を持っている人の地位が不安定であるといえるので，抵当証券を発行できないとされた。

④ 債権又は抵当権に付した解除条件の登記があるとき
∵ 抵当権の存続が不安定といえる。

・ 先順位で買戻特約の登記のされた不動産を目的とした抵当権について，抵当証券を発行することはできない（先例平元.11.5-4777）。
∵ 買戻権が行使されたらその抵当権は消滅するから。

⑤ 抵当証券発行の特約のないとき
➡ (1)のとおり。

3　抵当証券の発行
(1)　抵当証券の発行
　　抵当証券は，抵当権者の抵当証券交付の申請に基づいて登記所が発行する（抵証§1，11）。

(2)　抵当証券交付の申請書の添付書面
　　抵当権者の登記識別情報の内容を記載した書面を提供する（抵証§3Ⅰ②）。

　　また，申請書と併せて，抵当権が債権の全額の弁済を担保するに足りることを証する書面（担保の十分性を証する書面）を提供することを要する（抵証細§21ノ2）。
∵ 担保価値の不十分な物件について抵当証券が発行されることを防止するため，このような規定が設けられた（かつて，抵当証券の不正利用事件が頻発した）。

【例】 債権額が金1,000万円の抵当権について抵当証券の交付の申請をするためには，その元本全額及び最後の2年分の利息等につきちゃんと優先弁済を受けることができるという証明をする必要がある。

➡ 抵当権の目的である不動産が最低でも千数百万の価値がある，ということの証明。

具体的には，不動産鑑定士が作成した鑑定評価書や地価公示法に基づく近傍類似の土地の公示価格を記載した書面が用いられる。

(3) 異議申立の催告

抵当証券交付の申請がされたときは，登記官は抵当権設定者，第三取得者，債務者等に対し，抵当証券の交付について異議があれば一定の期間内に申し立てるべき旨を催告する（抵証§6Ⅰ）。

(4) 抵当証券の交付

上記(3)の異議申立てがなかったとき又は異議について理由なしとする裁判が確定したときは，登記官は直ちに抵当証券を交付することを要する（抵証§11）。

➡ 抵当証券が交付されたときは，登記官が職権で，抵当権の登記に「抵当証券交付の旨」の登記をする（不登§94Ⅰ）。

➡ 抵当権の登記に付記して実行される（不登規§3⑧）。

4 抵当証券発行の効力

抵当証券が発行されると，抵当権及びその被担保債権の処分（譲渡）は，抵当証券をもってしなければならない（抵証§14Ⅰ）。

➡ 抵当権及び債権の処分は，抵当証券の裏書譲渡の方法によりする（抵証§15Ⅰ）。

抵当証券の裏書きによって譲渡がされた場合，これは債権と抵当権の譲渡の効力要件であるとともに，対抗要件でもある。

➡ 裏書譲渡がされたときは完全に債権と抵当権の譲渡の効力が生じ，抵当権の移転を第三者に対抗するために登記をすることを要しない。

・ 抵当権と債権とを分離して処分することはできない（抵証§14Ⅱ）。
∵ 抵当証券とは，債権と抵当権を一体として表象したものだから。

5　抵当証券が発行されている場合の抵当権の移転の登記

抵当証券が発行された後，その裏書譲渡がされた場合，債権と抵当権が移転するので，抵当権の移転の登記を申請することができる。

➡　裏書譲渡をすれば抵当権の移転についても対抗力を取得するので，別途抵当権の移転の登記を申請する必要はない。しかし，移転の登記をすることは差し支えない。

6　抵当証券が発行されている場合の抵当権の変更の登記

⑴　一般的な変更の登記

抵当権について抵当証券が発行されている場合において，その抵当権の変更の登記を申請するときは，申請情報と併せて抵当証券を提供することを要する（不登令別表25添付情報欄ニ）。 H14-11

➡　抵当権の変更の登記がされたときは，登記官は職権で抵当証券についても記載の変更をし，所持人に還付する（抵証§19）。

⑵　債務者の氏名，名称又は住所の変更の登記

①　意　義

抵当権について抵当証券が発行されている場合，抵当権の債務者の氏名，名称又は住所（以下「氏名等」という）の変更の登記は，債務者が単独で申請することができる（不登§64Ⅱ）。 H21-27

【理由】　通常，抵当権の債務者の氏名等の変更の登記は，登記権利者（抵当権者）と登記義務者（設定者）の共同申請（不登§60）。
　　　　　しかし，抵当権について抵当証券が発行されている場合は，抵当権は抵当証券をもって転々流通し，現在の所持人（すなわち抵当権者）を確知するのは困難であるため，債務者の氏名等の変更の登記に限って，債務者からの単独申請が認められた。

注意！　単独で申請できるのは，債務者の氏名等の変更の登記のみ
➡　債務引受による債務者の変更の登記（人物が変わる登記）は，単独で申請できない。

②　添付情報

債務者の氏名等の変更の登記を債務者が単独で申請するときは，申請情報と併せて債務者の氏名等の変更を証する市区町村長，登記官その他の公務員が職務上作成した情報を提供することを要する（不登令別表24添付情

報欄）。

∵　単独で申請するので，登記の正確性を確保するために，公務員が職務
上作成した情報の提供が要求されている。

H17-20　　・　この債務者の氏名等の変更の登記においては，抵当証券を提供するこ
とを要しない。

∵　債務者が単独で申請するものであり，抵当権者（抵当証券の所持人）
は申請手続に関与しないから。

7　債権分割の登記

抵当証券は，1個の債権について1通発行する。この場合の債権の個数は登
記記録を基準に判断する。

【例】　金1,000万円の債権を担保するために抵当権の設定の登記がされていれ
ば，金1,000万円についての抵当証券が発行される。

しかし，金1,000万円では額が大きすぎるため，流通に不便であると当事者
が判断する場合もあるので，このようなときは債権を数個に分割し，それぞれ
の債権について抵当証券を発行することができる。

【例】　金1,000万円の債権を金100万円の10個の債権に分割し，10枚の抵当証券
を発行するような場合。

H元-21　　・　債権分割による抵当権の変更の登記は，常に付記登記で実行される（不登
規§3②イ）。

8　抵当証券が発行されている場合の抵当権の登記の抹消

抵当証券が発行されている場合に抵当権の登記の抹消を申請するときは，申
請情報と併せて抵当証券を提供することを要する（不登令別表26添付情報欄リ）。
∵　抵当権がなくなるのだから，抵当証券を回収する必要がある。

H10-20　　・　数個の不動産を目的とした共同抵当について抵当証券が発行されている場
合に，1つの不動産についての抵当権の登記の抹消を申請するときは，申請
情報と併せて担保の十分性を証する情報を提供することを要する（先例平元.
10.16－4200）。

【例】　同一の債権を担保するため，甲土地と乙土地に共同抵当が設定され，抵当証券が発行された。この後，解除等を登記原因として甲土地の抵当権の登記の抹消を申請する場合，申請情報と併せて担保の十分性を証する情報（乙土地で債権の全額が担保されることを証する情報）を提供することを要する。

　∵　甲土地と乙土地を合わせれば債権全額を担保できるが，乙土地だけだと債権全額の弁済を受けられないということも十分に考えられ，これではまずいから。

9　その他

①　同一の不動産を目的として数個の抵当権の設定の登記がされており，そのうちの１つの抵当権について抵当証券が発行されているものとする。そして，その抵当証券が発行された抵当権の順位が下がる順位の変更の登記を申請するときは，申請情報と併せて担保の十分性を証する情報を提供することを要する（先例平元.10.16 - 4200）。

②　ある登記を申請するに当たり，抵当証券の所持人が登記上の利害関係を有 H20-14 する第三者に該当するときは，抵当証券を提供することを要する（不登令別表25添付情報欄ハ，別表26添付情報欄チ等）。

用 語 索 引

司法書士スタンダードシステム

司法書士　スタンダード合格テキスト4　不動産登記法 I　第6版

2013年9月20日　初　版　第1刷発行
2023年9月15日　第6版　第1刷発行

編 著 者	Wセミナー／司法書士講座	
発 行 者	猪　　野　　　　　樹	
発 行 所	株式会社　早稲田経営出版	

〒101-0061
東京都千代田区神田三崎町3-1-5
神田三崎町ビル
電 話 03(5276)9492(営業)
FAX 03(5276)9027

組　　版	株式会社　エストール
印　　刷	今 家 印 刷 株 式 会 社
製　　本	東 京 美 術 紙 工 協 業 組 合

ⓒ Waseda Keiei Syuppan 2023　　　Printed in Japan　　　　ISBN 978-4-8471-5053-1
N.D.C.327

Wセミナー

	6月 7月 8月 9月 10月 11月 12月 1月 2月
総合力養成コース	6月〜開講 2年本科生　※入門総合本科生のみ 8月〜開講 20ヵ月総合本科生 1月〜開講
	対象:初学者、または基礎知識に不安のある方 ▶ **2年、20ヵ月、1.5年、1年、速修 総合本科生・本科生** ［山本オートマチック］［入門総合本科生］
総合力アップコース	対象:受験経験者、または一通り学習された方 ▶ **上級総合本科生・上級本科生**
	対象:受験経験者、答練を通してアウトプットの訓練をしたい方 ▶ **答練本科生**
	対象:受験経験者、または一通り学習された方 ▶ **山本プレミアム上級本科生**［山本オートマチック］
択一式対策コース	対象:択一式でアドバンテージを作りたい方 ▶ **択一式対策講座**［理論編・実践編］
	対象:応用力をつけたい方 ▶ **山本プレミアム中上級講座**［山本オートマチック］
記述式対策コース	対象:記述式の考え方を身につけたい方 ▶ **オートマチックシステム記述式講座**［山本オートマチック］
	対象:記述式の解法を知り、確立させたい方 ▶ **記述式対策講座**
法改正対策コース	対象:近時の改正点を押さえたい方 ▶ **法改正対策講座**
直前対策コース	対象:本試験の解答テクニックを習得したい方 ▶ **本試験テクニカル分析講座**［山本オートマチック］
	対象:直前期に出題予想論点の総整理をしたい方 ▶ **予想論点セット**(択一予想論点マスター講座＋予想論点ファイナルチェック)
	対象:本試験レベルの実戦力を養成したい方 ▶ **4月答練パック**
模試コース	対象:直前期前に実力を確認したい方 ▶ **全国実力Check模試**
	対象:本試験と同形式・同時間の模試で本試験の模擬体験をしたい方 ▶ **全国公開模試**

Wセミナーなら 身につく合格力!

Wセミナーは目的別・レベル別に選べるコースを多数開講!

Wセミナーでは目的別・レベル別に選べるコースを多数開講しています。受験生個々のニーズに合ったコースを選択すれば、合格力をアップすることができます。

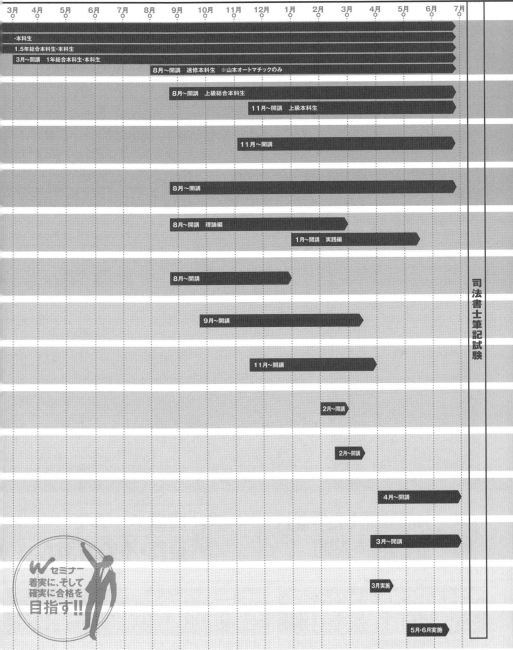

3月	4月	5月	6月	7月	8月	9月	10月	11月	12月	1月	2月	3月	4月	5月	6月	7月

・本科生
1.5年総合本科生・本科生
3月～開講　1年総合本科生・本科生
8月～開講　速修本科生　※山本オートマチックのみ

8月～開講　上級総合本科生
11月～開講　上級本科生

11月～開講

8月～開講

8月～開講　理論編
1月～開講　実践編

8月～開講

9月～開講

11月～開講

2月～開講

2月～開講

4月～開講

3月～開講

3月実施

5月・6月実施

司法書士筆記試験

Wセミナー
着実に、そして確実に合格を目指す!!

※開講コース・開講時期は年度により変わる場合があります。

Wセミナー 答練・模試

タイムリーなカリキュラムで「今、解くべき問題」の演習を実現しました！

●[11月] ●[1月] ●[2月] ●[3月]

過去問学習のペースメーカー！

11月 開講（全6回）
総合力底上げ答練

<出題数>
択一式 全210問（各回35問）
記述式 全12問（各回2問）

年内は過去問を学習する受験生が多いので、それに合わせて"過去問学習のペースメーカー"になるように工夫されたタイムリーな答練です。各問題には「過去問チェック」を掲載しているため、答練の復習と同時に過去問の肢を確認できます。また、受験経験者の方にとっては"本試験の勘"を取り戻していただくために、各回択一35問、記述2問を本試験と同様の形式で解き、年明けの学習へのステップとして利用できる答練となっています。

全出題範囲の主要論点を総潰し！

1月 開講（全12回）
科目別全潰し答練

<出題数>
択一式 全420問（各回35問）
記述式 全24問（各回2問）

年明けすぐの1月～3月は、4月からの直前期を迎える前に、全科目を一通り学習できる時機です。そこで、科目ごとの学習のペースメーカーとして、タイムリーな科目別答練を用意しました。択一式では、司法書士試験の出題範囲である主要論点を網羅しているため、ご自身の科目別の学習と併用して受講することにより学習効果が大きく上がります。また、記述式については、毎回2問を出題しており、時間配分の練習に着目して受講することで、特に記述式の実戦練習をしたい方にも適している答練です。

Point 「時機に即した学習」で
重要論点を網羅！

Point 質問メールで
疑問・不安解消！

全ての答練・模試をパッケージ化した「答練本科生」「答練本科生記述対策プラス」には、
「法改正対策講座（全2回）」もカリキュラムに加わります。

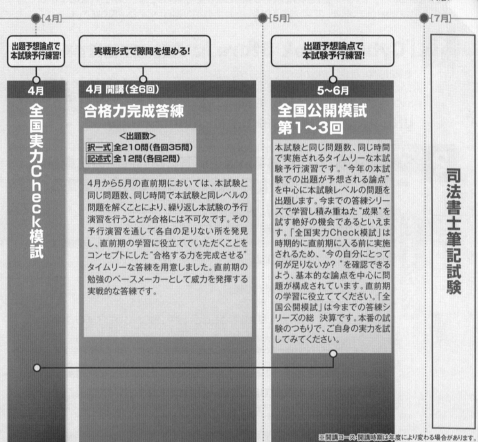

【4月】　　　　　　　　　　　　　　　　　　【5月】　　　　　　　【7月】

出題予想論点で本試験予行練習!

4月

全国実力Check模試

実戦形式で隙間を埋める!

4月 開講（全6回）

合格力完成答練

<出題数>
択一式 全210問（各回35問）
記述式 全12問（各回2問）

4月から5月の直前期においては、本試験と同じ問題数、同じ時間で本試験と同レベルの問題を解くことにより、繰り返し本試験の予行演習を行うことが合格には不可欠です。その予行演習を通して各自の足りない所を発見し、直前期の学習に役立てていただくことをコンセプトにした"合格する力を完成させる"タイムリーな答練を用意しました。直前期の勉強のペースメーカーとして威力を発揮する実戦的な答練です。

出題予想論点で本試験予行練習!

5～6月

全国公開模試第1～3回

本試験と同じ問題数、同じ時間で実施されるタイムリーな本試験予行演習です。"今年の本試験での出題が予想される論点"を中心に本試験レベルの問題を出題します。今までの答練シリーズで学習し積み重ねた"成果"を試す絶好の機会であるといえます。「全国実力Check模試」は時期的に直前期に入る前に実施されるため、"今の自分にとって何が足りないか?"を確認できるよう、基本的な論点を中心に問題が構成されています。直前期の学習に役立ててください。「全国公開模試」は今までの答練シリーズの総 決算です。本番の試験のつもりで、ご自身の実力を試してみてください。

司法書士筆記試験

※開講コース・開講時期は年度により変わる場合があります。

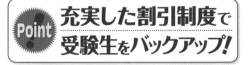

Point 充実した割引制度で受験生をバックアップ!

Point 通信生も答練教室受講OK!

の正誤に関するご確認とお問合せについて

載内容に誤りではないかと思われる箇所がございましたら、以下の手順にてご確認とお問合せを
ださいますよう、お願い申し上げます。

お、正誤のお問合せ以外の書籍内容に関する解説および受験指導などは、一切行っておりません。
そのようなお問合せにつきましては、お答えいたしかねますので、あらかじめご了承ください。

1 「Cyber Book Store」にて正誤表を確認する

早稲田経営出版刊行書籍の販売代行を行っている
TAC出版書籍販売サイト「Cyber Book Store」の
トップページ内「正誤表」コーナーにて、正誤表をご確認ください。

CYBER TAC出版書籍販売サイト
BOOK STORE

URL：https://bookstore.tac-school.co.jp/

2 **1**の正誤表がない、あるいは正誤表に該当箇所の記載がない
⇒ 下記①、②のどちらかの方法で文書にて問合せをする

★ご注意ください★

お電話でのお問合せは、お受けいたしません。
①、②のどちらの方法でも、お問合せの際には、「お名前」とともに、
「対象の書籍名（○級・第○回対策も含む）およびその版数（第○版・○○年度版など）」
「お問合せ該当箇所の頁数と行数」
「誤りと思われる記載」
「正しいとお考えになる記載とその根拠」
を明記してください。
なお、回答までに１週間前後を要する場合もございます。あらかじめご了承ください。

① ウェブページ「Cyber Book Store」内の「お問合せフォーム」より問合せをする

【お問合せフォームアドレス】

https://bookstore.tac-school.co.jp/inquiry/

② メールにより問合せをする

【メール宛先　早稲田経営出版】

sbook@wasedakeiei.co.jp

※土日祝日はお問合せ対応をおこなっておりません。
※正誤のお問合せ対応は、該当書籍の改訂版刊行月末日までといたします。

乱丁・落丁による交換は、該当書籍の改訂版刊行月末日までといたします。なお、書籍の在庫状況等
により、お受けできない場合もございます。
また、各種本試験の実施の延期、中止を理由とした本書の返品はお受けいたしません。返金もいたし
かねますので、あらかじめご了承くださいますようお願い申し上げます。